자습서

High School

English

NE 능률

High School English 자습서

지은이 김성곤, 윤진호, 구은영, 전형주, 서정환, 이후고, 김윤자, 강용구, 김성애, 최인철, 김지연, 신유승

연구원 우지희, 김경호, 이윤주, 이다연

영문교열 MyAn Le, August Niederhaus

표지 · 내지 디자인 디자인샐러드

맥편집 ㈜이츠북스

마케팅 박혜선, 고유진, 김여진

영업 한기영, 이경구, 박인규, 정철교, 김남준, 김남형, 이우현

Preface

"Focus on your goals, not your fear.
Focus like a laser beam on your goals."

– Roy T. Bennett

두려움이 아닌 여러분의 목표에 집중하십시오.
여러분의 목표에 레이저 광선같이 초점을 맞추세요.

봄에 정성스럽게 씨를 뿌리고 물을 주어 가꾸면 풍요로운 가을을 맞이할 수 있듯이,
언어 학습도 꾸준히 연마하면 결실을 보게 되기 마련입니다.
언어를 배우는 데 있어서 '빠른 길'은 없습니다.
인내심과 의지를 가지고 노력해 나간다면 여러분의 언어 실력은 분명히 좋아질 것입니다.

여러분이 교과서를 충실하게 학습할 수 있도록 도움을 주는 책이 바로 자습서입니다.
충분한 설명과 자세한 해설, 교과서를 효과적으로 학습할 수 있는 자료들을 수록하였습니다.
이 자습서로 교과서를 충실히 학습하여 영어에 대한 자신감을 가질 수 있기를,
여러분이 원하는 목표에 도달할 수 있기를 바랍니다.

저자 일동

Introduction

자세한
설명과
해설

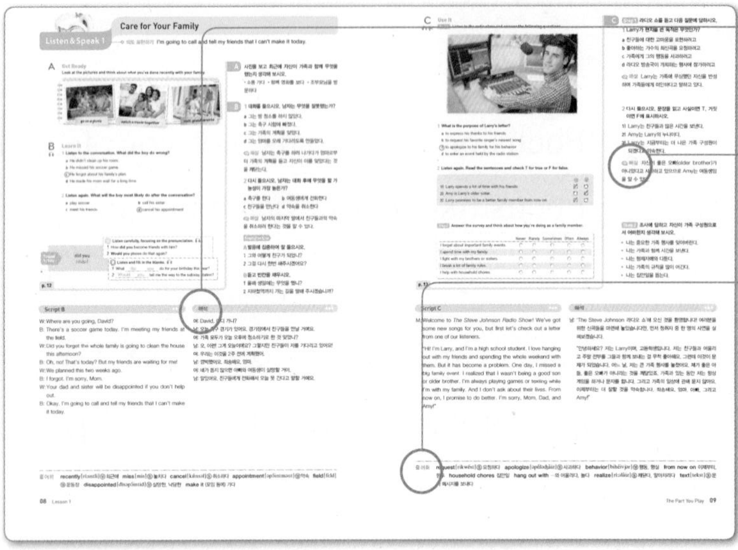

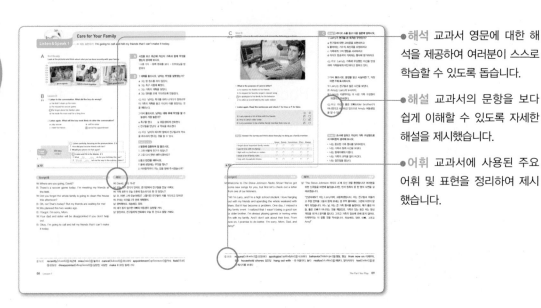

해석 교과서 영문에 대한 해석을 제공하여 여러분이 스스로 학습할 수 있도록 돕습니다.

해설 교과서의 문항을 보다 쉽게 이해할 수 있도록 자세한 해설을 제시했습니다.

어휘 교과서에 사용된 주요 어휘 및 표현을 정리하여 제시했습니다.

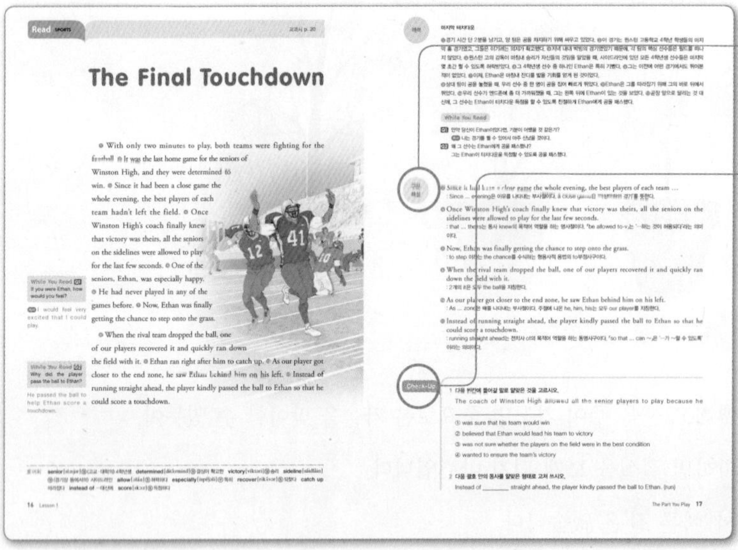

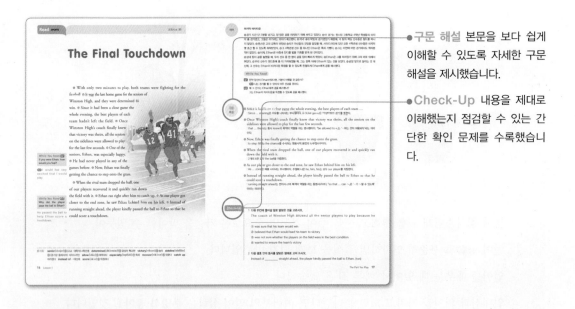

구문 해설 본문을 보다 쉽게 이해할 수 있도록 자세한 구문 해설을 제시했습니다.

Check-Up 내용을 제대로 이해했는지 점검할 수 있는 간단한 확인 문제를 수록했습니다.

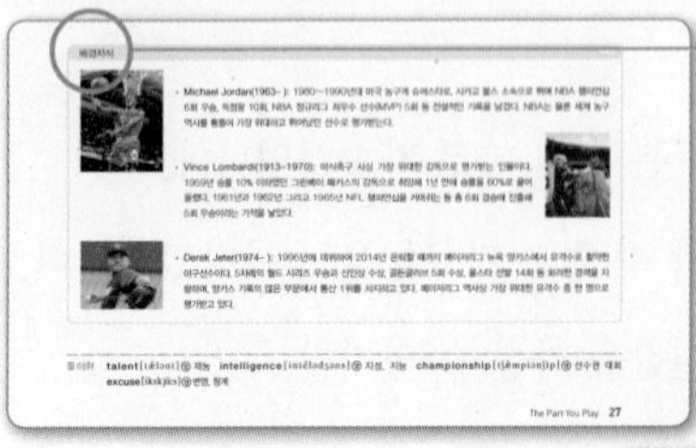

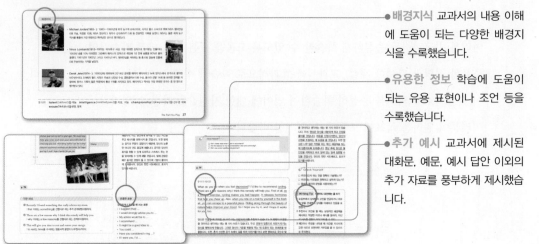

배경지식 교과서의 내용 이해에 도움이 되는 다양한 배경지식을 수록했습니다.

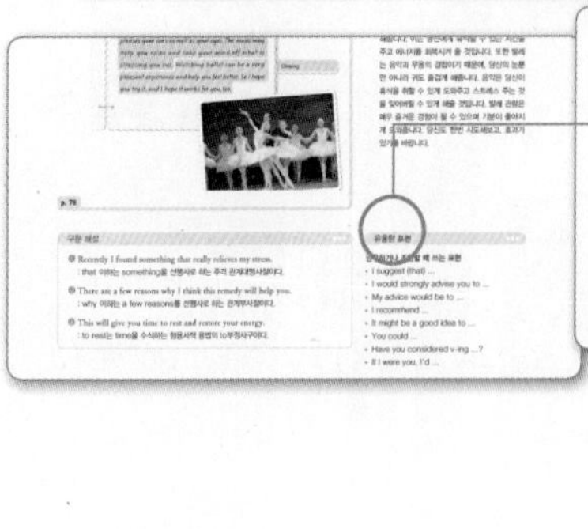

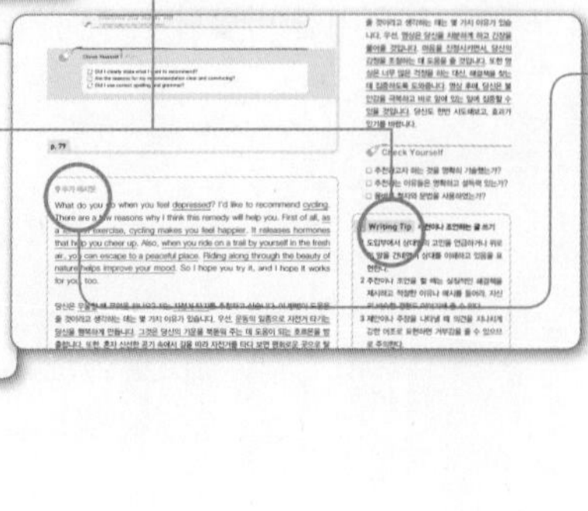

유용한 정보 학습에 도움이 되는 유용 표현이나 조언 등을 수록했습니다.

추가 예시 교과서에 제시된 대화문, 예문, 예시 답안 이외의 추가 자료를 풍부하게 제시했습니다.

효과적인 학습을 도와주는 **정리 자료**

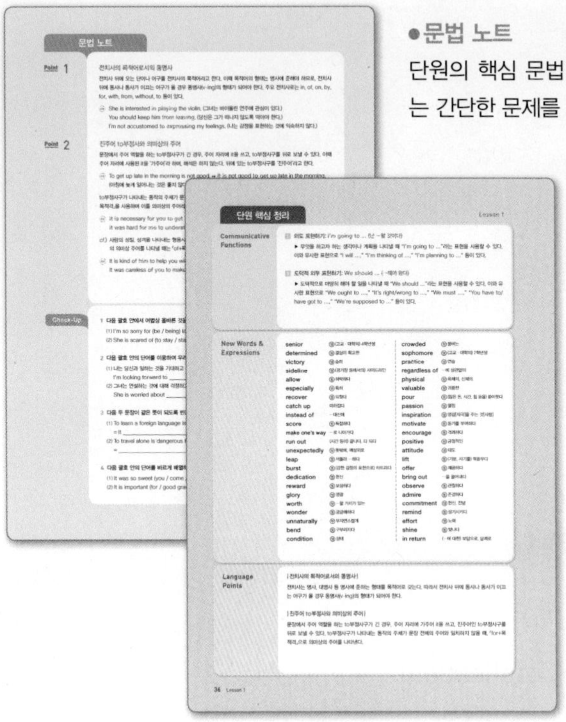

●문법 노트

단원의 핵심 문법 포인트를 정리하고 이를 확인할 수 있는 간단한 문제를 수록했습니다.

●단원 핵심 정리

단원의 핵심 의사소통 기능과 어휘 및 표현, 문법 포인트를 정리하여 해당 단원의 학습을 마무리할 수 있도록 하였습니다.

내신을 대비할 수 있는 **평가 자료**

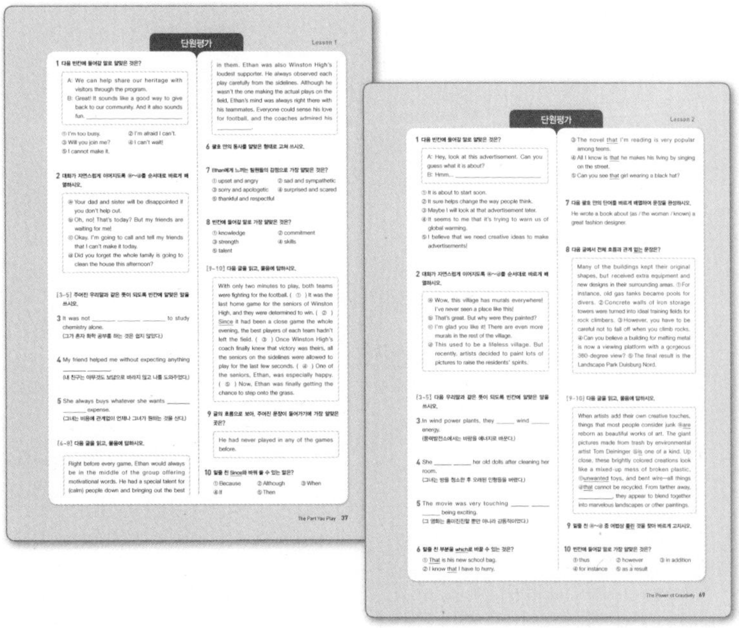

●단원평가

학습한 내용을 종합적으로 점검하고 학교 시험에 대비할 수 있도록 각 단원의 마지막에 단원평가를 수록했습니다.

Contents

Lesson 1

The Part You Play

Functions

- **의도 표현하기**
  I'm going to call and tell my friends that I can't make it today.
- **도덕적 의무 표현하기**
  We should be more interested in our town.

Structures

- Instead **of running** straight ahead, the player kindly passed the ball to Ethan so that he could score a touchdown.
- **It is** difficult **for him to walk, run,** or **move** around.

Big Question

What are your roles and responsibilities as a person?

한 사람으로서 여러분의 역할과 책임은 무엇입니까?

Listen & Speak 1

Care for Your Family

가족을 돌보세요

Listen & Speak 2

Ethics

Be a Good Citizen

좋은 시민이 되세요

Read

Sports

The Final Touchdown

마지막 터치다운

Write

Meet My Friend

제 친구를 만나보세요

Inside Culture

Sports

Hidden Gems in Team Sports

팀 스포츠의 숨겨진 보석

Listen & Speak 1 Care for Your Family

의도 표현하기 I'm going to call and tell my friends that I can't make it today.

A Get Ready

Look at the pictures and think about what you've done recently with your family.

B Learn It

1 Listen to the conversation. What did the boy do wrong?

a He didn't clean up his room.
b He missed his soccer game.
ⓒ He forgot about his family's plan.
d He made his mom wait for a long time.

2 Listen again. What will the boy most likely do after the conversation?

a play soccer   b call his sister
c meet his friends   ⓓ cancel his appointment

Sound in Use did you [didʒə]

A Listen carefully, focusing on the pronunciation.
1 How **did you** become friends with him?
2 **Would you** please do that again?

B Listen and fill in the blanks.
1 What __did__ __you__ do for your birthday this year?
2 __Would__ __you__ tell me the way to the subway station?

p. 12

A 사진을 보고 최근에 자신이 가족과 함께 무엇을 했는지 생각해 보시오.
• 소풍 가다 • 함께 영화를 보다 • 조부모님을 방문하다

B 1 대화를 들으시오. 남자는 무엇을 잘못했는가?
a 그는 방 청소를 하지 않았다.
b 그는 축구 시합에 빠졌다.
c 그는 가족의 계획을 잊었다.
d 그는 엄마를 오래 기다리도록 만들었다.

해설 남자는 축구를 하러 나가다가 엄마로부터 가족의 계획을 듣고 자신이 이를 잊었다는 것을 깨닫는다.

2 다시 들으시오. 남자는 대화 후에 무엇을 할 가능성이 가장 높은가?
a 축구를 한다 b 여동생에게 전화한다
c 친구들을 만난다 d 약속을 취소한다

해설 남자의 마지막 말에서 친구들과의 약속을 취소하려 한다는 것을 알 수 있다.

Sound in Use

A 발음에 집중하여 잘 들으시오.
1 그와 어떻게 친구가 되었니?
2 그걸 다시 한번 해주시겠어요?

B 듣고 빈칸을 채우시오.
1 올해 생일에는 무엇을 했니?
2 지하철역까지 가는 길을 말해 주시겠습니까?

Script B

W: Where are you going, David?
B: There's a soccer game today. I'm meeting my friends at the field.
W: Did you forget the whole family is going to clean the house this afternoon?
B: Oh, no! That's today? But my friends are waiting for me!
W: We planned this two weeks ago.
B: I forgot. I'm sorry, Mom.
W: Your dad and sister will be disappointed if you don't help out.
B: Okay. I'm going to call and tell my friends that I can't make it today.

해석

여: David, 어디 가니?
남: 오늘 축구 경기가 있어요. 경기장에서 친구들을 만날 거예요.
여: 가족 모두가 오늘 오후에 청소하기로 한 것 잊었니?
남: 오, 이런! 그게 오늘이에요? 그렇지만 친구들이 저를 기다리고 있어요!
여: 우리는 이것을 2주 전에 계획했어.
남: 깜박했어요. 죄송해요, 엄마.
여: 네가 돕지 않으면 아빠와 여동생이 실망할 거야.
남: 알았어요. 친구들에게 전화해서 오늘 못 간다고 말할 거예요.

어휘 **recently** [ríːsntli] ⊕ 최근에 **miss** [mis] ⓢ 놓치다 **cancel** [kǽnsəl] ⓢ 취소하다 **appointment** [əpɔ́intmənt] ⓜ 약속 **field** [fiːld] ⓜ 운동장 **disappointed** [dìsəpɔ́intid] ⓗ 실망한, 낙담한 **make it** (모임 등에) 가다

C Use It

Step 1 Listen to the radio show and answer the following questions.

1 What is the purpose of Larry's letter?

a to express his thanks to his friends
b to request his favorite singer's newest song
ⓒ to apologize to his family for his behavior
d to enter an event held by the radio station

2 Listen again. Read the sentences and check T for true or F for false.

	T	F
1) Larry spends a lot of time with his friends.	☑	☐
2) Amy is Larry's older sister.	☐	☑
3) Larry promises to be a better family member from now on.	☑	☐

Step 2 Answer the survey and think about how you're doing as a family member.

	Never	Rarely	Sometimes	Often	Always
I forget about important family events.	○	○	○	○	○
I spend time with my family.	○	○	○	○	○
I fight with my brothers or sisters.	○	○	○	○	○
I break a lot of family rules.	○	○	○	○	○
I help with household chores.	○	○	○	○	○

p. 13

C **Step 1** **라디오 쇼를 듣고 다음 질문에 답하시오.**

1 Larry가 편지를 쓴 목적은 무엇인가?

a 친구들에 대한 고마움을 표현하려고
b 좋아하는 가수의 최신곡을 요청하려고
c 가족에게 그의 행동을 사과하려고
d 라디오 방송국이 개최하는 행사에 참가하려고

해설 Larry는 가족에 무심했던 자신을 반성하며 가족들에게 미안하다고 말하고 있다.

2 다시 들으시오. 문장을 읽고 사실이면 T, 거짓이면 F에 표시하시오.

1) Larry는 친구들과 많은 시간을 보낸다.
2) Amy는 Larry의 누나이다.
3) Larry는 지금부터는 더 나은 가족 구성원이 되겠다고 약속한다.

해설 자신이 좋은 오빠(older brother)가 아니었다고 사과하고 있으므로 Amy는 여동생임을 알 수 있다.

Step 2 **조사에 답하고 자신이 가족 구성원으로서 어떠한지 생각해 보시오.**

- 나는 중요한 가족 행사를 잊어버린다.
- 나는 가족과 함께 시간을 보낸다.
- 나는 형제자매와 다툰다.
- 나는 가족의 규칙을 많이 어긴다.
- 나는 집안일을 돕는다.

Script C

M: Welcome to *The Steve Johnson Radio Show*! We've got some new songs for you, but first let's check out a letter from one of our listeners.

"Hi! I'm Larry, and I'm a high school student. I love hanging out with my friends and spending the whole weekend with them. But it has become a problem. One day, I missed a big family event. I realized that I wasn't being a good son or older brother. I'm always playing games or texting while I'm with my family. And I don't ask about their lives. From now on, I promise to do better. I'm sorry, Mom, Dad, and Amy!"

해석

남: 'The Steve Johnson 라디오 쇼'에 오신 것을 환영합니다! 여러분을 위한 신곡들을 마련해 놓았습니다만, 먼저 청취자 중 한 명의 사연을 살펴보겠습니다.

"안녕하세요? 저는 Larry이며, 고등학생입니다. 저는 친구들과 어울리고 주말 전부를 그들과 함께 보내는 걸 무척 좋아해요. 그런데 이것이 문제가 되었습니다. 어느 날, 저는 큰 가족 행사를 놓쳤어요. 제가 좋은 아들, 좋은 오빠가 아니라는 것을 깨달았죠. 가족과 있는 동안 저는 항상 게임을 하거나 문자를 합니다. 그리고 가족의 일상에 관해 묻지 않아요. 이제부터는 더 잘할 것을 약속합니다. 죄송해요, 엄마, 아빠, 그리고 Amy!"

어휘 **request**[rikwést] 동 요청하다 **apologize**[əpɑ́lədʒàiz] 동 사과하다 **behavior**[bihéivjər] 명 행동, 행실 **from now on** 이제부터, 향후 **household chores** 집안일 **hang out with** …와 어울리다, 놀다 **realize**[ríːəlàiz] 동 깨닫다, 알아차리다 **text**[tekst] 동 문자 메시지를 보내다

Step 3 Look at the pictures and think about how to be a good family member.

help my sister with her homework

do household chores

help my parents paint a wall

YOU

Step 4 Talk with your partner about how to be a good family member.

Example

A: What are you going to do after school?
B: I **am going to** go home and help my sister with her homework.
A: Wow, that's really nice of you.
B: Well, I'm trying to be a better brother from now on.

Check Yourself | Listen and Speak 1

	Yes	Not Sure	No
1 I can understand others when they talk about their plans and intentions.	☐	☐	☐
2 I can talk about my plans and intentions.	☐	☐	☐

p. 14

Step 3 사진을 보고 좋은 가족 구성원이 되는 방법을 생각해 보시오.

- 동생의 숙제를 도와준다
- 집안일을 한다
- 부모님이 벽을 페인트칠하는 것을 돕는다

Step 4 좋은 가족 구성원이 되는 방법에 대해 짝과 이야기해 보시오.

A: 방과 후에 뭐 할 거야?
B: 집에 가서 동생의 숙제를 도와줄 거야.
A: 와, 너 정말 착하다.
B: 음, 이제부터 더 좋은 오빠가 되기 위해 노력하는 중이야.

추가 예시문

A: What are you going to do after school?
B: I **am going to** go home and do household chores.
A: Wow, that's really nice of you.
B: Well, I'm trying to be a better son from now on.

Check Yourself

1 다른 사람이 그들의 계획과 의도에 대해 이야기할 때 이해할 수 있다.
2 내 계획과 의도에 대해 이야기할 수 있다.

Function of Communication

의도 표현하기: I'm going to ... (난 …할 것이다)

→ 무엇을 하고자 하는 생각이나 계획을 나타낼 때 "I'm going to ..."라는 표현을 사용할 수 있다. 이와 유사한 표현으로 "I will ...," "I'm thinking of ...," "I'm planning to ..." 등이 있다.

|Example 1|
A: I think you hurt your brother's feelings. (난 네가 동생의 감정을 상하게 했다고 생각해.)
B: You're right, mom. **I'm going to** tell him that I'm very sorry. (엄마 말이 맞아요. 정말 미안하다고 동생에게 말할 거예요.)

|Example 2|
A: Did you get a birthday present for your dad? (아빠 생일 선물 샀니?)
B: Not yet. But **I'm going to** buy a tie for him. (아직 안 샀지만 넥타이를 사드릴 거야.)

▶ Speaking Aid

의도를 나타내는 표현과 함께, 상대방의 의도를 묻는 표현도 알아두면 도움이 된다. 의도를 물을 때는 아래와 같은 표현을 사용할 수 있다.

• Will you ... ? • Are you going to ... ? • Are you thinking of ... ? • Are you planning to ... ?

Be a Good Citizen

Ethics

Listen & Speak 2

도덕적 의무 표현하기 We should be more interested in our town.

A Get Ready

Look at the pictures and think about what you would do if you saw these situations.

A boy has fallen off his bike.
A house is on fire.
Someone has lost something important.

B Learn It

1 Listen to the conversation. What are the speakers mainly talking about?

a how to be a tour guide
b the necessity of a new hiking trail
c the importance of planning ahead
ⓓ a way to contribute to their community

2 Listen again. Which is NOT true according to the conversation?

ⓐ The girl wants to go hiking with the boy this weekend.
b The boy already heard about the program the girl is talking about.
c The girl thinks they should care more about their town.
d They are going to help visitors learn about the heritage of their town.

Speaking Tip

You can say "I can't wait (to[for] ...)" when you really want to do something.

The movie was released yesterday.

I can't wait to go see it.

p. 15

A 사진을 보고 자신이 이런 상황을 본다면 무엇을 할지 생각해 보시오.

- 남자가 자전거에서 떨어졌다.
- 집에 불이 났다.
- 누군가 중요한 물건을 잃어버렸다.

B **1 대화를 들으시오. 화자들은 주로 무엇에 대해 이야기하고 있는가?**

a 여행가이드가 되는 법
b 새로운 도보 여행 길의 필요성
c 미리 계획을 세우는 것의 중요성
d 그들의 지역 사회에 기여하는 방법

2 다시 들으시오. 대화의 내용과 일치하지 않는 것은?

a 여자는 남자와 이번 주말에 도보 여행하고 싶어 한다.
b 남자는 여자가 말하고 있는 프로그램에 대해 이미 들었다.
c 여자는 그들이 마을에 더 관심을 가져야 한다고 생각한다.
d 그들은 방문자들이 마을의 유산에 대해 배우는 것을 도울 것이다.

Speaking Tip

무언가를 정말 하고 싶을 때 "I can't wait (to[for] …)"라고 말할 수 있다.
그 영화가 어제 개봉했어. / 그걸 빨리 보고 싶어.

Script B

G: Nick, do you have any plans this weekend?
B: Not really. I may go for a hike.
G: How about joining me to help the Heritage Heroes group?
B: Oh, I heard about that. Isn't it a volunteer program?
G: Yes. We'd be kind of like a tour guide. We can help share our heritage with visitors through the program.
B: Great! It sounds like a good way to give back to our community.
G: Yeah. As citizens, we should be more interested in our town.
B: And it also sounds fun. I can't wait!

해석

여: Nick, 주말에 무슨 계획 있니?
남: 별로. 도보여행할까 생각 중이야.
여: Heritage Heroes 모임을 돕는 것을 나와 같이 하면 어때?
남: 아, 그것에 대해 들었어. 자원봉사 프로그램 아니니?
여: 응. 우리는 일종의 여행 가이드처럼 될 거야. 이 프로그램을 통해 우리 유산들을 방문자들과 함께 나누는 걸 도울 수 있어.
남: 좋은데! 우리 사회에 받은 것을 되돌려주는 좋은 방법 같아.
여: 응. 시민으로서 우리는 우리 마을에 더 관심을 가져야 해.
남: 그리고 또 재미있을 것 같아. 어서 하고 싶은데!

어휘 **fall off** …에서 떨어지다 **necessity**[nəsésəti] 명 필요성 **hiking**[háikiŋ] 명 도보 여행 **trail**[treil] 명 (특정 목적을 위해 따라 가는) 루트[코스] **contribute**[kəntríbju:t] 동 기여하다 **heritage**[héritidʒ] 명 유산; 전승, 전통 **release**[rilí:s] 동 공개[발표]하다 **volunteer**[vὰləntíər] 명 자원 봉사자 **share**[ʃɛər] 동 (생각 등을) 함께 나누다

C Use It

Step 1 Listen to the news report and answer the following questions.

1 What is the best title for the news story?

a Extraordinary Cold Wave Finally Ends
b The Brand-New Platform Was Completed
c Missing Boy Found Alone Near Subway Tracks
ⓓ Local High School Student's Bravery Saves a Life

2 Listen again. Which is NOT true about Angela Reynolds?

a She is a high school senior.
b She received the Good Citizen Award.
c She rushed onto the subway tracks to save a boy.
ⓓ She saved a boy's life without anyone's help.

3 If you were in Angela's situation, what would you do? Share your ideas with your partner.

p. 16

C Step 1 뉴스 보도를 듣고 다음 질문에 답하시오.

1 뉴스의 제목으로 가장 적절한 것은?

a 보기 드문 한파가 마침내 끝나다
b 새 승강장이 완성됐다
c 지하철 선로 근처에서 홀로 발견된 실종된 소년
d 지역 고교생의 용기가 한 생명을 구하다

해설 뉴스는 여고생이 지하철 승강장에 떨어진 어린이를 구조했다는 미담에 관한 것이다.

2 다시 들으시오. Angela Reynolds에 대한 내용으로 사실이 아닌 것은?

a 그녀는 고등학교 졸업반 학생이다.
b 그녀는 훌륭한 시민상을 받았다.
c 그녀는 소년을 구하기 위해 지하철 선로에 뛰어들었다.
d 그녀는 어느 누구의 도움도 없이 소년의 목숨을 구했다.

해설 다른 사람들이 그녀와 소년을 끌어올려 주었다.

3 자신이 Angela의 상황에 있었다면 어떻게 하겠는가? 자신의 생각을 짝과 나눠 보시오.

Script C

W: Good evening, everyone. I'm Natalie Brown with *The Nightly Report*. It's been chilly these days, so here's some news to warm you right up! Earlier today, Angela Reynolds, a senior at Garland High School, received the Good Citizen Award. A few days ago, Angela saw a young child fall off the subway platform at Park Station. She bravely rushed onto the subway tracks to rescue him. Others helped pull her and the little boy back up to safety. Because of her quick thinking, Angela saved a young boy's life. I hope her inspiring story will encourage all of you to help your fellow citizens in their time of need!

해석

여: 여러분, 안녕하십니까. 저는 'The Nightly Report'의 Natalie Brown입니다. 근래 좀 쌀쌀했지요, 여기 여러분들을 비로 따뜻하게 해 드릴 뉴스가 있습니다! 오늘 오전에, Garland 고등학교 졸업반 학생 Angela Reynolds가 훌륭한 시민상을 받았습니다. 며칠 전 Angela는 한 어린이가 Park Station 지하철 승강장에서 떨어지는 것을 보았습니다. 그녀는 그를 구하러 곧장 용감하게 지하철 선로로 뛰어들었습니다. 다른 이들은 그녀와 어린 소년이 다시 안전하게 나오도록 끌어당기는 것을 도왔습니다. 그녀의 빠른 생각 덕에 Angela는 어린 소년의 목숨을 구했습니다. 그녀의 고무적인 이야기가 여러분 모두 동료 시민들이 어려울 때에 그들을 돕도록 격려하기를 바랍니다!

어휘 **extraordinary**[ikstrɔ́:rdənèri] ⓗ 기이한, 놀라운 **cold wave** 한파 **brand-new** ⓗ 새로운 **missing**[mísiŋ] ⓗ 실종된 **local**[lóukəl] ⓗ 지역의, 현지의 **bravery**[bréivəri] ⓜ 용감(성) **senior**[sí:njər] ⓜ (고교·대학의) 최상급생 **award**[əwɔ́:rd] ⓜ 상 **chilly**[tʃíli] ⓗ 쌀쌀한 **rescue**[réskju:] ⓓ 구조하다 **inspiring**[inspáiəriŋ] ⓗ (…하도록) 고무하는 **fellow**[félou] ⓜ 동료 **citizen**[sítizən] ⓜ 시민

Step 2 Look at the pictures and think about what you should do as a good citizen in each situation.

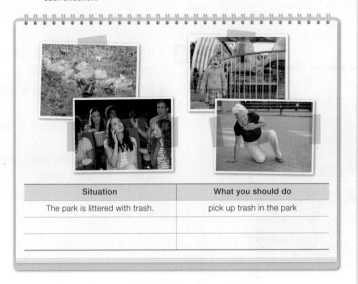

Situation	What you should do
The park is littered with trash.	pick up trash in the park

Step 3 Talk with your partner about what you should do as a good citizen.

Example

A: Look! The park is littered with trash!
B: We should pick up trash in the park. I think it's our job as citizens.
A: I agree. Being a good citizen is all about doing good things for our community.
B: Definitely. Let's go and clean up the park together.

Check Yourself | Listen and Speak 2

	Yes	Not Sure	No
1 I can understand others when they talk about moral duties.	☐	☐	☐
2 I can talk about moral duties.	☐	☐	☐

p. 17

Step 2 사진을 보고 좋은 시민으로서 각 상황에서 무엇을 해야 할지 생각해 보시오.

상황	당신이 해야 하는 일
공원에 쓰레기가 버려져 있다.	공원의 쓰레기를 줍는다

Step 3 좋은 시민으로서 무엇을 해야 할지 짝과 이야기해 보시오.

A: 이것 봐! 공원에 쓰레기가 버려져 있어!
B: 쓰레기를 주워야겠다. 그게 시민으로서 해야 할 일인 것 같아.
A: 동의해. 좋은 시민이 된다는 것은 우리 지역 사회를 위해 좋은 일을 하는 것이지.
B: 맞아. 가서 공원을 같이 청소하자.

추가 예시문

A: Look! A girl lost her parents!
B: **We should** bring her to the center for missing children. I think it's our job as citizens.
A: I agree. Being a good citizen is all about doing good things for our community.
B: Definitely. Let's go and help her find her parents.

Check Yourself

1 다른 사람이 도덕적 의무에 대해 이야기할 때 이해할 수 있다.
2 도덕적 의무에 대해 이야기할 수 있다.

Function of Communication

도덕적 의무 표현하기: We should ... (…해야 한다)

➡ 도덕적으로 마땅히 해야 할 일을 나타낼 때 "We should ..."라는 표현을 사용할 수 있다. 이와 유사한 표현으로 "We ought to ...," "It's right/wrong to ...," "We must ...," "You have to/have got to ...," "We're supposed to ..." 등이 있다.

|Example 1|
A: How about donating this money to a charity? (이 돈을 자선 단체에 기부하는 게 어때?)
B: That's a good idea. I think **we should** help the poor. (좋은 생각이야. 난 우리가 가난한 이들을 도와주어야 한다고 생각해.)

|Example 2|
A: Look! An old man is boarding the bus. (봐! 나이든 남자분께서 버스에 탑승하고 계셔.)
B: **We should** give our seats to him. (우린 그에게 우리 자리를 양보해야 해.)

▶ Speaking Aid

도덕적 의무를 나타내는 표현과 함께 도움을 제안하는 표현도 알아두면 도움이 된다. 도움을 제안할 때는 아래와 같은 표현을 사용할 수 있다.

• Can I help you? • Let me help you. • Can I give you a hand? (give … a hand: …을 돕다)

Before You Read

A Topic Preview

1 Look at the pictures and match each one to the American football rule that best describes it.

1

b

2
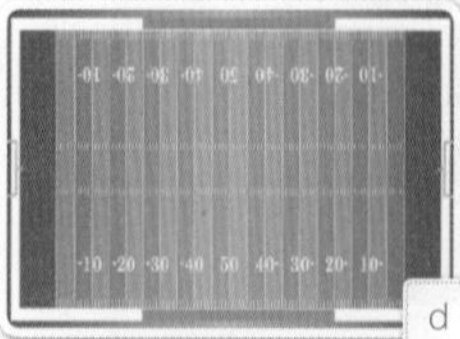
d

3

c

4

a

a A touchdown is scored when a player carries the ball into the end zone of the opposing team.
b Each team is allowed to have eleven players on the field at a time.
c The role of the defense is to stop the ball carrier and try to take the ball away.
d The football field is divided into sections by white lines every five yards.

2 Think about what a good athlete needs and share it with your partner.

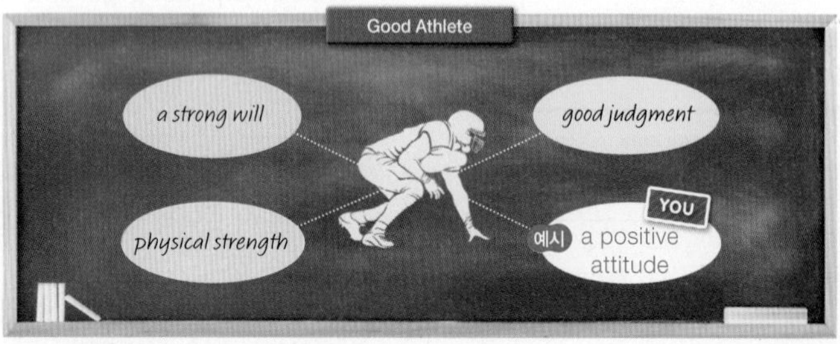

p. 18

A 1 **사진을 보고, 각 사진과 그것을 가장 잘 설명하는 미식축구 규칙을 연결하시오.**

a 터치다운은 선수가 공을 상대 팀의 엔드존으로 가져갈 때 득점 된다.
b 각 팀은 한 번에 11명의 선수가 경기장에 있도록 허용된다.
c 수비의 역할은 공을 가진 사람을 저지하고 공을 빼앗으려 노력하는 것이다.
d 풋볼 경기장은 5야드마다 흰 선으로 구역이 나뉘어 있다.

2 **뛰어난 운동선수에게 필요한 자질이 무엇인지 생각해 보고 짝과 의견을 나누시오.**

- 강한 의지 • 좋은 판단력
- 체력 • 예시 긍정적인 태도

배경지식

미식축구(American Football)

농구, 야구와 더불어 미국에서 가장 인기 있는 스포츠 중 하나이다. 한 팀은 주전 선수 11명으로 이루어지며, 타원형 공을 사용한다. 야구와 마찬가지로 공격과 방어가 분명하게 나뉘며, 상대 쪽 골 안에 공을 가져가면(터치다운) 득점이 된다. 시합은 15분씩 4쿼터로 나누어 진행되며, 쿼터별로 득점한 점수를 합해 많은 점수를 얻은 팀이 이긴다. 경기장은 직사각형 모양의 필드 오브 플레이(field of play)와 그 양쪽 끝에 있는 길이 30피트(10야드, 9.1m)의 엔드존으로 이루어진다. 엔드존의 엔드라인 위에는 골포스트가 세워져 있는데, 공격팀 선수가 이곳으로 공을 가지고 들어가면 득점을 한다. 시합에서 승리하기 위해서는 공격과 수비 모두 잘 계산된 대형을 갖춰야 하고, 그때의 날씨 및 팀의 컨디션 등을 종합적으로 고려해 합리적으로 경기를 운영해야 한다. 따라서 뛰어난 체력과 함께 두뇌가 필요한 스포츠이다. 또한 몸과 몸이 격렬하게 부딪히는 스포츠이므로 부상 위험이 매우 높아 헬멧, 어깨 보호대 등의 보호장비를 착용한다.

어휘 **opposing** [əpóuziŋ] 형 서로 겨루는[대립하는] (상대방의) **defense** [diféns] 명 방어, 수비 **carrier** [kǽriər] 명 나르는[운반하는] 사람 **divide** [diváid] 동 나누다 **section** [sékʃən] 명 구역

B Vocabulary Preview

1 Look at the pictures and read the sentences. Find out the meaning of each word in bold using context clues.

The doctor's **dedication** to his patients is well known.

They were **rewarded** for their hard work.

She is a **valuable** friend of mine.

Many artists get their **inspiration** from nature.

The teacher **encouraged** his students to ask questions.

She puts a lot of **effort** into her guitar playing.

2 Read the meaning of each phrase and fill in the blanks with the phrases.

bring out: to make something appear
in return: as a response, exchange, or reward for something

1) Her coach helped bring out her natural talent.
2) He gave a gift to his sister in return for her kindness.

p. 19

B 1 사진을 보고 문장을 읽으시오. 문맥의 단서를 이용하여 굵은 글씨로 쓰인 각 단어의 의미를 알아내시오.

- **dedication** ㊔ 헌신
  환자에 대한 그 의사의 헌신은 잘 알려져 있다.
- **reward** ㊕ 보상하다
  그들은 열심히 노력한 것에 대해 보상을 받았다.
- **valuable** ㊖ 귀중한
  그녀는 나의 소중한 친구이다.
- **inspiration** ㊔ 영감[자극]을 주는 것[사람]
  많은 예술가가 자연으로부터 영감을 얻는다.
- **encourage** ㊕ 격려하다
  그 선생님은 학생들이 질문하도록 격려했다.
- **effort** ㊔ 노력
  그녀는 기타 연주에 많은 노력을 쏟는다.

2 각 어구의 의미를 읽고 이를 활용하여 빈칸을 채우시오.

bring out: 무언가가 나타나도록 만들다
in return: 무언가에 대한 보답, 교환 혹은 보상으로

1) 그녀의 코치는 그녀의 타고난 재능을 끌어내는 것을 도왔다.
2) 그는 여동생의 친절에 대한 보답으로 선물을 주었다.

추가 예문

1
- This job requires a lot of **dedication**. (이 일은 많은 헌신을 요한다.)
- He was **rewarded** for his contribution to the team. (그는 팀에 대한 기여로 보상을 받았다.)
- This trip was a **valuable** experience for us all. (이번 여행은 우리 모두에게 귀중한 경험이었다.)
- His charity work is an **inspiration** to a lot of people. (그의 자선 활동은 많은 사람들에게 영감을 준다.)
- The book was written to **encourage** children around the world. (이 책은 전 세계 어린이들을 격려하기 위해 쓰였다.)
- The teacher made every **effort** to interest her students. (선생님은 학생들의 관심을 끌려고 온갖 노력을 다했다.)

2
- The crisis **brought out** the best in him. (그 위기는 그의 최고의 능력을 끌어냈다.)
- I'd like to buy you lunch **in return** for your help. (당신의 도움에 대한 보답으로 점심을 사고 싶습니다.)

Check-Up

[1-2] 다음 설명에 해당하는 단어를 쓰시오.

1 v____________: very useful and helpful or worth a lot of money

2 e____________: the physical or mental energy that you need to do something

[3-4] 주어진 우리말 뜻에 맞도록 빈칸에 알맞은 말을 쓰시오.

3 Competitions help ____________ ____________ the best in people. (경쟁은 사람들에게서 최선을 끌어내는 데 도움이 된다.)

4 He gave the boy the concert tickets ____________ ____________ for his help.
(그는 자신을 도와준 대가로 그 소년에게 음악회 표를 주었다.)

The Final Touchdown

❶ With only two minutes to play, both teams were fighting for the football. ❷ It was the last home game for the seniors of Winston High, and they were determined to win. ❸ Since it had been a close game the whole evening, the best players of each team hadn't left the field. ❹ Once Winston High's coach finally knew that victory was theirs, all the seniors on the sidelines were allowed to play for the last few seconds. ❺ One of the seniors, Ethan, was especially happy. ❻ He had never played in any of the games before. ❼ Now, Ethan was finally getting the chance to step onto the grass.

While You Read Q1
If you were Ethan, how would you feel?

예시 I would feel very excited that I could play.

❽ When the rival team dropped the ball, one of our players recovered it and quickly ran down the field with it. ❾ Ethan ran right after him to catch up. ❿ As our player got closer to the end zone, he saw Ethan behind him on his left. ⓫ Instead of running straight ahead, the player kindly passed the ball to Ethan so that he could score a touchdown.

While You Read Q2
Why did the player pass the ball to Ethan?

He passed the ball to help Ethan score a touchdown.

어휘 **senior**[síːnjər] (명) (고교·대학의) 4학년생 **determined**[ditə́ːrmind] (형) 결심이 확고한 **victory**[víktəri] (명) 승리 **sideline**[sáidlàin] (명) (경기장 등에서의) 사이드라인 **allow**[əláu] (동) 허락하다 **especially**[ispéʃəli] (부) 특히 **recover**[rikʌ́vər] (동) 되찾다 **catch up** 따라잡다 **instead of** …대신에 **score**[skɔːr] (동) 득점하다

해석

마지막 터치다운

❶경기 시간 단 2분을 남기고, 양 팀은 공을 차지하기 위해 싸우고 있었다. ❷이 경기는 윈스턴 고등학교 4학년 학생들의 마지막 홈 경기였고, 그들은 이기려는 의지가 확고했다. ❸저녁 내내 박빙의 경기였었기 때문에, 각 팀의 핵심 선수들은 필드를 떠나지 않았다. ❹윈스턴 고의 감독이 마침내 승리가 자신들의 것임을 알았을 때, 사이드라인에 있던 모든 4학년생 선수들은 마지막 몇 초간 뛸 수 있도록 허락받았다. ❺그 4학년생 선수 중 하나인 Ethan은 특히 기뻤다. ❻그는 이전에 어떤 경기에서도 뛰어본 적이 없었다. ❼이제, Ethan은 마침내 잔디를 밟을 기회를 얻게 된 것이었다.

❽상대 팀이 공을 놓쳤을 때, 우리 선수 중 한 명이 공을 집어 빠르게 뛰었다. ❾Ethan은 그를 따라잡기 위해 그의 바로 뒤에서 뛰었다. ❿우리 선수가 엔드존에 좀 더 가까워졌을 때, 그는 왼쪽 뒤에 Ethan이 있는 것을 보았다. ⓫곧장 앞으로 달리는 것 대신에, 그 선수는 Ethan이 터치다운 득점을 할 수 있도록 친절하게 Ethan에게 공을 패스했다.

While You Read

Q1 만약 당신이 Ethan이었다면, 기분이 어땠을 것 같은가?
예시 나는 경기를 뛸 수 있어서 아주 신났을 것이다.

Q2 왜 그 선수는 Ethan에게 공을 패스했나?
그는 Ethan이 터치다운을 득점할 수 있도록 공을 패스했다.

구문 해설

❸ Since it had been a close game the whole evening, the best players of each team …
: Since … evening은 이유를 나타내는 부사절이다. a close game은 '막상막하의 경기'를 뜻한다.

❹ Once Winston High's coach finally knew that victory was theirs, all the seniors on the sidelines were allowed to play for the last few seconds.
: that … theirs는 동사 knew의 목적어 역할을 하는 명사절이다. 「be allowed to-v」는 '…하는 것이 허용되다'라는 의미이다.

❼ Now, Ethan was finally getting the chance to step onto the grass.
: to step 이하는 the chance를 수식하는 형용사적 용법의 to부정사구이다.

❽ When the rival team dropped the ball, one of our players recovered it and quickly ran down the field with it.
: 2개의 it은 모두 the ball을 지칭한다.

❿ As our player got closer to the end zone, he saw Ethan behind him on his left.
: As … zone은 때를 나타내는 부사절이다. 주절에 나온 he, him, his는 모두 our player를 지칭한다.

⓫ Instead of running straight ahead, the player kindly passed the ball to Ethan so that he could score a touchdown.
: running straight ahead는 전치사 of의 목적어 역할을 하는 동명사구이다. 「so that … can ~」은 '…가 ~할 수 있도록'이라는 의미이다.

Check-Up

1 다음 빈칸에 들어갈 말로 알맞은 것을 고르시오.

The coach of Winston High allowed all the senior players to play because he ____________________.

① was sure that his team would win
② believed that Ethan would lead his team to victory
③ was not sure whether the players on the field were in the best condition
④ wanted to ensure the team's victory

2 다음 괄호 안의 동사를 알맞은 형태로 고쳐 쓰시오.

Instead of ________ straight ahead, the player kindly passed the ball to Ethan. (run)

❶ All eyes were on Ethan. ❷ With the ball in his hands, everything seemed to be moving in slow motion, like in a Hollywood movie. ❸ People kept their eyes on him as he made his way to the end zone. ❹ They saw him cross the goal line right before the clock ran out.

❺ Unexpectedly, everyone in the crowd leapt to their feet with their hands in the air. ❻ They were bursting with excited shouts and unending cheers for Ethan. ❼ In this moment, all of Ethan's hard work and dedication was being rewarded with glory. ❽ Ethan's touchdown didn't win the game, but it will be worth remembering. ❾ By now you're probably wondering why.

예시 I think Ethan's touchdown will be worth remembering because the crowd loved Ethan and it was the first time he scored.

While You Read Q3
Why do you think Ethan's touchdown will be worth remembering?

어휘 **make one's way** …로 나아가다 **run out** (시간 등이) 끝나다, 다 되다 **unexpectedly**[ʌ̀nikspéktidli] ⓟ 뜻밖에, 예상외로 **leap**[liːp] ⓢ 서둘러 …하다 **burst**[bəːrst] ⓢ (강한 감정의 표현으로) 터뜨리다 **dedication**[dèdikéiʃən] ⓜ 헌신 **reward**[riwɔ́ːrd] ⓢ 보상하다 **glory**[glɔ́ːri] ⓜ 영광 **worth**[wəːrθ] ⓗ …할 가치가 있는 **wonder**[wʌ́ndər] ⓢ 궁금해하다

Word Formation '…이 아닌; 반대로'라는 의미의 접두사 un-과 '예상한 바와 같이'라는 의미의 부사 expectedly가 결합하여 '뜻밖에, 예상외로'라는 의미의 부사 unexpectedly가 되었다. un-은 부사, 형용사, 명사 앞에 모두 쓰인다. ex **un-** + usual → **unusual**(드문) **un-** + friendly → **unfriendly**(불친절한) **un-** + fortunately → **unfortunately**(불행하게도)

해석

❶모든 시선이 Ethan을 향했다. ❷그의 손에 들린 공과 함께, 모든 것이 할리우드 영화의 한 장면처럼 천천히 움직이는 듯 했다. ❸사람들은 그가 엔드존을 향해갈 때 그에게 시선을 고정했다. ❹그들은 Ethan이 경기 종료 직전 골 라인을 넘어선 것을 보았다.
❺뜻밖에 모든 관중들이 손을 흔들며 벌떡 일어섰다. ❻그들은 Ethan을 향한 들뜬 외침과 끝없는 환호성을 터뜨렸다. ❼이 순간, Ethan의 그 모든 노고와 헌신이 영광으로 보상 받고 있었다. ❽Ethan의 터치다운으로 경기에서 이긴 것은 아니었지만, 그것은 기억할만한 가치가 있을 것이다. ❾이쯤 되면 여러분은 아마 이유를 궁금해할 것이다.

While You Read

Q3 왜 Ethan의 터치다운이 기억할 가치가 있을 것이라 생각하는가?
예시 관중들이 Ethan을 사랑하였고 그가 처음으로 득점한 것이었기 때문에 그의 터치다운이 기억할 가치가 있을 것이라고 생각한다.

구문 해설

❸ People kept their eyes on him as he made his way to the end zone.
: 「keep one's eyes on ...」은 '…에서 눈을 떼지 않다'라는 의미이다. as 이하는 때를 나타내는 부사절이다.

❹ They saw him cross the goal line right before the clock ran out.
: 지각동사(saw)의 목적격 보어로 동사원형(cross)이 쓰였다.

❺ Unexpectedly, everyone in the crowd leapt to their feet with their hands in the air.
: 「leap to one's feet」은 '(기쁘거나 놀라서) 벌떡 일어서다'라는 의미이며, leapt는 leap의 과거형이다(leap-leapt-leapt 또는 leap-leaped-leaped).

❼ In this moment, all of Ethan's hard work and dedication was being rewarded with glory.
: 부정대명사 all이 주어로 쓰인 경우, of 뒤의 명사가 가산명사일 때 복수, 불가산명사일 때 단수로 취급한다. hard work and dedication은 불가산명사이므로 단수동사 was가 쓰였다.

❽ ..., but it will be worth remembering.
: 「be worth v-ing」는 '…할 가치가 있다'라는 의미이다. 과거가 아닌 필자가 글을 서술하고 있는 현재 시점에서 미래에도 기억할 가치가 있다는 뜻으로 미래시제 will이 사용되었다.

❾ By now you're probably wondering why.
: 전치사 By는 '…까지는, 쯤에는'이라는 의미이다. why 뒤에는 앞 문장에 나온 it will be worth remembering이 생략되었다.

Check-Up

[1-3] 다음 빈칸에 들어갈 알맞은 말을 〈보기〉에서 찾아 쓰시오.

1 People kept their eyes _________ him as he made his way to the end zone.

2 Unexpectedly, everyone in the crowd leapt _________ their feet with their hands in the air.

3 _________ now you're probably wondering why.

보기	by	to	on

[4-5] 다음 괄호 안에서 어법상 올바른 것을 고르시오.

4 They saw him (cross / crossed) the goal line right before the clock ran out.

5 Ethan's touchdown will be worth (to remember / remembering).

While You Read Q4
What are Ethan's physical difficulties?

He is only five feet tall, and his legs unnaturally bend away from each other. It is difficult for him to walk, run, or move around.

❶ Well, Ethan is only five feet tall, and his legs unnaturally bend away from each other. ❷ It is difficult for him to walk, run, or move around. ❸ Because of his condition, he decided to leave his crowded high school in the big city. ❹ He moved to our school in the middle of his first year in high school. ❺ That following summer, he asked the coach if he could join the football team as a sophomore. ❻ The coach wasn't sure at first, but in the end he allowed Ethan to come to practice. ❼ Regardless of his physical difficulties, Ethan worked just as hard as every other player on the team. ❽ Although he knew he would never be a valuable player in any of the team's games, he poured his heart and soul into practice every day.

어휘 **unnaturally** [ʌ̀nnǽtʃərəli] ㊄ 부자연스럽게 **bend** [bend] ㊍ 구부러지다 **condition** [kəndíʃən] ㊔ 상태 **crowded** [kráudid] ㊖ 붐비는 **sophomore** [sάfəmɔ̀ːr] ㊔ (고교 · 대학의) 2학년생 **practice** [prǽktis] ㊔ 연습 **regardless of** …에 상관없이 **physical** [fízikəl] ㊖ 육체의, 신체의 **valuable** [vǽljuəbl] ㊖ 귀중한 **pour** [pɔːr] ㊍ (많은 돈, 시간, 힘 등을) 쏟아붓다

해석

❶Ethan은 키가 단지 5피트(152.4cm)이고, 그의 다리는 부자연스럽게 바깥으로 구부러졌다. ❷그는 걷고, 뛰고, 움직이는 게 어렵다. ❸그의 상태 때문에, 그는 큰 도시에 있는 붐비던 고등학교를 떠나기로 결정했다. ❹Ethan은 고등학교 1학년 도중 우리 학교로 전학 왔다. ❺이듬해 여름, Ethan은 감독에게 2학년으로서 풋볼팀에 들어갈 수 있는지 물어보았다. ❻감독은 처음에 망설였지만, 결국에는 Ethan을 연습에 오도록 허락했다. ❼Ethan은 신체적 한계와 상관없이, 그 팀의 다른 모든 선수들만큼이나 열심히 연습했다. ❽비록 팀의 어떤 경기에서도 절대 중요한 선수가 될 수 없다는 것을 알았지만, Ethan은 매일매일 연습에 열과 성을 다했다.

While You Read

Q4 Ethan의 신체적 어려움은 무엇인가?
그는 키가 겨우 5피트이고, 다리는 바깥으로 부자연스럽게 휘어졌다. 그는 걷고 달리고 움직이는 것이 어렵다.

구문 해설

❷ It is difficult for him to walk, run, or move around.
: It은 가주어, for him이 to부정사의 의미상 주어, to walk 이하가 진주어이다.

❺ That following summer, he asked the coach if he could join the football team as a sophomore.
: if는 '…인지 아닌지'라는 의미의 접속사이며, if 이하는 동사 ask의 직접목적어 역할을 하는 명사절이다.

❻ The coach wasn't sure at first, but in the end he allowed Ethan to come to practice.
: sure 뒤에는 if he could join the football team as a sophomore가 생략되었다. 「allow+목적어+to-v」는 '…가 ~하게 하다[허락하다]'라는 의미이다.

❼ …, Ethan worked just as hard as every other player on the team.
: 「as+원급+as」는 '…만큼[못지않게] ~하게[한]'라는 의미이다.

❽ Although he knew he would never be a valuable player in any of the team's games, …
: 두 번째 he 이하는 동사 knew의 목적어 역할을 하는 명사절이며, 앞에 접속사 that이 생략된 형태이다.

Check-Up

1 다음 빈칸에 들어갈 말로 알맞은 것을 고르시오.

Ethan's first high school was located in ________________.

① a big city ② a foreign country
③ a small town ④ a poor neighborhood

2 다음 중 밑줄 친 if의 쓰임이 〈보기〉와 같은 것을 고르시오.

보기	Ethan asked the coach <u>if</u> he could join the football team as a sophomore.

① <u>If</u> Jack calls, tell him I'll be home by 10 o'clock.
② You don't have to do it <u>if</u> you don't want to.
③ <u>If</u> you want, you can join us.
④ I wonder <u>if</u> I should wear this or not.

[3-4] 다음 괄호 안의 단어를 바르게 배열하여 문장을 완성하시오.

3 He (come / Ethan / to / allowed) to practice.

4 (is / it / to / for / him / difficult) walk, run, or move around.

❶ Over time, however, Ethan became valuable to the team in different ways. ❷ His passion for the game was an inspiration to all his teammates. ❸ Because Ethan motivated and encouraged them, they became his most passionate fans. ❹ Day in and day out, seeing Ethan's smile, positive attitude, and hard work lifted everyone's spirits. ❺ Right before every game, Ethan would always be in the middle of the group offering motivational words. ❻ He had a special talent for calming people down and bringing out the best in them. ❼ Ethan was also Winston High's loudest supporter. ❽ He always observed each play carefully from the sidelines. ❾ Although he wasn't the one making the actual plays on the field, Ethan's mind was always right there with his teammates. ❿ Everyone could sense his love for football, and the coaches admired his commitment.

While You Read Q5
How did Ethan become valuable to the team?

He became valuable by motivating and encouraging his teammates.

어휘 **passion**[pǽʃən] (명) 열정 **inspiration**[ìnspəréiʃən] (명) 영감[자극]을 주는 것[사람] **motivate**[móutəvèit] (동) 동기를 부여하다 **encourage**[inkə́:ridʒ] (동) 격려하다 **positive**[pázətiv] (형) 긍정적인 **attitude**[ǽtitjù:d] (명) 태도 **lift**[lift] (동) (기분, 사기를) 북돋우다 **offer**[ɔ́:fər] (동) 제공하다 **bring out** …을 끌어내다 **observe**[əbzə́:rv] (동) 관찰하다 **admire**[ædmáiər] (동) 존경하다 **commitment**[kəmítmənt] (명) 헌신, 전념

Word Formation '열정'이라는 의미의 명사 passion과 '…적인, …이 가득찬'이라는 의미의 접미사 -ate가 결합하여 '열정적인'이라는 의미의 형용사 passionate가 되었다. (ex) fortun(e) + **-ate** → **fortunate**(운 좋은) affection + **-ate** → **affectionate**(다정한, 애정 어린) compassion + **-ate** → **compassionate**(연민 어린, 동정하는)

해석

❶그러나 시간이 지나면서 Ethan은 다른 방식으로 팀에 중요한 사람이 되었다. ❷경기에 대한 그의 열정은 팀 내 모든 선수에게 자극을 주었다. ❸Ethan이 선수들에게 동기를 부여하고 격려했기 때문에, 선수들은 그의 가장 열정적인 팬이 되었다. ❹매일매일 Ethan의 미소와 긍정적인 태도, 엄청난 노력을 보는 것은 모두의 기운을 북돋웠다. ❺매 경기 직전에, Ethan은 의욕을 높이는 말을 해주며 항상 팀의 중심에 있곤 했다. ❻Ethan은 사람들을 침착하게 하고, 그들의 최고의 능력을 끌어내는 특별한 재능이 있었다. ❼Ethan은 윈스턴 고등학교의 가장 큰 지지자이기도 했다. ❽그는 항상 사이드라인에서 각 플레이를 유심히 관찰했다. ❾경기장에서 실제 플레이를 하는 선수는 아니었을지라도, Ethan의 마음은 항상 같은 팀 선수들과 함께했다. ❿모두가 풋볼을 향한 Ethan의 사랑을 느낄 수 있었고, 코치들은 그의 헌신을 존경했다.

While You Read

Q5 Ethan은 어떻게 팀에서 중요한 존재가 되었는가?
그는 팀 동료들에게 동기를 부여하고 그들을 격려해줌으로써 중요한 존재가 되었다.

구문 해설

❸ Because Ethan motivated and encouraged them, they became his most passionate fans.
: them과 they는 모두 Ethan's teammates를 지칭한다.

❹ Day in and day out, seeing Ethan's smile, positive attitude, and hard work lifted everyone's spirits.
: 「day in and day out」은 '날이면 날마다'라는 의미이다. seeing ... work는 문장의 주어 역할을 하는 동명사구이며, lifted가 서술어이다.

❺ ..., Ethan would always be in the middle of the group offering motivational words.
: offering 이하는 동시동작을 나타내는 분사구문으로, 'as he would offer motivational words'로 바꿔쓸 수 있다.

❻ He had a special talent for calming people down and bringing out the best in them.
: calming people down과 bringing out ... them은 전치사 for의 목적어 역할을 하는 동명사구이며, 접속사 and로 병렬연결되어 있다.

❾ Although he wasn't the one making the actual plays on the field, ...
: making ... field는 the one을 수식하는 현재분사구이다.

Check-Up

[1-2] 다음 문장이 본문 내용과 일치하면 T, 일치하지 않으면 F를 쓰시오.

1 Ethan observed every play of his team from the sidelines. (　　　)

2 The coaches didn't like Ethan because he couldn't play on the field. (　　　)

[3-5] 다음 괄호 안에서 어법상 올바른 것을 고르시오.

3 Right before every game, Ethan would always be in the middle of the group (offered / offering) motivational words.

4 Although he wasn't the one (made / making) the actual plays on the field, Ethan's mind was always right there with his teammates.

5 Day in and day out, seeing Ethan's smile, positive attitude, and hard work (lifted / lifting) everyone's spirits.

❶ For the past three years, Ethan has been schooling us all in the game of life. ❷ He always reminds us that everyone is important to a team's success, though their role on the team may be small. ❸ Instead of putting all his efforts into trying to be the team's best player, he has done everything he can to make the team better. ❹ As Ethan has shown us, lifting up those around us is also of great worth. ❺ When we help others shine, their light will shine on us in return. ❻ Yes, sometimes there is something better than being the best.

While You Read Q6
Do you think Ethan was better than the best player on the team? Why or why not?

예시 Yes, I think he was more valuable than the best player because he helped everyone play well.

Source http://www.huffingtonpost.com (p.232 참조)

어휘 **remind**[rimáind] 동 상기시키다 **effort**[éfərt] 명 노력 **shine**[ʃain] 동 빛나다 **in return** (…에 대한) 보답으로, 답례로

해석

❶지난 3년간, Ethan은 삶이라는 경기에서 우리 모두를 가르쳐왔다. ❷그는 팀에서의 역할이 작을지라도 모두가 팀의 성공을 위해 중요하다는 것을 항상 일깨워준다. ❸팀의 최고 선수가 되기 위해 모든 노력을 쏟아붓는 대신에, Ethan은 팀을 더 좋게 만들기 위해 할 수 있는 모든 것을 해왔다. ❹Ethan이 우리에게 보여준 것처럼, 우리 주변 사람들의 기운을 북돋워 주는 것 역시 큰 가치가 있는 것이다. ❺우리가 다른 사람이 빛나도록 도와주었을 때, 그 빛은 그에 대한 보답으로 우리를 비출 것이다. ❻그렇다, 때로 최고가 되는 것보다 더 나은 것이 있다.

While You Read

Q6 당신은 Ethan이 팀 내 최고의 선수보다 더 나았다고 생각하는가? 왜 그렇다고 혹은 그렇지 않다고 생각하는가?

예시 그렇다. 그는 모든 이가 경기를 잘하도록 도와주었기 때문에 최고의 선수보다 더 중요한 존재였다고 생각한다.

구문 해설

❶ For the past three years, Ethan has been schooling us all in the game of life.

: has been schooling은 현재완료진행형으로, 과거에 시작된 일이 현재까지 진행되고 있음을 나타낸다.

❷ He always reminds us that everyone is important to a team's success, …

: that 이하는 remind의 목적어 역할을 하는 명사절이다.

❸ Instead of putting all his efforts into trying to be the team's best player, he has done everything he can to make the team better.

: putting … player는 전치사 of의 목적어 역할을 하는 동명사구이며, trying … player는 전치사 into의 목적어 역할을 하는 동명사구이다. he can은 everything을 선행사로 하는 목적격 관계대명사절이며, 앞에 관계대명사 that이 생략된 형태이다. to make 이하는 목적을 나타내는 부사적 용법의 to부정사구이다.

❹ …, lifting up those around us is also of great worth.

: lifting … us는 주어 역할을 하는 동명사구이다. of great worth는 「of+추상명사」의 형태로 형용사 기능을 한다.

❺ When we help others shine, their light will shine on us in return.

: 시간을 나타내는 부사절에서는 현재시제가 미래시제를 대신하므로 현재형 help가 쓰였다. 동사 help의 목적격 보어로 동사원형(shine)이 쓰였다.

Check-Up

1 **다음 빈칸에 들어갈 말로 알맞은 것을 고르시오.**

Ethan made his team better by ______________________.

① trying to be the team's best player

② encouraging those around him

③ teaching everyone how to win football games

④ practicing day and night with his teammates

[2-3] 다음 괄호 안의 단어를 바르게 배열하여 문장을 완성하시오.

2 When (others / help / shine / we), their light will shine on us in return.

3 As Ethan has shown us, lifting up those around us is also (great / of / worth).

A

Read the article from the Winston High newspaper and answer the following questions.

Winston High News

Winston High finished its season with an inspiring victory. It defeated Stark High by a score of 20–6. About 30 seconds before the final whistle, victory was already certain. However, the best moment of the game began shortly after. The coach sent all the seniors onto the field. Among them was Ethan. He joined the team in his (A) [sophomore / junior] year. Ethan doesn't look like a typical football player. He is only five feet tall and his (B) [legs / arms] are too weak to (C) [run fast / hold a ball]. Nevertheless, Ethan is the team's most important player, as his great (D) [attitude / knowledge] motivates everyone around him. In the game's final seconds, Ethan scored the last touchdown. A teammate passed the ball to Ethan so that he could score. It was a touching moment and a fantastic way to finish the season!

1 What is the best title for the article?

a Ethan Breaks the School Touchdown Record
ⓑ Football Season Ends with an Inspiring Win
c Seniors Carry Winston High in the Final Game
d A Last Minute Victory Shocks Fans

2 Choose the correct words for (A)–(D) based on the main text.

(A) sophomore (B) legs (C) run fast (D) attitude

p. 25

A 윈스턴 고등학교 신문 기사를 읽고 다음 질문에 답하시오.

1 이 기사에 가장 적절한 제목은 무엇인가?

a Ethan이 교내 터치다운 기록을 깨다
b 풋볼 시즌이 감동적인 승리로 끝나다
c 졸업반 학생들이 마지막 경기에서 윈스턴고를 이끌다
d 마지막 순간의 승리가 팬들을 충격에 빠뜨리다

2 본문 내용에 근거하여 (A)–(D)에 알맞은 표현을 고르시오.

해설 (A) Ethan은 2학년 때 풋볼팀에 가입했다. (B), (C) Ethan은 다리가 밖으로 휘어져 걷거나 뛰기 힘든 신체적 한계를 지녔다.
(D) Ethan은 연습에 빠지지 않고 항상 팀원들을 격려하며 지지하는 태도로 팀에서 귀중한 존재가 되었다.

해석

윈스턴고가 감동적인 승리로 시즌을 마쳤다. 윈스턴고는 20–6의 스코어로 스타크고를 이겼다. 종료 휘슬이 울리기 약 30초 전, 승리는 이미 확실했다. 그러나 경기 최고의 순간은 그 직후 시작되었다. 코치는 4학년생 모두를 경기장에 내보냈다. 그들 가운데 Ethan이 있었다. 그는 2학년 때에 팀에 합류했다. Ethan은 전형적인 풋볼 선수로 보이지는 않는다. 키는 5피트에 불과하고 그의 다리는 너무 약해서 빨리 달릴 수 없다. 그럼에도 불구하고 Ethan은 팀의 가장 중요한 선수인데, 그의 훌륭한 태도가 주변에 모든 사람들을 독려하기 때문이다. 경기의 마지막 순간에, Ethan은 마지막 터치다운을 득점했다. 팀 동료가 Ethan이 득점할 수 있도록 공을 패스했던 것이다. 감동적인 순간이었고, 시즌을 마치는 환상적인 방식이었다!

Check-Up

[1-4] 다음 문장이 본문 내용과 일치하면 T, 일치하지 않으면 F를 쓰시오.

1 Ethan moved from a big city and started attending Winston High. (   )

2 Ethan couldn't come to practice because of his physical difficulties. (   )

3 In the final game of the football season, Ethan scored two touchdowns. (   )

4 Once the coach of Winston High was certain that they would win, all the seniors were allowed to play. (   )

어휘 **defeat** [difíːt] ⓢ 이기다, 패배시키다 **certain** [sə́ːrtn] ⓗ 확실한, 틀림없는 **shortly** [ʃɔ́ːrtli] ⓟ 얼마 안되어 **junior** [dʒúːnjər] ⓝ (고교·대학의) 3학년생 **typical** [típikəl] ⓗ 전형적인, 대표적인 **nevertheless** [nèvərðəlés] ⓟ 그럼에도 불구하고, 그렇기는 하지만

B

Pretend you are Ethan and answer the school newspaper's interview questions.

Why did you want to join the football team?

예시 I joined the football team because I love football.

What do you think your role was on your team?

예시 I think my role was to support the other players.

How did you feel when you scored that final touchdown in the last game?

예시 I felt thankful to my teammate for helping me score.

B **자신이 Ethan이라고 가정하고 학교 신문의 인터뷰 질문에 답하시오.**

Q. 왜 풋볼팀에 가입하고 싶으셨나요?

A. 예시 저는 풋볼을 사랑하기 때문에 풋볼팀에 가입했습니다.

Q. 팀에서 당신의 역할은 무엇이었다고 생각하나요?

A. 예시 저는 제 역할이 다른 선수들을 지지해주는 것이었다고 생각합니다.

Q. 마지막 경기에서 최종 터치다운 득점을 했을 때 기분이 어땠습니까?

A. 예시 저는 제가 득점하도록 도와준 제 팀 동료에게 고마움을 느꼈습니다.

C

Read the following quotes by famous sports people and think about their meanings. Then search for another quote.

"Talent wins games, but teamwork and intelligence win championships."
– Michael Jordan

"The only place success comes before work is in the dictionary."
– Vince Lombardi

"There may be people that have more talent than you, but there's no excuse for anyone to work harder than you do."
– Derek Jeter

p. 26

C **다음 유명 스포츠 인사들의 말을 읽어보고 그 의미를 생각해 보시오. 그러고 나서 다른 인용구를 찾아보시오.**

"재능은 경기에서 이기게 하지만 팀워크와 지성은 우승컵을 차지하게 한다." – Michael Jordan

"성공이 노력 앞에 있는 유일한 장소는 사전이다." – Vince Lombardi

"당신보다 재능이 더 많은 사람들이 있을 수 있겠지만, 당신보다 더 열심히 노력하는 누군가에 대해서는 변명의 여지가 없다." – Derek Jeter

배경지식

- Michael Jordan(1963–): 1980~1990년대 미국 농구계 슈퍼스타로, 시카고 불스 소속으로 뛰며 NBA 챔피언십 6회 우승, 득점왕 10회, NBA 정규리그 최우수 선수(MVP) 5회 등 전설적인 기록을 남겼다. NBA는 물론 세계 농구 역사를 통틀어 가장 위대하고 뛰어났던 선수로 평가받는다.

- Vince Lombardi(1913–1970): 미식축구 사상 가장 위대한 감독으로 평가받는 인물이다. 1959년 승률 10% 이하였던 그린베이 패커스의 감독으로 취임해 1년 만에 승률을 60%로 끌어올렸다. 1961년과 1962년 그리고 1965년 NFL 챔피언십을 거머쥐는 등 총 6회 결승에 진출해 5회 우승이라는 기적을 낳았다.

- Derek Jeter(1974–): 1995년에 데뷔하여 2014년 은퇴할 때까지 메이저리그 뉴욕 양키스에서 유격수로 활약한 야구선수이다. 5차례의 월드 시리즈 우승과 신인상 수상, 골든글러브 5회 수상, 올스타 선발 14회 등 화려한 경력을 자랑하며, 양키스 기록의 많은 부분에서 통산 1위를 차지하고 있다. 메이저리그 역사상 가장 위대한 유격수 중 한 명으로 평가받고 있다.

어휘 **talent**[tǽlənt] ⓜ 재능 **intelligence**[intélədʒəns] ⓜ 지성, 지능 **championship**[tʃǽmpiənʃìp] ⓜ 선수권 대회 **excuse**[ikskjúːs] ⓜ 변명, 핑계

Discovering Grammar

Point 1

Read and Notice Read the interview, paying attention to the structure in bold.

Q: Miss Murphy, congratulations **on winning** the Best Musical Actress award! Why did you decide to be a musical actress at first?
A: Thank you. Well, I was good **at singing** and **dancing** when I was a child. Above all, I enjoyed watching musicals!
Q: What did you do to achieve your dream?
A: I improved my skills **by practicing** every day. Also, I never forgot the importance **of trying** my best all the time.

Practice Complete the sentences with the given words using the same structure as above.

1 We should not be afraid of <u>making errors</u> when learning a language. (make errors)
2 We are looking forward to <u>hearing their views</u> in person. (hear their views)
3 Everybody was interested in <u>knowing the truth</u> of the incident. (know the truth)

Find More Find the sentences in the main text with the same structure as above.

p. 27

Find More 정답
p. 20 Instead **of running** straight ahead, (…)
p. 23 He had a special talent **for calming** people down and **bringing** out the best in them.
p. 24 Instead **of putting** all his efforts **into trying** to be the team's best player, (…)

Point 1

Read and Notice 굵게 표시된 구조에 주의하여 인터뷰를 읽으시오.

Q: Murphy양, 최우수 뮤지컬 여배우 상의 수상을 축하드립니다! 처음에 왜 뮤지컬 배우가 되기로 결심하셨나요?
A: 감사합니다. 음, 저는 어릴 때 노래를 잘 하고 춤을 잘 췄어요. 무엇보다도 뮤지컬 보는 것을 즐겼고요!
Q: 꿈을 이루기 위해 무엇을 하셨나요?
A: 매일 연습함으로써 기량을 향상시켰습니다. 또한, 언제나 최선을 다하는 것의 중요성을 잊지 않았어요.

Practice 위와 같은 구조를 사용하여 주어진 단어로 문장을 완성하시오.

1 언어를 배울 때는 <u>실수하는 것</u>을 두려워해서는 안 된다.
2 우리는 <u>그들의 견해를 직접 듣기</u>를 고대한다.
3 모든 이가 <u>그 사건의 진실을 아는 데</u> 관심이 있다.

Find More 위와 같은 구조의 문장을 본문에서 찾으시오.

Point 2

Read and Notice Read the notice, paying attention to the structure in bold.

The Counseling Room Is Always Open to You

Is it hard **for you to adapt** to high school life?
Then come and visit the counselors in Room 301.
We will listen to your concerns and guide you through high school.
If you need help, **it is** important **for you to talk** to us right away.

Practice Complete the sentences by unscrambling the words.

1 (to help / important / for us / is / it) hungry children in poor countries. It is important for us to help
2 (is / for him / not easy / it / to stay) in shape all the time. It is not easy for him to stay
3 (possible / to pick / would / for you / be / it) me up at 7 p.m. tomorrow? Would it be possible for you to pick

Find More Find the sentence in the main text with the same structure as above.

p. 27

Find More 정답
p. 22 **It is** difficult **for him to walk**, **run**, or **move** around.

Point 2

Read and Notice 굵게 표시된 구조에 주의하여 공지문을 읽으시오.

〈상담실은 당신에게 항상 열려있습니다〉
고등학교 생활에 적응하기가 어려운가요? 그렇다면 301호실의 상담 선생님을 찾아오세요. 여러분의 걱정을 듣고 고등학교 생활을 안내해드릴 것입니다. 도움이 필요하면, 여러분이 저희에게 바로 이야기하는 것이 중요합니다.

Practice 단어의 순서를 바로잡아 문장을 완성하시오.

1 우리가 가난한 나라들의 굶주리는 어린이들을 돕는 것이 중요하다.
2 그에게는 항상 건강을 유지하기가 쉽지 않다.
3 당신이 내일 오후 7시에 나를 데리러 오는 것이 가능한가요?

Find More 위와 같은 구조의 문장을 본문에서 찾으시오.

≡ 어휘 **congratulation**[kəngrӕtʃuléiʃən] (명) 축하 **actress**[ǽktris] (명) 여배우 **achieve**[ətʃíːv] (동) 달성하다, 성취하다 **improve**[imprúːv] (동) 개선하다, 향상시키다 **look forward to** …을 고대하다 **view**[vjuː] (명) 견해, 시각 **incident**[ínsidənt] (명) 일, 사건 **counseling**[káunsəliŋ] (명) 상담, 조언 **adapt**[ədǽpt] (동) 적응하다 **concern**[kənsə́ːrn] (명) 걱정, 염려 **right away** 즉시, 바로 **stay in shape** 건강을 유지하다

문법 노트

Point 1 전치사의 목적어로서의 동명사

전치사 뒤에 오는 단어나 어구를 전치사의 목적어라고 한다. 이때 목적어의 형태는 명사에 준해야 하므로, 전치사 뒤에 동사나 동사가 이끄는 어구가 올 경우 동명사(v-ing)의 형태가 되어야 한다. 주요 전치사로는 in, of, on, by, for, with, from, without, to 등이 있다.

ex She is interested **in playing** the violin. (그녀는 바이올린 연주에 관심이 있다.)
You should keep him **from leaving**. (당신은 그가 떠나지 않도록 막아야 한다.)
I'm not accustomed **to expressing** my feelings. (나는 감정을 표현하는 것에 익숙하지 않다.)

Point 2 진주어 to부정사와 의미상의 주어

문장에서 주어 역할을 하는 to부정사구가 긴 경우, 주어 자리에 it을 쓰고, to부정사구를 뒤로 보낼 수 있다. 이때 주어 자리에 사용된 it을 '가주어'라 하며, 해석은 하지 않는다. 뒤에 있는 to부정사구를 '진주어'라고 한다.

ex To get up late in the morning is not good. → **It is** not good **to get up** late in the morning.
(아침에 늦게 일어나는 것은 좋지 않다.)

to부정사구가 나타내는 동작의 주체가 문장 전체의 주어와 일치하지 않을 때, 동작의 주체를 표시하기 위해 「for+목적격」을 사용하며 이를 의미상의 주어라 한다.

ex **It is** necessary **for you to get up** early in the morning. (네가 아침 일찍 일어나는 것이 필요하다.)
It was hard **for me to understand** the lecture. (그 강의를 이해하는 것이 나에게는 힘들었다.)

cf.) 사람의 성질, 성격을 나타내는 형용사(kind, clever, wise, foolish, cruel, honest 등) 뒤에 오는 to부정사의 의미상 주어를 나타낼 때는 「of+목적격」을 사용한다.

ex It is kind **of him** to help you with this! (이 일을 하는 데 너를 도와주다니 그는 참 친절하구나!)
It was careless **of you** to make the same mistake. (같은 실수를 하다니 너는 부주의했어.)

Check-Up

1 다음 괄호 안에서 어법상 올바른 것을 고르시오.

(1) I'm so sorry for (be / being) late.
(2) She is scared of (to stay / staying) at home alone.

2 다음 괄호 안의 단어를 이용하여 우리말과 뜻이 같도록 문장을 완성하시오.

(1) 나는 당신과 일하는 것을 기대하고 있다. (work)
I'm looking forward to ____________ ____________ ____________.
(2) 그녀는 연설하는 것에 대해 걱정하고 있다. (give, a speech)
She is worried about ____________ ____________ ____________.

3 다음 두 문장이 같은 뜻이 되도록 빈칸에 알맞은 말을 쓰시오.

(1) To learn a foreign language is not easy.
= It ____.
(2) To travel alone is dangerous for children.
= ____ to travel alone.

4 다음 괄호 안의 단어를 바르게 배열하여 문장을 완성하시오.

(1) It was so sweet (you / come / to / of / my party / to).
(2) It is important (for / good grades / me / get / in / to / English).

Write

Meet My Friend

Writing a Paragraph Introducing a Person

A Paragraph Introducing a Person

You can introduce someone by stating their name and describing their job, hobby, personality, and other interesting or helpful information. The specific information to include depends on the purpose of the writing itself.

사람을 소개하는 단락
이름을 언급하고 직업, 취미, 성격 그리고 다른 흥미롭거나 유용한 정보를 기술함으로써 사람을 소개할 수 있다. 포함할 구체적인 정보는 글 자체의 목적에 의해 결정된다.

A Model Writing

Listen to the conversation and write down the details in the profile.

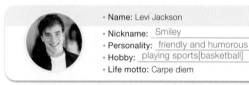

- Name: Levi Jackson
- Nickname: Smiley
- Personality: friendly and humorous
- Hobby: playing sports[basketball]
- Life motto: Carpe diem

I'd like to introduce my friend, Levi Jackson.	Opening
His nickname is Smiley because he always smiles!	Nickname
At first he looks a little shy, but as you can guess from his nickname, he is very friendly and humorous, too.	Personality
His hobby is playing sports, and he likes playing basketball the most.	Hobby
Finally, his life motto is "Carpe diem." It means "Seize the day." I think he will always try to do his best.	Life motto
I hope you'll get to know him better.	Closing

A 대화를 듣고 프로필 안에 세부사항을 적으시오.

제 친구 Levi Jackson을 소개하고 싶습니다. 그의 별명은 Smiley인데, 그가 항상 웃기 때문입니다! 처음에는 약간 수줍어 보이지만, 그의 별명에서 짐작할 수 있듯, 그는 아주 친절하고 유머러스하기까지 합니다. 그의 취미는 운동을 하는 것인데, 농구하는 것을 가장 좋아합니다. 마지막으로 그의 좌우명은 "Carpe diem"입니다. 이것은 "오늘을 즐기며 살자"라는 의미입니다. 저는 그가 항상 최선을 다할 것이라 생각합니다. 여러분이 그를 더 잘 알게 되기를 바랍니다.

Useful Expressions Describing personality

generous	honest	polite	smart	sociable
courageous	careful	quiet	tidy	modest

p. 28

Useful Expressions 성격 묘사하기

관대한 / 정직한 / 공손한 / 똑똑한 / 사교적인
용감한 / 신중한 / 조용한 / 깔끔한 / 겸손한

Script A

G: Nice to meet you, Levi Jackson! Do you have a nickname?
B: My friends call me Smiley. They say I always smile.
G: I can see that. I like your smile, too. So, Smiley, how would you describe your personality?
B: Well... People say I look a little shy at first, but they soon find I'm friendly and humorous.
G: Cool. What are your hobbies?
B: I enjoy playing sports. I like playing basketball the most.
G: Oh, that's great. Do you have a life motto?
B: Yes! It's "Carpe diem!" It means "Seize the day."

해석

여: 만나서 반가워, Levi Jackson! 너는 별명이 있니?
남: 내 친구들은 나를 Smiley라고 불러. 내가 항상 웃는대.
여: 나도 알 수 있겠는걸. 나도 네 웃음이 좋다. 그래, Smiley, 네 성격을 어떻게 표현하겠니?
남: 글쎄… 사람들은 내가 처음에는 수줍어 보인다고 말하지만 그들은 곧 내가 다정하고 유머러스하다는 것을 알게 돼.
여: 멋지구나. 너의 취미는 어떤 것들이야?
남: 나는 스포츠하는 것을 즐겨. 농구하는 것을 가장 좋아해.
여: 오, 멋지구나. 너는 좌우명이 있어?
남: 응! "카르페 디엠"이야! "오늘을 즐기며 살자"는 뜻이지.

어휘 **state** [steit] ⓢ 말하다[쓰다] **specific** [spisífik] ⓗ 구체적인, 명확한 **depend on** …에 달려있다 **motto** [mɑ́tou] ⓜ 좌우명

B Write Your Own

Step 1 Think about what you would like to know about your partner.

Do you have a nickname? How did you get it?
How would you describe your personality?
What are your hobbies?
YOU

Step 2 Complete your partner's profile.

예시
- Name: Olivia Morris
- Nickname: Liv
- Personality: polite and sociable
- Hobby: drawing
- Favorite: classical music music

Step 3 Write your own paragraph introducing your partner.

예시
I'd like to introduce my friend, Olivia Morris. *His/Her nickname is* Liv *because* it's short for her first name. *My friend has a very* polite and sociable *personality. His/Her hobby is* drawing. *Finally,* she likes to listen to classical music. *I hope you'll get to know him/her better.*

Check Yourself | Write

- ☐ Did I include correct information about my partner?
- ☐ Does the paragraph introduce my partner in an effective way?
- ☐ Did I use correct spelling and grammar?

p. 29

B **Step 1** 자신의 짝에 대해 알고 싶은 것을 생각해 보시오.

- 너는 별명이 있니? 어떻게 그 별명을 얻게 되었니?
- 너는 네 성격을 어떻게 묘사하겠니?
- 너는 취미가 무엇이니?

Step 2 짝의 프로필을 완성하시오.

예시
- 이름: Olivia Morris
- 별명: Liv
- 성격: 예의 바르고 사교적임
- 취미: 그림 그리기
- 가장 좋아하는 음악: 클래식 음악

Step 3 짝을 소개하는 단락을 쓰시오.

예시 제 친구 Olivia Morris를 소개하고 싶습니다. 그녀의 별명은 Liv인데, 그것이 그녀의 이름의 줄임말이기 때문입니다. 제 친구는 굉장히 예의 바르고 사교적인 성격입니다. 그녀의 취미는 그림 그리기입니다. 마지막으로 그녀는 클래식 음악 듣는 것을 좋아합니다. 여러분이 그녀를 더 잘 알게 되기를 바랍니다.

Check Yourself

- ☐ 나의 짝에 대한 올바른 정보를 포함했는가?
- ☐ 단락이 효과적인 방식으로 짝을 소개하는가?
- ☐ 올바른 철자와 문법을 사용하였는가?

추가 예시문

I'd like to introduce my friend, Mina. Her nickname is Hahoe mask because she always has a big smile on her face. My friend has a very lovely and thoughtful personality. Her hobby is taking pictures and posting them on her blog. Finally, her dream is to be a web designer. I hope you'll get to know her better.

제 친구 미나를 소개하고 싶습니다. 그녀의 별명은 하회탈인데, 그녀가 언제나 얼굴에 큰 미소를 짓고 있기 때문입니다. 제 친구는 굉장히 사랑스럽고 사려 깊은 성격입니다. 그녀의 취미는 사진을 찍어 그녀의 블로그에 올리는 것입니다. 마지막으로 그녀의 꿈은 웹디자이너가 되는 것입니다. 여러분이 그녀를 더 잘 알게 되기를 바랍니다.

Writing Tip 소개하는 글 쓰기

1 자신과의 관계, 직업, 별명, 취미, 특기 등 소개할 대상을 설명할 수 있는 사실들을 파악하여 정리한다. 글을 읽게 될 대상이 누구인지를 고려하여, 독자들이 흥미를 느낄 수 있는 내용이 되도록 유의한다.

2 무엇을 먼저 소개하고 무엇을 나중에 넣을지, 문장들을 어떻게 적절히 연결할지 등을 생각하여 글이 매끄럽게 전개되도록 한다.

3 소개하는 대상에 대한 자신의 느낌, 독자들에게 전하고 싶은 말 등 적절한 마지막 문구를 넣어 글을 마무리한다.

Hidden Gems in Team Sports

A Get to Know the World

Fill in the blanks with the proper words in the box. Then listen and check your answers.

1

Liberos in Volleyball

In volleyball, liberos receive the attack or serve and often have the best reaction times and passing skills on their team. Their sole purpose is to 1) defend. Height is not an issue because liberos may not play at the net. ❶ This gives 2) shorter players who excel at passing and defending a chance to show off their skills.

Punt Returners in American Football

2

After a football is punted, a punt returner has to 3) catch it and run toward the end zone. Though ❷ it seems like only tall and big athletes play American football, this sport actually offers many ways for athletes of all shapes and sizes to contribute to the game. Smaller players are the better choice for punt returns because being 4) quick is more valuable than height or width for this position.

3

Coxswains in Rowing

From their seat at the 5) front of the boat, coxswains steer, pass on the coach's orders, and shout out commands to the crew. ❸ They are the lightest among the other rowing team members, but they pull more than their weight by coming up with good race plans and motivating their team to victory. Leadership and effective 6) communication skills are a must for this position.

*punt (공을) 땅에 닿기 전에 차다
*coxswain 키잡이, 타수

front	shorter	communication	catch	quick	defend

p. 30

A 상자에서 적절한 단어로 빈칸을 채우시오. 그러고 나서 듣고 답을 확인하시오.

1 배구의 리베로

배구에서 리베로는 공격이나 서브를 받으며, 보통 팀에서 최고의 반응속도와 패스 기술을 갖는다. 그들의 단 하나의 목표는 1)막는 것이다. 신장은 문제가 되지 않는데, 이는 리베로가 네트 주변에서 뛰지 않을 수도 있기 때문이다. 이것은 패스나 방어에 뛰어난 2)더 작은 선수들에게 그들의 능력을 자랑할 기회를 제공한다.

2 미식축구의 펀트 리터너

공이 차진 후에, 펀트 리터너는 그 공을 3)잡아 엔드존을 향해 뛰어야 한다. 오직 키와 덩치가 큰 운동선수들만이 미식축구를 하는 것 같아 보이지만, 이 스포츠는 사실 모든 신체 형태와 사이즈의 운동선수들이 시합에 공헌할 수 있도록 많은 방법들을 제공한다. 펀트 리턴에 있어서는 더 작은 선수들이 더 나은 선택인데, 왜냐하면 이 포지션을 위해서는 신장이나 너비보다 4)빠른 것이 더 유용하기 때문이다.

3 조정의 타수

보트 5)앞 부분에 있는 그들의 자리로부터 타수는 조종하고, 감독의 지시사항을 전달하고, 팀에게 명령을 외친다. 그들은 여타 조정 팀원 중에서 가장 가볍지만, 좋은 경주 전략을 떠올리고 그들의 팀이 승리하도록 동기부여를 함으로써 그들의 몸무게보다 더 많이 끌어당긴다. 리더십과 효과적인 6)의사소통 능력은 이 포지션에 있어서 필수이다.

구문 해설

❶ This gives shorter players who excel at passing and defending a chance to show off their skills.
: shorter players who ... defending이 동사 gives의 간접목적어, a chance to show off their skills가 직접목적어이다. who ... defending은 shorter players를 선행사로 하는 주격 관계대명사절이다.

❷ ..., this sport actually offers many ways for athletes of all shapes and sizes to contribute to the game.
: to contribute to the game은 many ways를 수식하는 형용사적 용법의 to부정사구이다.

❸ ..., but they pull more than their weight by coming up with good race plans and motivating their team to victory.
: coming up ... plans와 motivating 이하는 전치사 by의 목적어 역할을 하는 동명사구이며, 접속사 and로 병렬 연결되어 있다.

어휘 reaction [riǽkʃən] ⓜ 반응 sole [soul] ⓗ 단 하나의 excel [iksél] ⓓ 뛰어나다, 탁월하다 show off 자랑하다 athlete [ǽθliːt] ⓜ 운동선수 width [widθ] ⓜ 넓이, 너비 steer [stiər] ⓓ 조종하다 command [kəmǽnd] ⓜ 명령 crew [kruː] ⓜ 팀, 무리 must [məst] ⓜ 꼭 해야 하는 것

B Take a Closer Look

Choose one of the positions in A that impressed you most. Then share the reason with your partner.

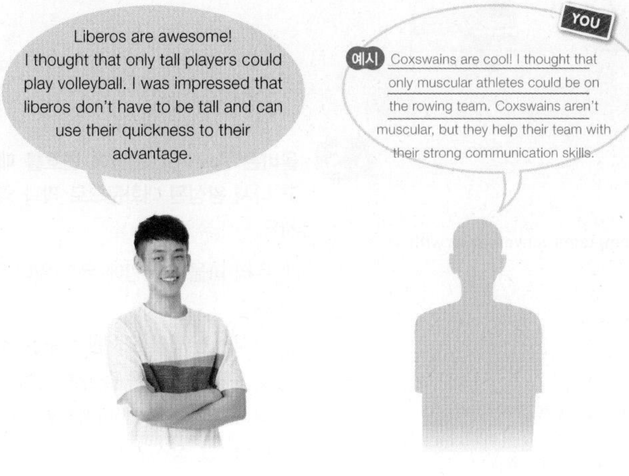

Liberos are awesome!
I thought that only tall players could play volleyball. I was impressed that liberos don't have to be tall and can use their quickness to their advantage.
YOU
예시 Coxswains are cool! I thought that only muscular athletes could be on the rowing team. Coxswains aren't muscular, but they help their team with their strong communication skills.

B A에서 자신에게 가장 인상 깊었던 포지션을 고르시오. 그러고 나서 그 이유를 짝과 공유하시오.

- 리베로는 정말 멋져! 나는 키 큰 선수들만 배구 경기를 할 수 있다고 생각했었어. 리베로들은 키가 클 필요도 없고, 민첩함을 유리하게 이용할 수 있다는 것에 깊은 인상을 받았어.
- 예시 타수들이 멋져! 나는 근육질 선수들만이 조정팀에 들어갈 수 있다고 생각했어. 타수들은 근육질은 아니지만 뛰어난 의사소통 능력으로 팀에 도움을 줘.

C Keep Exploring

Search for another position that is not given much attention but plays an important role in team sports. Then present it to the class.

Position/Sport: ______________________

Roles: ______________________

____

Requirements: ______________________

____

____

p. 31

C 많은 관심을 받지는 않지만 팀 스포츠에서 중요한 역할을 하는 또 다른 포지션을 조사하시오. 그러고 나서 조사한 내용을 학급에 발표하시오.

Check-Up

[1-3] 다음 문장이 본문 내용과 일치하면 T, 일치하지 않으면 F를 쓰시오.

1 Liberos in volleyball don't attack. (   )

2 The job of a punt returner is to throw the ball as far as possible. (   )

3 Coxwains have to communicate with their teammates well. (   )

배경지식

미식축구의 필드골(field goal)과 펀트(punt)

미식축구에서 공격 측은 4번의 기회 안에 10야드를 전진해야 한다. 4번째 기회에서도 10야드 전진에 실패하면 그 자리에서 공격권이 넘어가기 때문에, 보통 3번째 기회까지 10야드를 전진하지 못하면 대부분의 경우 공격을 하지 않고 필드골(field goal)이나 펀트(punt)를 시도하게 된다.

- **필드골**: 공격이 상대편 진영에서 멈춰서 킥을 통해서 골을 넣는 것을 말한다. 골포스트는 골라인에서 10야드가 떨어져 있기 때문에 보통 필드골은 골라인에서 35~40야드 정도에 있을 경우 시도하는 경우가 많다. 실패할 경우 바로 그 자리에서 공수가 교대된다.
- **펀트**: 상대방 진영 깊숙이 공을 차서 넘겨 주는 것을 말한다. 4번째 기회를 포기하고 공격권을 넘겨주지만 최대한 먼 거리에서 상대팀의 공격이 시작될 수 있도록 하기 위한 선택이다. 보통 필드골을 시도할 수 없는 먼 거리의 경우 시도된다. 펀트 킥을 하는 순간 공수가 교대되며, 공을 잡은 선수가 태클을 당해 넘어진 위치에서 다시 플레이가 진행된다.

어휘 impress [imprés] 동 깊은 인상을 주다 awesome [ɔ́:səm] 형 경탄할 만한 quickness [kwíknəs] 명 빠름, 민첩함 requirement [rikwáiərmənt] 명 필요조건, 요건

L Listen to the conversation and choose what the woman asks the boy to do.

a 
b 
c 
d 

L 대화를 듣고 여자가 남자에게 부탁하는 일을 고르시오.

해설 엄마는 민수에게 세탁소에서 옷을 찾아 줄 것을 부탁하고 있다.

S Number the sentences in the correct order. Then act out the completed conversation with your partner.

1 Did you hear about what happened to the library in our town?
5 Maybe we can help raise money to restore the library.
2 No, what happened? Was it something bad?
4 Oh, no! That place is very important to many people! We should do something to help the library.
3 Well, the part of the library for the disabled was flooded because of the heavy rain we had last weekend.
6 What a great idea! That's one small thing that we can do for our community.

S 올바른 순서대로 문장에 번호를 매기시오. 그러고 나서 완성된 대화문으로 짝과 역할 연기를 하시오.

1 우리 마을 도서관에 무슨 일이 있었는지 들었니?
5 어쩌면 우리가 도서관 복구를 위한 돈을 모금하는 데에 도움을 줄 수도 있을 것 같아.
2 아니, 무슨 일인데? 나쁜 일이었어?
4 이런! 그 장소는 많은 사람에게 아주 중요한데! 도서관에 도움이 되는 무언가를 해야겠다.
3 음, 장애인을 위한 도서관 시설 일부가 지난주 폭우 때문에 침수되었어.
6 좋은 생각인데! 그건 우리가 우리 사회를 위해 할 수 있는 작은 일이지.

Self-Reflection

1 Answer the Big Question

Q. What are your roles and responsibilities as a person?

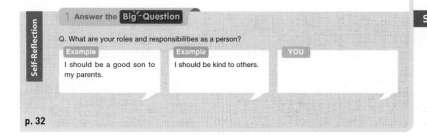

Example	Example	YOU
I should be a good son to my parents.	I should be kind to others.	

p. 32

Self-Reflection 1 Big Question에 답하기

Q. 한 사람으로서 여러분의 역할과 책임은 무엇입니까?
|예시| 나는 부모님에게 좋은 아들이 되어야 한다.
|예시| 나는 타인에게 친절해야 한다.

Script L

(phone rings)
B: Hello?
W: Hello, Minsu. Can you talk on the phone now?
B: Yes, Mom. School just finished. What's up?
W: I'm going to come home late today. Can you do me a favor?
B: Sure. What is it?
W: Can you pick up my clothes from the dry cleaner?
B: Hmm... When does it close? I'm going to be studying at school until nine.
W: It closes at ten.
B: Oh, then I'll drop by on my way home. Is it the one next to Jenny's Bakery?
W: Yes. Thanks, Minsu. I need that suit for a meeting tomorrow.
B: No problem! Don't worry, Mom. See you at home!

해석

(전화벨 소리가 울린다)
남: 여보세요?
여: 여보세요, 민수야. 지금 통화 괜찮니?
남: 네, 엄마. 학교는 방금 끝났어요. 무슨 일이에요?
여: 오늘 집에 늦을 것 같아. 부탁 하나 들어줄 수 있니?
남: 물론이죠. 뭔데요?
여: 세탁소에서 내 옷 좀 찾아줄 수 있겠니?
남: 흠… 가게 문을 언제 닫는데요? 학교에서 9시까지 공부할 예정이거든요.
여: 10시에 닫아.
남: 아, 그러면 집에 가는 길에 들를게요. Jenny's Bakery 옆에 있는 집이죠?
여: 응. 고마워, 민수야. 내일 회의에 그 정장이 필요해.
남: 문제 없어요! 걱정 마세요. 집에서 뵈어요!

어휘 **raise** [reiz] 동 (자금·사람 등을) 모으다 **restore** [ristɔ́ːr] 동 복원[복구]하다 **disabled** [diséibld] 형 장애를 가진 **flood** [flʌd] 동 물에 잠기다[잠기게 하다] **do a favor** 부탁을 들어주다 **drop by** 잠깐 들르다 **suit** [suːt] 명 정장

R Read the paragraph and answer the following questions.

Ethan is only five feet tall, and his legs unnaturally bend away from each other. It is difficult for him to walk, run, or move around. Because of his condition, ⓐhe decided to leave his crowded high school in the big city. ⓑHe moved to our school in the middle of his first year in high school. That following summer, he asked the coach if he could join the football team as a sophomore. The coach wasn't sure at first, but in the end ⓒhe allowed Ethan to come to practice. Regardless of his physical difficulties, Ethan worked just as hard as every other player on the team. Although he knew he would never be a valuable player in any of the team's games, ⓓhe poured his heart and soul into practice every day.

1 Find the one that refers to a different person among ⓐ–ⓓ. ⓒ

2 Why did Ethan move to a new school?
He moved to the school because it was difficult for him to walk, run, or move around in his crowded high school in the big city.

W Answer the questions and write a paragraph introducing one of your family members.

Q1 What is his/her name? What does he/she do?
Q2 What is his/her nickname? How did he/she get it?
Q3 What kind of personality does he/she have?
Q4 What are his/her hobbies?

예시
I'd like to tell you about my little sister. *His/Her name is* Dahyun *and he/she is* a middle school student. *His/Her nickname is* Bunny *because* when she smiles her front teeth make her look like a cute bunny. *He/She has a very* outgoing *personality and likes* swimming. She is my only sister, and though she is younger than I am, she is my best friend.

2 Reflect on Your Learning

1 I've actively participated in class during this lesson. ①-②-③-④-⑤
2 I fully understand what I've learned in this lesson. ①-②-③-④-⑤
3 I can use the expressions I learned in this lesson in other situations. ①-②-③-④-⑤

p. 33

R 단락을 읽고 다음 질문에 답하시오.

1 ⓐ-ⓓ 중에서 다른 사람을 가리키는 것을 찾으시오.

해설 ⓒ는 풋볼팀의 코치를 지칭한다.

2 Ethan은 왜 새 학교로 전학 왔는가?

해설 그는 큰 도시의 붐비는 학교에서 걷고, 뛰고, 움직이는 게 어려웠기 때문에 새 학교로 전학 왔다.

W 질문에 답하고 자신의 가족 중 한 명을 소개하는 단락을 쓰시오.

Q1 그/그녀의 이름은 무엇인가? 그/그녀는 어떤 일을 하는가?
Q2 그/그녀의 별명은 무엇인가? 어떻게 그 별명을 얻었는가?
Q3 그/그녀는 어떤 성격을 갖고 있는가?
Q4 그/그녀의 취미는 무엇인가?

예시 저는 제 여동생에 대해 말하고 싶습니다. 그녀의 이름은 다현이고 그녀는 중학생입니다. 그녀의 별명은 Bunny(토끼)인데, 웃을 때 앞니가 그녀를 귀여운 토끼처럼 보이게 하기 때문입니다. 그녀는 아주 활발한 성격이고 수영을 좋아합니다. 그녀는 제 유일한 여동생이고 저보다 어리지만 제 가장 친한 친구입니다.

Self-Reflection 2 학습 과정 돌아보기

1 나는 이 단원을 배우는 동안 수업에 적극적으로 참여했다.
2 나는 이 단원에서 배운 것을 완전히 이해한다.
3 나는 이 단원에서 배운 표현을 다른 상황에 사용할 수 있다.

Check-Up

[1-2] 다음 우리말과 같은 뜻이 되도록 빈칸에 알맞은 말을 〈보기〉에서 골라 쓰시오.

1 The main purpose of literature is to ____________ your emotions.
(문학의 주된 목적은 감정을 불러일으키는 것이다.)

2 Being a musician requires ____________ and passion.
(음악가가 되기 위해서는 헌신과 열정이 필요하다.)

보기	bring out	attitude	dedication	catch up

[3-4] 다음 괄호 안의 동사를 알맞은 형태로 고쳐 쓰시오.

3 I'm not afraid of ____________ my mind. (speak)

4 She is used to ____________ dinner at 7 p.m. (have)

[5-6] 다음 문장에서 어법상 틀린 부분을 고쳐 쓰시오.

5 It was wise for him to keep silent in that moment.

6 Is it possible for you keep this deadline?

단원 핵심 정리

Communicative Functions

1 의도 표현하기: I'm going to ... (난 …할 것이다)

▶ 무엇을 하고자 하는 생각이나 계획을 나타낼 때 "I'm going to ..."라는 표현을 사용할 수 있다. 이와 유사한 표현으로 "I will ...," "I'm thinking of ...," "I'm planning to ..." 등이 있다.

2 도덕적 의무 표현하기: We should ... (…해야 한다)

▶ 도덕적으로 마땅히 해야 할 일을 나타낼 때 "We should ..."라는 표현을 사용할 수 있다. 이와 유사한 표현으로 "We ought to ...," "It's right/wrong to ...," "We must ...," "You have to/have got to ...," "We're supposed to ..." 등이 있다.

New Words & Expressions

senior	명 (고교 · 대학의) 4학년생
determined	형 결심이 확고한
victory	명 승리
sideline	명 (경기장 등에서의) 사이드라인
allow	동 허락하다
especially	부 특히
recover	동 되찾다
catch up	따라잡다
instead of	…대신에
score	동 득점하다
make one's way	…로 나아가다
run out	(시간 등이) 끝나다, 다 되다
unexpectedly	부 뜻밖에, 예상외로
leap	동 서둘러 …하다
burst	동 (강한 감정의 표현으로) 터뜨리다
dedication	명 헌신
reward	동 보상하다
glory	명 영광
worth	형 …할 가치가 있는
wonder	동 궁금해하다
unnaturally	부 부자연스럽게
bend	동 구부러지다
condition	명 상태
crowded	형 붐비는
sophomore	명 (고교 · 대학의) 2학년생
practice	명 연습
regardless of	…에 상관없이
physical	형 육체의, 신체의
valuable	형 귀중한
pour	동 (많은 돈, 시간, 힘 등을) 쏟아붓다
passion	명 열정
inspiration	명 영감[자극]을 주는 것[사람]
motivate	동 동기를 부여하다
encourage	동 격려하다
positive	형 긍정적인
attitude	명 태도
lift	동 (기분, 사기를) 북돋우다
offer	동 제공하다
bring out	…을 끌어내다
observe	동 관찰하다
admire	동 존경하다
commitment	명 헌신, 전념
remind	동 상기시키다
effort	명 노력
shine	동 빛나다
in return	(…에 대한) 보답으로, 답례로

Language Points

| 전치사의 목적어로서의 동명사 |

전치사는 명사, 대명사 등 명사에 준하는 형태를 목적어로 갖는다. 따라서 전치사 뒤에 동사나 동사가 이끄는 어구가 올 경우 동명사(v-ing)의 형태가 되어야 한다.

| 진주어 to부정사와 의미상의 주어 |

문장에서 주어 역할을 하는 to부정사구가 긴 경우, 주어 자리에 가주어 it을 쓰고, 진주어인 to부정사구를 뒤로 보낼 수 있다. to부정사구가 나타내는 동작의 주체가 문장 전체의 주어와 일치하지 않을 때, 「for+목적격」으로 의미상의 주어를 나타낸다.

1 다음 빈칸에 들어갈 말로 알맞은 것은?

A: We can help share our heritage with visitors through the program.
B: Great! It sounds like a good way to give back to our community. And it also sounds fun. ______________________

① I'm too busy.
② I'm afraid I can't.
③ Will you join me?
④ I can't wait!
⑤ I cannot make it.

2 대화가 자연스럽게 이어지도록 ⓐ~ⓓ를 순서대로 바르게 배열하시오.

ⓐ Your dad and sister will be disappointed if you don't help out.
ⓑ Oh, no! That's today? But my friends are waiting for me!
ⓒ Okay. I'm going to call and tell my friends that I can't make it today.
ⓓ Did you forget the whole family is going to clean the house this afternoon?

[3-5] 주어진 우리말과 같은 뜻이 되도록 빈칸에 알맞은 말을 쓰시오.

3 It was not ________ ________ ________ to study chemistry alone.
(그가 혼자 화학 공부를 하는 것은 쉽지 않았다.)

4 My friend helped me without expecting anything ________ ________.
(내 친구는 아무것도 보답으로 바라지 않고 나를 도와주었다.)

5 She always buys whatever she wants ________ ________ expense.
(그녀는 비용에 관계없이 언제나 그녀가 원하는 것을 산다.)

[6-8] 다음 글을 읽고, 물음에 답하시오.

Right before every game, Ethan would always be in the middle of the group offering motivational words. He had a special talent for (calm) people down and bringing out the best in them. Ethan was also Winston High's loudest supporter. He always observed each play carefully from the sidelines. Although he wasn't the one making the actual plays on the field, Ethan's mind was always right there with his teammates. Everyone could sense his love for football, and the coaches admired his ____________.

6 괄호 안의 동사를 알맞은 형태로 고쳐 쓰시오.

7 Ethan에게 느끼는 팀원들의 감정으로 가장 알맞은 것은?

① upset and angry
② sad and sympathetic
③ sorry and apologetic
④ surprised and scared
⑤ thankful and respectful

8 빈칸에 들어갈 말로 가장 알맞은 것은?

① knowledge
② commitment
③ strength
④ skills
⑤ talent

[9-10] 다음 글을 읽고, 물음에 답하시오.

With only two minutes to play, both teams were fighting for the football. (①) It was the last home game for the seniors of Winston High, and they were determined to win. (②) Since it had been a close game the whole evening, the best players of each team hadn't left the field. (③) Once Winston High's coach finally knew that victory was theirs, all the seniors on the sidelines were allowed to play for the last few seconds. (④) One of the seniors, Ethan, was especially happy. (⑤) Now, Ethan was finally getting the chance to step onto the grass.

9 글의 흐름으로 보아, 주어진 문장이 들어가기에 가장 알맞은 곳은?

He had never played in any of the games before.

10 밑줄 친 Since와 바꿔 쓸 수 있는 말은?

① Because
② Although
③ When
④ If
⑤ Then

Lesson 2

The Power of Creativity

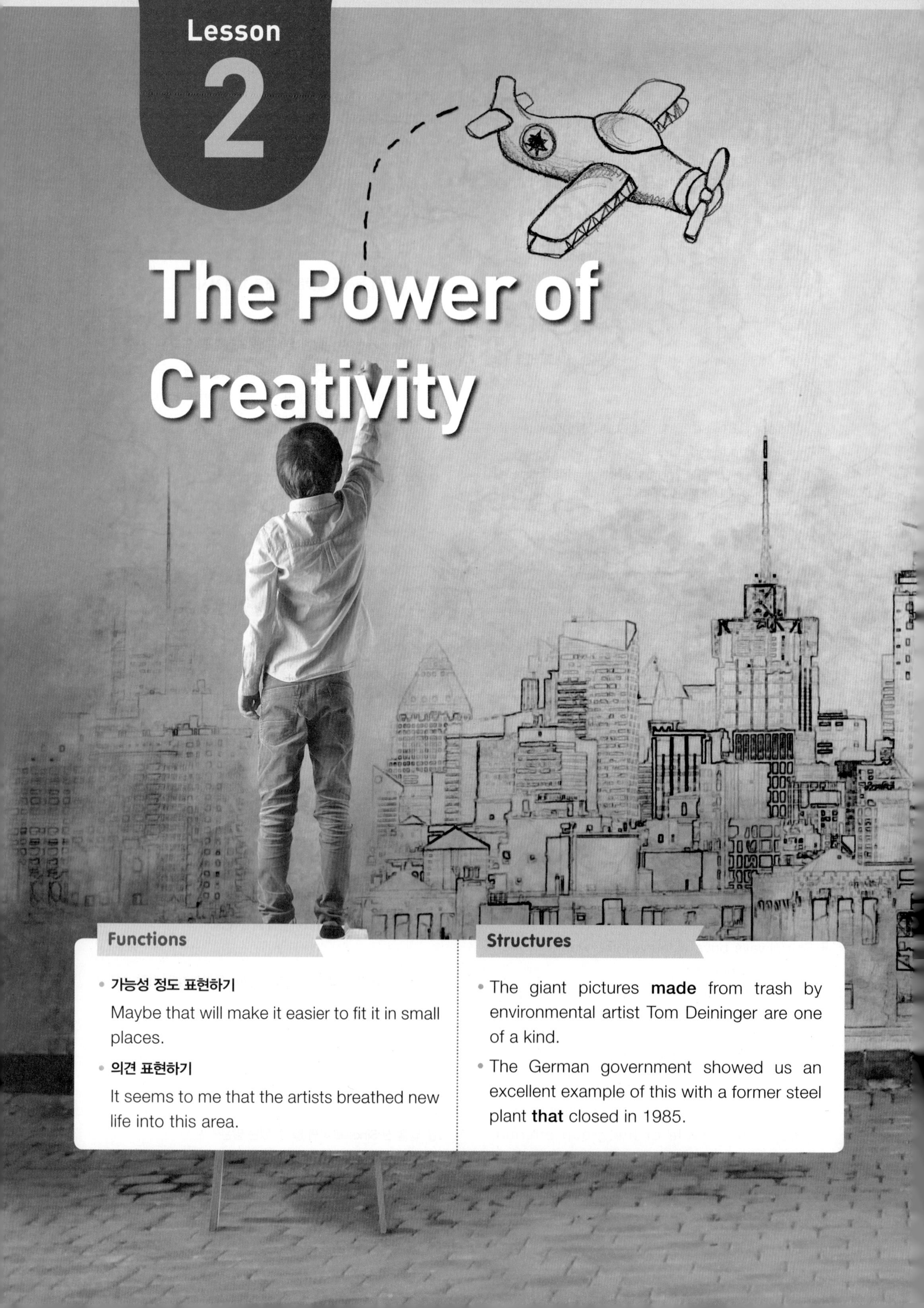

Functions

- **가능성 정도 표현하기**

  Maybe that will make it easier to fit it in small places.

- **의견 표현하기**

  It seems to me that the artists breathed new life into this area.

Structures

- The giant pictures **made** from trash by environmental artist Tom Deininger are one of a kind.
- The German government showed us an excellent example of this with a former steel plant **that** closed in 1985.

Listen & Speak 1

Design

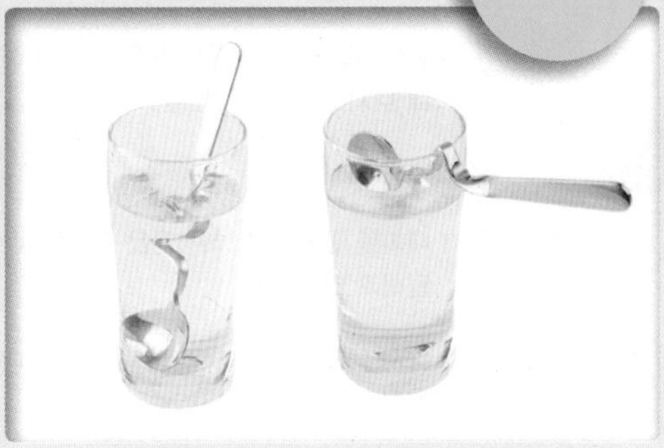

A Fun and Better Life

재미있고 더 나은 삶

Listen & Speak 2

Creativity for All

모두를 위한 창의력

Big Question

What differences can we make by thinking creatively?

창의적으로 생각함으로써 우리는 어떤 변화를 만들어낼 수 있을까요?

Read

Environment

From Trash to Treasure

쓰레기에서 보물로

Write

Brilliant Solutions for Problems

문제에 대한 멋진 해결책들

Inside Culture

Architecture

Architecture Reborn

다시 태어난 건축

A Fun and Better Life

Design

Listen & Speak 1

가능성 정도 표현하기 Maybe that will make it easier to fit it in small places.

A Get Ready

Look at the pictures and think about what these items are for.

B Learn It

1 Listen to the conversation. Which item are the speakers talking about?

ⓐ 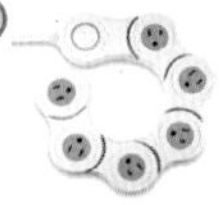
b 
c 
d 

2 Listen again. Choose the best response to the boy's last comment.

a I'm deeply sorry to hear that.
b Maybe, but I don't really think so.
ⓒ I agree. I'm going to order one right now!
d Don't be disappointed. You're also smart.

Sound in Use What are you [wʌrəjə]

A Listen carefully, focusing on the pronunciation.
1 **What are you** talking about?
2 **What do you** want to do tonight?

B Listen and fill in the blanks.
1 __What__ __are__ __you__ going to order for lunch?
2 __What__ __do__ __you__ think of my new pants?

p. 36

A 사진을 보고 이 상품들이 무엇을 위한 것인지 생각해 보시오.

B 1 대화를 들으시오. 화자들은 어떤 물건에 대해 말하고 있는가?

2 다시 들으시오. 남자의 마지막 말에 대한 가장 적절한 응답을 고르시오.

a 그 이야기를 들으니 깊이 유감이야.
b 어쩌면. 하지만 나는 별로 그렇게 생각하지 않아.
c 동의해. 지금 바로 하나를 주문해야겠어!
d 실망하지 마. 너도 똑똑해.

해설 기발한 발명품이라고 남자가 소감을 말했고 여자도 작은 변화로 제품이 크게 개선되었다고 했으므로, 적절한 반응은 c이다.

Sound in Use

A 발음에 집중하여 잘 들으시오.
1 무슨 이야기하는 거야?
2 오늘 밤 무엇을 하고 싶어?

B 듣고 빈칸을 채우시오.
1 점심으로 무엇을 주문할 거야?
2 내 새 바지에 대해 어떻게 생각해?

Script B

B: Hey, Michelle. What are you looking at?
G: It's an advertisement for a handy new product: a flexible power strip.
B: I've never heard of that kind of thing. How can a power strip be flexible?
G: Well, it is divided into sections so that it can be bent into different shapes.
B: Oh, I see. Maybe that will make it easier to fit it in small places.
G: That's right. Isn't it amazing how one small change can improve a product so much?
B: Definitely. It is a clever invention.

해석

남: 안녕, Michelle. 무엇을 보고 있니?
여: 편리한 신제품에 대한 광고야. 구부러지는 멀티탭이래.
남: 그런 물건은 들어본 적 없는데. 어떻게 멀티탭이 구부러질 수 있지?
여: 음, 그것은 여러 부분으로 나누어져 있어서 다른 모양으로 구부러질 수 있어.
남: 아, 알겠다. 아마 그렇게 되면 작은 공간에 들어가기가 더 쉽겠구나.
여: 맞아. 작은 변화 하나가 제품을 이렇게 많이 개선할 수 있다는 게 놀랍지 않니?
남: 물론이야. 기발한 발명품이구나.

어휘 **item**[áitem] ⓜ 물품, 물건 **response**[rispάns] ⓜ 반응 **deeply**[dí:pli] ⓟ 깊이, 몹시 **advertisement**[ædvərtáizmənt] ⓜ 광고 **handy**[hǽndi] ⓗ 유용한, 편리한 **flexible**[fléksəbl] ⓗ 잘 구부러지는, 유연한 **power strip** 멀티탭 **divide**[diváid] ⓢ 나누다 **section**[sékʃən] ⓜ 부분, 구역 **bend**[bend] ⓢ 구부리다 **shape**[ʃeip] ⓜ 모양, 형태 **definitely**[défənitli] ⓟ 물론, 확실히 **clever**[klévər] ⓗ 기발한, 재치있는

C Use It

Step 1 Listen to the conversation and answer the following questions.

1 What are the speakers mainly talking about?

a the benefits of taking the stairs
b the problems of a new project
ⓒ the effects of a creative idea
d the impact of playing music in public places

2 Listen again. Complete the sentence with the correct words from the conversation.

With creative designs, people's behavior can be changed for the better in fun and easy ways.

Step 2 Look at the pictures of creative items and fill in the blanks by guessing how they improve our lives and make them more enjoyable.

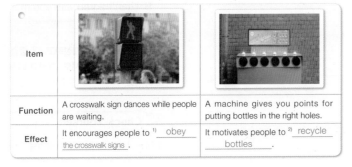

Item		
Function	A crosswalk sign dances while people are waiting.	A machine gives you points for putting bottles in the right holes.
Effect	It encourages people to 1) obey the crosswalk signs.	It motivates people to 2) recycle bottles.

p. 37

C Step 1 대화를 듣고 다음 질문에 답하시오.

1 화자들은 주로 무엇에 관해 이야기하고 있는가?

a 계단을 이용하는 것의 장점
b 새 프로젝트의 문제점
c 창의적 아이디어의 효과
d 공공장소에서 음악을 연주하는 것의 영향

2 다시 들으시오. 대화에서 올바른 단어를 찾아 문장을 완성하시오.

창의적인 디자인으로 사람들의 행동이 재미있고도 쉽게 더 나은 쪽으로 바뀔 수 있다.

해설 계단을 창의적으로 디자인하여 사람들이 에스컬레이터를 타는 대신 걷도록 만들었다.

Step 2 창의적인 물품 사진들을 보고 이것들이 어떻게 우리의 삶을 개선하고 더 즐겁게 만드는지 생각하여 빈칸을 채우시오.

기능	사람들이 기다리는 동안 신호등이 춤을 춘다.	병들을 알맞은 구멍에 넣으면 기계가 점수를 준다.
효과	이것은 사람들이 1)보행 신호를 지키도록 장려한다.	이것은 사람들이 2)병을 재활용하도록 촉진한다.

Script C

G: Here are those cool stairs I was telling you about.
B: Wow, it's been designed to look just like piano keys.
G: Isn't it neat? It even plays notes when you step on it.
B: Yeah, it's amazing! Who came up with this idea?
G: Well, it's part of a new project taking place throughout the city.
B: What is the project's goal? To make our surroundings more beautiful?
G: It's more than just that. These creative designs can actually change people's behavior.
B: How do they do that?
G: After the stairs were installed, many people started walking on them instead of riding the escalator.
B: That's really great. Maybe other cities will copy this creative idea!
G: That would be wonderful!

해석

여: 여기에 내가 너에게 이야기하던 멋진 계단이 있어.
남: 와, 마치 피아노 건반처럼 보이도록 디자인되었구나.
여: 멋지지 않니? 심지어 밟으면 음을 연주하기도 해.
남: 그래, 대단하다! 누가 이 아이디어를 생각해냈지?
여: 음, 이건 도시 전역에서 진행되고 있는 새 프로젝트의 일부야.
남: 그 프로젝트의 목표가 뭔데? 우리 환경을 더 아름답게 만드는 것?
여: 그 이상이야. 이 창의적인 디자인들은 실제로 사람들의 행동을 변화시킬 수 있어.
남: 어떻게 그렇게 하지?
여: 계단이 설치된 후, 많은 사람들이 에스컬레이터를 타는 대신 계단 위로 걷기 시작했어.
남: 정말 훌륭하다. 어쩌면 다른 도시들도 이 창의적인 생각을 따라 하겠는걸!
여: 그러면 멋지겠다!

어휘 **benefit**[bénəfit] 명 혜택, 이득 **stair**[stɛər] 명 [pl.] 계단 **impact**[ímpækt] 명 영향 **behavior**[bihéivjər] 명 행동 **crosswalk sign** 보행 신호등 **bottle**[bátl] 명 병 **key**[kiː] 명 건반 **come up with** (생각을) 떠올리다, 생각해내다 **take place** 일어나다, 개최되다 **throughout**[θruːáut] 전 도처에, 곳곳에 **surroundings**[səráundiŋz] 명 [pl.] 환경 **install**[instɔ́ːl] 동 설치하다

Step 3 Talk with your partner about creative items that improve our lives and make them more enjoyable.

Example

A: Look at the dancing crosswalk sign! It's very interesting.
B: Yeah. But it's not just for fun. It also encourages people to obey the crosswalk signs.
A: That makes sense. **Maybe creative items like this will** improve our lives and make them more enjoyable.
B: I can't agree with you more.

Step 4 Search for another item that improves our lives and makes them more enjoyable. Then present it to the class.

The name of the item

____

How it functions

____

What you can expect from it

____

Check Yourself | Listen and Speak 1	Yes	Not Sure	No
1 I can understand others when they talk about the possibility of something to happen.	☐	☐	☐
2 I can talk about the possibility of something to happen.	☐	☐	☐

p. 38

Step 3 우리의 삶을 개선하고 더 즐겁게 할 수 있는 창의적인 물품에 대해 짝과 이야기해 보시오.

A: 저 춤추는 보행 신호등을 봐! 정말 흥미로운데.
B: 그래. 하지만 그건 단지 재미를 위한 것은 아니야. 저 신호등은 사람들이 보행 신호등을 지키도록 장려하기도 해.
A: 일리가 있네. 아마 이와 같은 창의적인 물품들이 우리 삶을 더 좋고 즐겁게 만들 거야.
B: 전적으로 동의해.

추가 예시문

A: Look at the machine that gives you points for putting bottles in the right hole! It's very interesting.
B: Yeah. But it's not just for fun. It also motivates people to recycle bottles.
A: That makes sense. **Maybe creative items like this will** improve our lives and make them more enjoyable.
B: I can't agree with you more.

Step 4 우리 삶을 개선하고 더 즐겁게 해줄 또 다른 물품을 찾아 보시오. 그러고 나서 학급에 발표하시오.

Check Yourself

1 다른 사람이 어떤 일이 일어날 가능성에 대해 말할 때 이해할 수 있다.
2 어떤 일이 일어날 가능성에 대해 말할 수 있다.

Function of Communication

가능성 정도 표현하기: Maybe/Perhaps/Probably it will ... (어쩌면 …)

→ 어떤 일에 대한 가능성을 추측하거나 이야기할 때 "Maybe/Perhaps/Probably it will ..."이라는 표현을 사용할 수 있다. 이와 유사한 표현으로 "Chances are (that ...)," "It is likely that ..." 등이 있다.

|Example 1|
A: I think we are lost. Let's ask this man for directions. (내 생각엔 우리가 길을 잃은 것 같아. 이분께 방향을 물어보자.)
B: Okay. **Maybe he'll** know how to get there. (좋아. 어쩌면 그가 그곳에 어떻게 도착하는지 알지도 몰라.)

|Example 2|
A: This tennis player won another game last night. (이 테니스 선수가 지난밤 또다른 경기에서 이겼어.)
B: **Maybe she will** make it to the finals. (어쩌면 그녀가 결승전에 가게 될 수도 있겠구나.)

▶ Speaking Aid

가능성 정도를 표현하는 말과 함께, 이를 묻는 표현도 알아두면 도움이 된다. 가능성의 정도를 물을 때는 아래와 같은 표현을 사용할 수 있다.

- May/Can he ... ?
- Is she likely to ... ?
- Is it probable/likely/possible/impossible that ... ?

Listen & Speak 2 Creativity for All

의견 표현하기 It seems to me that the artists breathed new life into this area.

A Get Ready

Watch the video and think about what effects these creative advertisements might have on our lives.

© Source http://www.me.go.kr (p.235 참조)

B Learn It

1 Listen to the conversation. What are the speakers mainly talking about?

a how to paint murals on walls
ⓑ the changes made to an old town
c the influence of art on environmental issues
d the importance of developing tourist attractions

2 Listen again. How do the speakers most likely feel about the village?

a scared and confused ⓑ surprised and impressed
c bored and disappointed d annoyed and frustrated

Speaking Tip You can say "You can say that again" when you totally agree with what has just been said.

The singer has a great voice.

You can say that again!

p. 39

A 비디오를 보고 이러한 창의적인 광고들이 우리의 삶에 어떤 영향을 줄 수 있는지 생각해 보시오.

B 1 대화를 들으시오. 화자들은 주로 무엇에 대해 말하고 있는가?

a 벽화를 그리는 방법
b 오래된 마을에 생긴 변화
c 환경 문제에 예술이 미치는 영향
d 관광지를 개발하는 것의 중요성

해설 생기 없던 마을이 예술가들이 그린 벽화로 인해 관광지가 된 이야기를 나누고 있다.

2 다시 들으시오. 화자들이 이 마을에 대해 느끼고 있을 심경으로 가장 적절한 것은?

a 두렵고 혼란스러운
b 놀랍고 감명받은
c 지루하고 실망한
d 짜증 나고 좌절한

Speaking Tip

방금 말해진 것에 전적으로 동의할 때 "You can say that again"이라고 말할 수 있다.
그 가수는 훌륭한 목소리를 가졌어. / 나도 그렇게 생각해!

Script B

B: Wow, this village has murals everywhere! I've never seen a place like this!
G: I'm glad you like it! There are even more murals in the rest of the village.
B: That's great. But why were they painted?
G: This used to be a lifeless village. But recently, artists decided to paint lots of pictures to raise the residents' spirits.
B: The residents must have been very pleased.
G: You can say that again. Thanks to these murals, this village has become a wonderful place to live and a popular tourist attraction.
B: It seems to me that the artists breathed new life into this area.

해석

남: 와, 이 마을은 곳곳에 벽화가 있네! 이런 곳은 본 적이 없어!
여: 네가 좋아하니 기쁘다! 이 마을의 다른 곳에도 훨씬 더 많은 벽화들이 있어.
남: 멋지구나. 그런데 왜 이것들이 그려진 거지?
여: 이곳은 생기 없는 마을이었어. 그런데 최근에 예술가들이 주민들의 사기를 높이기 위해 많은 그림을 그리기로 결정했지.
남: 주민들이 분명 아주 기뻐했겠다.
여: 정말 그래. 이 벽화들 덕분에 이 마을은 살기에 멋진 곳이 되었고 인기 있는 관광지가 되었어.
남: 예술가들이 이 지역에 새 생명을 불어넣은 것 같구나.

어휘 **effect**[ifékt] ⓜ 영향, 효과 **mural**[mjúərəl] ⓜ 벽화 **influence**[ínfluəns] ⓜ 영향 **tourist attraction** 관광 명소 **confused**[kənfjú:zd] ⓗ 당황한; 혼란스러운 **impressed**[imprést] ⓗ 감명받은 **annoyed**[ənɔ́id] ⓗ 짜증이 난 **frustrated**[frʌ́strèitid] ⓗ 좌절감을 느끼는 **lifeless**[láiflis] ⓗ 생기 없는 **recently**[rí:sntli] ⓟ 최근에 **resident**[rézədnt] ⓜ 주민 **breathe**[bri:ð] ⓢ (생기 등을) 불어넣다

C Use It

Step 1 Read the article about an advertisement and answer the following questions.

❶ There is an advertisement that shows an elephant standing in an open plain. It is surrounded by vertical black bars; it seems to be [1] trapped in a cage. Below these black bars, there is a series of numbers. ❷ What looks like a cage at first glance is actually a barcode, something you see on many of the products you buy every day. This shocking advertisement symbolizes a very real threat to the lives of the elephants—[2] illegal wild animal trade. When people see this advertisement, some will be reminded that buying and selling wild elephants is a serious crime, and maybe others will even be inspired to help solve this problem. In this way, creative ideas can have [3] a powerful effect on people's thoughts.

1 Which is the advertisement the passage describes?

a

b

c

ⓓ

2 Fill in the blanks with the words in the box.

illegal wild animal trade	a powerful effect	trapped in a cage

3 What do you think about the advertisement described above? Share your ideas with your partner.

p. 40

C Step 1 한 광고에 관한 기사를 읽고 다음 질문에 답하시오.

1 윗글이 설명하는 광고는 어느 것인가?

해설 이 글은 야생동물 불법거래에 대해 일깨우기 위해 코끼리가 바코드에 갇혀있는 모습을 묘사한 광고를 설명하고 있다.

2 상자 안의 단어로 빈칸을 채우시오.

해설 1) 코끼리가 검은 세로 막대에 둘러싸여 있다는 문장이 앞에 있으므로 우리 안에 갇힌 듯한 모습을 묘사하고 있음을 알 수 있다. 2) 코끼리에게 실제적인 위협이 되는 것을 언급하고 있다. 3) 이 광고로 인해 사람들이 느끼게 될 문제의식과 행동들은 광고가 갖는 영향력이다.

3 위에서 설명한 광고에 대해 어떻게 생각하는가? 짝과 생각을 나눠 보시오.

해석

탁 트인 들판에 서 있는 코끼리를 보여주는 광고가 있다. 그 코끼리는 검은색 세로 막대기에 둘러싸여 있다. 그것은 [1]우리에 갇혀있는 듯하다. 이 검은 막대기들 아래에 일련의 숫자들이 있다. 첫눈에는 우리처럼 보인 것이 실제로는 당신이 매일 사는 제품 다수에서 볼 수 있는 바코드인 것이다. 이 충격적인 광고는 [2]야생동물 불법 거래라는, 코끼리의 생명에 대한 매우 실제적인 위협을 상징한다. 이 광고를 보았을 때, 어떤 사람들은 야생 코끼리를 사고파는 것이 심각한 범죄라는 것을 다시 한번 깨닫게 될 것이며, 또 어쩌면 다른 사람들은 이 문제를 해결하는 데에 도움을 주도록 고무될 수도 있다. 이런 식으로 창의적 아이디어들은 사람들의 생각에 [3]강력한 영향력을 가질 수 있다.

구문 해설

❶ There is an advertisement that shows an elephant standing in an open plain.
: that 이하는 an advertisement를 선행사로 하는 주격 관계대명사절이다.

❷ What looks like a cage at first glance is actually a barcode, something you see on many of the products you buy every day.
: What ... glance는 문장의 주어 역할을 하는 관계대명사절이다. you see 이하는 something을 선행사로 하는 목적격 관계대명사절이며 앞에 관계대명사 that이 생략된 형태이다.

어휘 **plain** [plein] 명 들판, 평원 **surround** [səráund] 동 둘러싸다 **vertical** [və́:rtikəl] 형 세로의 **bar** [bɑ:r] 명 막대기, 창살 **cage** [keidʒ] 명 (짐승의) 우리 **at first glance** 첫눈에는 **shocking** [ʃɑ́kiŋ] 형 충격적인 **symbolize** [símbəlàiz] 동 상징하다 **threat** [θret] 명 위협 **crime** [kraim] 명 범죄 **inspire** [inspáiər] 동 고무[격려]하다 **illegal** [ilí:gəl] 형 불법적인 **trade** [treid] 명 무역, 거래 **trap** [træp] 동 (좁은 장소에) 가두다

Step 2 Look at the public advertisements and match them to the purposes.

1
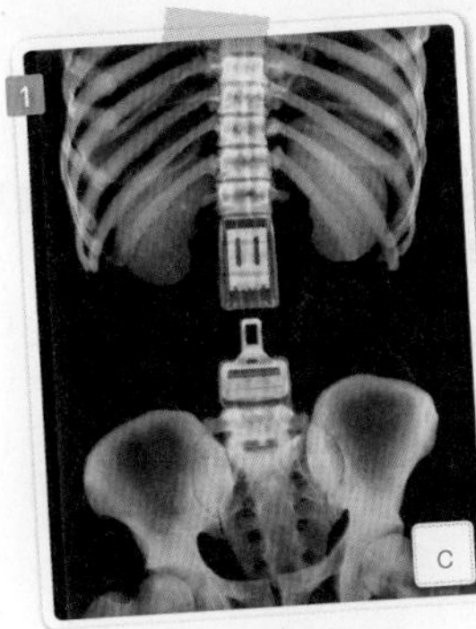
c
One click could change your future.

2

a
Our land is thirsty.

3
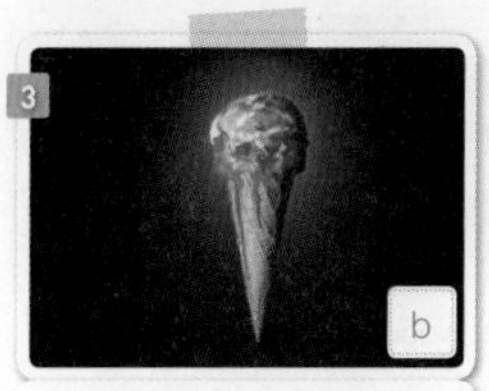
b
Earth is melting.

a to raise awareness about water shortages
b to show the negative effects of global warming
c to warn us of the danger of not fastening our seat belts

Step 3 Talk with your partner about the public advertisements.

Example
A: Hey, look at this advertisement. Can you guess what it is about?
B: Hmm… **It seems to me that** it's trying to warn us of the danger of not fastening our seat belts.
A: That's right. It says, "One click could change your future." Isn't it brilliant?
B: It sure is! It will help change the way people think.

Check Yourself | Listen and Speak 2	Yes	Not Sure	No
1 I can understand others when they express their opinions.	☐	☐	☐
2 I can express my opinions.	☐	☐	☐

p. 41

Step 2 공익 광고를 보고 각각의 목적과 연결하시오.

1 한 번의 딸깍하는 소리가 당신의 미래를 바꿀 수 있습니다.
2 우리 땅은 목이 마릅니다.
3 지구가 녹고 있습니다.
a 물 부족에 대한 인식을 높이려고
b 지구온난화의 부정적인 영향을 보여주려고
c 안전벨트를 착용하지 않는 것의 위험을 경고하려고

Step 3 위의 공익 광고들에 대해 짝과 이야기해 보시오.

A: 이 광고 좀 봐. 무엇에 관한 건지 알겠어?
B: 음… 안전벨트를 매지 않는 것의 위험성에 대해 경고하려고 하는 것 같은데.
A: 맞아. "한 번의 딸깍하는 소리가 당신의 미래를 바꿀 수 있다"고 하네. 멋지지 않아?
B: 정말 그래! 이건 사람들이 생각하는 방식을 바꾸는 데 도움을 줄 거야.

추가 예시문
A: Hey, look at this advertisement. Can you guess what it is about?
B: Hmm… **It seems to me that** it's trying to raise awareness about water shortages.
A: That's right. It says, "Our land is thirsty." Isn't it brilliant?
B: It sure is! It will help change the way people think.

Check Yourself

1 다른 사람이 의견을 표현할 때 이해할 수 있다.
2 나의 의견을 표현할 수 있다.

Function of Communication

의견 표현하기: It seems to me that … (내 생각에는 …)
➡ 의견을 말할 때 "It seems to me that …"이라는 표현을 사용할 수 있다. 이와 유사한 표현으로 "In my view/opinion …," "I think/feel/believe …" 등이 있다.

|Example 1|
A: **It seems to me that** they spend too much time watching TV. (내 생각에는 그들이 TV시청에 너무 많은 시간을 보내는 것 같아.)
B: I totally agree with you! (네 의견에 전적으로 동의해!)

|Example 2|
A: **It seems to me that** we should let him join our team. (내 생각에는 그가 우리 팀에 합류하도록 해야 할 것 같아.)
B: You can say that again! (나도 동감이야!)

▶ Speaking Aid

의견을 나타내는 표현과 함께 이의를 제기하는 표현도 알아두면 도움이 된다. 이의를 제기하는 표현에는 다음과 같은 것들이 있다.
• I don't think/believe so. • I don't agree/disagree (with you). • I'm against …

어휘 **click** [klik] 명 클릭, 딸깍임 **thirsty** [θə́ːrsti] 형 목마른 **awareness** [əwɛ́ərnis] 명 의식, 알고있음 **warn** [wɔːrn] 동 경고하다 **fasten** [fǽsən] 동 매다, 죄다

Before You Read

A **Topic Preview**

1 Look at the pictures and think about how each item has been changed.

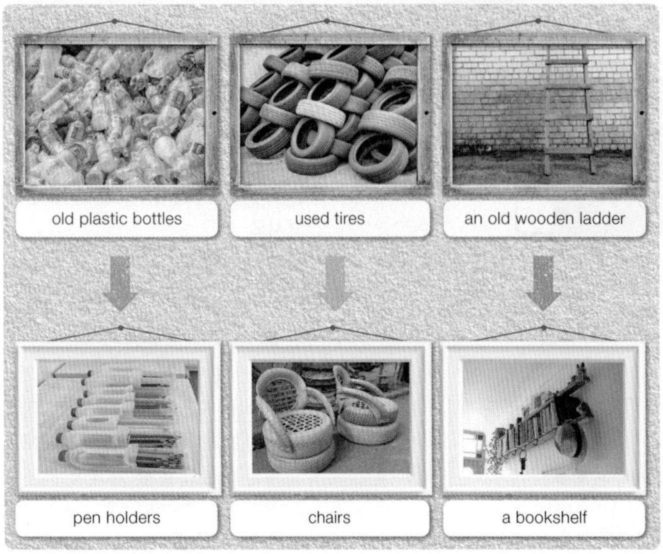

2 Think about what we can do with creativity. Then share your ideas with your partner.

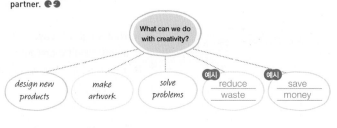

What can we do with creativity?
- design new products
- make artwork
- solve problems
- 예시 reduce waste
- 예시 save money

p. 42

A **1 사진을 보고 각각의 물품이 어떻게 바뀌었는지 생각해 보시오.**

낡은 플라스틱 병 → 펜 홀더
중고타이어 → 의자
낡은 나무 사다리 → 책장

2 창의성으로 우리가 무엇을 할 수 있는지 생각해 보시오. 그런 다음 짝과 생각을 나눠 보시오.

창의성으로 우리가 무엇을 할 수 있는가?
- 새 제품을 설계한다
- 예술작품을 만든다
- 문제를 해결한다
- 예시 쓰레기를 줄인다
- 예시 돈을 절약한다

배경지식

Recycling vs Upcycling

리사이클링(recycling)이란 물건을 원료로 전환하여 다시 활용하는 것을 의미한다. 폐지를 모아 재생지나 휴지의 재료로 쓰는 것 등이 리사이클링이다. 업사이클링(upcycling)이란 업그레이드(upgrade)와 리사이클링(recycling)의 합성어로, 다 쓴 물건을 단순히 재활용하는 것을 넘어 기존보다 더 좋은 품질, 더 높은 수준의 제품으로 재탄생시키는 것이다. 수거, 처리비용이 수반되는 리사이클링에 비해 자원을 절약할 수 있다는 장점이 있다. 또한, 창의적 아이디어를 가미하면 다양한 생활용품 및 예술품 등을 만들 수 있다. 안 입는 의류로 새로운 옷이나 가방을 만들거나, 버려진 현수막을 활용하여 장바구니로 만드는 것 등이 이에 해당한다.

어휘 **wooden**[wúdən] 형 나무로 된, 목재의 **ladder**[lǽdər] 명 사다리 **holder**[hóuldər] 명 …을 거는[꽂는/받치는] 것 **bookshelf**[búkʃèlf] 명 책꽂이 **creativity**[krìːeitívəti] 명 창의력, 창조력 **artwork**[ɑ́ːrtwə̀ːrk] 명 미술품

B Vocabulary Preview

1 Look at the pictures and fill in the blanks with the words in the box. Change their forms if needed.

You can 1) purify water simply by boiling it.

The spare bedroom was 2) converted into an office.

This ship has been 3) abandoned here for several years.

This temple has been a proud 4) heritage for a long time.

The old and new buildings 5) blend together perfectly.

Paper and plastic cups are 6) disposable.

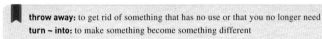

heritage   disposable   purify   abandon   blend   convert

2 Read the meaning of each phrase and fill in the blanks with the phrases.

throw away: to get rid of something that has no use or that you no longer need
turn ~ into: to make something become something different

1) The freezing temperatures will __turn__ the water in the lake __into__ ice.
2) Do not __throw away__ anything you can reuse.

p. 43

B 1 사진을 보고 상자 안에 있는 단어들로 빈칸을 채우시오. 필요하다면 형태를 바꾸시오.

- **purify** ⓢ 정화하다
  단지 끓이는 것으로 물을 1)정화할 수 있다.
- **convert** ⓢ 개조하다, 전환시키다
  남는 침실은 사무실로 2)개조되었다.
- **abandon** ⓢ 버리다, 유기하다
  이 배는 수년간 이곳에 3)버려져 있었다.
- **heritage** ⓜ (국가, 사회의) 유산
  이 사원은 오랫동안 자랑스러운 4)유산이었다.
- **blend** ⓢ (보기 좋게) 조합되다[조합하다]
  오래된 건물과 새로운 건물들이 완벽하게 5)조합을 이룬다.
- **disposable** ⓗ 일회용의, 사용 후 버리는
  종이 및 플라스틱 컵들은 6)일회용이다.

2 각 어구의 의미를 읽고 이를 활용하여 빈칸을 채우시오.

throw away: 사용처가 없거나 더는 필요하지 않은 것을 없애다
turn ~ into: 무언가를 다른 것이 되도록 만들다

1) 영하의 기온이 호수의 물을 얼음으로 바꿀 것이다.
2) 다시 사용할 수 있는 것은 무엇이든 버리지 마시오.

추가 예문

1 • This product **purifies** the air. (이 제품은 공기를 정화한다.)
• The old school is going to be **converted** into a library. (이 오래된 학교는 도서관으로 개조될 것이다.)
• The heavy snow forced many drivers to **abandon** their cars. (폭설 때문에 많은 운전자들이 차를 버리고 가야 했다.)
• I was impressed by the city's cultural **heritage**. (나는 그 도시의 문화유산을 보고 감명을 받았다.)
• This house **blends** well with the surrounding nature. (이 집은 주변의 자연과 잘 조합된다.)
• **Disposable** plates cause a lot of garbage. (일회용 접시는 많은 쓰레기를 만들어낸다.)

2 • He didn't need the bag, so he just **threw** it **away**. (그는 그 가방이 필요하지 않아서 그냥 버렸다.)
• The witch **turned** the prince **into** a frog. (마녀는 왕자를 개구리로 바꿨다.)

Check-Up

[1-2] 다음 빈칸에 공통으로 들어갈 알맞은 말을 쓰시오.

1 • The new curtains do not __________ with the white wall.
• The colors of the rainbow __________ into one another.

2 • Do we have to use __________ paper plates at the picnic?
• People tend to use a lot of __________ products nowadays.

3 주어진 우리말 뜻에 맞도록 빈칸에 알맞은 말을 쓰시오.

I have to __________ __________ this old desk because it cannot be recycled.
(이 오래된 책상은 재활용될 수가 없어서 버려야만 한다.)

FROM TRASH TO TREASURE

❶ Every day during lunch, Jamie enjoys a soft drink and has a decision to make: What should he do with the empty can? ❷ Many people would answer, "Recycle it!" ❸ Obviously, recycling is good for many reasons. ❹ We can reduce the amount of trash thrown away, use less energy than we would to make new products, and conserve natural resources by recycling. ❺ However, recycling is not a perfect way to manage waste. ❻ It still requires large amounts of energy to purify used resources and convert them into new products. ❼ So, what about trying to creatively reuse, or "upcycle," them instead? ❽ This new approach is becoming more popular since it is even more environmentally friendly than recycling. ❾ What's more, it can also be fun! ❿ Here are some inspiring examples of how people have creatively upcycled old, used things.

While You Read Q1
Why does the writer think that recycling is not a perfect way to manage waste?

The writer thinks that recycling is not a perfect way to manage waste because it still requires large amounts of energy to purify used resources and convert them into new products.

어휘 **obviously**[ɑ́bviəsli] (부) 명백히, 분명히 **reduce**[ridjú:s] (동) 줄이다 **amount**[əmáunt] (명) 양 **throw away** 버리다, 없애다 **conserve**[kənsə́:rv] (동) 절약하다, 아끼다 **resource**[rí:sɔ̀:rs] (명) 자원 **manage**[mǽnidʒ] (동) 관리하다 **purify**[pjúərəfài] (동) 정화하다 **convert**[kənvə́:rt] (동) 전환시키다, 개조하다 **approach**[əpróutʃ] (명) 접근, 접근법 **inspiring**[inspáiəriŋ] (형) (…하도록) 고무하는

Word Formation '다시'라는 의미의 접두사 re-와 '사용하다'라는 의미의 동사 use가 결합하여 '재사용하다'라는 의미의 동사 reuse가 되었다. re-는 동사 및 명사, 형용사, 부사 앞에 모두 쓰인다. ex **re-** + play → **replay**(다시 보기[듣기]) **re-** + write → **rewrite**(다시[고쳐] 쓰다) **re-** + election → **reelection**(재선)

해석

쓰레기에서 보물로

❶매일 점심을 먹을 때, Jamie는 청량음료를 마시고 결정을 해야 한다. 이 빈 캔을 가지고 무엇을 해야 할까? ❷많은 사람들이 "재활용 해!"라고 말할 것이다. ❸분명히 여러 가지 이유에서 재활용은 좋다. ❹재활용을 함으로써 버려지는 쓰레기 양을 줄이고, 새 제품을 만드는 데 쓰는 것보다 적은 에너지를 사용하며 천연 자원을 절약할 수 있다. ❺하지만, 재활용이 쓰레기를 처리하는 완벽한 방법은 아니다. ❻재활용은 여전히 사용된 자원을 정화시키고 새 제품으로 바꾸기 위해 많은 양의 에너지를 필요로 한다. ❼그렇다면, 대신 창의적인 재사용, 즉 업사이클을 시도해보는 것은 어떨까? ❽이 새로운 접근법은 재활용보다 훨씬 더 환경친화적이기 때문에 점점 인기를 얻고 있다. ❾게다가 재미있기까지 할 수 있다! ❿여기 사람들이 오래된 중고 물건들을 어떻게 창의적으로 업사이클했는지를 보여주는 고무적인 사례들이 있다.

While You Read

Q1 왜 글쓴이는 재활용이 쓰레기를 처리하는 완벽한 방법이 아니라고 생각하는가?
글쓴이는 사용된 자원을 정화하고 새 제품으로 바꾸기 위해 여전히 많은 양의 에너지가 필요하기 때문에 재활용이 쓰레기를 처리하는 완벽한 방법은 아니라고 생각한다.

구문 해설

❶ Every day during lunch, Jamie enjoys a soft drink and has a decision to make ...
: enjoys와 has는 접속사 and로 병렬 연결되어 있다. to make는 a decision을 수식하는 형용사적 용법의 to부정사이다.

❹ We can reduce the amount of trash thrown away, use less energy than we would to make new products, and conserve natural resources by recycling.
: 조동사 can 뒤에 동사 reduce, use, conserve가 병렬 구조를 이루고 있다. thrown away는 뒤에서 명사 trash를 수식하는 과거분사구이다. than we would 뒤에는 앞에서 언급된 동사 use가 생략되어 있고, 이어지는 to make 이하는 목적을 나타내는 부사적 용법의 to부정사이다.

❻ It still requires large amounts of energy to purify used resources and convert them into new products.
: to purify 이하는 목적을 나타내는 부사적 용법의 to부정사구이며, to purify와 (to) convert는 접속사 and로 병렬 연결되어 있다.

❿ ... of how people have creatively upcycled old, used things.
: how 이하는 전치사 of의 목적어 역할을 하는 의문사절(간접의문문)로, 「의문사 + 주어 + 동사」의 어순을 취한다.

Check-Up

1 **다음 빈칸에 들어갈 말로 알맞은 것을 고르시오.**

The new approach called "upcycling" is getting popular because upcycling ______________ ______________ than recycling.

① is easier to do
② requires more energy
③ produces more waste
④ is more environmentally friendly

[2-3] 다음 괄호 안에서 어법상 올바른 것을 고르시오.

2 We can reduce the amount of trash (throwing / thrown) away.

3 It still requires large amounts of energy (purify / to purify) used resources.

4 **다음 괄호 안의 단어를 바르게 배열하여 문장을 완성하시오.**

These are inspiring examples of (people / how / have upcycled) old, used things.

❶ Through upcycling, a seemingly useless object can be transformed into something completely different that is useful for everyday life. ❷ What do you think can be done with old truck tarps, car seat belts, and bicycle inner tubes? ❸ Individually, these things look like trash, but with a little imagination the Freitag brothers, Markus and Daniel, repurpose them for something totally new: very strong bags. ❹ These bags are perfect for bicyclists going to work every day in all kinds of weather. ❺ Similarly, a man named Kyle Parsons and his partners have been creatively reusing old motorcycle tires from Bali, Indonesia. ❻ A shocking number of tires get thrown away there every year, and they are a serious environmental problem since they cannot decompose or be recycled. ❼ To solve this problem, Parsons and his team are turning them into sandal bottoms. ❽ They then use canvas and natural materials to make the other sandal parts. ❾ What a great reuse of resources!

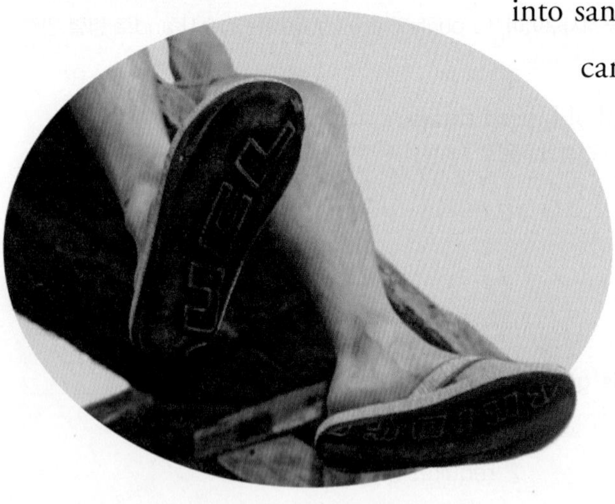

* tarp 방수포

While You Read Q2
What did Kyle Parsons use to make sandal bottoms?

He used old motorcycle tires to make sandal bottoms.

어휘 **seemingly**[síːmiŋli] (부) 겉보기에는 **object**[ábdʒikt] (명) 물체, 물건 **transform**[trænsfɔ́ːrm] (동) 변형시키다 **individually**[ìndəvídʒuəli] (부) 개별적으로 **imagination**[imæ̀dʒənéiʃən] (명) 상상력 **repurpose**[ripə́ːrpəs] (동) 용도를 변경하다 **decompose**[dìːkəmpóuz] (동) 분해되다, 부패하다 **turn ... into** …를 (~로) 바꾸다 **material**[mətíəriəl] (명) 재료, 물질

해석

❶업사이클링을 통해, 겉보기에는 쓸모없는 물건도 일상 생활에 유용한 완전히 다른 것으로 탈바꿈될 수 있다. ❷낡은 트럭 방수포, 자동차 안전 벨트, 그리고 자전거 타이어의 안쪽 튜브를 가지고 무엇을 할 수 있다고 생각하는가? ❸개별적으로 보면 이것들은 쓰레기처럼 보일 수 있지만, Markus와 Daniel이라는 Freitag 형제는 약간의 상상력으로 이것들을 완전히 새로운 것으로 바꾸었다. 매우 튼튼한 가방이 바로 그것이다. ❹이 가방들은 어떤 날씨에도 매일 일하러 가는 자전거 이용자들에게 완벽하다. ❺이와 유사하게, Kyle Parsons라는 남자와 그의 동업자들은 인도네시아 발리에서 나오는 낡은 오토바이 타이어를 창의적으로 재사용해오고 있다. ❻그곳에서 매년 엄청난 수의 타이어들이 버려지고, 그것들은 분해되거나 재활용될 수 없기 때문에 심각한 환경 문제이다. ❼이 문제를 해결하고자, Parsons와 그의 팀은 타이어를 샌들 밑창으로 탈바꿈시키고 있다. ❽그런 다음 그들은 샌들의 다른 부분들을 만들기 위해 캔버스와 천연 재료들을 활용한다. ❾얼마나 훌륭한 자원 재활용인가!

While You Read

Q2 Kyle Parsons는 샌들 밑창을 만들기 위해 무엇을 사용했는가?
그는 샌들 밑창을 만들기 위해 낡은 오토바이 타이어를 사용했다.

구문 해설

❶ …, a seemingly useless object can be transformed into something completely different that is useful for everyday life.
: that 이하는 something을 선행사로 하는 주격 관계대명사절이다.

❷ What do you think can be done with old truck tarps, car seat belts, and bicycle inner tubes?
: what can be done … inner tubes는 동사 think의 목적어 역할을 하는 의문사절(간접의문문)이다. 주절의 동사가 think, believe, guess 등인 경우에는 의문사 what이 맨 앞에 오게 되므로, What do you think can be … ? 의 어순이 되었다.

❹ These bags are perfect for bicyclists going to work every day in all kinds of weather.
: going 이하는 bicyclists를 수식하는 현재분사구이다.

❻ A shocking number of tires get thrown away there every year, and they are a serious environmental problem since they cannot decompose or be recycled.
: there는 Bali, Indonesia를, 2개의 they는 모두 tires를 지칭한다. since 이하는 이유를 나타내는 부사절이다.

❽ They then use canvas and natural materials to make the other sandal parts.
: to make 이하는 목적을 나타내는 부사적 용법의 to부정사구이다.

❾ What a great reuse of resources!
: 감탄문으로, 「What+관사+형용사+명사+(주어)+(동사)」의 어순을 취한다.

Check-Up

1 본문에서 문장 ❼의 this problem이 가리키는 바를 우리말로 쓰시오.

____

[2-3] 다음 괄호 안의 동사를 알맞은 형태로 고쳐 쓰시오.

2 These bags are perfect for bicyclists __________ to work every day in all kinds of weather. (go)

3 A man __________ Kyle Parsons and his partners have been creatively reusing old motorcycle tires. (name)

4 다음 빈칸에 들어갈 말로 알맞은 것을 고르시오.

__________ a great reuse of resources!

① Who ② What ③ Where ④ Which

❶ Along with small everyday items, much bigger things can also be upcycled—even old buildings that cannot be used for their original purpose anymore. ❷ The German government showed us an excellent example of this with a former steel plant that closed in 1985. ❸ Rather than destroy the plant's buildings or abandon the entire facility, they decided to give it new meaning as a series of useful public structures. ❹ Many of the buildings kept their original shapes, but received extra equipment and new designs in their surrounding areas. ❺ For instance, old gas tanks became pools for divers. ❻ Concrete walls of iron storage towers were turned into ideal training fields for rock climbers. ❼ Can you believe a building for melting metal is now a viewing platform with a gorgeous 360-degree view? ❽ The final result is the Landscape Park Duisburg Nord. ❾ It has almost 570 acres of land filled with gardens, cycling paths, and pretty lights at night, in addition to its creatively repurposed buildings. ❿ This park proves that it's possible to preserve the heritage of a place as well as the environment.

While You Read Q3
Why do you think the German government didn't destroy or abandon the former steel plant?

예시 I think they wanted to reuse the buildings and make a unique place for people to enjoy.

어휘 **along with** …와 더불어 **original** [ərídʒənl] (형) 원래의 **destroy** [distrɔ́i] (동) 파괴하다 **abandon** [əbǽndən] (동) 버리다, 유기하다 **facility** [fəsíləti] (명) 설비, 시설 **a series of** 일련의 **equipment** [ikwípmənt] (명) 장비 **storage** [stɔ́:ridʒ] (명) 저장, 보관 **gorgeous** [gɔ́:rdʒəs] (형) 아주 멋진, 아름다운 **landscape** [lǽndskèip] (명) 경관, 풍경 **preserve** [prizə́:rv] (동) 보존하다 **heritage** [héritidʒ] (명) 유산; 전승, 전통

해석

❶작은 일상 물품들과 더불어, 더 커다란 것들도 업사이클될 수 있다. 원래 용도로 더는 사용될 수 없는 오래된 건물들조차도 말이다. ❷독일 정부는 1985년도에 문을 닫은 철강 공장으로 우리에게 이것의 훌륭한 예를 보여주었다. ❸공장 건물을 부수거나 전체 시설을 버려두기보다, 그들은 일련의 유용한 공공 구조물로서 그것에게 새로운 의미를 부여하기로 결정했다. ❹건물의 많은 부분이 원래 모습을 유지했으나 주변 부지에 추가 설비가 설치되고 새로운 디자인이 입혀졌다. ❺예를 들면, 오래된 가스탱크는 다이버들을 위한 풀이 되었다. ❻철을 저장하는 타워들의 콘크리트 벽들은 암벽등반가들을 위한 이상적인 훈련장으로 바뀌었다. ❼금속을 녹이기 위한 건물이 이제는 360도의 멋진 경치를 보여주는 전망대라는 것을 믿을 수 있겠는가? ❽그 최종 결과물이 뒤스부르크 환경 공원이다. ❾이는 창의적으로 개조된 건물들 이외에도 정원, 자전거 길, 밤에 빛나는 멋진 조명으로 가득 찬 대략 570에이커 크기의 땅이다. ❿이 공원은 환경뿐만 아니라 어떤 장소의 유산도 보호할 수 있다는 것을 증명한다.

While You Read

Q3 왜 독일 정부가 예전의 철강공장을 파괴하거나 버려두지 않았다고 생각하는가?
예시 그들은 건물을 재사용하여 사람들이 즐길 수 있는 독특한 장소를 만들기를 바랐을 것이다.

구문 해설

❶ …, much bigger things can also be upcycled—even old buildings that cannot be used for their original purpose anymore.
: much는 '훨씬'이라는 의미로 비교급을 강조하는 부사이다. that 이하는 old buildings를 선행사로 하는 주격 관계대명사절이다.

❷ The German government showed us an excellent example of this with a former steel plant that closed in 1985.
: us는 간접목적어, an excellent example of this는 직접목적어이다. this는 앞 문장에서 언급된 내용, 즉 오래된 건물 역시 업사이클될 수 있다는 것을 가리킨다. that 이하는 a former steel plant를 선행사로 하는 주격 관계대명사절이다.

❸ Rather than destroy the plant's buildings or abandon the entire facility, they decided to give it new meaning as a series of useful public structures.
: 「rather than …」은 '…하기보다는'이라는 의미이다. give it new meaning에서의 it은 the plant 즉, 낡은 철강공장을 가리킨다.

❾ It has almost 570 acres of land filled with gardens, cycling paths, and pretty lights …
: filled 이하는 앞에 있는 570 acres of land를 수식하는 과거분사구이다.

❿ This park proves that it's possible to preserve the heritage of a place as well as the environment.
: that 이하는 동사 proves의 목적어 역할을 하는 명사절이다. that절 안에서 it은 가주어, to preserve 이하가 진주어이다. 「A as well as B」는 'B뿐만 아니라 A도'라는 의미이다.

Check-Up

1 다음 빈칸에 들어갈 말로 알맞은 것을 고르시오.

Instead of destroying an old steel plant, the German government upcycled it as ____________________.

① a new office building
② a training field for athletes
③ a public park for its citizens
④ an environmentally-friendly school

2 밑줄 친 ⓐ~ⓒ중 어법상 틀린 것을 찾아 바르게 고치시오.

The German government showed ⓐus an excellent example of this ⓑwith a former steel plant ⓒwhat closed in 1985.

❶When artists add their own creative touches, things that most people consider junk are reborn as beautiful works of art. ❷ The giant pictures made from trash by environmental artist Tom Deininger are one of a kind. ❸ Up close, these brightly colored creations look like a mixed-up mess of broken plastic, unwanted toys, and bent wire—all things that cannot be recycled. ❹ From farther away, however, they appear to blend together into marvelous landscapes or other paintings. ❺ There is also an artist who shows that even disposable cups can be reused as artistic material. ❻ For years, Gwyneth Leech has turned used coffee cups into brilliant art exhibits. ❼ After a cup is used by someone, she paints a unique design on it and hangs it with many other painted cups in front of a window or pretty background. ❽ These works from Leech and Deininger are not only pleasing to the eye, but they also naturally provoke an interest in environmental conservation in people.

While You Read Q4
What are Tom Deininger's works of art made with?

They are made with junk such as broken plastic, unwanted toys, and bent wire.

어휘 **junk**[dʒʌŋk] ⓜ 쓰레기 **one of a kind** 독특한 사람[것] **mess**[mes] ⓜ 지저분한 것 **appear**[əpíər] ⓢ …처럼 보이다 **blend**[blend] ⓢ (보기 좋게) 조합되다[조합하다] **marvelous**[mɑ́:rvələs] ⓗ 놀라운 **disposable**[dispóuzəbl] ⓗ 일회용의, 사용 후 버리는 **brilliant**[bríljənt] ⓗ 훌륭한, 멋진 **exhibit**[igzíbit] ⓜ 전시물 **pleasing**[plí:ziŋ] ⓗ 즐거운, 만족스러운 **provoke**[prəvóuk] ⓢ 유발하다

Word Formation '보존하다'라는 의미의 동사 conserve와 명사형 접미사 -ation이 결합하여 '보존'이라는 의미의 명사 conservation이 되었다.
ex imagin(e) + **-ation** → **imagination**(상상력, 상상) recommend + **-ation** → **recommendation**(추천) imitat(e) + **-ation** → **imitation**(모방)

해석

❶예술가들이 그들의 창의적인 손길을 더할 때, 대부분의 사람들이 쓰레기로 여기던 사물들이 아름다운 예술작품으로 다시 태어난다. ❷환경 예술가 Tom Deininger에 의해 쓰레기로 만들어진 거대한 그림들은 매우 독특하다. ❸가까이 보면, 밝게 색칠된 이 작품들은 조각난 플라스틱과 버려진 장난감, 휘어진 선 등 모두 재활용될 수 없는 것들이 섞여 있는 것처럼 보인다. ❹하지만 멀리서 보면, 그들은 보기 좋게 조합되어, 놀라운 풍경 혹은 여타 그림들처럼 보인다. ❺일회용 컵이 예술적 재료로 사용될 수 있다는 것을 보여주는 또 다른 예술가가 있다. ❻수년간, Gwyneth Leech는 사용된 커피컵을 멋진 미술 전시품으로 바꿔왔다. ❼컵이 누군가에 의해 사용된 후, 그녀는 컵에 독특한 디자인을 그리고, 유리창이나 예쁜 배경 앞에 그림이 그려진 다른 많은 컵들과 함께 이것을 매달아 놓는다. ❽Leech와 Deininger의 전시품들은 눈을 즐겁게 할 뿐만 아니라, 자연스럽게 환경 보존에 대한 사람들의 관심을 유발한다.

While You Read

Q4 Tom Deininger의 예술작품들은 무엇으로 만들어졌는가?
망가진 플라스틱, 버려진 장난감, 그리고 휘어진 철사와 같은 쓰레기로 만들어졌다.

구문 해설

❶ …, things that most people consider junk are reborn as beautiful works of art.
: that … junk는 things를 선행사로 하는 목적격 관계대명사절이다.

❷ The giant pictures made from trash by environmental artist Tom Deininger are one of a kind.
: made from … Tom Deininger는 The giant pictures를 수식하는 과거분사구이다.

❺ There is also an artist who shows that even disposable cups can be reused as artistic material.
: who 이하는 an artist를 선행사로 하는 주격 관계대명사절이다. that 이하는 동사 shows의 목적어 역할을 하는 명사절이다.

❽ These works from Leech and Deininger are not only pleasing to the eye, but they also naturally …
: 「not only A but also B」는 'A뿐만 아니라 B도'라는 의미이다.

Check-Up

1 **다음 빈칸에 들어갈 말로 알맞은 것을 고르시오.**
Gwyneth Leech uses ___________ to make her art exhibitions.
① bent wire ② used cups ③ unwanted toys ④ broken plastic

[2-3] 다음 괄호 안의 단어를 알맞은 형태로 고쳐 쓰시오.

2 She hangs it with many other ___________ cups in front of a window. (paint)

3 These works are not only ___________ to the eye, but they also naturally provoke an interest in environmental conservation. (please)

❶ As you can see, creative thinking has the power to make many positive changes to the environment. ❷ By giving old products more value, we can lessen the amount of waste in a way that is even more eco-friendly than recycling. ❸ So what would you say to Jamie now as he decides what to do with his cans? ❹ Perhaps he could upcycle them to make lanterns, toys, or sculptures for his friends and family. ❺ The options are endless, and all he needs is a little creativity to think of them. ❻ In the same way, stop and think before you throw something out. ❼ Who knows? ❽ Maybe you can turn that trash into treasure.

While You Read Q5
If you were Jamie, what would you do with your empty cans?

예시 I would turn them into interesting decorations and try to sell them.

Source http://www.upcycling.co.uk 외 다수 (p.232 참조)

어휘 **lessen**[lésn] 동 줄이다 **perhaps**[pərhǽps] 부 아마도 **sculpture**[skʌ́lptʃər] 명 조각품, 조각 **option**[ɑ́pʃən] 명 선택(할 수 있는 것) **endless**[éndlis] 형 끝없는

해석

❶당신도 볼 수 있듯, 창의적인 생각은 환경에 있어서 많은 긍정적 변화를 가져오는 힘이 있다. ❷낡은 제품에 더 많은 가치를 부여함으로써 우리는 재활용보다 더 친환경적인 방식으로 쓰레기의 양을 줄일 수 있다. ❸자, 그렇다면 이제 음료수 캔으로 무엇을 할지 결정하려는 Jamie에게 뭐라고 말하겠는가? ❹아마도 그는 친구와 가족을 위한 랜턴, 장난감, 혹은 조각품을 만들기 위해 캔들을 업사이클할 수 있을 것이다. ❺선택할 수 있는 것은 끝이 없으며, 그가 필요한 것은 그것들에 대해 생각해 볼 약간의 창의성뿐이다. ❻똑같은 방식으로, 여러분도 무언가를 버리기 전 잠시 멈추어 생각해 보라. ❼누가 알겠는가? ❽당신이 쓰레기를 보물로 변화시킬지.

While You Read

Q5 만일 여러분이 Jamie라면 빈 캔들을 가지고 무엇을 하겠는가?
예시 나는 이것들을 흥미로운 장식품으로 만들어 판매해보려고 할 것이다.

구문 해설

❶ ..., creative thinking has the power to make many positive changes to the environment.
: to make 이하는 the power를 수식하는 형용사적 용법의 to부정사구이다.

❷ By giving old products more value, we can lessen the amount of waste in a way that is even more eco-friendly than recycling.
: that 이하는 a way를 선행사로 하는 주격 관계대명사절이다. even은 '훨씬'이라는 의미로 비교급을 강조하는 부사이다.

❸ So what would you say to Jamie now as he decides what to do with his cans?
: as 이하는 때를 나타내는 부사절이다. what to do with his cans는 동사 decides의 목적어 역할을 하는 부정사구이다.

❺ The options are endless, and all he needs is a little creativity to think of them.
: he needs는 all을 선행사로 하는 목적격 관계대명사절로, 선행사가 all일 때 관계대명사 that은 흔히 생략된다. to think of them은 creativity를 수식하는 형용사적 용법의 to부정사구이다. them은 The options를 지칭한다.

❼ Who knows?
: 의문문의 형태이지만, 문맥상 'Nobody knows.'의 의미를 갖는다. 이처럼, 말하는 이가 답을 얻기 위해서가 아니라 의도하는 내용을 강조하기 위해 의문문의 형식으로 서술하는 것을 '수사의문문'이라고 한다.

Check-Up

1 본문에서 문장 ❺의 them이 가리키는 바를 두 단어로 쓰시오.

____

[2-3] 다음 괄호 안에서 어법상 올바른 것을 고르시오.

2 By (give / giving) old products more value, we can lessen the amount of waste.

3 So what would you say to Jamie now as he decides (what / when) to do with his cans?

4 **주어진 우리말과 같은 뜻이 되도록 괄호 안의 단어들을 바르게 배열하시오.**
네게 필요한 것은 약간 더 큰 용기뿐이다.
(you / all / is / need) a little more courage.

A

Read the sentences and choose the one that is closest to the view expressed in the main text.

a Using recycling bins is a great way to save the Earth. Everyone should separate things that can be recycled from their trash and put them in the bins.

ⓑ If we creatively reuse the things thrown away, we can make the Earth greener by reducing trash and saving more energy.

c Reusing items several times before throwing them away cuts down on the amount of waste we produce. It saves you money, too.

B

Fill in the blanks with the words in the box based on the main text.

1 The Freitag brothers' ___bags___ are made from truck tarps, car seat belts, and bicycle ___inner tubes___.

2 ___Waste tires___ are turned into sandal bottoms by Kyle Parsons and his partners.

3 In Germany, an old and abandoned ___steel plant___ was creatively ___repurposed___ as a public park.

4 Gwyneth Leech has created many artworks using ___disposable cups___.

repurposed	inner tubes	steel plant
bags	disposable cups	waste tires

p. 49

A 문장을 읽고 본문에 표현된 견해에 가장 가까운 것을 고르시오.

a 분리수거함을 이용하는 건 지구를 구하는 훌륭한 방법이야. 모든 사람들이 쓰레기로부터 재활용될 수 있는 것들을 분리하여 그것들을 수거함 속에 넣어야 해.

b 만일 우리가 버려진 물건들을 창의적으로 재사용한다면, 쓰레기를 줄이고 더 많은 에너지를 절약함으로써 지구를 더 푸르게 할 수 있을 거야.

c 물건들을 버리기 전에 여러 번 재사용하는 건 우리가 만들어내는 쓰레기의 양을 줄여줘. 그것을 통해 돈도 아낄 수 있어.

해설 본문에서 글쓴이는 쓸모 없어진 물건들을 창의적인 아이디어로 업사이클함으로써 환경에 도움이 될 수 있음을 말하고 있다.

B 본문 내용에 맞게 상자 안에 있는 단어들로 빈칸을 채우시오.

1 Freitag 형제의 가방은 트럭의 방수포, 자동차 안전벨트, 그리고 자전거 타이어의 안쪽 튜브로 만들어진다.

2 폐타이어들은 Kyle Parsons와 동업자들에 의해 샌들 밑창으로 바뀐다.

3 독일에서는 낡고 버려진 철강 공장이 공공 공원으로 창의적으로 개조되었다.

4 Gwyneth Leech는 일회용 컵들을 사용하여 많은 예술품을 만들었다.

Check-Up

[1-4] 다음 문장이 본문 내용과 일치하면 T, 일치하지 않으면 F를 쓰시오.

1 Recycling requires a lot of energy to purify and convert waste to make new products. (   )

2 The bags made by the Freitag brothers are useful for bicyclists going to work in all kinds of weather. (   )

3 Parsons and his partners use canvas and natural materials to make sandal bottoms. (   )

4 In the Landscape Park Duisburg Nord, old gas tanks were turned into training fields for rock climbers. (   )

어휘 bin [bin] ⓜ 쓰레기통, 통 separate [sépərèit] ⓢ 분리하다, 나누다 reuse [riːjúːz] ⓢ 재사용하다 reduce [ridjúːs] ⓢ 줄이다 cut down on …을 줄이다 amount [əmáunt] ⓜ 양

C Make a group of four. Write a proposal for an upcycling contest with the materials in the main text. Then present it to the class.

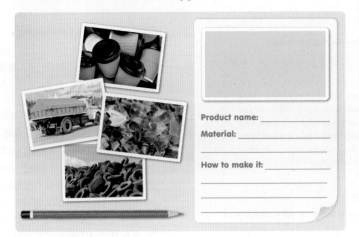

Product name: ____________

Material: ____________

____

How to make it: ____________

____

____

____

D Look at the creative way to solve the littering problems in the city and search for another idea like this.

These lines on roads, which encourage people to play basketball with trash, not only keep the city clean, but also allow people to have fun.

YOU

____

____

____

____

____

p. 50

C 네 명이 한 모둠을 만들고 본문에 제시된 재료를 가지고 업사이클링 대회를 위한 기획서를 써 보시오. 그러고 나서 학급에 발표하시오.

D 도시의 쓰레기 문제를 해결하기 위한 창의적인 방법을 보고, 이와 같은 또 다른 아이디어를 찾아보시오.

- 길 위에 있는 이 선들은 사람들에게 쓰레기로 농구를 하게끔 하는데, 도시를 깨끗하게 해줄 뿐 아니라 사람들이 재미를 느끼게 해준다.

배경지식

쓰레기 문제를 해결하기 위한 기발한 방법

- 네덜란드의 학생들은 쓰레기 버리는 것을 게임처럼 만들었다. 쓰레기를 버리기 위해서는 아령같이 생긴 쓰레기통의 뚜껑을 다섯 명 가량이 함께 힘을 써서 들어야 한다. 또는 쓰레기통을 높은 곳에 두어 사다리를 타고 올라가거나 쓰레기를 던져서 쓰레기통에 넣어야 한다.

- Original Unverpackt 슈퍼마켓에서는 식품을 포장해서 팔지 않는다. 고객들은 제품을 담아 갈 용기를 준비해서 오고, 원하는 제품을 원하는 만큼만 담아서 무게만큼의 가격을 계산한다. 포장으로 인한 쓰레기를 줄일 뿐만 아니라 먹을 만큼만 살 수 있어 낭비를 줄일 수 있다.

어휘 **proposal**[prəpóuzəl] 명 제안 **contest**[kɑ́ntest] 명 대회, 시합 **litter**[lítər] 동 (쓰레기 등을) 버리다 **encourage**[inkə́:ridʒ] 동 권장[장려]하다

Discovering Grammar

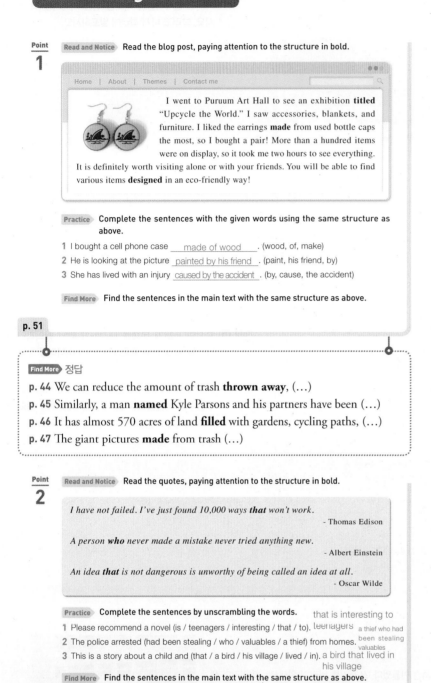

Point 1

Read and Notice Read the blog post, paying attention to the structure in bold.

Home | About | Themes | Contact me

I went to Puruum Art Hall to see an exhibition **titled** "Upcycle the World." I saw accessories, blankets, and furniture. I liked the earrings **made** from used bottle caps the most, so I bought a pair! More than a hundred items were on display, so it took me two hours to see everything. It is definitely worth visiting alone or with your friends. You will be able to find various items **designed** in an eco-friendly way!

Practice Complete the sentences with the given words using the same structure as above.

1 I bought a cell phone case ___made of wood___. (wood, of, make)
2 He is looking at the picture ___painted by his friend___. (paint, his friend, by)
3 She has lived with an injury ___caused by the accident___. (by, cause, the accident)

Find More Find the sentences in the main text with the same structure as above.

p. 51

Find More 정답

p. 44 We can reduce the amount of trash **thrown away**, (...)
p. 45 Similarly, a man **named** Kyle Parsons and his partners have been (...)
p. 46 It has almost 570 acres of land **filled** with gardens, cycling paths, (...)
p. 47 The giant pictures **made** from trash (...)

Point 1

Read and Notice 굵게 표시된 구조에 주의하여 블로그 글을 읽으시오.

나는 "세상을 업사이클하라"라는 제목이 붙여진 전시회를 보러 푸름 아트 홀에 갔다. 액세서리, 담요 그리고 가구들을 보았다. 나는 사용된 병뚜껑으로 만들어진 귀걸이가 가장 마음에 들어 한 쌍을 구입했다! 백여 개 이상의 물품이 전시되어 있어서 모든 것을 보는 데 2시간이 걸렸다. 이 전시회는 정말 혼자 또는 친구들과 가볼 가치가 있다. 당신은 친환경적으로 디자인된 다양한 물건들을 발견할 수 있을 것이다!

Practice 위와 같은 구조를 사용하여 주어진 단어로 문장을 완성하시오.

1 나는 나무로 만들어진 휴대전화 케이스를 샀다.
2 그는 그의 친구에 의해 그려진 그림을 보고 있다.
3 그녀는 사고로 야기된 부상을 갖고 살았다.

Find More 위와 같은 구조의 문장을 본문에서 찾으시오.

Point 2

Read and Notice Read the quotes, paying attention to the structure in bold.

*I have not failed. I've just found 10,000 ways **that** won't work.*
- Thomas Edison

*A person **who** never made a mistake never tried anything new.*
- Albert Einstein

*An idea **that** is not dangerous is unworthy of being called an idea at all.*
- Oscar Wilde

Practice Complete the sentences by unscrambling the words.

1 Please recommend a novel (is / teenagers / interesting / that / to). that is interesting to teenagers
2 The police arrested (had been stealing / who / valuables / a thief) from homes. a thief who had been stealing valuables
3 This is a story about a child and (that / a bird / his village / lived / in). a bird that lived in his village

Find More Find the sentences in the main text with the same structure as above.

p. 51

Find More 정답

p. 45 (...) something completely different **that** is useful for everyday life.
p. 46 (...) even old buildings **that** cannot be used for their original purpose anymore.
p. 46 (...) a former steel plant **that** closed in 1985.
p. 47 (...) all things **that** cannot be recycled.
p. 47 There is also an artist **who** shows that even disposable cups can be reused (...)
p. 48 (...) a way **that** is even more eco-friendly than recycling.

Point 2

Read and Notice 굵게 표시된 구조에 주의하여 인용구들을 읽으시오.

"나는 실패한 적이 없다. 제대로 되지 않는 만 개의 방법을 발견했을 뿐이다."
– Thomas Edison

"실수를 한 적이 없는 사람은 새로운 것을 한 번도 시도한 적이 없는 것이다."
– Albert Einstein

"위험하지 않은 아이디어는 아이디어라고 불릴 자격조차 없다." – Oscar Wilde

Practice 단어의 순서를 바로잡아 문장을 완성하시오.

1 십 대들에게 흥미로울 소설을 추천해주세요.
2 경찰은 가정집에서 귀중품들을 훔쳐왔던 도둑을 체포했다.
3 이것은 어느 어린이와 그의 마을에 살았던 새에 관한 이야기이다.

Find More 위와 같은 구조의 문장을 본문에서 찾으시오.

어휘 **exhibition**[èksəbíʃən] ⓜ 전시회 **title**[táitl] ⓥ 제목을 붙이다 **blanket**[blǽŋkit] ⓜ 담요 **furniture**[fə́ːrnitʃər] ⓜ 가구 **pair**[pεər] ⓜ 한 쌍 **on display** 전시[진열]된 **injury**[índʒəri] ⓜ 부상 **unworthy**[ʌnwə́ːrði] ⓗ 자격이 없는 **arrest**[ərést] ⓥ 체포하다 **valuables**[vǽljuəblz] ⓜ 귀중품

문법 노트

Point 1

명사를 수식하는 과거분사(구)

분사가 단독으로 쓰이지 않고 뒤에 목적어, 보어, 부사구 등 수식어구를 동반하고 있을 때는 보통 명사를 뒤에서 수식하게 된다. 이때 분사가 명사와 수동의 관계이거나 완료의 의미를 갖고 있으면 과거분사를, 분사가 명사와 능동의 관계이거나 진행의 의미를 갖고 있으면 현재분사를 쓴다.

ex) I think the new novel **written** by this author is too difficult. (내 생각에 이 작가에 의해 쓰인 새 소설은 너무 어려운 것 같다.)
The woman **leading** this company is my aunt. (이 회사를 이끌고 있는 여성분은 나의 고모이다.)

Point 2

주격 관계대명사

관계대명사는 접속사와 대명사의 역할을 동시에 하며, 주로 선행사를 수식하는 형용사절을 이끈다. 절 안에서의 역할에 따라 주격, 소유격, 목적격으로 구분할 수 있는데, 이 중 주격 관계대명사는 관계대명사가 절 내에서 주어 역할을 하는 경우를 말한다. 선행사가 사람인 경우 who[that], 사물인 경우 which[that]을 쓴다.

ex) She is the person **who[that]** spread the rumor. (그녀가 그 소문을 퍼뜨린 사람이다.)
A song **which[that]** was played in the drama became a big hit. (그 드라마에서 연주된 노래가 크게 히트했다.)

cf.) 관계대명사가 절 안에서 목적어 또는 소유격의 역할을 할 경우 목적격, 소유격 관계대명사를 사용한다. 목적격 관계대명사는 생략할 수 있다.

선행사 \ 역할	주격	소유격	목적격
사람	who	whose	whom
사물	which	whose 또는 of which	which
사람, 사물	that	X	that

ex) He is the only person **whom** we can trust. (그는 우리가 믿을 수 있는 유일한 사람이다.)
I helped an old lady **whose** bags were too heavy. (나는 가방이 너무 무거운 할머니를 도와드렸다.)
Is this the computer **that** you wanted as your birthday present? (이것이 네 생일 선물로 원했던 그 컴퓨터니?)

Check-Up

1 다음 괄호 안의 동사를 알맞은 형태로 고쳐 쓰시오.

(1) The girls _________ on the bench are my classmates. (sit)
(2) He swept the leaves _________ on the ground. (fall)

2 다음 괄호 안의 단어를 바르게 배열하여 문장을 완성하시오.

(1) (Korea / in / produced / dramas) are getting more popular.
(2) Do you know the name of (the piano / playing / the girl)?

3 다음 빈칸에 들어갈 수 있는 것을 2개 고르시오.

I'd like to help students _________ put their all into everything.

① who ② whom ③ that ④ which

4 다음 빈칸에 들어갈 알맞은 관계대명사를 쓰시오

(1) He lives in that house _________ roof is painted green.
(2) Our teacher scolded a student _________ came late.
(3) Houses _________ overlook the river are more expensive.

Write

Brilliant Solutions for Problems

Writing a Problem-Solution Paragraph

A Problem-Solution Paragraph

When you write a problem-solution paragraph, you describe a problem and how you think it should be solved. Discuss the problem first. Then propose your solutions. Think carefully about what results can be expected from your solutions. Include facts and examples to support your proposal.

A Model Writing

The problem I'd like to talk about is that there is too much leftover food in our school cafeteria. This is a problem because it costs a huge amount of money to deal with these leftovers. (Problem) *I'd like to suggest two solutions to this problem. First, let students decide how much they will eat.* (Solution 1) *This will help students be more responsible when they have lunch.* (Expected result 1) *Second, how about giving incentives—such as points that can be used in cafeteria—to students who finish their whole meal?* (Solution 2) *This will motivate many students to eat all of their lunch.* (Expected result 2) *I think these two things can solve the problem effectively.* (Closing)

p. 52

문제 해결 단락

문제 해결 단락을 쓸 때는 문제와 어떻게 그것이 해결되어야 한다고 생각하는지를 기술한다. 문제를 먼저 논하라. 그런 다음 당신의 해결책들을 제안하라. 당신의 해결책에서 어떤 결과들이 기대되는지 주의깊게 생각하라. 당신의 제안을 뒷받침하기 위한 사실과 예시를 포함하라.

A 내가 이야기하고 싶은 문제는 우리 학교 식당에 너무나 많은 음식이 남는다는 것이다. 이 남은 음식들을 처리하기 위해 막대한 비용이 들어가기 때문에 문제가 된다. 나는 이 문제에 대해 두 가지 해결책을 제안하고 싶다. 첫째, 학생들이 얼마나 먹을지를 스스로 결정하게 하자. 이것은 학생들이 점심을 먹을 때 더 책임감을 느끼도록 해줄 것이다. 둘째, 음식을 다 먹은 학생들에게 식당에서 사용될 수 있는 포인트와 같은 인센티브를 주는 것은 어떨까? 이것은 많은 학생들이 점심을 다 먹도록 동기를 부여해줄 것이다. 나는 이 두 가지 방법이 이 문제를 효과적으로 해결할 수 있으리라 생각한다.

구문 해설

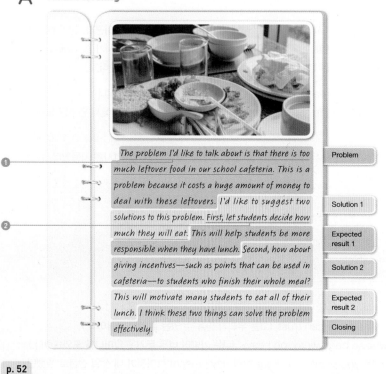

❶ The problem I'd like to talk about is that there is too much leftover food in our school cafeteria.
: 주어는 the problem, 동사는 is이며, that절은 보어 역할을 하는 명사절이다. I'd like to talk about은 The problem을 선행사로 하는 목적격 관계대명사절로, 앞에 관계대명사 which[that]가 생략된 형태이다.

❷ First, let students decide how much they will eat.
: 사역동사(let)의 목적격 보어로 동사원형(decide)이 쓰였다. how 이하는 동사 decide의 목적어 역할을 하는 의문사절(간접의문문)이다.

유용한 표현

- **원인을 표현할 때**
  since / because / because of / owing to / due to / The reason that[why] ...
- **영향(결과)을 표현할 때**
  thus / therefore / so / consequently / as a result / ... would result in ...
- **목적(의도)을 표현할 때**
  so that / so as to / in order (not) to

어휘 **propose**[prəpóuz] ⓢ 제안하다 **include**[inklúːd] ⓢ 포함시키다 **leftover**[léftòuvər] ⓜ 식사 후 남은 음식 **cafeteria**[kæ̀fətíəriə] ⓜ 구내식당 **incentive**[inséntiv] ⓜ (어떤 행동을 장려하기 위한) 우대책 **motivate**[móutəvèit] ⓢ 동기를 주다 **effectively**[iféktivli] ⓟ 효과적으로

B Write Your Own

Step 1 Think about what other problems you have at school.

People leave their trash everywhere after the school sports day is over.

YOU

The restrooms are always messy because students don't take care of them.

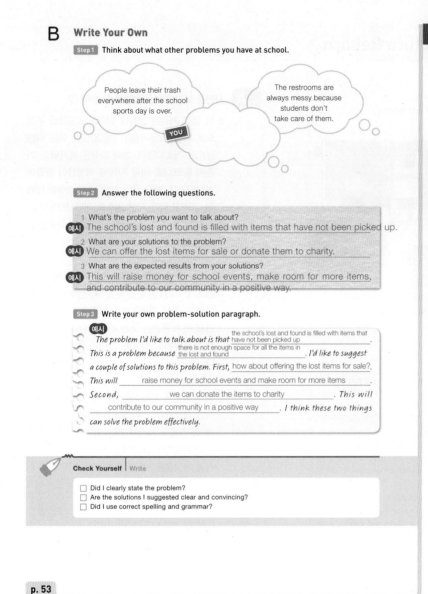

Step 2 Answer the following questions.

1 What's the problem you want to talk about?
예시 The school's lost and found is filled with items that have not been picked up.

2 What are your solutions to the problem?
예시 We can offer the lost items for sale or donate them to charity.

3 What are the expected results from your solutions?
예시 This will raise money for school events, make room for more items, and contribute to our community in a positive way.

Step 3 Write your own problem-solution paragraph.

예시
The problem I'd like to talk about is that the school's lost and found is filled with items that have not been picked up. *This is a problem because* there is not enough space for all the items in the lost and found. *I'd like to suggest a couple of solutions to this problem. First,* how about offering the lost items for sale?. *This will* raise money for school events and make room for more items. *Second,* we can donate the items to charity. *This will* contribute to our community in a positive way. *I think these two things can solve the problem effectively.*

Check Yourself | Write

☐ Did I clearly state the problem?
☐ Are the solutions I suggested clear and convincing?
☐ Did I use correct spelling and grammar?

p. 53

추가 예시문

The problem I'd like to talk about is that too many students have lost their textbooks, notebooks, and handouts especially during exam periods. This is a problem because many students waste their time and money searching for or buying school supplies again. I'd like to suggest a couple of solutions to this problem. First, how about giving out stickers that students can write their names and classes on and stick on their belongings? This will make it easier for students to find their belongings, especially if they are lost. Second, teachers should regularly check to see if students have their learning materials. This will encourage students to have their learning materials ready at all times. I think these two things can solve the problem effectively.

내가 말하고 싶은 문제는 너무나 많은 학생들이 특히 시험 기간에 그들의 교과서, 공책, 그리고 유인물들을 분실한다는 것이다. 많은 학생들이 학교 물품을 찾거나 다시 구입하는데 시간과 돈을 낭비하기 때문에 이것은 문제가 된다. 나는 이 문제에 대해 두어 개의 해결책을 제안하고 싶다. 첫째, 학생들에게 이름과 학급을 써서 소지품에 붙일 수 있는 스티커를 나눠주면 어떨까? 이것은 특히 그들의 물건들이 분실되었을 때 학생들이 그것들을 찾는 것을 쉽게 만들어줄 것이다. 둘째, 선생님들은 학생들이 학습 자료를 갖고 있는지 정기적으로 검사하셔야 한다. 이것은 학생들이 학습 자료를 언제나 준비하도록 장려할 것이다. 나는 이 두 가지 방법이 이 문제를 효과적으로 해결할 수 있으리라 생각한다.

B **Step 1** 학교의 다른 문제들에 대해 생각해 보시오.

- 사람들이 교내 체육대회가 끝난 후 곳곳에 쓰레기를 남겨둔다.
- 학생들이 화장실에 잘 신경을 쓰지 않아 언제나 지저분하다.

Step 2 다음 질문에 답하시오.

1 당신이 이야기하고 싶은 문제는 무엇인가?
예시 학교의 분실물센터가 찾아가지 않은 물건들로 가득하다.

2 이 문제에 대한 당신의 해결책은 무엇인가?
예시 분실물을 판매하거나 자선단체에 기부할 수 있다.

3 당신의 해결책으로부터 기대되는 결과들은 무엇인가?
예시 이것은 학교 행사를 위한 기금을 모으고, 더 많은 물품을 보관할 공간을 만들며 지역사회에 긍정적인 방식으로 기여하게 될 것이다.

Step 3 자신의 문제 해결 단락을 쓰시오.

예시 내가 이야기하고 싶은 문제는 학교의 분실물센터가 되찾아가지 않는 물건들로 가득 차 있다는 것이다. 분실물센터에 모든 물건들을 넣을 충분한 공간이 없기 때문에 이것은 문제가 된다. 나는 이 문제에 대해 두어 개의 해결책을 제안하고 싶다. 첫째, 분실물을 판매하는 것이 어떨까? 이것은 학교 행사를 위한 돈을 모금하고 더 많은 물건들이 들어가도록 공간을 확보해줄 것이다. 둘째, 이 물품들을 자선단체에 기부할 수 있다. 이것은 우리 지역 사회에 긍정적인 방향으로 기여할 것이다. 나는 이 두 가지 방법이 이 문제를 효과적으로 해결할 수 있으리라 생각한다.

Check Yourself

☐ 문제를 명확하게 서술했는가?
☐ 내가 제안한 해결책들은 분명하고 설득력이 있는가?
☐ 올바른 철자와 문법을 사용하였는가?

Inside Culture Architecture Reborn

A Get to Know the World

Look at the pictures and match each one to the correct description.

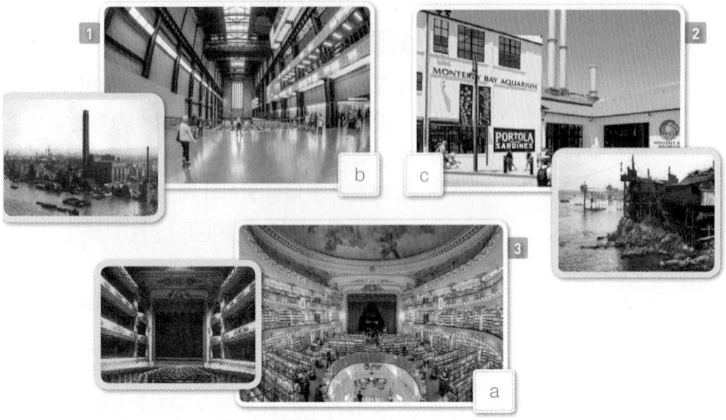

a This beautiful bookshop used to be a theater featuring magnificent paintings on
❶ its ceiling. In 2000, it was repurposed. The cinema seating was removed, and rows of bookshelves were installed in place of the original balconies and floors. The
❷ red stage curtains, theater boxes, and many other architectural details still remain, making this building a historic and luxurious place.

b This museum is housed in a former power station. After it closed down in 1981, the government decided to transform it into a museum instead of destroying it. Now this museum holds the national collection of modern British artwork and is famous for its modern and contemporary art.

c The aquarium was founded in 1984 on the site of a former fish canning factory. After the fishing industry collapsed, a team decided to reuse this building but still retain its historic character. Now, it holds thousands of plants and animals, with
❸ more than 600 species on display, and is enjoyed by both residents and tourists.

p. 54

A 사진을 보고 올바른 설명과 연결하시오.

a 이 멋진 서점은 천장에 장엄한 그림들을 특징으로 하는 극장이었다. 2000년에 이는 다른 용도로 개조되었다. 영화 좌석은 제거되고, 기존의 발코니와 바닥 자리에 책장들이 줄줄이 설치되었다. 빨간 무대 커튼, 극장 칸막이 특별석, 그리고 많은 다른 건축적 세부사항들이 여전히 남아 이 건물을 역사적이고 호화로운 장소로 만들어주고 있다.

b 이 박물관은 예전 발전소에 자리하고 있다. 발전소가 1981년 문을 닫은 후, 정부는 이를 파괴하는 대신 박물관으로 바꾸기로 결정했다. 현재 이 박물관은 국가 소유의 현대 영국 미술품을 보유하고 있으며, 근현대 미술로 유명하다.

c 이 수족관은 1984년 예전 생선 통조림 공장 터에 설립되었다. 어업이 붕괴된 후, 어느 팀에서 이 건물을 재사용하되 여전히 역사적 특징은 유지하기로 결정했다. 현재 이 수족관은 수천의 동식물을 보유하고 있으며 600여 종 이상이 전시되어 있고 주민과 관광객 모두에게 즐거움을 준다.

구문 해설

❶ This beautiful bookshop used to be a theater featuring magnificent paintings on its ceiling.
: 「used to-v」는 '(과거에) …하곤 했다'라는 의미이다. featuring 이하는 앞의 a theater를 수식하는 현재분사구이다.

❷ The red stage curtains, theater boxes, and many other architectural details still remain, making this building a historic and luxurious place.
: making은 연속동작을 나타내는 분사구문으로 'and they make'라는 의미이다.

❸ Now, it holds thousands of plants and animals, with more than 600 species on display, and is enjoyed by both residents and tourists.
: holds와 is enjoyed가 접속사 and로 병렬 연결되어 있다.

어휘 **feature**[fíːtʃər] ⓢ 특징으로 삼다 **magnificent**[mæɡnífisənt] ⓗ 장엄한, 장대한 **row**[rou] ⓜ 줄, 열 **in place of** …대신에 **architectural**[ɑ̀ːrkətéktʃərəl] ⓗ 건축(상)의 **remain**[riméin] ⓢ (없어지지 않고) 남다 **historic**[histɔ́ːrik] ⓗ 역사적으로 중요한 **luxurious**[lʌɡʒúəriəs] ⓗ 호화로운 **house**[haus] ⓢ 보관[수용/소장]하다 **power station** 발전소 **contemporary**[kəntémpərèri] ⓗ 현대의 **collapse**[kəlǽps] ⓢ (계획·사업 등이) 좌절되다, 실패하다 **retain**[ritéin] ⓢ (계속) 유지[보유]하다 **species**[spíːʃiːz] ⓜ 종 **resident**[rézidənt] ⓜ 주민

B Take a Closer Look

What do you think about the three places in A? Share your ideas with your partner.

I hope that many Korean buildings will be repurposed using creative ideas like these.
It's amazing how old and unused buildings can be reborn as totally new ones.
YOU
예시
I think it's good that buildings can keep their historical value and offer something new and interesting to people at the same time.

B A에 나온 세 개의 장소들에 대해 어떻게 생각하는가? 자신의 생각을 짝과 나눠 보시오.

- 많은 한국 건물들도 이들과 같은 창의적 아이디어를 사용해서 개조되었으면 좋겠어.
- 어떻게 낡고 사용되지 않던 건물들이 완전히 새로운 건물들로 다시 태어날 수 있는지 놀라워.
- 예시 건물들이 역사적인 가치를 보존하면서도 동시에 새롭고 흥미로운 무언가를 사람들에게 제공할 수 있다는 게 좋은 것 같아.

C Keep Exploring

Search for another example like the ones in A. Then present it to the class.

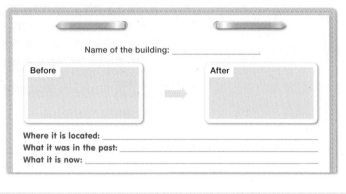

Name of the building: ______________

Before → After

Where it is located: ______________
What it was in the past: ______________
What it is now: ______________

p. 55

C A에 소개된 것과 같은 또 다른 예시들을 찾아보시오. 그런 다음 이를 학급에 발표하시오.

Check-Up

[1-4] 다음 문장이 본문 내용과 일치하면 T, 일치하지 않으면 F를 쓰시오.

1 The bookshop described above was originally used as a power station. (   )

2 In the bookshop you can still see the architectural details of the old building. (   )

3 The museum was constructed after the government destroyed the old building. (   )

4 The aquarium was a fish canning factory before it was repurposed. (   )

배경지식

- **엘 아테네오 그랜드 스플렌디드(El Ateneo Grand Splendid):** 아르헨티나 부에노스아이레스에 있는 대형서점으로, 많은 언론과 사람들이 세계에서 가장 아름다운 서점으로 꼽는다. 1919년도에 오페라 극장으로 문을 연 뒤 1929년에는 영화관으로, 그 후 다시 서점으로 탈바꿈하였으며 한 해 100만 명 이상이 방문한다.
- **테이트 모던 미술관(Tate Modern Museum):** 영국 런던에 있는 미술관이다. 1980년대 이후 발전소로서의 기능이 정지되면서 버려진 건물로 남아 있다가 예술재단 테이트에 의해 미술관으로 개조되어 세계적 명소가 되었다.
- **몬트레이 베이 수족관(Monterey Bay Aquarium):** 미국 캘리포니아 몬트레이에 위치하고 있는 수족관이다. 기존의 정어리 공장 건물 모양을 그대로 유지하도록 디자인되었다. 1984년 처음 개장하였고 소장하고 있는 바다 동식물 대다수는 캘리포니아 토착종이다.

Do It Yourself

L Listen to the conversation and fill in the blanks with the words in the box.

Instead of destroying an old station in their town, people converted it into a museum.

converted museum station destroying

L 대화를 듣고 상자 안에 있는 단어들로 빈칸을 채우시오.

그들의 마을에 있던 오래된 역을 부수는 대신, 사람들은 이것을 박물관으로 바꾸었다.

해설 예전 기차역 건물이 박물관으로 개조된 모습을 보면서 나누는 대화이다.

S Complete the conversation with the sentences in the box. Then act it out with your partner.

A: Wow, I've never seen a pen like this. Is it yours?

B: b

A: Yeah. Why does it look like this?

B: a

A: Oh. Does this make it easier for you to write?

B: c

A: That's great. I didn't know that changing the shape of a pen could help someone write better.

B: Maybe this will make you think about different ways to improve ordinary objects.

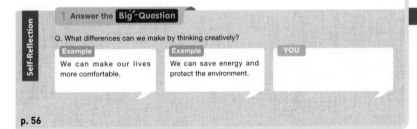

a Actually, it's for left-handed people like me.
b Yes, it is. It looks a little strange, doesn't it?
c Yes. I can easily see what I'm writing because it is curved.

S 상자 안에 있는 문장으로 대화를 완성하시오. 그러고 나서 짝과 역할 연기를 하시오.

A: 와, 이렇게 생긴 펜은 본 적이 없어. 이거 네 거니?

B: 응. 약간 이상하게 생겼지, 그렇지?

A: 그래. 왜 이렇게 생긴 거야?

B: 사실은, 이건 나처럼 왼손잡이들을 위한 거야.

A: 오, 이것이 네가 글 쓰는 것을 더 쉽게 해주니?

B: 응. 이것은 휘어져 있기 때문에 내가 쓰고 있는 것을 쉽게 볼 수 있어.

A: 멋지구나. 펜의 모양을 바꾸는 것이 누군가가 더 잘 쓰도록 도울 수 있다는 것을 몰랐네.

B: 아마 이것이 평범한 물건들을 개선하기 위한 다른 방식들을 생각해 보게 할 거야.

Self-Reflection

1 Answer the Big Question

Q. What differences can we make by thinking creatively?

Example: We can make our lives more comfortable.

Example: We can save energy and protect the environment.

YOU

p. 56

Self-Reflection 1 Big Question에 답하기

Q. 창의적으로 생각함으로써 우리는 어떤 변화를 만들어낼 수 있을까요?

|예시| 우리의 삶을 더 편안하게 만들 수 있다.

|예시| 에너지를 절약하고 환경을 보호할 수 있다.

Script L

G: Hey, Joey. Look at this place!

B: Wow, what a nice museum. Wait. Wasn't this our town's old train station?

G: Yeah, it was. They decided to turn it into a museum instead of tearing it down.

B: That was a good idea. I'm glad they found a new use for the station.

G: Me, too. It seems to me that there are many other buildings that could also be repurposed.

B: I think so, too. I hope our town continues to find new ways to use old buildings.

해석

여: 이봐, Joey! 이곳 좀 봐!

남: 와, 멋진 박물관이네. 잠깐. 여기 우리 마을의 옛날 기차역 아냐?

여: 응, 맞아. 이것을 허무는 대신 박물관으로 바꾸기로 했대.

남: 좋은 생각이었네. 사람들이 역에 대한 새로운 용도를 찾아서 기쁘다.

여: 나도 그래. 내 생각엔 개조될 수 있는 다른 건물들도 많은 것 같아.

남: 나도 그렇게 생각해. 우리 마을이 오래된 건물들을 활용하는 새로운 방법들을 계속 찾았으면 좋겠다.

어휘 **ordinary**[ɔ́:rdənèri] ⓗ 평범한 **object**[ɑ́bdʒikt] ⓜ 물건, 물체 **left-handed** ⓗ 왼손잡이의 **curved**[kə:rvd] ⓗ 휘어진 **tear down** 허물다

R Read the paragraph and answer the following questions.

The German government showed us an excellent example of this with a former steel plant ⓐ who closed in 1985. Rather than destroy the plant's buildings or abandon the entire facility, they decided to give it new meaning as a series of useful public structures. Many of the buildings kept their original shapes, but ⓑ received extra equipment and new designs in their ⓒ surrounding areas. ______________, old gas tanks became pools for divers. Concrete walls of iron storage towers ⓓ were turned into ideal training fields for rock climbers. Can you believe a building for melting metal is now a viewing platform with a gorgeous 360-degree view? The final result is the Landscape Park Duisburg Nord.

1 Find and correct the one that is NOT grammatically correct among ⓐ-ⓓ.
ⓐ who → that[which]

2 Which one best fits in the blank?
a However (**b**) For instance **c** On the other hand **d** Nevertheless

W Think about a problem in your class and write a problem-solution paragraph about it.

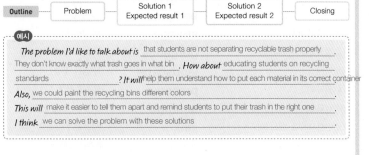

Outline — Problem — Solution 1 Expected result 1 — Solution 2 Expected result 2 — Closing

예시
The problem I'd like to talk about is that students are not separating recyclable trash properly. They don't know exactly what trash goes in what bin. *How about* educating students on recycling standards? *It will* help them understand how to put each material in its correct container. *Also,* we could paint the recycling bins different colors. *This will* make it easier to tell them apart and remind students to put their trash in the right one. *I think* we can solve the problem with these solutions.

2 Reflect on Your Learning

1 I've actively participated in class during this lesson. ①-②-③-④-⑤
2 I fully understand what I've learned in this lesson. ①-②-③-④-⑤
3 I can use the expressions I learned in this lesson in other situations. ①-②-③-④-⑤

p. 57

R 단락을 읽고 다음 질문에 답하시오.

1 ⓐ-ⓓ 중에서 문법적으로 바르지 않은 것을 찾아 바르게 고치시오.

해설 ⓐ 선행사가 사람이 아닌 a former steel plant이므로 that이나 which가 되어야 한다.

2 빈칸에 들어갈 말로 가장 적절한 것은?

W 학급의 문제점에 대해 생각해보고 그것에 대한 문제 해결 단락을 쓰시오.

예시 내가 이야기하고 싶은 문제는 학생들이 재활용 가능한 쓰레기를 제대로 분리하지 않는다는 것이다. 그들은 어떤 쓰레기가 어떤 통에 들어가는지를 정확하게 알지 못한다. 학생들에게 재활용 기준에 대해 교육하는 것은 어떨까? 그것은 그들이 각각의 물질들을 올바른 용기에 넣는 방법을 이해하는 데 도움을 줄 것이다. 또한, 우리는 재활용 통을 다른 색으로 칠할 수도 있을 것이다. 이것은 그들을 구별하는 것을 더 쉽게 해줄 것이고 학생들이 쓰레기를 올바른 용기에 넣도록 상기시킬 것이다. 나는 우리가 이 해결책들로 그 문제를 해결할 수 있다고 생각한다.

Self-Reflection 2 학습 과정 돌아보기

1 나는 이 단원을 배우는 동안 수업에 적극적으로 참여했다.
2 나는 이 단원에서 배운 것을 완전히 이해한다.
3 나는 이 단원에서 배운 표현을 다른 상황에 사용할 수 있다.

Check-Up

[1-2] 다음 글을 읽고, 물음에 답하시오.

Along with small everyday items, much bigger things can also be upcycled—even old buildings that cannot be used for their __________ purpose anymore.

1 밑줄 친 that 과 바꿔 쓸 수 있는 것을 고르시오.

① it ② this ③ whom ④ which

2 다음 영영정의에 맞는 단어를 빈칸에 써 넣으시오.

happening or existing first or at the beginning

3 다음 괄호 안의 동사를 알맞은 형태로 고쳐 쓰시오.

It has almost 570 acres of land __________ with gardens, cycling paths, and pretty lights at night. (fill)

어휘 **on the other hand** 한편 **nevertheless** [nèvərðəlés] 부 그럼에도 불구하고

단원 핵심 정리

Communicative Functions

1 가능성 정도 표현하기: Maybe/Perhaps/Probably it will ... (어쩌면 …)

▶ 어떤 일에 대한 가능성을 추측하거나 이야기할 때 "Maybe/Perhaps/Probably it will ..."이라는 표현을 사용할 수 있다. 이와 유사한 표현으로 "Chances are (that ...)," "It is likely that ..." 등이 있다.

2 의견 표현하기: It seems to me that ... (내 생각에는 …)

▶ 의견을 말할 때 "It seems to me that ..."이라는 표현을 사용할 수 있다. 이와 유사한 표현으로 "In my view/opinion ...," "I think/feel/believe ..." 등이 있다.

New Words & Expressions

obviously	부 명백히, 분명히
reduce	동 줄이다
amount	명 양
throw away	버리다, 없애다
conserve	동 절약하다, 아끼다
resource	명 자원
manage	동 관리하다
purify	동 정화하다
convert	동 전환시키다, 개조하다
approach	명 접근, 접근법
inspiring	형 (…하도록) 고무하는
seemingly	부 겉보기에는
object	명 물체, 물건
transform	동 변형시키다
individually	부 개별적으로
imagination	명 상상력
repurpose	동 용도를 변경하다
decompose	동 분해되다, 부패하다
turn ... into	…를 (~로) 바꾸다
material	명 재료, 물질
along with	…와 더불어
original	형 원래의
destroy	동 파괴하다
abandon	동 버리다, 유기하다
facility	명 설비, 시설
a series of	일련의
equipment	명 장비
storage	명 저장, 보관
gorgeous	형 아주 멋진, 아름다운
landscape	명 경관, 풍경
preserve	동 보존하다
heritage	명 유산; 전승, 전통
junk	명 쓰레기
one of a kind	독특한 사람[것]
mess	명 지저분한 것
appear	동 …처럼 보이다
blend	동 (보기 좋게) 조합되다[조합하다]
marvelous	형 놀라운
disposable	형 일회용의, 사용 후 버리는
brilliant	형 훌륭한, 멋진
exhibit	명 전시물
pleasing	형 즐거운, 만족스러운
provoke	동 유발하다
lessen	동 줄이다
perhaps	부 아마도
sculpture	명 조각품, 조각
option	명 선택(할 수 있는 것)
endless	형 끝없는

Language Points

| 명사를 수식하는 과거분사(구) |

분사가 단독으로 쓰이지 않고 목적어, 보어, 부사구 등의 수식어구를 수반할 때는 명사 뒤에서 수식한다. 이때 명사와 분사의 관계가 수동 내지 완료에 해당하는 경우 과거분사를 쓴다.

| 주격 관계대명사 |

관계대명사는 「접속사+대명사」의 역할을 하며, 주로 선행사를 수식하는 형용사절을 이끈다. 이 중 주격 관계대명사는 관계대명사가 절 내에서 주어 역할을 하는 경우를 말한다. 선행사가 사람인 경우 who[that], 사물인 경우 which[that]을 쓴다.

단원평가

1 다음 빈칸에 들어갈 말로 알맞은 것은?

A: Hey, look at this advertisement. Can you guess what it is about?
B: Hmm... ________________

① It is about to start soon.
② It sure helps change the way people think.
③ Maybe I will look at that advertisement later.
④ It seems to me that it's trying to warn us of global warming.
⑤ I believe that we need creative ideas to make advertisements!

2 대화가 자연스럽게 이어지도록 ⓐ~ⓓ를 순서대로 바르게 배열하시오.

ⓐ Wow, this village has murals everywhere! I've never seen a place like this!
ⓑ That's great. But why were they painted?
ⓒ I'm glad you like it! There are even more murals in the rest of the village.
ⓓ This used to be a lifeless village. But recently, artists decided to paint lots of pictures to raise the residents' spirits.

[3-5] 다음 우리말과 같은 뜻이 되도록 빈칸에 알맞은 말을 쓰시오.

3 In wind power plants, they ______ wind ______ energy.
(풍력발전소에서는 바람을 에너지로 바꾼다.)

4 She ______ ______ her old dolls after cleaning her room.
(그녀는 방을 청소한 후 오래된 인형들을 버렸다.)

5 The movie was very touching ______ ______ ______ being exciting.
(그 영화는 흥미진진할 뿐만 아니라 감동적이었다.)

6 밑줄 친 부분을 which로 바꿀 수 있는 것은?

① That is his new school bag.
② I know that I have to hurry.
③ The novel that I'm reading is very popular among teens.
④ All I know is that he makes his living by singing on the street.
⑤ Can you see that girl wearing a black hat?

7 다음 괄호 안의 단어를 바르게 배열하여 문장을 완성하시오.

He wrote a book about (as / the woman / known) a great fashion designer.

8 다음 글에서 전체 흐름과 관계 없는 문장은?

Many of the buildings kept their original shapes, but received extra equipment and new designs in their surrounding areas. ① For instance, old gas tanks became pools for divers. ② Concrete walls of iron storage towers were turned into ideal training fields for rock climbers. ③ However, you have to be careful not to fall off when you climb rocks. ④ Can you believe a building for melting metal is now a viewing platform with a gorgeous 360-degree view? ⑤ The final result is the Landscape Park Duisburg Nord.

[9-10] 다음 글을 읽고, 물음에 답하시오.

When artists add their own creative touches, things that most people consider junk ⓐare reborn as beautiful works of art. The giant pictures made from trash by environmental artist Tom Deininger ⓑis one of a kind. Up close, these brightly colored creations look like a mixed-up mess of broken plastic, ⓒunwanted toys, and bent wire—all things ⓓthat cannot be recycled. From farther away, ____________, they appear to blend together into marvelous landscapes or other paintings.

9 밑줄 친 ⓐ~ⓓ 중 어법상 틀린 것을 찾아 바르게 고치시오.

10 빈칸에 들어갈 말로 가장 알맞은 것은?

① thus ② however ③ in addition
④ for instance ⑤ as a result

Project

Develop a Convenient Application!

Step 1 *Think about It*

Make a group of four with your classmates. Search for smartphone applications that make our lives more convenient.

order food delivery

help sleep

recommend movies

plan study schedules

Step 2 *Organize It*

Come up with your own smartphone application idea and organize your thoughts by answering the following questions.

Example

Application name: Menu Pop

1 What kind of application would you like to develop?
An application that will let you know each day's lunch menu in the school cafeteria

2 Why do you want to develop the application?
Because we want students to be able to check the lunch menu for each day more conveniently

3 What kind of functions will the application have?
1) *Sends a push message about the lunch menu in the school cafeteria each day*
2) *Provides nutritional information about the menu for each day*
3) *Allows you to search for cafeteria menus by date*

YOU

Application name: ______________

1 What kind of application would you like to develop?
____

2 Why do you want to develop the application?
____

3 What kind of functions will the application have?
1) ______________
2) ______________
3) ______________

p. 58

Step 1 네 명이 한 모둠을 만들고 우리의 삶을 더 편리하게 만들어주는 스마트폰 앱을 검색해 보시오.

- 음식 배달 주문하기
- 수면에 도움 주기
- 영화 추천하기
- 학습 일정 계획하기

Step 2 여러분만의 스마트폰 앱 아이디어를 생각해 보고, 다음 질문들에 답하면서 생각을 정리하시오.

앱 이름: Menu Pop

1 어떤 종류의 앱을 개발하기 원하는가?
매일의 학교 식당 점심 메뉴를 알려주는 앱

2 왜 그 앱을 개발하고 싶은가?
학생들이 매일 점심 메뉴를 더 편리하게 확인할 수 있기를 바라기 때문에

3 그 앱은 어떤 종류의 기능을 갖게 되는가?
1) 날마다 학교 식당의 점심 메뉴에 대해 알림메시지를 보낸다
2) 날마다 메뉴에 대한 영양 정보를 제공한다
3) 날짜별로 식당 메뉴를 검색할 수 있게 한다

배경지식

삶을 편리하게 만들어주는 앱

- **i Tour Seoul**: 국내 지방자치단체 최초의 관광 모바일 앱으로 한국인터넷전문가협회가 주최한 '2011 스마트앱 어워드'에서 공공서비스 분야 대상으로 선정됐다. 서울시가 매년 엄격한 평가를 거쳐 선정하는 '자랑스러운 한국음식점' 정보를 제공함으로써 관광객의 편의를 돕고 있다. 이뿐만 아니라 대중 교통정보와 함께 길 안내 서비스를 제공하며, 증강현실 기능을 통해 쉽게 주변의 명소, 쇼핑 정보 등을 볼 수 있도록 하였다.

- **정부 3.0 서비스 알리미 앱**: 건강, 주거, 교육 취업, 창업, 사회복지 등 정부 및 지자체 공공기관이 제공하는 6만여 개의 서비스 검색이 가능한 스마트폰 어플리케이션이다. 테마별, 연령별로 정부와 공공기관 서비스를 분류하여 한 번에 찾기 쉽게 제공하고 있다. 예를 들어, '건강포털'을 검색하면 '손쉬운 병원 찾기' 기능을 통해 주변 병원과 약국을 찾을 수 있다. 또, '내가 먹는 약 알아보기' 기능을 통해 약의 성분이나 함께 먹어도 되는 약 등을 안내해준다.

어휘 **develop**[divéləp] ⓢ 개발하다 **convenient**[kənvíːnjənt] ⓗ 편리한 **application**[æpləkéiʃən] ⓜ 응용 프로그램 **delivery**[dilívəri] ⓜ 배달 **recommend**[rèkəménd] ⓢ 추천하다 **come up with** (생각 등을) 떠올리다 **cafeteria**[kæfətíəriə] ⓜ 구내식당 **function**[fʌ́ŋkʃən] ⓜ 기능 **nutritional**[nutríʃənl] ⓗ 영양상의

Step 3 *Present It*

Make an advertisement for your application and present it to the class.

Example

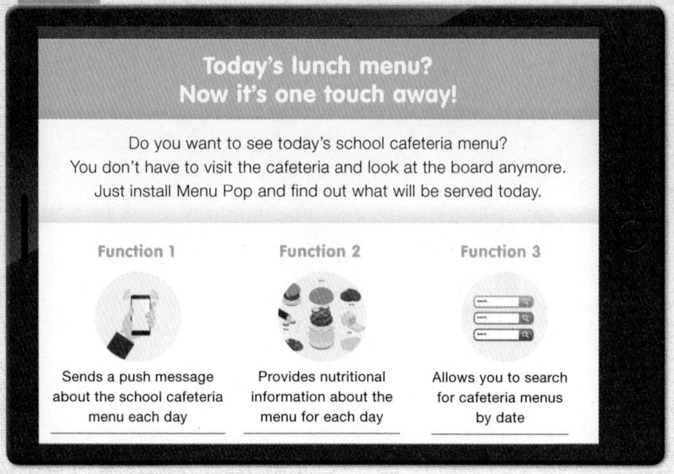

Today's lunch menu?
Now it's one touch away!
Do you want to see today's school cafeteria menu?
You don't have to visit the cafeteria and look at the board anymore.
Just install Menu Pop and find out what will be served today.
Function 1
Function 2
Function 3
Sends a push message about the school cafeteria menu each day
Provides nutritional information about the menu for each day
Allows you to search for cafeteria menus by date

Step 3 여러분의 앱을 위한 광고를 만들고 이를 학급에 발표하시오.

> 오늘의 점심 메뉴?
> 이제는 터치 한번이면 끝!
>
> 오늘의 학교 식당 메뉴를 보고 싶으신가요?
> 더는 식당에 가서 게시판을 볼 필요가 없습니다.
> 그냥 Menu Pop을 설치하고 오늘 무엇이 나올지 알아보세요.
> 기능 1 매일 학교 식당 메뉴에 대한 알림 메시지를 보냅니다
> 기능 2 매일의 메뉴에 대한 영양 정보를 제공합니다
> 기능 3 날짜별로 식당 메뉴를 검색할 수 있습니다

Evaluate It | Score each group's advertisement based on the following evaluation sheet.

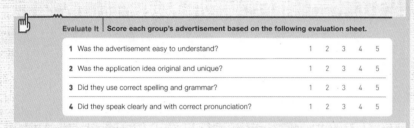

1 Was the advertisement easy to understand?	1	2	3	4	5
2 Was the application idea original and unique?	1	2	3	4	5
3 Did they use correct spelling and grammar?	1	2	3	4	5
4 Did they speak clearly and with correct pronunciation?	1	2	3	4	5

p. 59

Evaluate It

다음 평가표에 근거하여 각 모둠의 광고에 점수를 매기시오.

1 광고는 이해하기 쉬웠는가?
2 앱에 대한 아이디어는 독창적이고 독특했는가?
3 올바른 철자와 문법을 사용했는가?
4 올바른 발음으로 분명하게 말했는가?

+Plus 효과적인 광고를 위한 팁

1 **제품이나 서비스에 대한 냉철한 평가:** 자신이 광고하고자 하는 제품이나 서비스가 다른 경쟁 제품이나 경쟁 서비스와 어떻게 다르고 차별화되는지 파악해야 한다. 제공하고자 하는 것의 장단점을 이해하는 것이 광고에 필수적이다.

2 **대상 고객에 대한 이해:** 제품이나 서비스를 구입하는 고객의 연령층과 소비 습관 등을 비롯하여, 고객이 무엇을 원하는지에 대한 이해가 이루어져야 광고에 어떤 내용들을 포함시킬지 효과적으로 정할 수 있다.

3 **매력적인 광고카피:** 호기심을 자극하는 신선하고 창의적인 광고카피를 쓰도록 한다. 광고카피에서 대상 고객을 사로잡아야 세부적인 설명들에까지 관심을 갖게 할 수 있다.

4 **시각 자료 활용:** 제품에 대해 줄글로 설명하는 것보다는 핵심 표현과 함께 시각자료를 활용하여 제시하는 것이 효과적이다. 한눈에 봐도 어떤 장점이 있는지 파악할 수 있게 한다.

어휘 **advertisement** [ædvərtáizmənt] ⓜ 광고 **board** [bɔːrd] ⓜ 게시판 **install** [instɔ́ːl] ⓢ 설치하다 **find out** 알아내다[알게 되다] **serve** [səːrv] ⓢ (식당 등에서 음식을) 제공하다

Lesson

3

Sound Life

Functions

- **제안 · 권유하기**
  Why don't you try eating a banana?
- **걱정, 두려움 표현하기**
  I'm worried about making a mistake.

Structures

- Has a painting, a movie, or a novel ever **made** you **feel** better?
- This is **what makes you special**.

Big Question

How can we lead healthy lives?

우리는 어떻게 건강한 삶을 영위할 수 있을까요?

Listen & Speak 1

Health

Be Physically Sound

신체적으로 건강해지세요

Listen & Speak 2

Stay Mentally Strong

정신적으로 강해지세요

Read

Art+ Psychology

Art Heals

예술이 치유하다

Write

What Makes Me Feel Better

내 기분을 나아지게 하는 것

Inside Culture

Nutrition

Comfort Foods from Around the World

전 세계의 위안을 주는 음식

Be Physically Sound

Listen & Speak 1

제안 · 권유하기 Why don't you try eating a banana?

A Get Ready

Read the following list and check your health habits.

"What did I do yesterday?"

	Y	N
1. I got seven to eight hours of sleep.	○	○
2. I exercised for more than 30 minutes.	○	○
3. I ate a healthy breakfast.	○	○
4. I drank more than eight glasses of water.	○	○

How many yeses did you get? **0**: Warning **1-2**: Try harder **3-4**: Good job

B Learn It

1 **Listen to the conversation. What are the speakers mainly talking about?**

a ways to concentrate in class
ⓑ the benefits of eating breakfast
c the effects of well-balanced meals
d the importance of working out regularly

2 **Listen again. Which is NOT true about the boy?**

a He is hungry and wants to eat something.
b He doesn't usually eat breakfast.
c He can't pay attention during classes.
ⓓ He brought a banana from home.

Sound in Use **I've NEVER...**

A Listen carefully, focusing on the stress.
1 I've **NEVER** done it before.
2 No, it is **NOT** far from our school.

B Listen and underline the words with the strongest stress.
1 You are not allowed to leave this building.
2 I can never remember the title of the song.

p. 62

A **다음 목록을 읽고 자신의 건강 습관을 확인하시오.**

"나는 어제 무엇을 했는가?"
1. 나는 7~8시간가량 잠을 잤다.
2. 나는 30분 넘게 운동했다.
3. 나는 건강한 아침 식사를 했다.
4. 나는 물을 8잔 넘게 마셨다.

B **1 대화를 들으시오. 화자들은 주로 무엇에 관해 이야기하고 있는가?**

a 수업 중 집중하는 방법
b 아침 식사의 이점
c 균형 잡힌 식사의 효과
d 규칙적인 운동의 중요성

2 다시 들으시오. 남자에 관해 사실이 아닌 것은?

a 그는 배가 고파서 무언가를 먹고 싶어 한다.
b 그는 보통 아침 식사를 하지 않는다.
c 그는 수업 중에 집중을 하지 못한다.
d 그는 집에서 바나나를 가져왔다.

Sound in Use

A 발음에 집중하여 잘 들으시오.
1 나는 이전에는 그것을 해본 적이 없다.
2 아니, 그것은 우리 학교에서 멀지 않아.

B 듣고 가장 강한 강세가 있는 단어에 밑줄을 치시오.
1 당신은 이 건물을 떠날 수 없다.
2 나는 그 노래의 제목을 절대 기억할 수 없다.

Script B

B: Hey, Jane! Do you want to grab something to eat?
G: Hey, Robert. It's just 10:30. Didn't you have breakfast?
B: No, I don't eat breakfast that often.
G: No wonder you're hungry! You should eat breakfast every morning. It gives you energy and helps you concentrate during class.
B: That's probably why I have trouble paying attention in class. What's something easy I can have in the morning?
G: Why don't you try eating a banana? You don't need to cook at all. And it will also help you get lots of your daily vitamins.
B: Good idea. Thanks for the suggestion!

해석

남: 안녕, Jane! 간단히 뭐 좀 먹을래?
여: 안녕, Robert. 10시 30분밖에 안 되었어. 아침 안 먹었어?
남: 응, 난 아침을 그리 자주 먹지 않아.
여: 네가 배고픈 게 당연하구나! 너는 매일 아침 식사를 해야 해. 그것은 너에게 에너지를 주고 수업 중에 집중하는 것을 도와줄 거야.
남: 아마도 그것이 내가 수업에 집중하기 어려운 이유인가 보다. 아침에 쉽게 먹을 수 있는 게 뭐가 있을까?
여: 바나나를 먹어보는 건 어때? 조리할 필요가 전혀 없잖아. 그리고 바나나는 하루에 필요한 비타민을 상당량 섭취하는 데 도움을 줄 거야.
남: 좋은 생각이야. 제안 고마워!

어휘 **concentrate**[kánsəntrèit] ⓢ 집중하다 **benefit**[bénəfit] ⓜ 이점, 혜택 **effect**[ifékt] ⓜ 효과; 영향 **well-balanced** ⓗ 균형이 잡힌 **work out** 운동하다 **regularly**[régjulərli] ⓟ 규칙적으로 **pay attention** 집중하다 **grab**[græb] ⓢ 급히[잠깐] …하다 **have trouble v-ing** …하는 데에 어려움을 겪다 **suggestion**[səgdʒéstʃən] ⓜ 제안

C Use It

Step 1 Listen to the speech and answer the following questions.

1 **What is the purpose of the speech?**

a to introduce a new medicine
ⓑ to explain what disturbs sound sleep
c to inform people of ways to stay awake
d to encourage people to have healthy meals

2 **Listen again. Which is NOT part of the speaker's advice?**

a Stay away from the screens late at night.
b Avoid eating at random hours.
ⓒ Spend more time outside during daylight.
d Don't exercise late at night.

3 **What do you usually do before you go to sleep? Share your answer with your partner.**

p. 63

C **Step 1** 연설을 듣고 다음 질문에 답하시오.

1 **연설의 목적은 무엇인가?**

a 새로운 약을 소개하기 위해
b 무엇이 숙면을 방해하는지 설명하기 위해
c 사람들에게 깨어 있는 방법을 알려주기 위해
d 사람들이 건강한 식사를 하도록 장려하기 위해

2 **다시 들으시오. 화자의 조언이 아닌 것은?**

a 늦은 밤에는 화면을 멀리하라.
b 일정하지 않은 시간에 먹는 것을 피해라.
c 낮에 실외에서 시간을 더 많이 보내라.
d 밤늦게 운동하지 마라.

3 **당신은 잠자기 전에 주로 무엇을 하는가? 짝과 의견을 나누시오.**

Script C

M: We all know how important sleep is, but many teens are not getting enough of it. Today, I want to tell you about what's really keeping you awake. First, staying up late texting and watching TV is a sure way to disturb your sleep. The artificial light coming from these screens tricks your brain into keeping you up later! Second, eating at random hours can throw your body off track and keep you awake. Your body works best when you follow a routine. Last, exercising too late in the evening increases a stress-related substance in your blood and keeps you awake. So, remember to avoid late-night exercises, eat your meals regularly, and turn off those screens long before you go to sleep!

해석

남: 우리는 모두 잠이 얼마나 중요한지 잘 알고 있지만 많은 청소년들이 충분히 잠을 자지 않습니다. 오늘 저는 여러분께 무엇이 실제로 여러분을 깨어있게 하는지에 대해 말씀드리고자 합니다. 첫째, 문자 메시지를 보내고 텔레비전을 보느라 밤늦게까지 깨어있는 것은 당신의 숙면을 방해하는 확실한 요인입니다. 이러한 화면에서 나오는 인공조명은 당신의 뇌를 속여서 계속 깨어있게 합니다! 둘째, 일정하지 않은 시간에 먹는 것은 당신의 몸이 정상 궤도에서 벗어나 깨어있게 할 수 있습니다. 당신의 몸은 규칙적인 일과를 따를 때 가장 잘 기능합니다. 마지막으로, 저녁 너무 늦게 운동하는 것은 혈액 속 스트레스 관련 물질을 증가시켜 당신을 깨어있게 만듭니다. 따라서 늦은 밤 운동을 피하고, 규칙적으로 식사하고, 잠자기 훨씬 이전에 화면을 끄는 것을 기억하세요!

어휘 **disturb**[distə́ːrb] ⓢ 방해하다 **inform A of B** A에게 B를 알리다 **random**[rǽndəm] ⓗ 무작위의 **daylight**[déilàit] ⓜ 낮, 주간 **text**[tekst] ⓢ 문자 메시지를 보내다 **artificial**[ɑ̀ːrtəfíʃəl] ⓗ 인공의 **trick ... into v-ing** …를 속여서 ~하게 하다 **routine**[ruːtíːn] ⓜ 일상 **substance**[sʌ́bstəns] ⓜ 물질

Step 2 Think about physical problems and give some advice on how to deal with them.

Problem		Advice
 have trouble falling asleep	➡	• Take a warm bath before going to bed. • ________________ ________________.
________________	➡	• ________________ ________________. • ________________ ________________.

Step 3 Talk with your partner about physical problems and give some advice on how to deal with them.

Example

A: These days, I have trouble falling asleep.
B: Hmm... **Why don't you** take a warm bath before going to bed? It will help you fall asleep.
A: I'll have to try it. Thanks for your suggestion.
B: No problem. I hope it works for you!

Check Yourself | Listen and Speak 1

	Yes	Not Sure	No
1 I can understand others when they suggest or recommend something to me.	☐	☐	☐
2 I can suggest or recommend something to others.	☐	☐	☐

p. 64

Step 2 신체적인 문제에 대해 생각해 보고 해결 방안에 대해 조언하시오.

문제: 잠드는 데 어려움이 있음
조언: 잠자기 전에 따뜻한 물로 목욕하라.

Step 3 신체적인 문제에 대해 짝과 이야기해 보고 해결 방안에 대해 조언하시오.

A: 나는 요즈음 잠이 잘 안 와.
B: 음… 잠자리에 들기 전에 따뜻한 물로 목욕을 해 보지그래? 잠드는 데 도움이 될 거야.
A: 그렇게 해봐야겠네. 제안해줘서 고마워.
B: 고맙긴 뭘. 효과가 있으면 좋겠네!

추가 예시문

A: These days, I catch colds easily.
B: Hmm... **Why don't you** eat more fruit and vegetables? It will keep you from catching a cold.
A: I'll have to try it. Thanks for your suggestion.
B: No problem. I hope it works for you!

Check Yourself

1 다른 사람이 나에게 무언가를 제안하거나 권유할 때 이해할 수 있다.
2 다른 사람에게 무언가를 제안하거나 권유할 수 있다.

Function of Communication

제안 · 권유하기: Why don't you ... ? (…하는 게 어때?)

➡ 어떤 일을 하도록 제안하거나 권할 때 "Why don't you ... ?"라는 표현을 사용할 수 있다. 이와 유사한 표현으로 "What/How about ... ?," "You'd better ...," "Would you like (me) to ...," "I suggest (that) we ..." 등이 있다.

|Example 1|
A: I think I'm gaining weight these days. (나 요즘 살이 찌는 것 같아.)
B: **Why don't you** try boxing? It's very effective for losing weight. (복싱을 해 보는 건 어때? 그건 살을 빼는 데 매우 효과적이야.)

|Example 2|
A: **Why don't you** come with me to my house? (나랑 우리 집에 갈래?)
B: That would be great. (그거 좋겠다.)

▶ Speaking Aid

제안이나 권유에 대한 대답으로 여러 가지 표현을 할 수 있으며, 대표적으로 다음과 같은 표현들이 있다.
• Sure! / All right! • No problem. • (That) sounds good. • Thank you, but ...

Listen & Speak 2

Stay Mentally Strong

걱정, 두려움 표현하기 I'm worried about making a mistake.

A Get Ready

Look at the following and think of something that has been stressing you out recently.

My school grades are going down.

I fight with my parents a lot.

My face is breaking out.

A **다음을 보고 최근에 당신에게 스트레스를 주는 것에 대해 생각해 보시오.**
- 학교 성적이 떨어지고 있다.
- 부모님과 자주 싸운다.
- 얼굴에 뭐가 난다.

B Learn It

1 **Listen to the conversation. What are the speakers mainly talking about?**

a the advantages of using flashcards
b the difficulty of doing research
ⓒ how to prepare for a presentation
d the reasons why people make mistakes

2 **Listen again. What will the speakers most likely do after school?**

ⓐ  b  c  d 

B 1 **대화를 들으시오. 화자들은 주로 무엇에 관해 이야기하고 있는가?**

a 플래시카드 사용의 장점
b 연구 조사의 어려움
c 발표를 준비하는 방법
d 사람들이 실수를 하는 이유

2 **다시 들으시오. 화자들은 방과 후에 무엇을 할 가능성이 가장 높은가?**

해설 남자의 마지막 말에서 방과 후에 자신의 집에 가서 발표 연습을 하자고 했다.

Speaking Tip You can say "Take it easy" when you want someone who seems upset or excited to calm down.

Hurry up! We have to leave now.

Take it easy. There's still enough time.

p. 65

Speaking Tip

화가 나거나 흥분한 상대방을 진정시키려고 할 때 "Take it easy"라고 말할 수 있다.
서둘러! 우리는 지금 떠나야 해. / 진정해. 아직 시간이 충분해.

Script B

G: Ricky, do you have a pen? I need to make flashcards.
B: What are you making flashcards for?
G: They're for a presentation I have in two days. I've done a lot of research, but I'm worried about making a mistake.
B: Take it easy. Giving a presentation is all about practice. Practice your speech over and over again until you're comfortable.
G: I've already tried that, but it's not easy to do it by myself.
B: Okay, then. Come over to my house after school. I'll help you practice.
G: Great! Thanks!

해석

여: Ricky, 너 펜 있니? 나 플래시카드를 만들어야 해.
남: 어디에 쓸 플래시카드를 만드는 건데?
여: 이틀 후에 있는 발표를 위한 거야. 조사를 많이 했지만 실수할까 봐 걱정된다.
남: 걱정하지 마. 발표하는 것은 연습이 전부야. 네가 편안해질 때까지 할 말을 반복해서 연습해.
여: 그건 벌써 해봤지만 혼자 하는 게 쉽지 않아.
남: 그럼 좋아. 학교 끝나고 우리 집에 와. 내가 연습하는 걸 도와줄게.
여: 좋아! 고마워!

어휘 **break out** 갑자기 (발진이) 잔뜩 나다 **advantage** [ædvǽntidʒ] ⓜ 이점 **flashcard** [flǽʃkɑ̀:rd] ⓜ 플래시카드 (그림, 글자 등이 적힌 학습 카드) **research** [risə́:rtʃ] ⓜ 연구, 조사 **presentation** [prì:zəntéiʃən] ⓜ 발표 **make a mistake** 실수하다 **comfortable** [kʌ́mfərtəbl] ⓗ 편안한

C Use It

Step 1 Listen to the conversation and answer the following questions.

1 Which correctly shows the change in the girl's feelings?

ⓐ anxious → relieved　　b depressed → angry
c nervous → surprised　　d frustrated → excited

2 Listen again. Which best describes the relationship of the speakers?

a father and daughter　　b doctor and patient
ⓒ teacher and student　　d interviewer and interviewee

Step 2 Circle the things that you are worried about these days and add any that are not listed below.

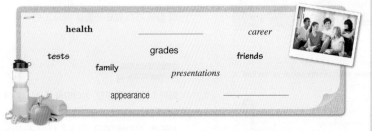

health　　__________　　career
tests　　grades　　friends
family　　presentations
appearance　　__________

p. 66

C

Step 1 대화를 듣고 다음 질문에 답하시오.

1 여자의 감정 변화를 바르게 나타낸 것은?

a 염려하는 → 안도하는　b 우울한 → 화가 난
c 불안한 → 놀란　d 좌절한 → 흥분한

해설 시험을 잘 봐야 한다는 압박감 때문에 염려하고 불안해했지만, 너무 걱정하지 말라는 조언을 듣고 안도감을 느끼게 되었다.

2 다시 들으시오. 화자들의 관계를 가장 잘 나타낸 것은?

a 아버지와 딸　b 의사와 환자
c 교사와 학생　d 면접관과 면접 대상자

해설 '선생님의 수업에 있을 시험(test in your class)'이라는 말을 통해 교사와 학생 간의 대화임을 유추할 수 있다.

Step 2 자신이 요즘 걱정하는 것에 동그라미 치고 아래 목록에 없는 것을 추가하시오.

Script C

G: Hi, Mr. Sanders.
M: Hi, Sally. What's wrong? You look a little blue.
G: I'm worried about the test in your class next week.
M: Don't worry! You've been studying really hard.
G: Yes. But it's such an important test. I'm feeling a lot of pressure to do well on it.
M: You know, I've also felt that way before.
G: Really?
M: I was once very nervous about a test like you. But when I became too stressed out, I found myself making more mistakes. So, I realized that too much worrying doesn't do any good.
G: Hmm... You're right. I should just relax and do my best.
M: There you go! I'm sure you'll do fine.
G: I feel better now. Thank you, Mr. Sanders!

해석

여: Sanders 선생님, 안녕하세요.
남: 안녕, Sally. 무슨 일이니? 조금 울적해 보이는구나.
여: 다음 주 선생님 수업에 있을 시험 때문에 걱정이에요.
남: 걱정하지 말렴! 넌 정말 열심히 공부해왔잖아.
여: 네. 그렇지만 그건 정말 중요한 시험이잖아요. 그 시험을 잘 봐야 한다는 압박을 많이 느끼고 있어요.
남: 있잖아, 나도 예전에 그렇게 느낀 적이 있단다.
여: 정말요?
남: 나도 한때 너처럼 시험 때문에 매우 불안해했지. 하지만 너무 스트레스를 받으니까 실수를 더 하게 되더라고. 그래서 너무 많이 걱정하는 것은 별로 도움이 되지 않는다는 것을 깨달았단다.
여: 음… 선생님 말씀이 맞아요. 저도 그냥 편하게 생각하고 최선을 다해야겠어요.
남: 바로 그거야! 난 네가 잘할 거라 믿는다.
여: 이제 기분이 나아졌어요. 감사합니다, Sanders 선생님!

어휘 **anxious** [ǽŋkʃəs] (형) 염려하는 **relieved** [rilíːvd] (형) 안도하는 **depressed** [diprést] (형) 우울한 **nervous** [nə́ːrvəs] (형) 불안해하는 **frustrated** [frʌ́strèitid] (형) 좌절감을 느끼는 **appearance** [əpíərəns] (명) 외모 **blue** [bluː] (형) 우울한 **pressure** [préʃər] (명) 압박 **do good** 도움이 되다

Step 3 Talk with your partner about your worries.

Example

A: Hey, what's the matter? You look down.
B: Actually, **I'm worried about** my bad relationship with my parents. It's really making me feel down these days.
A: I'm sorry to hear that. You must be going through a hard time.
B: Yeah. I'm trying to deal with it.
A: Don't worry. Everything will be fine soon.

Step 4 Make a group of four. Share your worries and ask for comments from your group members.

• Your name: ______________
• Your worry: ______________

Comments

• Friend 1: ______________
• Friend 2: ______________
• Friend 3: ______________

Check Yourself | Listen and Speak 2	Yes	Not Sure	No
1 I can understand others when they talk about their worries.	☐	☐	☐
2 I can talk about my worries.	☐	☐	☐

p. 67

Step 3 자신의 걱정거리에 대해 짝과 이야기해 보시오.

A: 무슨 일이야? 풀이 죽어 보이네.
B: 실은 부모님과의 관계가 안 좋아서 걱정하고 있어. 요즈음 이것 때문에 정말로 울적해.
A: 정말 안됐구나. 힘든 시간을 보내고 있겠다.
B: 맞아. 문제를 해결하려고 노력 중이야.
A: 걱정하지 마. 금방 다 괜찮아질 거야.

추가 예시문

A: Hey, what's the matter? You look down.
B: Actually, **I'm worried about** finishing a project on time. It's really making me feel down these days.
A: I'm sorry to hear that. You must be going through a hard time.
B: Yeah. I'm trying to deal with it.
A: Don't worry. Everything will be fine soon.

Step 4 네 명이 한 모둠을 만드시오. 자신의 걱정거리를 공유하고 모둠원들에게 조언을 구하시오.

Check Yourself

1 다른 사람이 그들의 걱정거리에 대해 이야기할 때 이해할 수 있다.
2 내 걱정거리에 대해 이야기할 수 있다.

Function of Communication

걱정, 두려움 표현하기: I'm worried about ... (난 …가 걱정된다[두렵다])

➡ 어떤 일이 안심이 되지 않아 불안한 것을 나타낼 때, "I'm worried about ..." 이라는 표현을 사용할 수 있다. 이와 유사한 표현으로 "I'm anxious (about) ...," "I'm scared/frightened/terrified (to ...)" 등이 있다.

|Example 1|
A: **I'm worried about** her health. (난 그녀의 건강이 걱정돼.)
B: Don't worry. I heard that she's getting better. (걱정하지 마. 그녀가 좋아지고 있다고 들었어.)

|Example 2|
A: Hey, are you okay? You look down. (이봐, 괜찮아? 풀이 죽어 보이네.)
B: **I'm** just **worried about** the upcoming math test. (곧 있을 수학 시험이 걱정돼.)

▶ Speaking Aid

걱정, 두려움을 나타내는 표현에 대한 대답으로 위로하는 표현을 활용할 수 있다.

• Don't worry. • (Come on!) Cheer up! • Things will be better (soon). • Don't be disappointed/discouraged.

Before You Read

A Topic Preview

1 Read the comments about art and check the one you agree with most.

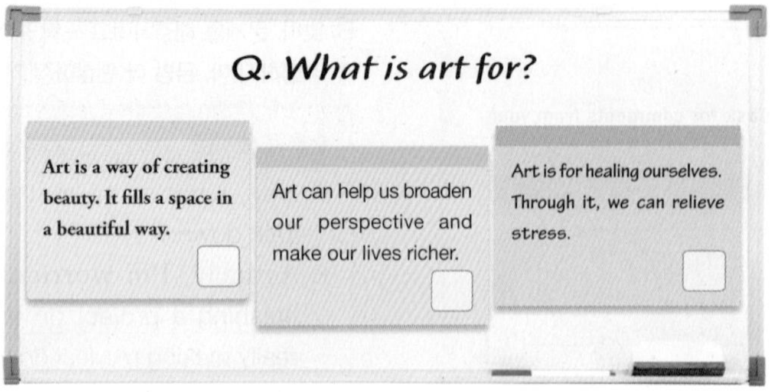

Q. What is art for?
Art is a way of creating beauty. It fills a space in a beautiful way.
Art can help us broaden our perspective and make our lives richer.
Art is for healing ourselves. Through it, we can relieve stress.

2 Think about what helps you heal. Then share your answer with your partner.

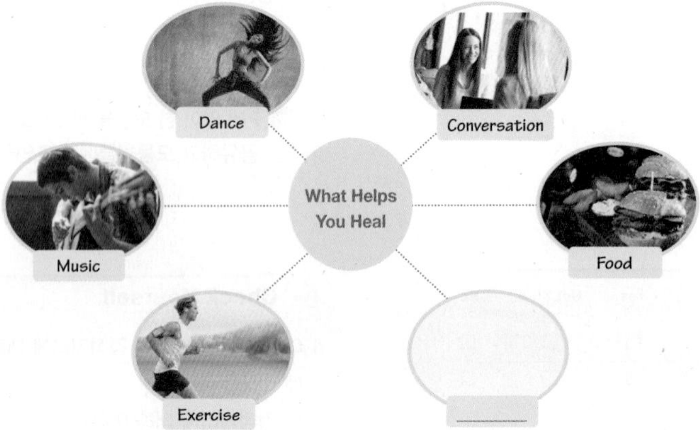

p. 68

A 1 예술에 관한 의견을 읽고 자신이 가장 동의하는 것에 표시하시오.

Q. 예술은 무엇을 위해 존재하는가?
- 예술은 미를 창조하는 하나의 방식이다. 그것은 공간을 아름답게 채운다.
- 예술은 우리의 시각을 넓히고 우리의 삶을 더욱 풍요롭게 만드는 데 도움을 줄 수 있다.
- 예술은 우리 자신을 치유하기 위해 존재한다. 우리는 예술을 통해 스트레스를 완화할 수 있다.

2 당신이 치유되는 데 도움을 주는 것에 대해 생각해 보시오. 그러고 나서 짝과 의견을 나누시오.

배경지식

아드 데라피 (Art Therapy)

아트 테라피(Art Therapy)란 심리 치료의 일종으로 예술 활동을 통해 감정이나 내면세계를 표현하고 감정적 스트레스를 완화하는 방법이다. 최근 현대인의 삶의 가치 및 정신 건강을 향상시키는 하나의 수단 및 보완 · 대체의학으로 활용되고 있다. 구체적인 아트 테라피의 종류로는 다음과 같은 것들이 있다.

- 미술치료: 그림, 점토, 조각 등을 통해 심신의 어려움을 겪고 있는 사람들의 심리를 진단하고 치료
- 음악치료: 음악 감상, 즉흥연주, 작곡 등을 통해 감정을 표현하며 악기 연주를 통한 집단치료도 가능
- 문학치료: 생각이나 느낌을 이끌어 내기 위해 이야기, 신문기사, 시, 일기 등의 문학 형태를 활용하여 치료를 위한 대화와 토론 진행
- 무용치료: 신체를 활용한 즉흥적인 동작, 움직임 등을 통해 내면 심리를 표현하고 교감
- 연극치료: 드라마나 연극을 매개로 상상하고 행동하는 과정을 통해 치유

어휘 **fill** [fil] ⓢ 채우다 **broaden** [brɔ́ːdn] ⓢ 넓히다 **perspective** [pərspéktiv] ⓜ 관점, 시각

B Vocabulary Preview

1 Look at the pictures and read the sentences. Find out the meaning of each word in bold using context clues.

Exercise is a good way to **relieve** stress.

He gets **irritated** when another car cuts him off.

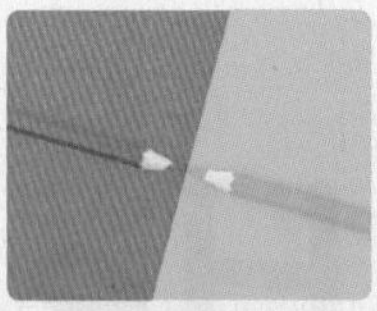

There are two pencils of **contrasting** colors.

She seems to be in a **daydream**.

A **flock** of birds is flying in the sky.

The house was **unfit** to live in.

2 Read the meaning of each phrase and fill in the blanks with the phrases. Change their forms if needed.

carry on: to continue doing something
be about to: to be going to happen or do something very soon

1) I was about to leave when the telephone rang.
2) She moved to London to carry on her work.

p. 69

B 1 사진을 보고 문장을 읽으시오. 문맥의 단서를 이용하여 굵은 글씨로 쓰인 각 단어의 의미를 알아내시오.

- **relieve** ⓢ(걱정, 불안)을 덜어주다
  운동은 스트레스를 완화하는 좋은 방법이다.
- **irritated** ⓗ 짜증이 난
  다른 차가 끼어들면 그는 짜증을 낸다.
- **contrasting** ⓗ 대조적인
  대조되는 색깔의 연필이 두 자루 있다.
- **daydream** ⓜ 몽상
  그녀는 몽상에 잠긴 것처럼 보인다.
- **flock** ⓜ 떼, 무리
  새떼가 하늘을 날고 있다.
- **unfit** ⓗ 부적합한
  그 집은 살기에 부적합하다.

2 각 어구의 의미를 읽고 이를 활용하여 빈칸을 채우시오. 필요하다면 형태를 바꾸시오.

carry on: 무언가를 계속해서 하는 것
be about to: 무슨 일이 일어나거나 무언가를 곧 할 예정인 것

1) 나는 전화가 울릴 때 막 떠나려던 참이었다.
2) 그녀는 일을 계속하기 위해 런던으로 이사했다.

추가 예문

1 • This cream helps **relieve** the pain. (이 크림은 고통을 줄이는 데 도움을 준다.)
• I was **irritated** with him for being late. (나는 그가 늦게 와서 짜증이 났다.)
• There are **contrasting** opinions on this issue. (이 문제에 대해서는 대조되는 의견들이 있다.)
• Becoming rich overnight is just a **daydream**. (하루아침에 부자가 되는 것은 한낱 몽상에 불과하다.)
• A boy is driving a **flock** of sheep. (소년이 양 떼를 몰고 있다.)
• The water in that area was judged **unfit** for drinking. (그 지역의 물은 식수로 부적합하다고 판명되었다.)

2 • There's no one to **carry on** this tradition. (이 전통을 이어갈 사람이 없다.)
• I **was about to** ask you the same thing. (나도 너에게 똑같은 걸 막 물어보려던 참이었어.)

Check-Up

[1-2] 다음 빈칸에 공통으로 들어갈 알맞은 말을 쓰시오.

1 • Drinking tea can help __________ your anxiety.
• We tried to __________ our tension by singing.

2 • He spoke in a seemingly __________ voice.
• I was becoming more and more __________ by his rude behavior.

3 주어진 우리말 뜻에 맞도록 빈칸에 알맞은 말을 쓰시오.

I __________ __________ __________ leave the office when you called me.
(당신이 제게 전화했을 때 저는 막 사무실을 나서려던 참이었어요.)

Art Heals

❶ Has a painting, a movie, or a novel ever made you feel better? ❷ Taking medicine can help you deal with your emotions and relieve your worries, but sometimes art might actually be the cure you're looking for. ❸ As you will see, the use of color, different perspectives, and engaging plots can have an uplifting effect on your mind, body, and soul.

When you are angry or irritated

Henri Matisse, *Harmony in Red*

어휘 **medicine** [médəsin] ⓜ 약 **deal with** 다루다, 대처하다 **relieve** [rilíːv] ⓓ (걱정, 불안)을 덜어주다 **cure** [kjuər] ⓜ 치유; 치유법, 치료제 **perspective** [pərspéktiv] ⓜ 관점, 시각 **engaging** [ingéidʒiŋ] ⓗ 매력 있는 **uplifting** [ʌ̀plíftiŋ] ⓗ 사기를 높이는, 격려가 되는 **irritated** [íritèitid] ⓗ 짜증이 난

해석

예술이 치유하다

❶그림이나 영화, 혹은 소설로 인해 기분이 나아졌던 적이 있는가? ❷약을 먹는 것이 감정을 다루고 걱정거리를 덜어주는 데 도움이 될 수도 있지만, 때로 예술이 바로 당신이 찾고 있는 그 치유제가 될 수도 있다. ❸앞으로 보게 될 내용처럼, 색채의 사용과 다양한 시각들, 그리고 매력적인 줄거리들이 당신의 마음과 몸, 그리고 영혼에 사기를 높이는 영향을 미칠 수 있다.

화가 나거나 짜증이 날 때
– Henri Matisse, *Harmony in Red*

배경지식

앙리 마티스의 작품 〈Harmony in Red〉

1907년에서 1908년에 걸쳐 마티스는 여러 가지 평면적이고 장식적인 스타일을 시도하면서 이 강렬한 작품을 완성한다. 작품 전면에 동양 수공예품들의 장식적인 무늬가 있으며, 구도보다 색채가 중요하게 다루어져 원근감은 잘 나타나 있지 않다. 작품에는 점심 식사를 마친 평범한 프랑스 가정의 모습이 그려져 있다. 그림 속 창 너머로는 봄 경치가 보이고, 크고 새빨간 식탁보 위에서 벽까지 이어진 무늬는 마치 음표와 같은 느낌을 준다. 마티스가 "내가 시험해 보고 싶었던 것은 평평한 색면 위에 작곡가가 화음을 연구하듯 회화를 구성하는 일이었다."라고 한 이야기를 잘 녹여낸 작품이라고 할 수 있다.

구문 해설

❶ Has a painting, a movie, or a novel ever made you feel better?
: Has ... made는 경험을 나타내는 현재완료 시제이다. 사역동사(made)의 목적격 보어로 동사원형(feel)이 쓰였다.

❷ Taking medicine can help you deal with your emotions and relieve your worries, but sometimes art might actually be the cure you're looking for.
: Taking medicine은 문장의 주어 역할을 하는 동명사구이다. 동사 help의 목적격 보어로 동사원형(deal with, relieve)이 쓰였으며, 두 개의 목적격 보어가 and로 병렬 연결되어 있다. you're 이하는 the cure를 선행사로 하는 목적격 관계대명사절이며, 앞에 관계대명사 which[that]가 생략된 형태이다.

❸ ... can have an uplifting effect on your mind, body, and soul.
: 「have an effect on ...」은 '…에 영향을 미치다'라는 의미이다.

Check-Up

1 **본문에 나온 한 단어를 이용하여 글쓴이가 제안하는 바를 나타내는 문장을 완성하시오.**
The writer suggests that ____________ is a good way to heal ourselves.

[2-3] 다음 괄호 안에서 어법상 올바른 것을 고르시오.

2 I wonder why onions make me (cry / cried).

3 (Use / Using) Internet banking saves you money and time.

❶ Many people think that they should look at calming colors when they are angry or irritated. ❷ Because the color red excites the emotions, they may think that looking at it will make them angrier. ❸ However, this picture shows that the opposite can be true. ❹ By looking at the color red here, you can release your anger. ❺ This picture is actually helping you calm down.

❻ The woman in the picture is standing in a vividly red room and is placing fruit in a bowl. ❼ She seems to be carrying on her work in silence. ❽ As you watch the woman working dutifully at her task in this red room, your anger melts away instead of getting worse.

❾ In addition, the yellow fruit on the table brings out positive and cheerful emotions. ❿ At the same time, the green and blue space outside the window causes healing and relaxing feelings. ⓫ The existence of these cool colors actually makes the "heaviness" of the red colors appear a bit lighter. ⓬ Although the color red is dominant, it works together with the various contrasting colors to form a harmony. ⓭ Seeing this balance keeps you from becoming overwhelmed by your emotions and helps you overcome your anger. ⓮ As the painting's title suggests, this must be the power of the harmony in red.

While You Read Q1
How do you feel when you see the color red?

예시 I feel excited and lively when I see the color red.

While You Read Q2
What do you think the title of the painting means?

예시 I think it means that there is harmony in the painting even though it is mostly red.

어휘 **opposite** [ɑ́pəzit] 명 반대(되는 사람 · 것) **release** [rilíːs] 동 (감정을) 발산하다 **vividly** [vívidli] 부 생생하게, 선명하게 **carry on** …을 계속하다 **dutifully** [djúːtifəli] 부 충실하게 **task** [tæsk] 명 일, 과업 **cheerful** [tʃíərfəl] 형 쾌활한 **existence** [igzístəns] 명 존재 **dominant** [dɑ́mənənt] 형 지배적인, 주요한 **contrasting** [kəntrǽstiŋ] 형 대조적인 **overwhelm** [òuvərhwélm] 동 압도하다, 사로잡다 **overcome** [òuvərkʌ́m] 동 극복하다

Word Formation '무거운'이라는 의미의 형용사 heavy와 명사형 접미사 -ness가 결합하여 '무거움'이라는 의미의 명사 heaviness가 되었다.
ex dark + **-ness** → **darkness**(어둠) happy + **-ness** → **happiness**(행복) weak + **-ness** → **weakness**(약점)

해석

❶많은 사람들은 화가 나거나 짜증이 났을 때 차분한 색을 보아야 한다고 생각한다. ❷빨간색은 감정을 자극하기 때문에, 그것을 보면 더 화가 날 것이라 생각할 수 있다. ❸하지만 이 그림은 정반대가 사실일 수도 있다는 것을 보여준다. ❹이 작품의 빨간색을 바라봄으로써 여러분은 화를 발산할 수 있다. ❺이 작품은 실제로 마음을 진정시키는 데 도움이 된다.
❻그림 속의 여인은 선명한 빨간색 방안에 서서 그릇에 과일을 담고 있다. ❼그녀는 묵묵히 자신의 일을 하고 있는 것으로 보인다. ❽여인이 빨간 방에서 충실하게 자신의 일을 하고 있는 모습을 보노라면, 분노가 심해지지 않고 차츰 사라진다.
❾게다가 탁자에 놓인 노란색 과일은 긍정적이고 유쾌한 감정을 끌어낸다. ❿이와 함께 창 밖으로 보이는 초록색과 파란색의 공간은 감정을 치유하고 편안하게 해준다. ⓫이러한 시원한 색깔들이 존재함으로써 빨간색의 "무거움"이 조금 가볍게 느껴진다. ⓬빨간색이 주를 이루기는 하지만, 그것은 다양한 대조적인 색깔들과 함께 작용해 조화를 이룬다. ⓭이러한 균형을 바라보는 일은 감정에 사로잡히는 것을 막아주고 분노를 극복하는 데에 도움을 준다. ⓮그림의 제목이 암시하듯 이것은 붉은색의 조화가 갖는 힘인 것에 틀림없다.

While You Read

Q1 당신은 빨간색을 볼 때 어떤 느낌이 드는가?
 예시 빨간색을 볼 때 흥분되고 활기가 느껴진다.
Q2 그림 제목이 무엇을 의미한다고 생각하는가?
 예시 그림 대부분이 빨간색임에도 조화를 이루고 있다는 것을 의미한다고 생각한다.

구문 해설

❷ ..., they may think that looking at it will make them angrier.
: that 이하는 동사 think의 목적어 역할을 하는 명사절이다. looking at it은 that절의 주어 역할을 하는 동명사구이다.

❽ As you watch the woman working dutifully at her task ...
: 지각동사(watch)의 목적격 보어로 현재분사(working)가 쓰였다.

⓫ ... makes the "heaviness" of the red colors appear a bit lighter.
: 사역동사(makes)의 목적격 보어로 동사원형(appear)이 쓰였다.

⓬ ..., it works together with the various contrasting colors to form a harmony.
: it은 앞 절의 the color red를 지칭한다. to form 이하는 결과를 나타내는 부사적 용법의 to부정사구이다.

⓭ Seeing this balance keeps you from becoming overwhelmed by your emotions and helps you overcome your anger.
: Seeing this balance는 주어 역할을 하는 동명사구이며 동사 keeps와 helps가 접속사 and로 병렬 연결되어 있다. 「keep ... from v-ing」는 '…가 ~하는 것을 막다'라는 의미이다.

Check-Up

1 본문에서 문장 ❸의 the opposite이 의미하는 바를 우리말로 쓰시오.

____

2 본문에 언급된 그림에 대한 설명으로 옳지 않은 것은?

① The woman in the painting is working in the room.
② The color red causes the viewer to feel angry.
③ The use of contrasting colors helps create a harmony.
④ The color balance of the picture helps you relax and stay calm.

3 다음 빈칸에 들어갈 말로 알맞은 것을 고르시오.

The most important thing in life is to stay positive and ________ passion for what you do.

① had ② has ③ have ④ having

When you lack confidence

The Secret Life of Walter Mitty

❶ Walter Mitty has developed the pictures used on the front cover of *Life* magazine for the past sixteen years. ❷ Other than that, he leads a boring life filled with daydreams. ❸ However, his world is about to change: *Life* will soon become an online-only publication. ❹ Unfortunately, the picture for the final cover is missing. ❺ Walter decides to hit the road to find the picture. ❻ He believes the photographer still has it and follows his trail. ❼ This is how Walter's wild dash across Greenland, Iceland, and the Himalayas begins. ❽ During this adventure, he survives a volcanic eruption and a fall from a helicopter. ❾ Although he finally finds the photographer, Walter realizes he has, more importantly, become the person he always imagined he could be.

While You Read Q3
What makes Walter travel around the world?

Walter needs to get the photograph for the final cover of *Life* from the photographer.

어휘 **develop**[divéləp] (동) (필름을) 현상하다 **boring**[bɔ́:riŋ] (형) 지루한 **daydream**[déidrì:m] (명) 몽상 **be about to** 막 …하려던 참이다 **publication**[pʌ̀bləkéiʃən] (명) 간행물 **unfortunately**[ʌnfɔ́:rtʃənitli] (부) 불행하게도 **trail**[treil] (명) 자취 **eruption**[irʌ́pʃən] (명) 폭발, 분화 **realize**[rí:əlàiz] (동) 깨닫다

해석

자신감이 부족할 때
– *The Secret Life of Walter Mitty*

❶Walter Mitty는 지난 16년간 Life지의 표지에 사용되는 사진들을 현상해왔다. ❷그 일 말고는 몽상으로 가득 찬 지루한 일상을 보낸다. ❸하지만 이제 막 그의 세상이 바뀔 참이다. Life지가 곧 온라인으로만 출간될 것이기 때문이다. ❹불행하게도 마지막 표지 사진이 없어진다. ❺Walter는 사진을 찾으러 떠나기로 결심한다. ❻그는 사진작가가 아직 사진을 가지고 있다고 믿고 그의 자취를 따라가기로 한다. ❼이렇게 해서 Walter의 그린란드와 아이슬란드, 그리고 히말라야 산맥을 가로지르는 신나는 질주가 시작된다. ❽이 모험 동안에 그는 화산 폭발과 헬리콥터에서의 추락으로부터 살아남는다. ❾마침내 사진작가를 찾았지만 그보다 더 중요하게도, Walter는 자신이 꿈꿔왔던 사람이 되었다는 사실을 깨닫는다.

While You Read

Q3 Walter는 왜 세계 여행을 하게 되는가?
Walter는 사진작가로부터 Life지의 마지막 표지 사진을 받아야 한다.

구문 해설

❶ Walter Mitty has developed the pictures used on the front cover of *Life* magazine …
: used … magazine은 the pictures를 수식하는 과거분사구이다. has developed는 계속을 나타내는 현재완료 시제이다.

❺ Walter decides to hit the road to find the picture.
: to hit the road는 동사 decides의 목적어 역할을 하는 명사적 용법의 to부정사구이다. to find 이하는 목적을 나타내는 부사적 용법의 to부정사구이다.

❻ He believes the photographer still has it and follows his trail.
: the photographer … it은 동사 believes의 목적어 역할을 하는 명사절로, 앞에 접속사 that이 생략된 형태이다. 동사 believes와 follows는 and로 병렬 연결되어 있다.

❼ This is how Walter's wild dash … begins.
: how 이하는 관계부사절로, 관계부사 how 대신에 선행사에 해당하는 the way를 쓸 수 있다(the way와 how는 함께 쓰지 않음).

❾ …, Walter realizes he has, more importantly, become the person he always imagined he could be.
: he has 이하는 동사 realizes의 목적어 역할을 하는 명사절로, 앞에 접속사 that이 생략된 형태이다. he always 이하는 관계대명사절로, 앞에 관계대명사 that이 생략된 형태이다. 선행사인 the person이 관계대명사절 안에 있는 be동사의 보어가 되는 경우이다.

Check-Up

[1-3] 다음 문장이 본문 내용과 일치하면 T, 일치하지 않으면 F를 쓰시오.

1 Walter has developed the pictures for the cover of *Life* magazine. (   )

2 *Life* will stop being published in print soon. (   )

3 Walter fails to meet the photographer. (   )

4 다음 빈칸에 들어갈 말로 알맞지 않은 것을 고르시오.

I ran into an old friend ______________ I hadn't seen in years.

① who ② whom ③ whose ④ that

5 다음 괄호 안의 단어를 바르게 배열하여 문장을 완성하시오.

Could you tell me (have been learning / how long / you / to play / the violin)?

❶ Learn from Walter. ❷ Don't sit around and dream about your next adventure—just go ahead and make it happen. ❸ Don't wait for the right moment—there is no such thing as the right moment. ❹ Create your own opportunities, and everything will fall into place. ❺ Don't worry about not being brave enough—once you begin making bold choices, courage will follow. ❻ All you need is motivation and this is already inside of you. ❼ So start living! ❽ This movie will remind you that your dreams are ready whenever you are.

While You Read Q4
What can we learn from Walter's experience?

예시 We can learn that the best time to change our lives is right now.

≡ 어휘 **opportunity**[ɑ̀pərtjúːnəti] 명 기회 **fall into place** 꼭 들어맞다 **bold**[bould] 형 과감한 **courage**[kə́ːridʒ] 명 용기

해석

❶Walter의 이야기로부터 교훈을 얻어 보라. ❷그냥 하는 일 없이 지내면서 앞으로의 모험을 꿈만 꾸지 마라. 그냥 앞으로 나아가 실현되게 하라. ❸절호의 순간을 기다리지 마라. 절호의 순간과 같은 것은 없다. ❹기회를 스스로 만들면 모든 것이 잘 될 것이다. ❺충분히 용감하지 않다고 걱정하지 마라. 과감한 선택을 하기 시작하면 용기는 따라올 것이다. ❻필요한 것은 동기일 뿐이고 그것은 이미 당신 안에 존재하고 있다. ❼그럼 살아가기를 시작하라! ❽당신만 준비되면 언제나 꿈은 준비된다는 사실을 이 영화가 기억나게 해줄 것이다.

While You Read

Q4 Walter의 경험에서 우리는 무엇을 배울 수 있는가?

예시 우리는 우리의 삶을 변화시킬 수 있는 최적의 시기가 바로 지금이라는 것을 배울 수 있다.

구문 해설

❺ Don't worry about not being brave enough ...

: being 이하는 전치사 about의 목적어 역할을 하는 동명사구이다. 동명사의 부정을 나타낼 때는 앞에 not을 쓴다.

❻ All you need is motivation and this is already inside of you.

: you need는 All을 선행사로 하는 목적격 관계대명사절로, 앞에 관계대명사 that이 생략된 형태이다. this는 motivation을 가리킨다.

❽ This movie will remind you that your dreams are ready whenever you are.

: that 이하는 동사 remind의 직접목적어 역할을 하는 명사절이다. whenever는 '…할 때는 언제든지'라는 의미이며, 부사절을 이끄는 복합관계부사이다. you are 뒤에는 앞에 나온 ready가 반복을 피하기 위해 생략되어 있다.

Check-Up

1 〈보기〉에 주어진 단어를 빈칸에 넣어 본문의 요지를 완성하시오.

If you have a dream, don't ___________ to take that ___________. Now is the time to make ___________ in your life.

보기	changes	opportunity	hesitate

2 주어진 문장과 같은 뜻이 되도록 빈칸에 알맞은 말을 쓰시오.

Every time I go to the library, I can't find a place to sit.

= ___________ I go to the library, I can't find a place to sit.

[3-4] 다음 괄호 안의 동사를 알맞은 형태로 고쳐 쓰시오.

3 Kate felt guilty about not ___________ the truth. (tell)

4 I'm looking forward to ___________ the team again. (lead)

When you feel like you don't fit in

Richard Bach, *Jonathan Livingston Seagull*

❶ Jonathan Livingston Seagull knows that he's different from others. ❷ Instead of fighting over food with the other seagulls, Jonathan spends all his time learning about flying. ❸ Every day, he practices new skills by rolling, spinning, and diving high above the sea. ❹ During one of his practices, Jonathan flies through his flock. ❺ He expects the others to praise his amazing ability. ❻ Instead, they look at him coldly as they now consider him unfit to be a part of the flock. ❼ Jonathan tries his best to rejoin the flock, but he's no longer satisfied flying in formation with the other seagulls as he knows how wonderful soaring above the clouds really feels.

While You Read Q5
What is the difference between Jonathan and the other seagulls?

Jonathan spends all his time learning about flying, while others fight over food.

❽ If you have ever felt a little bit different, take Jonathan Livingston Seagull's message to heart. ❾ Don't be afraid of being different. ❿ There is no need to apologize for being the way you are. ⓫ This is what makes you special. ⓬ Once you embrace what makes you different, learn as much as you can about it. ⓭ Keep perfecting that special skill that makes you different from the rest of the crowd.

While You Read Q6
Have you ever felt a bit different from others? If so, when and why?

예시 Yes. I felt different from others in elementary school because all of my friends played sports but I didn't.

Source 김선현, 그림의 힘. 외 다수 (p.232 참조)

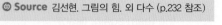

어휘 **seagull** [síːɡʌl] 명 갈매기 **flock** [flɑk] 명 떼, 무리 **unfit** [ʌnfít] 형 부적합한 **satisfied** [sǽtisfàid] 형 만족하는 **formation** [fɔːrméiʃən] 명 (특정한) 대형[편대] **soar** [sɔːr] 동 (하늘 높이) 날아오르다 **apologize** [əpɑ́lədʒàiz] 동 사과하다 **embrace** [imbréis] 동 포용하다

Word Formation '사과'라는 의미의 명사 apology와 동사형 접미사 -ize가 결합하여 '사과하다'라는 의미의 동사 apologize가 되었다.
ex summar(y) + **-ize** → **summarize**(요약하다) memor(y) + **-ize** → **memorize**(기억하다) symbol + **-ize** → **symbolize**(상징하다)

해석

남과 어울리지 못한다고 느낄 때
– Richard Bach, *Jonathan Livingston Seagull*

❶Jonathan Livingston Seagull은 자신이 남과 다르다는 것을 안다. ❷다른 갈매기들과 먹이를 가지고 싸우는 것 대신에 Jonathan은 비행을 배우는 데 모든 시간을 보낸다. ❸매일 구르고 돌고 바다 위 높은 곳에서 하강하면서 새로운 기술들을 연습한다. ❹한번은 연습 도중에 Jonathan이 그의 무리들을 지나쳐 날게 된다. ❺그는 다른 갈매기들이 자신의 놀라운 능력을 칭찬해주리라 기대한다. ❻대신에 그들은 이제 그가 무리의 구성원이 되기에 적합하지 않다고 여기기 때문에 그를 차갑게 바라볼 뿐이다. ❼Jonathan은 다시 그 무리에 끼려고 최선을 다하지만, 구름 위로 치솟아 날아오르는 것이 정말로 얼마나 멋진 기분인지 알고 있기에 다른 갈매기들과 대형을 이루어 날 때 더는 만족할 수 없다.

❽혹시 자신이 남과 약간 다르다고 느껴본 적이 있다면, Jonathan Livingston Seagull의 교훈을 마음속 깊이 새겨라. ❾다르다는 것을 두려워하지 마라. ❿있는 그대로의 당신의 모습에 대해 사과할 필요는 없다. ⓫그것이야말로 당신을 특별하게 만드는 것이다. ⓬일단 당신을 남과 다르게 만드는 것을 받아들이고 나면, 그것에 대해 가능한 한 많은 것을 배우라. ⓭당신을 나머지 다른 이들과 다르게 만드는 그 특별한 기술을 계속해서 완성해나가도록 하라.

While You Read

Q5 Jonathan과 다른 갈매기들의 차이는 무엇인가?
Jonathan은 비행을 배우는 데 모든 시간을 보내는 반면, 다른 갈매기들은 먹이를 가지고 싸운다.

Q6 다른 사람들과 다르다고 느껴본 적이 있는가? 만약 그렇다면 언제 그리고 왜 그렇게 느꼈는가?
예시 그렇다. 초등학교 때 내 친구들은 모두 운동하는 것을 좋아했는데, 나는 그렇지 않아서 내가 다른 사람들과 다르다고 느꼈다.

구문 해설

❼ Jonathan tries his best to rejoin the flock, but he's no longer satisfied flying in formation with the other seagulls as he knows how wonderful soaring …
: to rejoin the flock은 목적을 나타내는 부사적 용법의 to부정사구이다. flying … seagulls는 때를 나타내는 분사구문이다. how 이하는 동사 knows의 목적어 역할을 하는 의문사절(간접의문문)이다.

❿ There is no need to apologize for being the way you are.
: to apologize는 need를 수식하는 형용사적 용법의 to부정사구이다. being 이하는 전치사 for의 목적어 역할을 하는 동명사구이다. you are는 the way를 선행사로 하는 관계부사절이며, 앞에 관계부사 how가 생략된 형태이다(the way와 how는 함께 쓰지 않음).

⓫ This is what makes you special.
: what 이하는 주격 보어 역할을 하는 관계대명사절이다. 동사 makes의 목적격 보어로 형용사(special)가 쓰였다.

⓭ Keep perfecting that special skill that makes you different from the rest of the crowd.
: perfecting 이하는 동사 keep의 목적어 역할을 하는 동명사구이다. that makes 이하는 that special skill을 선행사로 하는 주격 관계대명사절이다.

Check-Up

1 Jonathan이 다른 갈매기들과 대형을 이루어 날 때 만족할 수 없던 이유를 우리말로 쓰시오.

____

2 본문에서 Jonathan에 대한 설명으로 옳은 것은?

① He spends most of his time finding food.
② He is praised by his friends for his flying skills.
③ He has a chance to lead the flock.
④ He is eager to fly above the clouds.

3 다음 빈칸에 들어갈 말로 알맞은 것을 고르시오.

Love is ________ gives you a smile from ear to ear.

① which ② who ③ that ④ what

A Complete each summary with the words in the box.

Harmony in Red

When you want to manage your 1) anger, try looking at this picture. The dominant color in this picture is red. Usually red excites the emotions, but in this painting it calms you down instead. There are other colors, such as yellow, blue, and green, which help create 2) harmony in this work of art. So next time try quieting your inner anger by looking at this picture.

The Secret Life of Walter Mitty

When you lack 3) confidence, this movie can help. The main character, Walter Mitty, lived a boring life before he began to 4) travel to find a photographer. Through this experience he changed, and now he is living the life of his dreams. Learn from his story, and you too can live the life you've imagined.

Jonathan Livingston Seagull

When you feel like you are different from others and not 5) accepted for who you are, read this novel. Jonathan doesn't want to fly to find food like the other seagulls. He wants to fly to 6) improve his flying skills. Don't feel sorry for being different. Instead, be like Jonathan, and become the best at what you do.

confidence	accepted	anger	travel	improve	harmony

p. 75

A 상자에 있는 단어로 각 요약문을 완성하시오.

〈Harmony in Red〉

여러분의 1)분노를 다스리고자 할 때, 이 그림을 보도록 하라. 그림의 주된 색깔은 빨간색이다. 보통 빨간색은 감정을 자극하지만, 이 그림에서는 오히려 마음을 차분하게 해준다. 노랑, 파랑, 초록 등의 다른 색들도 있는데, 이러한 색깔들은 이 작품에서 2)조화를 만들어내는 것을 돕는다. 그러니 다음에는 이 그림을 보면서 내적인 분노를 가라앉혀 보도록 하라.

〈The Secret Life of Walter Mitty〉

3)자신감이 부족할 때 이 영화가 도움을 줄 수 있다. 주인공인 Walter Mitty는 사진작가를 찾으러 4)여행을 시작하기 전까지는 지루한 생활을 했다. 이 경험을 통해 그는 바뀌었고 이제 그는 꿈꾸던 삶을 살고 있다. 이 이야기에서 배우라. 그러면 여러분도 상상했던 삶을 살 수 있다.

〈Jonathan Livingston Seagull〉

다른 이들과 다르다고 느끼고 나의 모습이 그대로 5)받아들여지지 않는다고 생각될 때 이 소설을 읽어라. Jonathan은 다른 갈매기들처럼 단지 먹이를 찾기 위해 날고 싶어 하지 않았다. 그는 자신의 비행 기술을 6)향상시키기 위해 날고 싶어 했다. 다르다는 것 때문에 속상해하지 마라. 대신 Jonathan처럼 되어서, 하고 있는 일에서 최고가 되도록 하라.

Check-Up

[1-3] 다음 문장이 본문 내용과 일치하면 T, 일치하지 않으면 F를 쓰시오.

1 In *Harmony in Red*, the vivid colors excite our emotions. (　　　)

2 *The Secret Life of Walter Mitty* sends us the message that we should take action to change our lives. (　　　)

3 In *Jonathan Livingston Seagull*, Jonathan wants to fly with the other seagulls. (　　　)

≡어휘 **manage**[mǽnidʒ] ⓢ 다스리다 **calm**[kɑːm] ⓢ 진정시키다 **quiet**[kwáiət] ⓢ 진정시키다 **lack**[læk] ⓢ …이 없다[부족하다] **character**[kǽriktər] ⓜ 인물 **imagine**[imǽdʒin] ⓢ 상상하다 **confidence**[kɑ́nfədəns] ⓜ 자신(감)

B Choose one of the three works of art from the main text and write about how it made you feel.

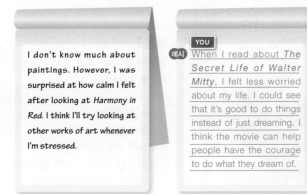

I don't know much about paintings. However, I was surprised at how calm I felt after looking at Harmony in Red. I think I'll try looking at other works of art whenever I'm stressed.

YOU

예시 When I read about *The Secret Life of Walter Mitty*, I felt less worried about my life. I could see that it's good to do things instead of just dreaming. I think the movie can help people have the courage to do what they dream of.

B 본문에 나온 세 가지 작품 중 하나를 골라 그에 대한 느낌이 어땠는지 쓰시오.

나는 그림에 대해 잘 알지 못한다. 하지만 〈Harmony in Red〉를 바라보고 나서 내가 얼마나 차분해지는지를 알고 깜짝 놀랐다. 이제는 스트레스를 받을 때마다 다른 예술작품들을 보도록 해봐야겠다고 생각한다.

예시 나는 〈The Secret Life of Walter Mitty〉를 보고 내 인생에 대한 걱정이 덜해졌다. 그저 상상만 하지 않고, 무언가를 행하는 것이 좋다는 것을 알 수 있었다. 나는 이 영화가 사람들이 꿈꾸는 것을 할 수 있는 용기를 갖도록 도와줄 수 있다고 생각한다.

C Make a group of four and search for another work of art that helps us deal with emotional problems. Then present it to the class.

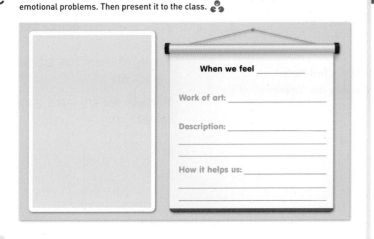

When we feel ________

Work of art: ________

Description: ________

How it helps us: ________

C 네 명이 한 모둠을 만들어 감정적인 문제를 해결하는데 도움을 주는 다른 예술 작품을 찾아보시오. 그러고 나서 학급에 발표하시오.

p. 76

배경지식

예술치유교육

- **몸의 학교:** 몸의 학교는 50년 가까이 지속된 콜롬비아 내전으로 고통스러운 시간을 보낸 청소년들이 춤을 통해 치유될 수 있도록 알바로 레스트레포(Álvaro Restrepo)가 설립한 학교이다. '인간의 몸을 다루는 새로운 윤리'를 교육 철학으로 삼아 깊은 상처, 분노와 억압을 각자 춤으로 표현할 수 있게 하고 학생들이 스스로 자신과 자신의 몸을 존중할 수 있도록 해준다. 1997년 설립 후 20년 동안 8,000여 명의 소외 계층 청소년들이 이 학교를 거쳐 갔으며 그 중 약 500명은 전문 무용수로 성장했다.

- **마음톡톡:** 마음톡톡은 아동, 청소년들에게 무용, 음악, 연극 등 다양한 예술을 통한 심리치유의 기회를 제공하는 한국의 예술치유 프로그램이다. 특히 기소유예 및 보호관찰 대상인 위기 청소년들에게 처벌이 아닌 치유의 관점으로 접근해 악기연주, 작사, 작곡 등과 같은 음악 프로그램을 진행한다. 음악을 통해 공격적인 감정을 해소하고 긍정적인 자아상을 형성하도록 유도한다.

어휘 **work of art** (명) 미술품, 예술품 **calm**[kɑːm] (형) 침착한 **whenever**[hwenévər] (접) …할 때는 언제든지 **present**[prizént] (동) 발표하다 **description**[diskrípʃən] (명) 서술, 묘사

Discovering Grammar

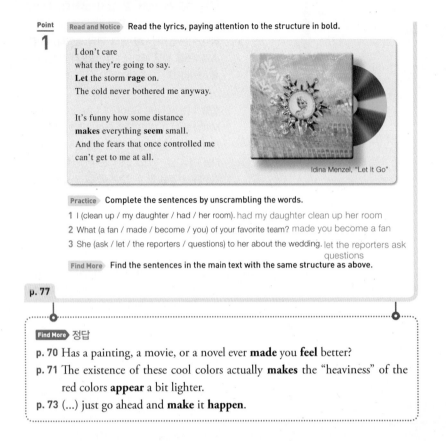

Point 1

Read and Notice Read the lyrics, paying attention to the structure in bold.

I don't care
what they're going to say.
Let the storm **rage** on.
The cold never bothered me anyway.

It's funny how some distance
makes everything **seem** small.
And the fears that once controlled me
can't get to me at all.

Idina Menzel, "Let It Go"

Practice Complete the sentences by unscrambling the words.

1 I (clean up / my daughter / had / her room). had my daughter clean up her room
2 What (a fan / made / become / you) of your favorite team? made you become a fan
3 She (ask / let / the reporters / questions) to her about the wedding. let the reporters ask questions

Find More Find the sentences in the main text with the same structure as above.

p. 77

Find More 정답

p. 70 Has a painting, a movie, or a novel ever **made** you **feel** better?
p. 71 The existence of these cool colors actually **makes** the "heaviness" of the red colors **appear** a bit lighter.
p. 73 (...) just go ahead and **make** it **happen**.

Point 1

Read and Notice 굵게 표시된 구조에 주의하여 가사를 읽으시오.

나는 상관없어
그들이 뭐라고 말하든.
폭풍이 계속 휘몰아치라고 해.
어쨌든 난 추위 따윈 상관 없으니까.
재미있는 건 거리가 멀어지면
무엇이든 작게 보인다는 거지.
한때 날 구속했던 두려움들도
더는 날 괴롭힐 수 없어.

Practice 단어의 순서를 바로잡아 문장을 완성하시오.

1 나는 딸에게 그녀의 방을 청소하게 했다.
2 너는 왜 네가 가장 좋아하는 팀의 팬이 되었어?
3 그녀는 기자들에게 그녀의 결혼식에 대해 질문을 하게 했다.

Find More 위와 같은 구조의 문장을 본문에서 찾으시오.

Point 2

Read and Notice Read the message board, paying attention to the structure in bold.

Dan: Please help me. I'm going to my friend's birthday party tomorrow. I want to look confident. What should I wear?

Susan: You should wear **what makes you feel most comfortable**. I'd go with jeans. I think you'll look more confident that way.

Alex: I agree. Just wear **what you love**! **What matters** is your attitude, not your appearance.

Practice Complete the sentences using the same structure as above. 예시

1 I can't believe what __I just saw on the news__.
2 Please pay attention to what __the teacher says__.
3 What makes me __feel relaxed__ is __listening to music__.

Find More Find the sentences in the main text with the same structure as above.

p. 77

Find More 정답

p .74 This is **what makes you special**.
p. 74 Once you embrace **what makes you different**, (...)

Point 2

Read and Notice 굵게 표시된 구조에 주의하여 게시판을 읽으시오.

Dan: 나 좀 도와줘. 내일 친구 생일 파티에 갈 거거든. 자신감 있게 보이고 싶은데. 무얼 입고 가야 할까?
Susan: 가장 편안함을 느끼게 하는 것을 입어야 해. 나라면 청바지를 입고 갈 거야. 그렇게 하면 더 자신감 있어 보일 것 같아.
Alex: 맞아. 그냥 네가 좋아하는 것을 입어! 중요한 것은 외관이 아니고 네 태도야.

Practice 위와 같은 구조를 사용하여 문장을 완성하시오. 예시

1 내가 방금 뉴스에서 본 것을 믿을 수가 없다.
2 선생님 말씀에 집중하세요.
3 내가 안도감을 느끼게 만드는 것은 음악을 듣는 것이다.

Find More 위와 같은 구조의 문장을 본문에서 찾으시오.

어휘 **lyric** [lírik] (명) [pl.](노래의) 가사 **rage** [reidʒ] (동) 맹렬히 계속되다 **distance** [dístəns] (명) 거리 **control** [kəntróul] (동) 지배하다 **reporter** [ripɔ́ːrtər] (명) 기자 **matter** [mǽtər] (동) 중요하다 **attitude** [ǽtitjùːd] (명) 태도

문법 노트

Point 1

「사역동사+목적어+동사원형」

'…하게 하다'라는 의미의 사역동사 let, have, make는 목적격 보어로 동사원형을 취한다. help는 사역동사에 준하는 동사로, 목적격 보어로 동사원형과 to부정사를 둘 다 취할 수 있다. 사역동사의 목적어와 목적격 보어가 수동 관계일 때는 목적격 보어로 과거분사를 쓴다.

ex He is trying to **make** her **feel** better. (그는 그녀의 기분이 나아지게 하려고 애쓰는 중이다.)
Let me **introduce** myself first. (우선 제 소개를 하겠습니다.)
Could you **help** me **(to) find** one like this? (이런 것 찾는 걸 좀 도와주시겠어요?)
She **had** her eyes **tested** yesterday. (그녀는 어제 눈을 검사받았다.)
We **made** ourselves **understood** by using gestures.
(우리는 제스처를 써서 우리의 의사를 이해시켰다.)

Point 2

관계대명사 what

what은 선행사를 포함하는 관계대명사로, '…하는 것'이라는 의미이며 the thing which[that]로 바꿔 쓸 수 있다. what이 이끄는 관계사절은 명사절로 문장 내에서 주어, 목적어, 보어 역할을 한다. what절이 주어인 경우 주로 단수 취급한다.

ex **What I really need** is a good night's sleep. (주어 역할)
(내게 정말 필요한 것은 하룻밤 푹 자는 것이다.)
She is ready to believe **what others say**. (목적어 역할)
(그녀는 남들이 하는 말을 쉽게 믿는다.)
This is **what I heard from him**. (보어 역할)
(이건 내가 그에게 들은 것이다.)

Check-Up

1 주어진 우리말 뜻에 맞도록 괄호 안의 단어를 활용하여 문장을 완성하시오.

(1) 그는 사진을 찍었다(다른 사람으로 하여금 찍게 했다). (have, take)
→ He _________ his photograph _________.

(2) 우리는 학생들이 그들의 완전한 잠재력을 실현할 수 있도록 돕습니다. (help, realize)
→ We _________ our students _________ their full potential.

2 다음 괄호 안의 단어를 바르게 배열하여 문장을 완성하시오.

(1) She is rational, and she doesn't (her decision making / let / affect / emotion).
(2) The police (known / it / made) that the criminal was finally arrested.

3 다음 괄호 안에서 어법상 올바른 것을 고르시오.

(1) (That / What) she told me changed my life forever.
(2) I brought all the books (that / what) you asked for yesterday.

4 다음 중 밑줄 친 부분의 쓰임이 〈보기〉와 같은 것을 고르시오.

| 보기 Jake is in the hospital, so he can't eat <u>what he wants</u>.

① <u>What I need</u> is a cup of coffee.
② A new challenge is <u>what helps me grow</u>.
③ I don't know <u>what you're talking about</u>.
④ <u>What scared me</u> was a big dog.

What Makes Me Feel Better

Write — Writing a Recommendation

A Recommendation

A recommendation is an explanation of what a person should do and why. Begin with the suggestion of a specific action. Then give your reasons to support this action. Each reason should support the recommendation in detail, explaining its advantages and positive results.

추천하는 글
추천하는 글이란 해야 할 일과 그 이유를 설명하는 글이다. 특정한 행동에 대한 제안으로 시작하라. 그러고 나서 이 행동을 해야 하는 이유들을 제시하라. 각각의 이유들은 이점과 긍정적인 결과를 설명하면서 추천하는 내용을 상세하게 뒷받침해야 한다.

A Model Writing

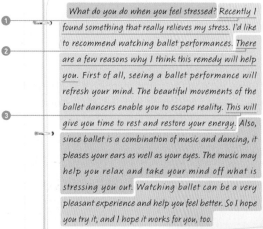

What do you do when you feel stressed? Recently I found something that really relieves my stress. I'd like to recommend watching ballet performances. There are a few reasons why I think this remedy will help you. First of all, seeing a ballet performance will refresh your mind. The beautiful movements of the ballet dancers enable you to escape reality. This will give you time to rest and restore your energy. Also, since ballet is a combination of music and dancing, it pleases your ears as well as your eyes. The music may help you relax and take your mind off what is stressing you out. Watching ballet can be a very pleasant experience and help you feel better. So I hope you try it, and I hope it works for you, too.

Opening / Your recommendation / The reason for your recommendation 1 / The reason for your recommendation 2 / Closing

p. 78

A 당신은 스트레스를 받을 때 무엇을 하나요? 최근에 저는 스트레스를 확실히 줄여주는 것을 발견했습니다. 저는 발레 공연을 보기를 추천하고 싶습니다. 이 방법이 도움을 줄 것이라고 생각하는 데는 몇 가지 이유가 있습니다. 우선, 발레 공연은 마음을 상쾌하게 해줄 것입니다. 발레 무용수들의 아름다운 동작이 당신을 현실에서 벗어나게 해줍니다. 이는 당신에게 휴식할 수 있는 시간을 주고 에너지를 회복시켜 줄 것입니다. 또한 발레는 음악과 무용의 결합이기 때문에, 당신의 눈뿐만 아니라 귀도 즐겁게 해줍니다. 음악은 당신이 휴식을 취할 수 있게 도와주고 스트레스 주는 것을 잊어버릴 수 있게 해줄 것입니다. 발레 관람은 매우 즐거운 경험이 될 수 있으며 기분이 좋아지게 도와줍니다. 당신도 한번 시도해보고, 효과가 있기를 바랍니다.

구문 해설

❶ Recently I found something that really relieves my stress.
: that 이하는 something을 선행사로 하는 주격 관계대명사절이다.

❷ There are a few reasons why I think this remedy will help you.
: why 이하는 a few reasons를 선행사로 하는 관계부사절이다.

❸ This will give you time to rest and restore your energy.
: to rest는 time을 수식하는 형용사적 용법의 to부정사구이다.

유용한 표현

권유하거나 조언할 때 쓰는 표현

- I suggest (that) ...
- I would strongly advise you to ...
- My advice would be to ...
- I recommend ...
- It might be a good idea to ...
- You could ...
- Have you considered v-ing ...?
- If I were you, I'd ...

어휘 **explanation** [èksplənéiʃən] ⓝ 설명 **specific** [spisífik] ⓐ 구체적인 **remedy** [rémədi] ⓝ 처리 방안, 해결책 **refresh** [rifréʃ] ⓥ 생기를 되찾게 하다 **enable** [inéibl] ⓥ …할 수 있게 해주다 **restore** [ristɔ́ːr] ⓥ 회복시키다 **combination** [kɑ̀mbənéiʃən] ⓝ 결합 **please** [pliːz] ⓥ 기쁘게 하다 **A as well as B** B뿐만 아니라 A도 **take one's mind off** …에서 마음을 돌리다, …을 잊다

B Write Your Own

Step 1 Think about what you would recommend a friend do to overcome a negative emotion.

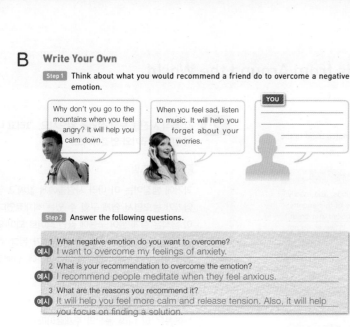

Why don't you go to the mountains when you feel angry? It will help you calm down.
When you feel sad, listen to music. It will help you forget about your worries.
YOU

Step 2 Answer the following questions.

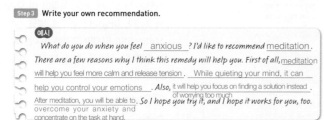

1 What negative emotion do you want to overcome?
예시 I want to overcome my feelings of anxiety.

2 What is your recommendation to overcome the emotion?
예시 I recommend people meditate when they feel anxious.

3 What are the reasons you recommend it?
예시 It will help you feel more calm and release tension. Also, it will help you focus on finding a solution.

Step 3 Write your own recommendation.

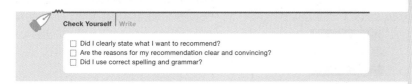

예시
What do you do when you feel anxious *? I'd like to recommend* meditation. *There are a few reasons why I think this remedy will help you. First of all,* meditation will help you feel more calm and release tension. While quieting your mind, it can help you control your emotions. *Also,* it will help you focus on finding a solution instead of worrying too much. After meditation, you will be able to overcome your anxiety and concentrate on the task at hand. *So I hope you try it, and I hope it works for you, too.*

Check Yourself | Write

- ☐ Did I clearly state what I want to recommend?
- ☐ Are the reasons for my recommendation clear and convincing?
- ☐ Did I use correct spelling and grammar?

p. 79

B **Step 1** 부정적인 감정을 극복하기 위해 친구에게 무엇을 하도록 추천할 것인지에 대해 생각해 보시오.

- 화가 날 때 등산을 해 보는 건 어때? 그러면 진정하는 데 도움이 될 거야.
- 네가 슬플 때 음악을 들어 봐. 그러면 네 걱정거리를 잊는 데 도움이 될 거야.

Step 2 다음 질문에 답하시오.

1 어떤 부정적인 감정을 극복하고 싶은가?
예시 나는 불안감을 극복하고 싶다.

2 그 감정을 극복하기 위해 무엇을 추천하는가?
예시 사람들이 걱정이 있을 때 명상을 하는 것을 추천한다.

3 그것을 추천하는 이유는 무엇인가?
예시 그것은 당신이 차분함을 느끼고 긴장을 푸는 데 도움이 될 것이다. 또한, 그것은 해결책을 찾는 것에 집중하는 데 도움이 될 것이다.

Step 3 자신의 추천하는 글을 쓰시오.

예시 당신은 걱정이 있을 때 무엇을 하나요? 저는 명상을 추천하고 싶습니다. 이 방법이 도움을 줄 것이라고 생각하는 데는 몇 가지 이유가 있습니다. 우선, 명상은 당신을 차분하게 하고 긴장을 풀어줄 것입니다. 마음을 진정시키면서, 당신의 감정을 조절하는 데 도움을 줄 것입니다. 또한 명상은 너무 많은 걱정을 하는 대신, 해결책을 찾는 데 집중하도록 도와줍니다. 명상 후에, 당신은 불안감을 극복하고 바로 앞에 있는 일에 집중할 수 있을 것입니다. 당신도 한번 시도해보고, 효과가 있기를 바랍니다.

Check Yourself

- ☐ 추천하고자 하는 것을 명확히 기술했는가?
- ☐ 추천하는 이유들은 명확하고 설득력 있는가?
- ☐ 올바른 철자와 문법을 사용하였는가?

Writing Tip 추천이나 조언하는 글 쓰기

1 도입부에서 상대방의 고민을 언급하거나 위로의 말을 건네면서 상대를 이해하고 있음을 표현한다.

2 추천이나 조언을 할 때는 실질적인 해결책을 제시하고 적절한 이유나 예시를 들어라. 자신의 비슷한 경험도 이야기해 줄 수 있다.

3 제안이나 주장을 나타낼 때 의견을 지나치게 강한 어조로 표현하면 거부감을 줄 수 있으므로 주의한다.

추가 예시문

What do you do when you feel depressed? I'd like to recommend cycling. There are a few reasons why I think this remedy will help you. First of all, as a form of exercise, cycling makes you feel happier. It releases hormones that help you cheer up. Also, when you ride on a trail by yourself in the fresh air, you can escape to a peaceful place. Riding along through the beauty of nature helps improve your mood. So I hope you try it, and I hope it works for you, too.

당신은 우울할 때 무엇을 하나요? 저는 자전거 타기를 추천하고 싶습니다. 이 방법이 도움을 줄 것이라고 생각하는 데는 몇 가지 이유가 있습니다. 우선, 운동의 일종으로 자전거 타기는 당신을 행복하게 만듭니다. 그것은 당신의 기운을 북돋워 주는 데 도움이 되는 호르몬을 방출합니다. 또한, 혼자 신선한 공기 속에서 길을 따라 자전거를 타다 보면 평화로운 곳으로 탈출할 수 있습니다. 자연의 아름다움을 따라 자전거를 타면 기분이 좋아지는 데 도움이 됩니다. 당신도 한번 시도해보고 효과가 있기를 바랍니다.

Inside Culture　Comfort Foods from Around the World

A Get to Know the World

Look at the picture of each food and read its description. Then match them to the countries.

1 

Jellied Eels

In the past, eel was a cheap, nutritious, and readily available food source for the people of this country. ❶ The dish consists of chopped eels boiled in a broth. When the broth cools, it forms a jelly. However, it's not just any jelly. This dish is very good for you because it is rich in protein. [b]

2 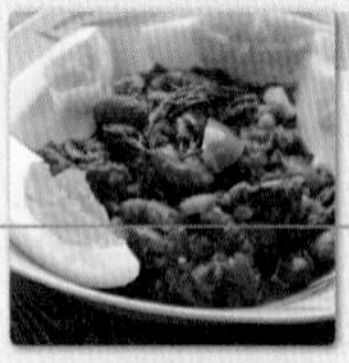

Ful Medames

Fava beans are a key part of this country's food. The beans' rich flavor and nice texture are the main features of this dish. You can also add garlic or pepper. ❷ This dish is delicious, but don't let that fool you—it is also packed with nutritional value in the form of protein, fiber, and iron! [a]

3 

Sopa de Ajo

Sopa de ajo(or garlic soup) is a wonderful bread soup. It is made with sliced garlic, eggs, and olive oil. Garlic is an essential part of Mediterranean food. ❸ This soup will be helpful when you are sick as well as when you want to eat warm food. [c]

a Egypt

b United Kingdom

c Spain

p. 80

A 각 음식 사진을 보고 설명을 읽으시오. 그러고 나서 알맞은 국가와 연결하시오.

1 뱀장어 조림

과거에 뱀장어는 이 나라 사람들에게 값싸고 영양가가 높으면서 쉽게 구할 수 있는 식재료였다. 이 음식은 잘게 썰어 국물에 끓인 장어로 되어 있다. 국물이 식으면 그것은 젤리 형태가 된다. 하지만 이것이 단순한 여느 젤리는 아니다. 단백질이 풍부해 건강에 아주 좋은 음식이다.

2 Ful Medames

누에콩은 이 나라 음식의 주재료이다. 누에콩의 풍부한 맛과 부드러운 식감이 이 요리의 주요한 특색이다. 마늘이나 후추를 넣을 수도 있다. 이 요리는 맛이 있지만 그것에 속지는 마라. 이 요리는 단백질, 섬유질, 철분 형태의 영양가 또한 가득하다!

3 Sopa de Ajo

Sopa de ajo(혹은 마늘 수프)는 멋진 빵 스프이다. 이 요리는 얇게 썬 마늘, 달걀, 올리브유로 만들어진다. 마늘은 지중해 음식의 필수적인 재료이다. 이 수프는 따뜻한 음식을 먹고 싶을 때뿐 아니라 몸이 아플 때도 도움이 될 것이다.

구문 해설

❶ The dish consists of chopped eels boiled in a broth.
: boiled 이하는 chopped eels를 수식하는 과거분사구이다.

❷ This dish is delicious, but don't let that fool you …
: 사역동사(let)의 목적격 보어로 동사원형(fool)이 쓰였다.

❸ This soup will be helpful when you are sick as well as when you want to eat warm food.
: 「A as well as B」는 'B뿐만 아니라 A도'라는 의미의 상관접속사로 when … sick과 when … food를 대등하게 연결한다.

≡ 어휘 **eel** [iːl] ⓝ 뱀장어 **nutritious** [njuːtríʃəs] ⓐ 영양가가 높은 **readily** [rédəli] ⓐⓓ 손쉽게 **available** [əvéiləbl] ⓐ 구할 수 있는 **consist of** …으로 이루어지다[구성되다] **chop** [tʃɑp] ⓥ 썰다 **broth** [brɔːθ] ⓝ 묽은 수프; (고기·생선 등을 끓인) 국물 **protein** [próutiːn] ⓝ 단백질 **texture** [tékstʃər] ⓝ 질감 **fiber** [fáibər] ⓝ 섬유질 **essential** [isénʃəl] ⓐ 필수적인 **Mediterranean** [mèdətəréiniən] ⓐ 지중해의

B Take a Closer Look

Choose the one that you want to try among the three dishes in A. Then share the reason with your partner.

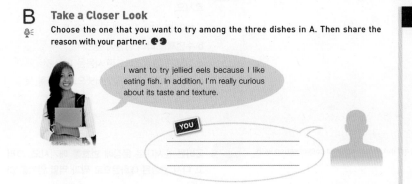

I want to try jellied eels because I like eating fish. In addition, I'm really curious about its taste and texture.

YOU

____

____

____

B A의 세 가지 요리 중 먹어보고 싶은 것 하나를 골라 보시오. 그러고 나서 그 이유를 짝과 공유하시오.

• 나는 생선 먹는 것을 좋아하기 때문에 뱀장어 조림을 먹어보고 싶어. 그리고 그 맛과 식감이 어떨지 정말 궁금하거든.

C Keep Exploring

Search for a comfort food from a different country, and write a blog post about it.

Add a Text Post

Title

A comfort food from _______________!

Post

Food & Country: ______________________

Main ingredients: ______________________

Tastes like: ______________________

Other comments: ______________________

✔ Create post | Preview | Cancel

C 다른 나라의 위안을 주는 음식을 찾아보고 그에 대한 블로그 게시물을 쓰시오.

p. 81

Check-Up

[1-4] 다음 문장이 본문의 내용과 일치하면 T, 일치하지 않으면 F를 쓰시오.

1 In the past, eel was one of the most expensive food ingredients in the United Kingdom. (   )

2 Jellied eels are made with jellies and chopped eels. (   )

3 Ful medames is rich in protein and iron. (   )

4 Sopa de ajo has garlic in it, which is an essential part of Mediterranean food. (   )

배경지식

세계 각국의 comfort foods

• **중국의 불도장:** 불도장은 죽순, 해삼, 전복, 상어 지느러미, 상어 입술, 고려 인삼, 돼지 내장, 말린 조개, 비둘기 알, 닭가슴살, 돼지 발굽의 힘줄 등 건강해지는 30여 가지의 재료에 12가지 보조 재료를 첨가해 전통 발효주 사오싱주를 넣고 고아 낸 중국 보양식이다.

• **아랍의 막로바:** 평균 기온이 40도에 육박하는 아랍의 현지인들이 즐겨 먹는 대표 보양식이다. 지방 함유량이 적고 단백질이 풍부한 양고기와 쌀, 가지 그리고 다양한 향신료를 넣고 만든 음식이다. 양고기가 체력 회복에 탁월하기 때문에 원기 회복을 위해 운동선수들도 즐겨 먹는다.

• **스페인의 가스파초:** 스페인에서는 매년 8월 토마토 던지기 축제가 열릴 정도로 토마토가 많이 난다. 현지인들은 이 토마토와 오이, 파프리카, 양파 등을 갈아 가스파초라는 차가운 수프를 만들어 먹는다. 항산화 효과가 탁월하고 각종 비타민과 미네랄이 풍부해 여름철 기력 회복에 좋다.

Do It Yourself

L Listen to the conversation and choose what the girl recommends that the boy do.

a go to bed at the same time every night
b see a doctor to get some sleeping pills
ⓒ avoid using his smartphone before sleeping
d search the Internet for tips on sleeping well

L 대화를 듣고 여자가 남자에게 추천하는 것을 고르시오.

a 매일 밤 같은 시간에 잠자리에 들 것
b 수면제를 타러 병원에 갈 것
c 잠자기 전에 스마트폰 사용을 피할 것
d 숙면을 위한 조언을 인터넷으로 찾아볼 것

S Number the sentences in the correct order. Then act out the completed conversation with your partner.

[1] Hey, are you going to Lucy's party?
[4] I don't think so. They had a fight last week and haven't talked to each other since then.
[2] Hmm... I'm not sure yet. I'm worried about what Stephanie will think.
[5] Really? I didn't know that. I know Stephanie is your best friend, but Lucy is your friend, too.
[3] Why? Isn't she going to Lucy's party, too?
[6] I know. That's why I'm having a hard time making a decision. I don't want to disappoint either of them.

S 올바른 순서대로 문장에 번호를 매기시오. 그러고 나서 완성된 대화문으로 짝과 역할 연기를 하시오.

[1] 안녕, 너 Lucy의 파티에 갈 거야?
[4] 안 갈 것 같아. 지난주에 둘이 크게 싸워서 그 이후로 서로 말을 안 하거든.
[2] 음… 아직 모르겠어. Stephanie가 어떻게 생각할지 걱정이거든.
[5] 그래? 나는 몰랐어. Stephanie는 너의 가장 친한 친구지만 너는 Lucy하고도 친하잖아.
[3] 왜? Stephanie는 Lucy의 파티에 안 간대?
[6] 알아. 그래서 결정하기가 어려워. 그들 중 한 사람도 실망시키고 싶지 않거든.

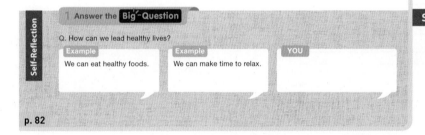

Self-Reflection

1 Answer the Big-Question

Q. How can we lead healthy lives?

Example: We can eat healthy foods.
Example: We can make time to relax.
YOU:

p. 82

Self-Reflection 1 Big Question에 답하기

Q. 우리는 어떻게 건강한 삶을 영위할 수 있을까요?
|예시| 건강한 음식을 먹을 수 있다.
|예시| 휴식할 시간을 낼 수 있다.

Script L

G: Jason, you look tired. Didn't you get enough sleep?
B: No, I didn't. Nowadays I have trouble falling asleep.
G: What do you usually do before going to bed?
B: I exchange text messages with my friends, surf the Internet, and play games on my phone.
G: I heard those things can disturb your sleep if you do them late at night.
B: But it's part of my routine.
G: I think you can form new habits. Why don't you stay away from your smartphone for an hour before going to bed?
B: Okay. I'll try.

해석

여: Jason, 너 피곤해 보인다. 잠을 충분히 안 잤니?
남: 못 잤어. 요즘 잠 드는 데 문제가 있어.
여: 자기 전에 주로 뭘 하니?
남: 휴대전화로 친구들과 문자 메시지를 주고받고, 인터넷 검색도 하고 게임도 해.
여: 밤늦게 그런 것들을 하면 그게 수면을 방해한다고 들었어.
남: 하지만 그것은 내 일과 중 하나인걸.
여: 나는 네가 새로운 습관을 들일 수 있다고 생각해. 잠자기 전 한 시간 동안은 스마트폰을 멀리하는 게 어때?
남: 알았어. 해 볼게.

어휘 **pill** [pil] ⓜ 알약 **have a hard time v-ing** …하는 데 어려움을 겪다 **disappoint** [dìsəpɔ́int] ⓓ 실망시키다 **exchange** [ikstʃéindʒ] ⓓ 주고받다, 교환하다 **surf the Internet** 인터넷 검색을 하다 **form** [fɔːrm] ⓓ 형성시키다; 형성되다

R Read the paragraph and answer the following questions.

Walter Mitty has developed the pictures used on the front cover of *Life* magazine for the past sixteen years. Other than that, he leads a boring life (A) [filling / filled] with daydreams. However, his world is about to change: *Life* will soon become an online-only publication. Unfortunately, the picture for the final cover is missing. Walter decides (B) [to hit / hitting] the road to find the picture. He believes the photographer still has it and follows his trail. This is how Walter's wild dash across Greenland, Iceland, and the Himalayas begins. During this adventure, he survives a volcanic eruption and a fall from a helicopter. Although he finally finds the photographer, Walter realizes he has, more importantly, (C) [become / became] the person he always imagined he could be.

1 Choose the grammatically correct words for (A), (B), and (C).
(A) filled (B) to hit (C) become

2 What does the underlined "This" refer to?
Walter decides to hit the road to find the picture. He believes the photographer still has it and follows his trail.

W Write a paragraph recommending a food that helps you feel better.

Outline — Opening — Your recommendation — The reason for your recommendation — Closing

예시
What do you eat when you feel sick *? I recommend* vegetable noodle soup *. The reason I recommend this is because* it is very nutritious *.* The ingredients in the soup give you strength and energy *. It is also* very easy to prepare and fast to cook *.* So you can make it for yourself, even if you are not good at cooking *. Next time you feel* sick *, why don't you try* vegetable noodle soup *?*

2 Reflect on Your Learning

1 I've actively participated in class during this lesson. ①-②-③-④-⑤
2 I fully understand what I've learned in this lesson. ①-②-③-④-⑤
3 I can use the expressions I learned in this lesson in other situations. ①-②-③-④-⑤

p. 83

R 단락을 읽고 다음 질문에 답하시오.

1 (A), (B), (C)에 문법적으로 알맞은 단어를 고르시오.

해설 (A) a boring life는 fill의 주체가 아닌 대상이므로 과거분사가 온다. (B) decide는 to부정사를 목적어로 갖는다. (C) 현재완료 시제에는 「have p.p.」 형태를 쓰므로 과거분사 become이 온다.

2 밑줄 친 This가 가리키는 것은?

W 기분이 좋아지는 데 도움을 주는 음식을 추천하는 단락을 쓰시오.

예시 당신은 아플 때 무엇을 드시나요? 저는 채소 누들 수프를 추천합니다. 제가 이 음식을 추천하는 이유는 매우 영양가가 높기 때문입니다. 수프에 있는 재료는 당신에게 힘과 에너지를 줍니다. 또한 준비하기 쉽고, 빠르게 요리할 수 있습니다. 따라서, 당신이 요리에 능숙하지 않더라도, 혼자서 만들 수 있습니다. 다음번에 아플 때는, 채소 누들 수프를 먹어보는 것이 어떠세요?

Self-Reflection 2 학습 과정 돌아보기

1 나는 이 단원을 배우는 동안 수업에 적극적으로 참여했다.
2 나는 이 단원에서 배운 것을 완전히 이해한다.
3 나는 이 단원에서 배운 표현을 다른 상황에 사용할 수 있다.

Check-Up

[1-2] 다음 빈칸에 들어갈 알맞은 말을 〈보기〉에서 찾아 쓰시오.

1 She told her assistant to ______________ with her work while she was away.

2 Let's put our heads together to ______________ this difficulty.

보기	overcome	apologize	carry on

[3-4] 다음 글을 읽고, 물음에 답하시오.

If you have ever felt a little bit different, take Jonathan Livingston Seagull's message to heart. Don't be afraid of being different. There is no need (A) (apologize) for being the way you are. This is ___ⓐ___ makes you special. Once you embrace ___ⓑ___ makes you different, learn as much as you can about it. Keep (B) (perfect) that special skill that makes you different from the rest of the crowd.

3 빈칸 ⓐ와 ⓑ에 공통으로 들어갈 단어를 쓰시오.

4 (A), (B)의 괄호 안에 주어진 단어를 알맞은 형태로 고쳐 쓰시오.

단원 핵심 정리

Communicative Functions

1 제안 · 권유하기: Why don't you ... ? (…하는 게 어때?)

▶ 어떤 일을 하도록 제안하거나 권할 때 "Why don't you ... ?"라는 표현을 사용할 수 있다. 이와 유사한 표현으로 "What/How about ... ?," "You'd better ...," "Would you like (me) to ...," I suggest (that) we ..." 등이 있다.

2 걱정, 두려움 표현하기: I'm worried about ... (난 …가 걱정된다[두렵다])

▶ 어떤 일이 안심이 되지 않아 두려움을 나타낼 때, "I'm worried about ..." 이라는 표현을 사용할 수 있다. 이와 유사한 표현으로 "I'm anxious (about) ...," "I'm scared/frightened/terrified (to ...)" 등이 있다.

New Words & Expressions

medicine	명 약
deal with	다루다, 대처하다
relieve	동 (걱정, 불안)을 덜어주다
cure	명 치유; 치유법, 치료제
perspective	명 관점, 시각
engaging	형 매력 있는
uplifting	형 사기를 높이는, 격려가 되는
irritated	형 짜증이 난
opposite	명 반대(되는 사람 · 것)
release	동 (감정을) 발산하다
vividly	부 생생하게, 선명하게
carry on	…을 계속하다
dutifully	부 충실하게
task	명 일, 과업
cheerful	형 쾌활한
existence	명 존재
dominant	형 지배적인, 주요한
contrasting	형 대조적인
overwhelm	동 압도하다, 사로잡다
overcome	동 극복하다
develop	동 (필름을) 현상하다
boring	형 지루한
daydream	명 몽상
be about to	막 …하려던 참이다
publication	명 간행물
unfortunately	부 불행하게도
trail	명 자취
eruption	명 폭발, 분화
realize	동 깨닫다
opportunity	명 기회
fall into place	꼭 들어맞다
bold	형 과감한
courage	명 용기
seagull	명 갈매기
flock	명 떼, 무리
unfit	형 부적합한
satisfied	형 만족하는
formation	명 (특정한) 대형[편대]
soar	동 (하늘 높이) 날아오르다
apologize	동 사과하다
embrace	동 포용하다

Language Points

| 사역동사+목적어+동사원형 |

'…하게 하다'라는 의미의 사역동사 let, have, make는 목적격 보어로 동사원형을 취한다. help는 사역동사에 준하는 동사로, 목적격 보어로 동사원형과 to부정사를 둘 다 취할 수 있다.

| 관계대명사 what |

what은 선행사를 포함하는 관계대명사로, the thing which[that]로 바꿔 쓸 수 있다. what이 이끄는 절은 명사절로 문장 내에서 주어, 목적어, 보어 역할을 한다.

1 다음 빈칸에 들어갈 말로 알맞은 것은?

A: What's wrong? You look a little blue.
B: Actually, ________________

① I really like the new gym.
② I exercise three days a week.
③ I'm going to take a walk after dinner.
④ I want to stay home and just watch TV all day.
⑤ I'm worried about the test in your class next week.

2 대화가 자연스럽게 이어지도록 ⓐ~ⓒ를 순서대로 바르게 배열하시오.

ⓐ I'll have to try it. Thanks for your suggestion.
ⓑ These days, I have trouble falling asleep.
ⓒ Hmm... Why don't you take a warm bath before going to bed? It will help you fall asleep.

[3-6] 주어진 우리말과 같은 뜻이 되도록 빈칸에 알맞은 말을 쓰시오.

3 ________ he has a test, he studies all night.
(그는 시험이 있을 때마다 밤을 새워서 공부한다.)

4 ________ you ________ ________ ________ is focus on your studies.
(네가 해야 할 것은 그저 공부에 집중하는 것뿐이다.)

5 Garlic can ________ you ________ ________ a cold.
(마늘은 당신이 감기에 걸리는 것을 막아줄 수 있다.)

6 Did you ________ ________ ________ my house?
(우리 집 찾는 데 어려움을 겪었니?)

[7-8] 다음 글을 읽고, 물음에 답하시오.

Walter Mitty has developed the pictures used on the front cover of *Life* magazine for the past sixteen years. Other than that, ⓐhe leads a boring life filled with daydreams. (①) However, ⓑhis world is about to change: *Life* will soon become an online-only publication. (②) Walter decides to hit the road to find the picture. (③) He believes the photographer still has it and follows ⓒhis trail. (④) During his adventure, ⓓhe survives a volcanic eruption and a fall from a helicopter. (⑤) Although he finally finds the photographer, Walter realizes he has, more importantly, become the person he always imagined ⓔhe could be.

7 윗글의 ①~⑤ 중, 다음 문장이 들어가기에 알맞은 곳은?

Unfortunately, the picture for the final cover is missing.

8 밑줄 친 ⓐ~ⓔ 중, 가리키는 대상이 나머지 넷과 다른 것은?

① ⓐ ② ⓑ ③ ⓒ ④ ⓓ ⑤ ⓔ

[9-10] 다음 글을 읽고, 물음에 답하시오.

Jonathan Livingston Seagull knows that he's different from others. Instead of fighting over food with the other seagulls, Jonathan spends all his time learning about flying. During one of his practices, Jonathan flies through his flock. He expects the others to praise his amazing ability. ________, they look at him coldly as they now consider him unfit to be a part of the flock. Jonathan tries his best to rejoin the flock, but he's no longer satisfied flying in formation with the other seagulls as he knows how wonderful soaring above the clouds really feels.

9 윗글에 따르면 Jonathan이 다른 갈매기들과 다른 점이 무엇인지 우리말로 쓰시오.

____

10 빈칸에 들어갈 말로 가장 알맞은 것은?

① Besides ② Therefore ③ Otherwise
④ Eventually ⑤ Instead

Lesson 4

Toward a Better World

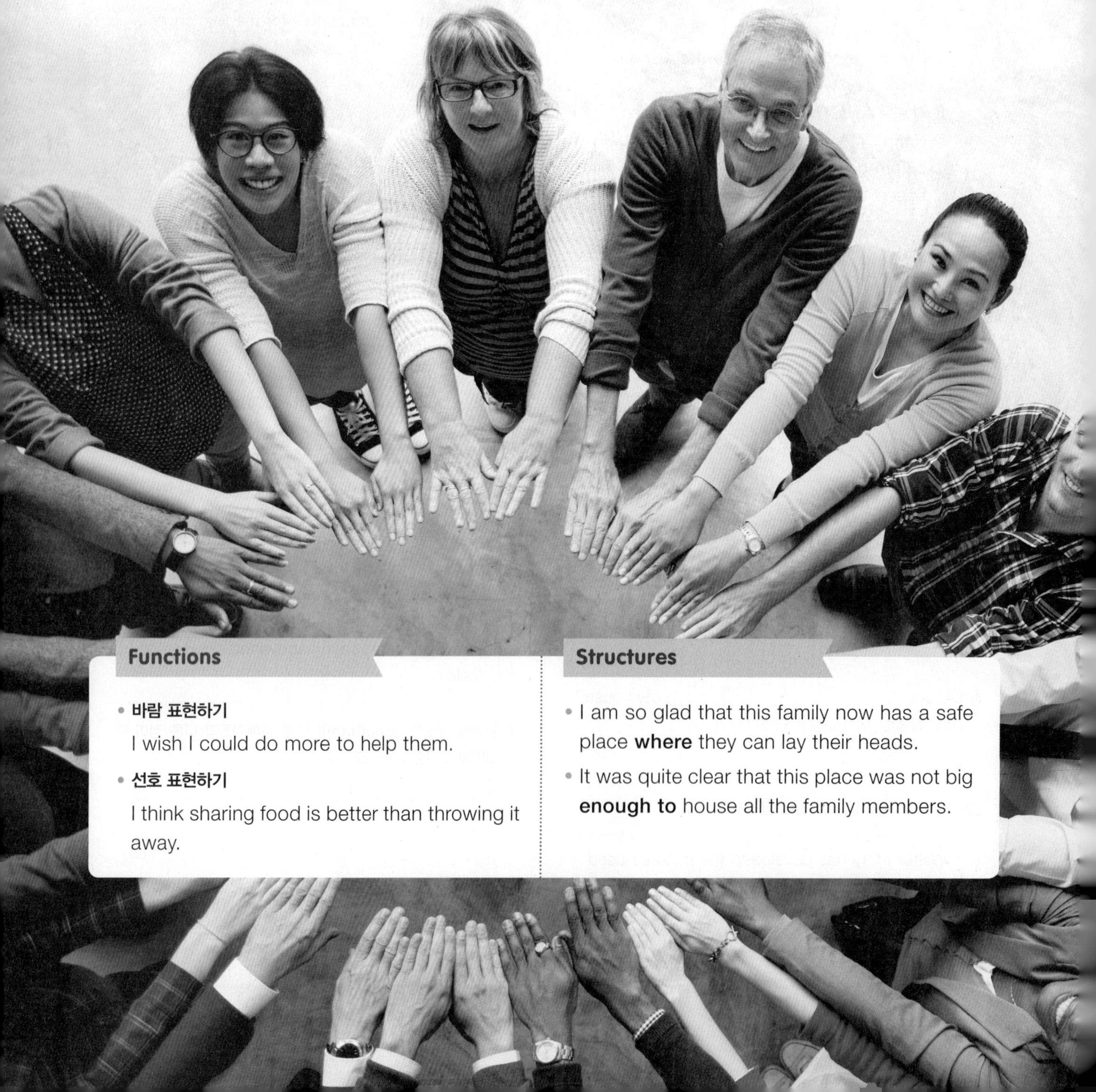

Functions

- **바람 표현하기**
  I wish I could do more to help them.
- **선호 표현하기**
  I think sharing food is better than throwing it away.

Structures

- I am so glad that this family now has a safe place **where** they can lay their heads.
- It was quite clear that this place was not big **enough to** house all the family members.

Listen & Speak 1

Ethics

Small Hands, Big Help

작은 손길, 큰 도움

Listen & Speak 2

Economics

The Joy of Sharing

나눔의 즐거움

Read

Social Studies

Put a Roof over Someone's Head

다른 사람의 집을 지어주다

Write

Who Wants to Be a Volunteer?

누가 자원봉사자가 되어 주시겠습니까?

Inside Culture

Social Studies

Fun and Meaningful Campaigns

재미있고 뜻깊은 캠페인들

Big Question

What are some ways in which we can make the world better?

세상을 더 좋게 만들 수 있는 방법은 무엇일까요?

Small Hands, Big Help

Ethics

바람 표현하기 I wish I could do more to help them.

A Get Ready

Look at the pictures and think about what you can do for people in need.

B Learn It

1 Listen to the conversation. Where is it most likely taking place?

2 Listen again. Which is true according to the conversation?

a The boy didn't get his change.
b The girl caught the cashier's mistake.
ⓒ The boy took part in a charity program.
d The boy bought the girl a cup of coffee.

Sound in Use

next time [nekstaɪm]

A Listen carefully, focusing on the pronunciation.

1 You can try again **next time**.
2 I got an excellent grade on the **last test**.

B Listen and fill in the blanks.

1 We met for the _first_ _time_ five years ago.
2 Try your _best_ _to_ study English.

p. 86

A 사진을 보고 어려운 사람들을 위해 할 수 있는 일에 대해 생각해 보시오.

- 어린 학생들 가르치기
- 양로원에서 자원봉사하기
- 노숙자를 위해 배식하기

B 1 대화를 들으시오. 대화는 어디에서 이루어지고 있을 가능성이 가장 높은가?

해설 커피(coffee)를 산다(pay for)는 말을 통해 커피숍에서 일어나는 대화임을 알 수 있다.

2 다시 들으시오. 대화에 따르면 사실인 것은?

a 남자는 잔돈을 받지 않았다.
b 여자는 계산원이 실수를 잡아냈다.
c 남자는 자선 활동에 참여했다.
d 남자는 여자에게 커피를 사주었다.

해설 남자는 커피를 마실 형편이 되지 않는 사람들을 위해 커피값을 지불하는 자선 활동에 참여하고 있다고 했다.

Sound in Use

A 발음에 집중하여 잘 들으시오.

1 너는 다음번에 다시 시도할 수 있어.
2 나는 지난번 시험에서 좋은 점수를 받았다.

B 듣고 빈칸을 채우시오.

1 우리는 5년 전에 처음 만났다.
2 최선을 다해서 영어 공부를 해라.

Script B

G: I think there's something wrong. You paid too much.
B: Actually, I didn't. These days I'm participating in the Suspended Coffee project.
G: What is that?
B: It's for those who can't afford to drink coffee, such as the homeless.
G: So you pay for a second drink that they will pick up later?
B: Exactly. I wish I could do more to help them, but I do feel good when I pay for a suspended coffee.
G: That's really nice of you. I think I will participate in it, too.
B: Great! Even small actions like this can make a difference.

해석

여: 뭔가 잘못된 것 같아. 너 돈을 너무 많이 냈어.
남: 사실은 그렇지 않아. 요즘 나는 서스펜디드 커피(맡겨 둔 커피) 운동에 참여하고 있어.
여: 그게 뭔데?
남: 노숙자처럼 커피를 마실 형편이 되지 않는 사람들을 위한 거야.
여: 그럼 네가 그들이 나중에 가져갈 한 잔 값을 더 지불하는 거야?
남: 바로 그거야. 내가 그들을 도울 수 있는 일을 더 하면 좋겠지만, 서스펜디드 커피를 사면 확실히 기분이 좋아.
여: 너 정말 착하구나. 나도 참여해 봐야겠다.
남: 좋아! 이처럼 작은 행동도 변화를 가져올 수 있는 거야.

어휘 **tutor**[tjúːtər] 동 가르치다 **cashier**[kæʃíər] 명 계산원 **actually**[ǽktʃuəli] 부 사실은 **participate**[pɑːrtísəpèit] 동 참가하다 **suspend**[səspénd] 동 연기하다, 보류하다 **afford**[əfɔ́ːrd] 동 …할 여유가 있다

C Use It

Step 1 Listen to the announcement and answer the following questions.

1 What is the best title for the announcement?

a Start Today, Get Soft and Shiny Hair
ⓑ Just Grow It Out: Wigs for Children
c Try the Newest Hair Products for This Season
d Become a Financial Supporter for Kids with Cancer

2 Listen again. What do listeners need to do to participate in this campaign?

ⓐ cut their hair and donate it to kids with cancer
b sign up and donate some money
c spread news about this campaign
d visit children going through cancer treatment

3 What do you think about this campaign? Share your thoughts with your partner.

p. 87

C Step 1 발표를 듣고 다음 질문에 답하시오.

1 발표의 제목으로 가장 적절한 것은?

a 오늘 시작하세요, 부드럽고 빛나는 머리를 가지세요
b 기르기만 하세요: 아이들을 위한 가발
c 이번 시즌의 최신 모발 제품을 써 보세요
d 소아암 환자들을 위한 후원자가 되어주세요

해설 암 치료로 머리카락을 잃은 아이들을 위해 머리카락을 기부하는 캠페인을 소개하는 내용이다.

2 다시 들으시오. 청자들은 이 캠페인에 참여하려면 무엇을 해야 하는가?

a 머리카락을 잘라 소아암 환자들에게 기부한다
b 등록하여 돈을 기부한다
c 이 캠페인에 대한 소식을 퍼뜨린다
d 암 치료를 받는 아이들을 방문한다

3 이 캠페인에 대해 어떻게 생각하는가? 짝과 의견을 공유하시오.

Script C

W: Wonderful Length will host its third annual campaign to collect hair on Saturday, November 22! On this day people nationwide will cut and donate their hair to kids who have lost their hair because of cancer treatment. Hair loss doesn't only change a child's appearance. It can also lower their self-confidence and limit their quality of life. Wonderful Length helps these children regain their confidence by providing free wigs. This is why your support is important. In order to help them, you just need to grow out your hair. Then cut it and donate it to kids. Your simple act will be of great help.

해석

여: Wonderful Length는 11월 22일 토요일에 머리카락을 모으기 위한 세 번째 연례 캠페인을 개최합니다! 이날 전국의 사람들은 암 치료로 머리카락을 잃은 아이들에게 자신의 머리카락을 잘라 기부할 것입니다. 머리카락을 잃는 것은 단순히 아이들의 겉모습만 바꾸는 것이 아닙니다. 이는 아이들의 자신감을 떨어뜨리고 삶의 질을 제한할 수도 있습니다. Wonderful Length는 무료 가발을 제공함으로써 이런 아이들이 자신감을 되찾는 것을 돕습니다. 그래서 당신의 후원이 중요합니다. 아이들을 도우시려면 그저 머리카락만 기르시면 됩니다. 그런 후 잘라서 아이들에게 기부해 주세요. 당신의 작은 행동이 큰 도움이 될 것입니다.

어휘 **wig** [wig] 명 가발 **product** [prádʌkt] 명 생산물, 제품 **financial** [finǽnʃəl] 형 금융[재정]의 **donate** [dóuneit] 동 기증하다 **sign up** 신청하다, 가입하다 **treatment** [tríːtmənt] 명 치료 **annual** [ǽnjuəl] 형 연례의 **nationwide** [néiʃənwàid] 형 전국적인 **appearance** [əpíərəns] 명 외관 **lower** [lóuər] 동 낮추다, 내리다 **self-confidence** 명 자신감 **limit** [límit] 동 제한하다 **regain** [rigéin] 동 되찾다, 회복하다

Step 2 Look at the pictures and think about what you can do to help people in need.

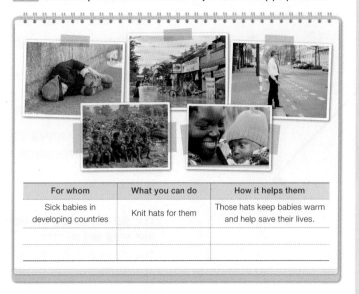

For whom	What you can do	How it helps them
Sick babies in developing countries	Knit hats for them	Those hats keep babies warm and help save their lives.

Step 3 Talk with your partner about what you can do to help people in need.

Example
A: **I wish we could** do something for the sick babies in developing countries.
B: We can help them by knitting hats for them!
A: Hmm... Tell me more. How will that help them?
B: Those hats keep babies warm and help save their lives.
A: That's great. It's a good way we can help them.

Check Yourself | Listen and Speak 1	Yes	Not Sure	No
1 I can understand others when they express their wishes.	☐	☐	☐
2 I can express my wishes.	☐	☐	☐

p. 88

Step 2 사진을 보고 어려움에 처한 사람들을 돕기 위해 할 수 있는 일에 대해 생각해 보시오.

대상	할 수 있는 일	어떻게 도움이 되는가
개발도상국의 아픈 아기들	그들을 위한 털모자를 뜬다	모자가 아기들을 따뜻하게 해 주어 생명을 구하는 데 도움을 준다.

Step 3 어려움에 처한 사람들을 돕기 위해 할 수 있는 일에 대해 짝과 이야기해 보시오.

A: 개발도상국의 아픈 아기들을 위해 무언가 할 수 있으면 좋겠어.
B: 우리는 그 아이들을 위해 털모자를 뜨는 것으로 도울 수 있어!
A: 음… 더 말해 봐. 어떻게 도울 수 있는데?
B: 털모자가 아기들을 따뜻하게 해주고 목숨을 구해줄 수 있어.
A: 그거 좋다. 그들을 도울 수 있는 좋은 방법이네.

Check Yourself

1 다른 사람이 바람을 표현할 때 이해할 수 있다.
2 나의 바람을 표현할 수 있다.

추가 예시문

A: **I wish we could** do something for those who can't afford to buy food.
B: We can help them by donating food to food banks!
A: Hmm... Tell me more. How will that help them?
B: The food bank provides nutritious meals to feed hungry people in our community.
A: That's great. It's a good way we can help them.

Function of Communication

바람 표현하기: I wish I could ... (…하면 좋겠다)

➡ 바라는 것을 표현할 때 "I wish I could ..."라는 표현을 사용할 수 있다. 이와 유사한 표현으로는 "I want (to) ...," "I'd like ...," "I look/am looking forward to ..." 등이 있다.

| Example |

A: I can't see the end of this line of cars. (이 자동차 행렬의 끝이 보이지 않네요.)
B: **I wish we could** just fly over this traffic jam. (이 꽉 막힌 도로를 그냥 날아서 갈 수 있으면 좋겠어요.)

▶ Speaking Aid

바람을 나타내는 표현과 함께 바람을 묻는 표현도 알아두면 도움이 된다. 바람, 소원, 요망에 대해 물을 때 아래와 같은 표현을 사용할 수 있다.

- Do you want (to) ... ?
- Would you like ... ?
- Do you wish (you could) ... ?
- Are you looking forward to ... ?

Listen & Speak 2

The Joy of Sharing

Economics

선호 표현하기 I think sharing food is better than throwing it away.

A Get Ready

Look at the pictures and talk with your partner about if you've ever participated in any of these activities.

A 사진을 보고 이 활동 중 어느 것에라도 참여해 본 적이 있는지에 대해 짝과 이야기해 보시오.

- 원치 않는 물건을 지역 자선 단체에 기부하기
- 도서 교환에 책 가져가기
- 지역 사회를 위해 재능 사용하기

B Learn It

1 Listen to the conversation. What is the speakers' problem?

a They forget to buy some food for their vacation.
ⓑ They have too much milk to use up before leaving.
c They want to donate food but don't know how.
d They have to throw away a lot of food in the fridge.

2 Listen again. What will they most likely do after the conversation?

a go to a grocery store
b pack things for their vacation
c give away food to their neighbors
ⓓ put the milk in the food-sharing fridge

B 1 대화를 들으시오. 화자들의 문제는 무엇인가?

a 휴가를 위한 음식을 살 것을 잊어버렸다.
b 떠나기 전에 다 써버려야 할 우유가 너무 많다.
c 음식을 기부하고 싶지만 어떻게 해야 할지 모른다.
d 냉장고에 있는 많은 음식을 버려야 한다.

2 다시 들으시오. 화자들은 대화 후에 무엇을 할 가능성이 가장 높은가?

a 식료품점에 간다
b 휴가를 위해 짐을 싼다
c 음식을 이웃에 나눠준다
d 우유를 음식 나눔 냉장고에 둔다

해설 우유가 필요한 사람들을 위해 주민회관의 음식 나눔 냉장고에 넣어두자고 했다.

Speaking Tip

You can say "It slipped my mind" when you forgot something you had to do.

Did you call Mom to wish her a happy birthday?

Oh! No, it slipped my mind.

p. 89

Speaking Tip

했어야 하는 무언가를 잊어버렸을 때 "It slipped my mind"라고 말할 수 있다.
너 엄마 생신 축하 드린다고 전화했니? / 이런! 아니, 완전히 잊어버렸어.

Script B

W: You shouldn't have bought so much milk. We are going to be away for the next few weeks.
B: Oh... It just slipped my mind. Sorry, Mom.
W: That's all right. But this milk will go sour while we're gone.
B: Let's put it in the food-sharing fridge in the community center.
W: What's that?
B: It's like a fridge for everyone. Anyone who needs food can take what's there for free.
W: That sounds good. I think sharing food is better than throwing it away.
B: I'm sure someone would be happy to have our milk. Let's go!

해석

여: 너는 우유를 이렇게 많이 사지 말았어야 했어. 우리는 몇 주 동안 떠나 있을 거잖아.
남: 아… 깜빡했어요. 죄송해요, 엄마.
여: 괜찮아. 그런데 우리가 없는 동안 이 우유가 상하겠네.
남: 우유를 주민회관의 음식 나눔 냉장고에 넣어두죠.
여: 그게 뭐니?
남: 모두를 위한 냉장고 같은 거예요. 음식이 필요한 누구든 거기에 있는 것을 무료로 가져갈 수 있죠.
여: 그거 좋겠다. 음식을 나누는 게 버리는 것보다 좋은 것 같구나.
남: 분명 누군가 우리 우유를 가지면 행복할 거예요. 어서 가요!

어휘 **unwanted** [ʌnwάntid] ⓗ 필요 없는 **local** [lóukəl] ⓗ 지역의 **charity** [tʃǽrəti] ⓜ 자선 단체 **exchange** [ikstʃéindʒ] ⓜ 교환 **fridge** [fridʒ] ⓜ 냉장고 **grocery store** 식료품점, 슈퍼마켓 **pack** [pæk] ⓢ (짐을) 싸다[꾸리다] **sour** [sauər] ⓗ 상한

C Use It

Step 1 Listen to the conversation and answer the following questions.

1 **What is the purpose of the school bazaar?**

a to help the homeless
b to build a school for the poor
ⓒ to provide food for hungry children
d to send supplies to earthquake victims

2 **Listen again. Which is an item that the girl will NOT bring to the school bazaar?**

a 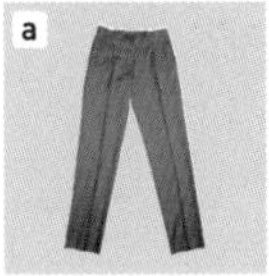
b 
c 
ⓓ 

Step 2 Look at the bazaar items and think about what you would bring to a bazaar.

p. 90

C **Step 1** **대화를 듣고 다음 질문에 답하시오.**

1 **학교 바자회의 목적은 무엇인가?**

a 노숙자를 돕기 위해
b 가난한 사람들을 위한 학교를 짓기 위해
c 배고픈 아이들에게 음식을 제공하기 위해
d 지진 피해자들에게 물품을 보내기 위해

2 **다시 들으시오. 여자가 학교 바자회에 가져갈 물건이 아닌 것은?**

해설 여자는 아빠의 헌 바지, 크리스털 컵, 전등을 바자회에 가져갈 것이라고 말했다.

Step 2 **바자회 물품을 보고 당신이 바자회에 가져갈 물건에 대해 생각해 보시오.**

- 신발 한 켤레 / 나에게 너무 작다
- 머리핀 / 현재는 머리가 짧다

Script C

G: Dad, where are your old trousers?
M: I don't know. Maybe in the drawers. Why are you looking for those old trousers?
G: I need to find things to sell at the school bazaar. We are going to raise money to send food to starving children.
M: Oh, that's great. I don't like them anymore, so we might as well donate them.
G: What else can I bring? How about this crystal cup?
M: Sure. It's just sitting here collecting dust next to the lamp. Why don't you take that lamp to the bazaar, too?
G: Great! I think donating these items is better than just letting them sit around the house.
M: That's right. Let me know if you need help packing those things up.
G: Thanks, Dad!

해석

여: 아빠, 아빠의 헌 바지 어디 있어요?
남: 글쎄. 아마 서랍에 있을 거야. 헌 바지를 왜 찾고 있니?
여: 학교 바자회에서 팔 물건을 찾아야 해요. 우리는 굶주린 아이들에게 음식을 보내주기 위해 돈을 모을 거예요.
남: 아, 그거 좋구나. 이제는 그것들이 마음에 들지 않으니 기부하는 게 낫겠구나.
여: 그밖에 뭘 더 가져갈 수 있을까요? 이 크리스털 컵은 어때요?
남: 그래. 여기 전등 옆에 놓여서 먼지만 쌓이고 있으니. 그 전등도 바자회에 가져가는 건 어떠니?
여: 좋아요! 이 물건들을 집에 그냥 두는 것보다 기부하는 게 더 좋을 것 같아요.
남: 맞아. 그것들을 챙기는 데 도움이 필요하면 내게 알려줘.
여: 고마워요, 아빠!

어휘 **homeless**[hóumlis] 형 노숙자의 **supply**[səplái] 명 [pl.] 공급품, 보급품 **earthquake**[ə́ːrθkweik] 명 지진 **victim**[víktim] 명 희생자 **drawer**[drɔːr] 명 서랍 **raise**[reiz] 동 모금하다 **starve**[stɑːrv] 동 굶주리다 **might as well** …하는 편이 낫다

Step 3 Talk with your partner about what you would bring to the bazaar.

Example

A: What will you bring to the school bazaar?
B: I'm bringing a pair of shoes. They are too small for me. What about you?
A: I'm bringing a hair pin. I have short hair now, so I don't need it.
B: That's a good idea. **I think** selling it at the bazaar **is better than** keeping it.
A: Yeah, I agree.

Step 4 Think about a kind of sharing that you can do at your school. Then present it to the class.

Check Yourself | Listen and Speak 2	Yes	Not Sure	No
1 I can understand others when they express their preferences.	☐	☐	☐
2 I can express my preferences.	☐	☐	☐

p. 91

Step 3 바자회에 무엇을 가져갈 것인지에 대해 짝과 이야기해 보시오.

A: 너는 바자회에 무엇을 가져갈 거야?
B: 나는 신발 한 켤레를 가져가려고. 나한테 너무 작아. 너는?
A: 머리핀을 가져갈 거야. 이젠 머리가 짧아져서 필요가 없거든.
B: 좋은 생각이야. 바자회에서 파는 것이 그냥 가지고 있는 것보다 나은 것 같아.
A: 맞아. 나도 그렇게 생각해.

추가 예시문

A: What will you bring to the school bazaar?
B: I'm bringing novels and comic books. I've read them three times. What about you?
A: I'm bringing a jacket. I bought a new one, so I don't wear this one anymore.
B: That's a good idea. **I think** selling it at the bazaar **is better than** keeping it.
A: Yeah, I agree.

Step 4 학교에서 할 수 있는 나눔 활동에 대해 생각해 보시오. 그러고 나서 학급에 발표하시오.

- 교복 나누기
- 후배들에게 교과서 물려주기

Check Yourself

1 다른 사람이 선호하는 것을 표현할 때 이해할 수 있다.
2 내가 선호하는 것을 표현할 수 있다.

Function of Communication

선호 표현하기: I think X is better than Y. (X가 Y보다 낫다고 생각한다.)

➡ 선호하는 것을 말할 때 "I think X is better than Y"라는 표현을 사용할 수 있다. 이와 유사한 표현으로 "I prefer X to Y," "I('d) prefer (to) ...," "I think X is preferable to Y" 등이 있다.

| Example 1 |

A: **I think** riding a bike to work **is better than** taking the car. (자전거를 타고 출근하는 것이 차를 타는 것보다 나은 것 같아.)
B: I agree! It's eco-friendly and good for your health. (맞아! 그건 친환경적이고 건강에 좋아.)

| Example 2 |

A: We should remember to wash our hands often. (우리는 손을 자주 씻어야 한다는 걸 기억해야 해.)
B: Right. **I think** prevention **is better than** cure. (맞아. 예방이 치료보다 낫다고 생각해.)

▶ Speaking Aid

선호를 나타내는 표현과 함께 선호에 대해 묻는 표현도 알아두면 도움이 된다.

- Which do you prefer?
- Do you prefer X to/or Y?
- Do you like X better/more than Y?

Before You Read

A Topic Preview

1 Look at the pictures and talk with your partner about how they make you feel. Then think about what you can do for those who live in the houses.

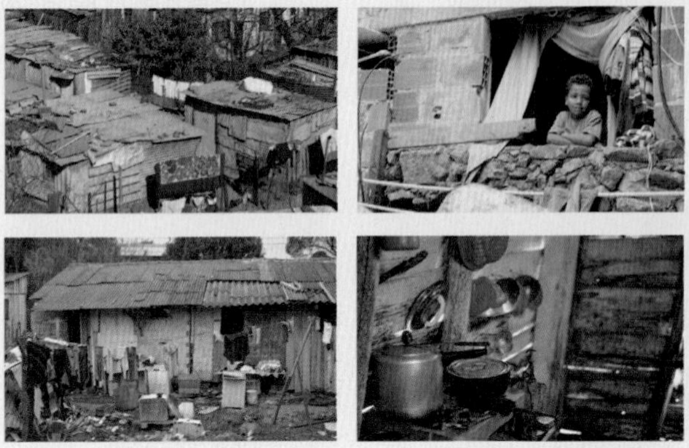

2 Read the quotes about helping others and think about what they mean.

Helping a person will not necessarily change the world, but it will change the world for that person.

You don't need a reason to help people.

We rise by lifting others.

You have two hands. One to help yourself, the second to help others.

p. 92

A 1 사진을 보고 어떤 느낌이 드는지 짝과 이야기해 보시오. 그러고 나서 이런 집에 살고 있는 사람들을 위해 할 수 있는 일에 대해 생각해 보시오.

2 다른 사람을 돕는 것에 대한 인용구를 읽고 그 의미에 대해 생각해 보시오.

- 한 사람을 도와주는 것이 반드시 세상을 바꾸진 않겠지만 그 사람의 세상은 바꿀 것이다.
- 사람을 도와주는 데는 이유가 필요 없다.
- 다른 사람들을 높여주면 우리가 높아진다.
- 우리는 손이 두 개다. 하나는 자신을 돕기 위한 것이고 다른 하나는 타인을 돕기 위한 것이다.

배경지식

다양한 구호단체

- Habitat for Humanity: 해비타트(Habitat for Humanity)는 '모든 사람에게 안락한 집이 있는 세상'이라는 비전을 가지고 1976년 미국에서 시작한 비영리 국제단체이다. 열악한 주거 환경으로 고통 받는 사람들을 위해 집과 마을을 짓는다. 전 세계 70여 국가에서 활동하고 있으며 2015년까지 180만 채 이상의 집을 세웠다. 설계에서부터 완성까지 모두 자원봉사를 통해 이루어지며, 후원과 기업들의 재료 지원을 받아 저렴하고 단순한 집을 짓는다. 한국에서 해비타트 운동은 1980년도 후반에 시작되었으며, 1992년 한국해비타트운동본부(한국 사랑의 집짓기 운동연합회)가 공식 발족되었다.
- UNICEF: 유니세프는 1946년 12월 전 세계의 도움이 필요한 어린이를 구호할 목적으로 설립되었다. 국적과 인종, 이념, 종교, 성별 등과 상관없이 도움이 필요한 어린이가 있는 곳이면 어디든지 구호 활동을 펼치고 있다. 한국은 1950년부터 1993년까지 UNICEF로부터 다양한 지원을 받았으며, 1994년 이후 지원을 받는 국가에서 지원을 하는 국가가 되었다.
- **국경없는의사회:** 국경없는의사회는 국제 인도주의 의료 구호 단체로 1971년 프랑스 의사들과 의학 전문 언론인들에 의해 설립되었다. 의료 지원의 부족, 무력 분쟁, 전염병, 자연재해 등으로 생존의 위협에 처한 사람들을 위해 긴급 구호활동을 펼치고 있다. 모든 의료 지원 활동은 인종, 종교, 성별, 정치적 성향에 따른 차별 없이 이루어진다. 설립 이래로 세계 60여 개국에서 3만 명의 구호 활동가들이 활동하고 있다.

어휘 **necessarily** [nèsəsérəli] (부) 필연적으로 **lift** [lift] (동) (상태 · 지위 등을) 높이다, 향상시키다

B Vocabulary Preview

1 Look at the pictures and fill in the blanks with the words in the box. Change their forms if needed.

The ceiling 1) leaks my house when it rains.

You have to be careful because the road is under 2) construction

Who 3) dug a hole in the ground?

We 4) celebrated my grandmother's birthday last weekend.

They were 5) complaining about the food.

She got a 6) decent grade in English.

complain	leak	celebrate	dig	construction	decent

2 Read the meaning of each phrase and fill in the blanks with the phrases.

take for granted: to fail to appreciate something you have
let alone: not to mention, much less

1) Electricity and tap water are things that people take for granted.
2) I didn't expect to be accepted to the school, let alone get a scholarship.

p. 93

B 1 사진을 보고 상자 안에 있는 단어들로 빈칸을 채우시오. 필요하다면 형태를 바꾸시오.

- **leak** ⓢ 새다
  비가 오면 천장이 1)샌다.
- **construction** ⓜ 건설, 공사
  도로가 2)공사 중이라 조심해야 한다.
- **dig** ⓢ (구멍 등을) 파다
  누가 땅에 구멍을 3)팠을까?
- **celebrate** ⓢ 축하하다, 기념하다
  우리는 지난주에 할머니의 생신을 4)축하드렸다.
- **complain** ⓢ 불평[항의]하다
  그들은 음식에 대해 5)불평하고 있었다.
- **decent** ⓗ (수준·질이) 괜찮은, 제대로 된
  그녀는 영어에서 6)꽤 좋은 점수를 받았다.

2 각 어구의 의미를 읽고 이를 활용하여 빈칸을 채우시오.

take for granted: 자신이 가진 것에 감사하지 못하다
let alone: …은 말할 나위 없고, 하물며

1) 전기와 수도는 사람들이 당연하게 생각하는 것들이다.
2) 나는 장학금은 고사하고 학교에 입학 허가를 받으리라는 기대도 하지 않았다.

추가 예문

1 • The pipes are so old that they are starting to **leak**. (그 파이프들은 너무 낡아서 물이 새기 시작한다.)
• The **construction** of the building was completed. (그 건물의 공사가 완료되었다.)
• The workers were **digging** a tunnel. (인부들은 터널을 파고 있었다.)
• How does your family **celebrate** Christmas? (너희 가족은 어떻게 크리스마스를 축하하니?)
• I **complained** about the noise. (나는 그 소음에 대해 항의했다.)
• She hasn't eaten a **decent** meal in the past few weeks. (그녀는 지난 몇 주간 제대로 된 식사를 하지 못했다.)

2 • We shouldn't **take** anything **for granted**. (우리는 어떤 것도 당연하게 여겨서는 안 된다.)
• He didn't even serve me drink, **let alone** food. (그는 나에게 음식은커녕 마실 것 하나 주지 않았다.)

Check-Up

[1-3] 주어진 우리말 뜻에 맞도록 〈보기〉에서 알맞은 말을 골라 쓰시오. 필요하다면 형태를 바꾸시오.

1 Some people __________ that the prices are high here. (어떤 사람들은 여기 가격이 높다고 불평한다.)

2 We couldn't find a __________ hotel room. (우리는 괜찮은 호텔방을 찾을 수 없었다.)

3 My boots are __________, so my feet are wet. (내 장화가 새서 발이 젖었다.)

보기	decent	celebrate	dig	leak	complain

Put a Roof over Someone's Head

❶ Sometimes you may feel upset when you wake up suddenly from a nightmare, but you can always let out a sigh of relief. ❷ No matter how scary the dream was, at least you've woken up safe and sound in your own home. ❸ You can go back to sleep because you know your loved ones are just around the corner in their own beds. ❹ Your home is a special place that protects you and your family from everything.

❺ Unfortunately, this is not a reality that everyone shares. ❻ Many people around the world don't wake up in a soft and comfortable bed. ❼ Instead, they open their eyes to see a dirt floor or a leaking roof. ❽ I didn't realize for a long time that something I take for granted could be someone else's biggest dream.

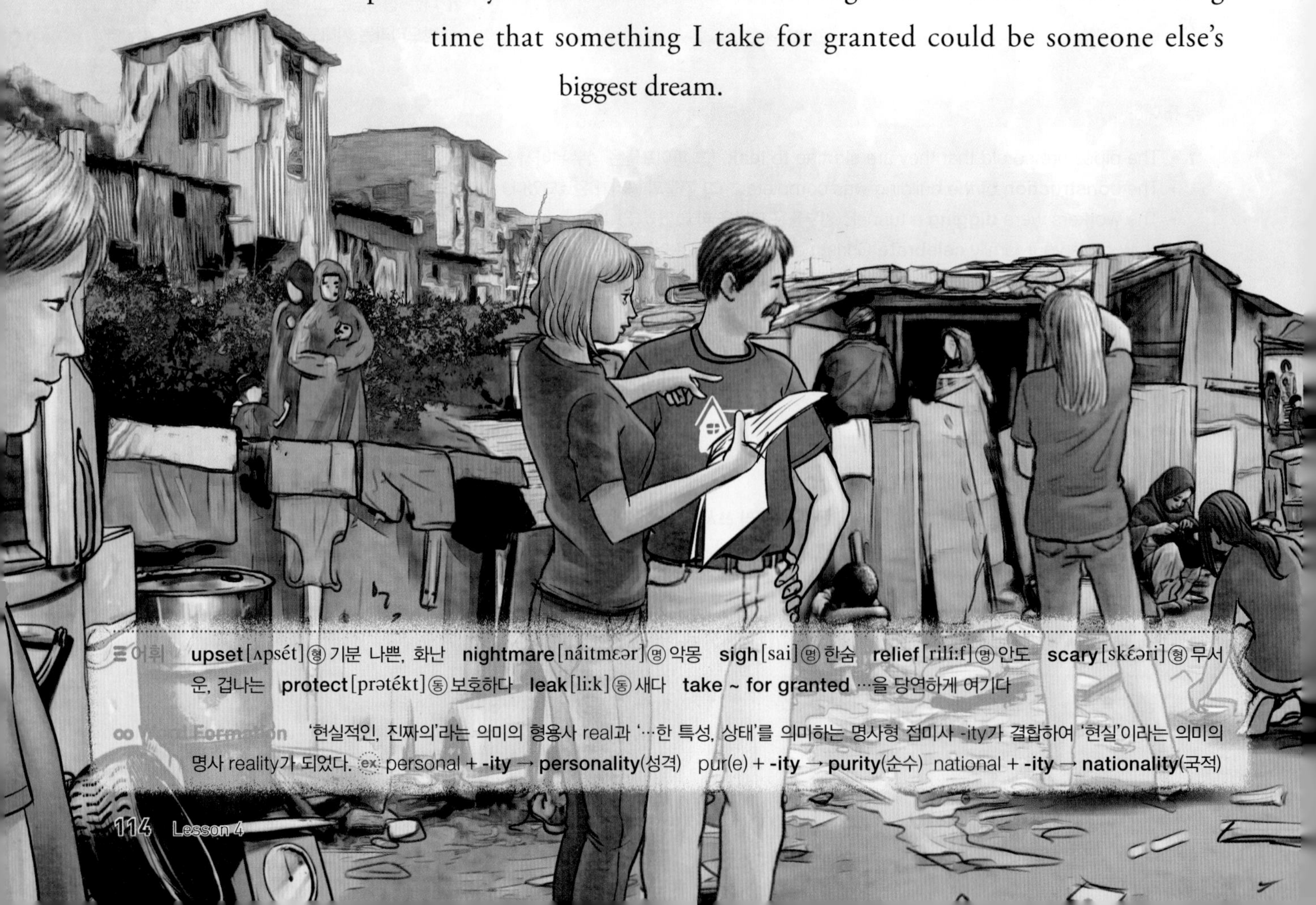

어휘 **upset**[ʌpsét] ⓗ 기분 나쁜, 화난 **nightmare**[náitmɛər] ⓜ 악몽 **sigh**[sai] ⓜ 한숨 **relief**[rilí:f] ⓜ 안도 **scary**[skέəri] ⓗ 무서운, 겁나는 **protect**[prətékt] ⓓ 보호하다 **leak**[li:k] ⓓ 새다 **take ~ for granted** …을 당연하게 여기다

Word Formation '현실적인, 진짜의'라는 의미의 형용사 real과 '…한 특성, 상태'를 의미하는 명사형 접미사 -ity가 결합하여 '현실'이라는 의미의 명사 reality가 되었다. ex personal + **-ity** → **personality**(성격) pur(e) + **-ity** → **purity**(순수) national + **-ity** → **nationality**(국적)

해석

다른 사람의 집을 지어주다

❶때로 악몽을 꾸다가 갑자기 깨어나면 기분이 나쁠 수도 있지만, 당신은 늘 안도의 한숨을 쉴 수 있다. ❷꿈이 아무리 무서웠다 하더라도 최소한 당신의 집에서 무사히 깨어난 것이다. ❸당신은 사랑하는 사람들이 바로 근처 각자의 잠자리에 있다는 것을 알기에 다시 잠을 잘 수 있다. ❹당신의 집은 모든 것으로부터 당신과 가족을 보호해주는 특별한 장소이다.
❺불행하게도 이는 모든 사람에게 공통되는 상황은 아니다. ❻세상의 많은 이들이 부드럽고 편안한 침대에서 잠을 깨지 않는다. ❼대신 그들은 눈을 떠서 흙바닥이나 물이 새는 지붕을 보게 된다. ❽오랫동안 나는 내가 당연하게 여긴 것이 누군가에게는 가장 큰 꿈이 될 수 있다는 사실을 깨닫지 못했다.

구문 해설

❷ No matter how scary the dream was, at least you've woken up safe and sound in your own home.
: 「no matter how+형용사/부사+주어+동사」는 '아무리 …하더라도'라는 의미의 양보절이다.

❸ … because you know your loved ones are just around the corner …
: your loved ones 이하는 동사 know의 목적어 역할을 하는 명사절로, 앞에 접속사 that이 생략된 형태이다.

❹ Your home is a special place that protects you and your family from everything.
: that 이하는 a special place를 선행사로 하는 주격 관계대명사절이다.

❺ Unfortunately, this is not a reality that everyone shares.
: that 이하는 a reality를 선행사로 하는 목적격 관계대명사절이다. everyone은 단수 취급하므로 단수 동사 shares가 쓰였다.

❼ Instead, they open their eyes to see a dirt floor or a leaking roof.
: to see 이하는 결과를 나타내는 부사적 용법의 to부정사구이다.

❽ I didn't realize for a long time that something I take for granted could be …
: that 이하는 동사 realize의 목적어 역할을 하는 명사절이다. I take for granted는 something을 선행사로 하는 목적격 관계대명사절로, 앞에 관계대명사 that이 생략된 형태이다.

Check-Up

1 본문에서 문장 ❺의 this가 의미하는 바를 우리말로 쓰시오.

____

2 다음 빈칸에 들어갈 말로 알맞은 것을 고르시오.

Your home is a special place ________ protects you and your family from everything.

① where ② what ③ who ④ that

3 주어진 우리말 뜻에 맞도록 빈칸에 알맞은 말을 쓰시오.

I'll do my best to achieve my goal ________ ________ ________ hard it is.

(나는 아무리 어렵더라도 내 목표를 달성하기 위해 최선을 다할 것이다.)

❶ One day, I learned about a program that needed volunteers to go to different parts of the world to help build houses for the poor. ❷ After watching a presentation about it, I was really touched by the mission, so I decided to take part in the next volunteer trip. ❸ I had my doubts, though. ❹ I didn't know anything about construction, and we'd only be there for two weeks. ❺ Could we really change these people's lives as the presentation had suggested? ❻ I was going to find out soon enough.

❼ The volunteers and I got to meet the family that would be moving into the home we were going to build the day after we arrived in Karjat, India. ❽ This family of five was living in a one-room hut. ❾ It was quite clear that this place was not big enough to house all the family members. ❿ In addition to that, there were jars everywhere to catch all the rainwater dripping from the roof. ⓫ With all these jars on the floor, there was hardly any space to sit, let alone lie down. ⓬ It was shocking to see how they were living. ⓭ After meeting them, I felt even more determined to build them a beautiful home.

While You Read Q1
What program did the writer decide to take part in?

She decided to take part in a program where volunteers go to different parts of the world to help build houses for the poor.

While You Read Q2
Why did the writer find the family's home shocking?

She thought it was shocking because there were jars to catch rainwater and there was hardly any space to sit, let alone lie down.

어휘 **volunteer**[vɑ̀ləntíər] 명 자원봉사자 **presentation**[prì:zəntéiʃən] 명 발표, 설명 **touched**[tʌtʃt] 형 감동한 **mission**[míʃən] 명 사명, 임무 **take part in** …에 참가하다 **doubt**[daut] 명 의심, 의문 **construction**[kənstrʌ́kʃən] 명 건설, 공사 **hut**[hʌt] 명 오두막 **jar**[dʒɑːr] 명 단지, 항아리 **drip**[drip] 동 (액체가) 똑똑 떨어지다 **hardly**[hɑ́:rdli] 부 거의 … 아니다 **let alone** …는 고사하고, …커녕

해석

❶어느 날 나는 가난한 사람들을 위한 집을 짓는 것을 돕기 위해 세계의 여러 곳으로 갈 자원봉사자를 필요로 하는 프로그램에 대해 알게 되었다. ❷이에 관한 발표를 본 후, 나는 이 임무에 대해 감동을 받아 다음 자원봉사자 여행에 참여하기로 결심했다. ❸하지만 의문도 들었다. ❹나는 건설에 대해 아무것도 아는 것이 없었으며 우리는 겨우 2주일 동안만 그곳에 머무르는 것이었기 때문이다. ❺정말로 발표에서 말한 것처럼 우리가 그들의 삶을 바꾸어놓을 수 있을까? ❻나는 곧 알게 될 터였다. ❼자원봉사자들과 나는 인도의 Karjat에 도착한 다음 날 우리가 지을 집으로 이사하기로 되어 있는 가족을 만나게 되었다. ❽다섯 식구가 방 한 칸짜리 오두막에 살고 있었다. ❾이 장소가 모든 가족 구성원들을 수용하기에 충분한 공간이 아님은 명백했다. ❿그것 이외에도 지붕에서 떨어지는 빗물을 받아내기 위해 여기저기 항아리가 놓여 있었다. ⓫바닥에 이 항아리들 때문에 눕기는커녕 앉을 자리도 마땅치 않았다. ⓬이들이 어떻게 살아가는지 보는 것은 충격적이었다. ⓭이들을 만나고 나서 나는 그들에게 아름다운 집을 지어주리라 더욱 더 마음을 다잡게 되었다.

While You Read

Q1 글쓴이는 어떤 프로그램에 참여하기로 했는가?
그녀는 자원봉사자들이 가난한 사람들을 위한 집을 짓는 것을 돕기 위해 세계 여러 곳으로 가는 프로그램에 참여하기로 결심했다.

Q2 글쓴이는 왜 그 가족의 집이 충격적이라고 생각했는가?
빗물을 받아내기 위한 항아리가 있어서 눕기는커녕 앉을 자리도 거의 없었기 때문에 그녀는 그 집이 충격적이라고 생각했다.

구문 해설

❶ One day, I learned about a program that needed volunteers to go to different parts of the world to help build houses for the poor.
: that 이하는 a program을 선행사로 하는 주격 관계대명사절이다. to go ... world는 volunteers를 수식하는 형용사적 용법의 to부정사구이며, to help 이하는 목적을 나타내는 부사적 용법의 to부정사구이다.

❼ ... the family that would be moving into the home we were going to build ...
: that 이하는 the family를 선행사로 하는 주격 관계대명사절이다. we 이하는 the home을 선행사로 하는 목적격 관계대명사절로, 앞에 which[that]가 생략된 형태이다.

❾ It was quite clear that this place was not big enough to house all the family members.
: It은 가주어, that 이하가 진주어이다. 「형용사+enough+to-v」는 '…하기에 충분히 ~한'이라는 의미이다.

⓫ ..., there was hardly any space to sit, let alone lie down.
: to sit은 any space를 수식하는 형용사적 용법의 to부정사이다.

⓬ It was shocking to see how they were living.
: It은 가주어, to see 이하가 진주어이다. how 이하는 동사 see의 목적어 역할을 하는 의문사절(간접의문문)이다.

Check-Up

[1-3] 다음 문장이 본문 내용과 일치하면 T, 일치하지 않으면 F를 쓰시오.

1 The writer gave a presentation about the overseas volunteer program. (   )

2 The volunteers were going to help build houses for the poor for two weeks. (   )

3 The writer felt bad after she saw the family's one-room hut. (   )

[4-5] 다음 괄호 안의 단어를 바르게 배열하여 문장을 완성하시오.

4 How can we make this water (to / clean / drink / enough)?

5 (would / wonderful / be / to / it / hear) from you again.

While You Read Q3
Why did the volunteers take apart the family's hut?

They took apart the hut to get more bricks and other materials for the new house.

❶ There were clear skies and temperatures over 30°C that first week. ❷ Under the burning sun, we carried bricks, mixed concrete, and dug holes for pipes. ❸ We had to slowly take apart the family's hut to get more bricks and other materials for the new house. ❹ Every morning, the family and their neighbors would provide breakfast for everyone. ❺ Then, all of us—the volunteers, community members, and the family—would start working. ❻ We would share food and stories from time to time. ❼ When evening came, we were all very tired and sweaty, but we were happy.

While You Read Q4
How do you think the family felt when the house was completed?

예시 I think the family felt very thankful to have a home that was not only new but also big enough for them.

❽ After another week, the home was finally finished. ❾ On the last day, we had a party to celebrate the completion of the new house. ❿ It was the best way to end such an incredible experience. ⓫ The entire community was there. ⓬ Everyone was dancing or crying tears of joy. ⓭ I will never forget the looks on the faces of the family as they waved goodbye to us.

어휘 **temperature**[témpərətʃər] 명 온도 **brick**[brik] 명 벽돌 **dig**[dig] 동 (구멍 등을) 파다 **take apart** 해체하다
celebrate[séləbrèit] 동 축하하다, 기념하다 **incredible**[inkrédəbl] 형 놀라운, 엄청난

해석

❶첫 주에는 날이 맑았고 기온은 섭씨 30도가 넘었다. ❷타오르는 태양 아래 우리는 벽돌을 나르고, 콘크리트를 섞고, 파이프를 심기 위한 구멍을 팠다. ❸새집을 위한 벽돌과 자재들을 더 얻기 위해 원래 오두막을 서서히 해체해야 했다. ❹매일 아침 집주인 가족과 이웃들이 모든 이들에게 아침을 제공해주곤 했다. ❺그러고서 자원봉사자들과 지역 주민들, 집주인 가족들이 모두 일을 시작하였다. ❻때로 먹을 것과 이야기들을 나누었다. ❼저녁이 되면 모두 지치고 땀투성이가 되었지만 행복했다.
❽한 주가 더 지난 후, 집이 마침내 완성되었다. ❾마지막 날, 우리는 새로운 집의 완성을 축하하기 위해 파티를 열었다. ❿그것은 놀라운 경험을 마무리 짓는 가장 좋은 방법이었다. ⓫모든 지역 주민들이 함께 했다. ⓬모두가 춤추거나 기쁨의 눈물을 흘렸다. ⓭나는 우리에게 작별의 손을 흔들던 가족들의 얼굴 표정을 결코 잊지 않을 것이다.

While You Read

Q3 자원봉사자들은 왜 집주인 가족의 오두막을 해체했는가?
그들은 새집을 위한 벽돌과 다른 자재들을 더 얻기 위해 오두막을 해체했다.

Q4 집이 완성되었을 때 집주인 가족은 어떻게 느꼈을 것 같은가?
예시 그 가족은 새것일 뿐만 아니라 공간이 넉넉한 집을 얻어서 매우 고맙게 생각했을 것 같다.

구문 해설

❷ Under the burning sun, we carried bricks, mixed concrete, and dug holes for pipes.
: 동사 carried, mixed, dug가 병렬 연결되어 있다.

❸ … the family's hut to get more bricks and other materials for the new house.
: to get 이하는 목적을 나타내는 부사적 용법의 to부정사구이다.

❹ … their neighbors would provide breakfast for everyone.
: would는 '…하곤 했다'라는 의미로 과거의 습성이나 경향을 나타내는 조동사이다.

❾ …, we had a party to celebrate the completion of the new house.
: to celebrate 이하는 목적을 나타내는 부사적 용법의 to부정사구이다.

❿ It was the best way to end such an incredible experience.
: It은 바로 앞 문장을 지칭한다. to end 이하는 the best way를 수식하는 형용사적 용법의 to부정사구이다. 「such+a[an]+형용사+명사」는 '매우 …한 ~'이라는 의미이다.

Check-Up

1 다음 중 본문 내용과 일치하지 않는 것은?
① Part of the old hut was used to build the new house.
② The volunteers were given breakfast by the locals.
③ The community members raised money to help build the house.
④ The new house was completed in two weeks.

2 다음 중 글쓴이의 심정으로 알맞은 것은?
① jealous ② isolated ③ scared ④ satisfied

3 다음 빈칸에 공통으로 들어갈 조동사를 쓰시오.
• When we were young, my friend and I ________ go to the movies once a month.
• What ________ you like to have for lunch?

❶ As I look back on this trip, I find it amazing that so many different people came together to build a house for a family they'd never met. ❷ For many of us, it was the first time we'd ever built a house. ❸ The work was hard, but not one person ever stopped smiling or even complained. ❹ I'm thankful for the friendships I've made through this trip. ❺ In addition, I learned so much from the other volunteers, the community members, and this family. ❻ I thought I was there to give, but I received so much more in return. ❼ This experience has inspired me to continue building houses for others. ❽ I hope it will also encourage my friends and family members to help out in the future.

While You Read Q5
What inspiration has the writer gotten from this experience?

She was inspired to continue building houses for others.

어휘 **complain** [kəmpléin] 동 불평하다 **thankful** [θǽŋkfəl] 형 감사하는 **help out** (곤란한 때에) 거들다, 도와주다

Word Formation '감사하다'라는 의미의 동사 thank와 '…이 가득한, …의 성격을 지닌'을 의미하는 형용사형 접미사 -ful이 결합하여 '감사하는'이라는 의미의 형용사 thankful이 되었다. ex use + **-ful** → **useful**(유용한) pain + **-ful** → **painful**(고통스러운) joy + **-ful** → **joyful**(기쁨을 주는)

해석

❶이 여행을 돌아보면서 나는 그렇게 많은 다양한 사람들이, 전혀 만나보지도 못한 가족을 위해 집을 지으러 함께 왔다는 사실이 놀라웠다. ❷우리 중 많은 이들에게는 집을 짓는 것이 처음이었다. ❸일은 힘들었지만 단 한 명도 미소를 그치거나 불평하지 않았다. ❹나는 이 여행을 통해 얻은 우정에 대해 감사하게 생각한다. ❺게다가 다른 자원봉사자들과 지역 주민들, 그리고 이 가족으로부터 나는 많은 것을 배웠다. ❻내가 뭔가를 주러 그곳에 간다고 생각했지만 오히려 너무나 많은 것을 받았다. ❼이 경험은 다른 이들을 위해 집 짓는 일을 계속하도록 나를 고무시켜주었다. ❽이것이 내 친구들이나 가족 구성원들도 훗날 다른 사람을 도와주도록 격려할 수 있으면 좋겠다.

While You Read

Q5 글쓴이는 이 경험으로부터 어떤 감화를 얻었는가?
그녀는 다른 이들을 위해 집 짓는 일을 계속하도록 고무되었다.

구문 해설

❶ ..., I find it amazing that so many different people came together to build a house for a family they'd never met.
: it은 가목적어, that 이하가 진목적어이다. they'd never met은 a family를 선행사로 하는 목적격 관계대명사절로, 앞에 관계대명사 whom[that]이 생략된 형태이다. 함께 온(came together) 시점보다 만나본 적 없는(had never met) 시점이 먼저이기 때문에 과거완료 시제가 쓰였다.

❷ ..., it was the first time we'd ever built a house.
: we'd 이하는 the first time을 선행사로 하는 관계부사절로, 앞에 관계부사 when이 생략된 형태이다.

❹ I'm thankful for the friendships I've made through this trip.
: I've made 이하는 the friendships를 선행사로 하는 목적격 관계대명사절로, 앞에 which[that]가 생략된 형태이다.

❻ I thought I was there to give, ...
: I was ... give는 동사 thought의 목적어 역할을 하는 명사절로, 앞에 접속사 that이 생략된 형태이다. to give는 목적을 나타내는 부사적 용법의 to부정사이다.

Check-Up

[1-2] 본문의 내용과 일치하도록 보기에서 알맞은 단어를 찾아 빈칸에 쓰시오. 필요하다면 형태를 바꾸시오.

1 Many of the volunteers have never ________ a house before.

2 The writer is determined to ________ building houses for others.

보기	build	decorate	continue	supervise

3 다음 빈칸에 공통으로 들어갈 말을 쓰시오.

• I know ________ he wants to join us.

• Dina lost the wallet ________ her father bought for her.

4 다음 괄호 안의 단어를 바르게 배열하여 문장을 완성하시오.

I (interesting/ it / that / found) he was into sports, too.

❶ Although two weeks may not seem like a long time, I had the chance to make new friends, learn about a different culture, and, most importantly, do something that makes the lives of others better. ❷ I am so glad that this family now has a safe place where they can lay their heads. ❸ I believe everyone deserves a decent home. ❹ Right now, there are still many people around the world without a place to live. ❺ They are the reason why ordinary people like me want to go out there and help put a roof over their head.

Source http://webcache.googleusercontent.com (p.232 참조)

어휘 **lay** [lei] 동 놓다, 두다 **deserve** [dizə́ːrv] 동 …을 누릴 자격이 있다 **decent** [díːsnt] 형 (수준 · 질이) 괜찮은, 제대로 된 **ordinary** [ɔ́ːrdənèri] 형 평범한

해석

❶2주라는 시간이 그리 길어 보이지 않을 수도 있지만, 나는 새로운 친구를 사귀고 다른 문화에 대해 배우며 가장 중요하게는 타인의 삶을 더 나아지게 만드는 일을 할 기회를 가질 수 있었다. ❷이 가족이 머리를 누일 수 있는 안전한 장소를 갖게 되었다는 사실이 매우 기쁘다. ❸나는 모든 사람이 제대로 된 집에서 살 자격이 있다고 믿는다. ❹지금 이 순간에도 살 곳이 없는 많은 사람들이 아직 세계 도처에 있다. ❺그들은 나처럼 평범한 사람이 그곳에 가서 집을 지어 주고 싶게 하는 이유이다.

구문 해설

❶ …, I had the chance to make new friends, learn about a different culture, and, most importantly, do something that makes the lives of others better.
: to make와 (to) learn, (to) do는 병렬 연결되어 있으며 모두 the chance를 수식하는 형용사적 용법의 to부정사이다. that 이하는 something을 선행사로 하는 주격 관계대명사절이다. makes의 목적격 보어로 형용사(better)가 쓰였다.

❷ I am so glad that this family now has a safe place where they can lay their heads.
: that 이하는 감정의 원인이나 이유를 나타낸다. where 이하는 a safe place를 선행사로 하는 관계부사절이다.

❸ I believe everyone deserves a decent home.
: everyone deserves 이하는 동사 believe의 목적어 역할을 하는 명사절로, 앞에 접속사 that이 생략된 형태이다.

❹ Right now, there are still many people around the world without a place to live.
: to live는 a place를 수식하는 형용사적 용법의 to부정사이다.

❺ They are the reason why ordinary people like me …
: why 이하는 the reason을 선행사로 하는 관계부사절이다.

Check-Up

1 본문에서 문장 ❺의 They가 가리키는 바를 우리말로 쓰시오.

____

[2-3] 주어진 우리말 뜻에 맞도록 빈칸에 알맞은 말을 쓰시오.

2 Have you chosen ________ ________ ________ you'll stay for a while?
(당분간 지낼 곳은 정했어요?)

3 I know ________ ________ ________ she didn't come here.
(나는 그녀가 여기 오지 않은 이유를 안다.)

A Fill in the blanks based on the main text.

Volunteer Certificate

This certificate is awarded to you for your work as a student volunteer for 1) ___two___ weeks in 2) ___Karjat, India___. During this time, you helped build a new 3) ___house___ for a family by carrying 4) ___bricks___, mixing concrete and digging holes for 5) ___pipes___. Also, you formed a good relationship with the family, the villagers, and other 6) ___volunteers___. Your valuable contributions and tireless efforts have benefited many people. Thank you for your hours of dedication in assisting those in need.

August 15, 2017
A Sweet Home for Everyone

Peter Jefferson
President

A 본문에 근거하여 빈칸을 채우시오.

자원봉사 확인서

1)2주일간 2)인도의 Karjat 지역에서 학생 자원봉사자로 일한 귀하에게 이 확인서를 수여합니다. 귀하는 이 기간 동안 4)벽돌을 나르고 콘크리트를 섞고 5)파이프를 묻기 위해 구멍을 파는 일을 함으로써 한 가족을 위한 새 3)집을 짓는 데 도움을 주었습니다. 또한 해당 가족과 마을 사람들 그리고 다른 6)자원봉사자들과 좋은 관계를 형성하였습니다. 귀하의 귀중한 도움과 지칠 줄 모르는 노력으로 인해 많은 사람들이 혜택을 입었습니다. 도움이 필요한 사람들을 돕는 일에 헌신한 귀하의 시간에 감사를 표합니다.

B Read the sentences and check T for true or F for false based on the main text.

	T	F
1 When visiting the family's hut for the first time, the writer found the roof leaking.	☑	☐
2 Every morning, the volunteers prepared breakfast themselves.	☐	☑
3 On the last day, the entire community had a party to celebrate the completion of the new house.	☑	☐
4 Most of the volunteers had had experience building houses before they came to India.	☐	☑

p. 99

B 문장을 읽고 본문에 근거하여 사실이면 T, 거짓이면 F에 표시하시오.

1 처음 가족의 오두막을 방문했을 때 필자는 지붕이 새는 것을 발견했다.
2 매일 아침 자원봉사자들이 스스로 아침을 준비했다.
3 마지막 날에 새집의 완공을 축하하기 위해 마을 주민 전체가 파티를 벌였다.
4 대부분의 자원봉사자들은 인도에 오기 전 집 짓는 경험을 해보았다.

Check-Up

[1-3] 본문 내용과 일치하도록 보기에서 알맞은 단어를 빈칸에 넣으시오.

1 The writer doubted if she could build houses because she didn't have any knowledge about _________.

2 After seeing the tiny old _________, the writer decided to try her best to build a beautiful home.

3 The writer thinks everyone should have a _________ home to protect them.

보기	decent	construction	jar	upset	hut	culture

≡ 어휘 **certificate** [sərtífikeɪt] 명 증서 **award** [əwɔ́:rd] 동 수여하다 **valuable** [vǽljuəbl] 형 귀중한 **contribution** [kɑ̀ntrəbjú:ʃən] 명 기여, 이바지 **tireless** [táiərlis] 형 지칠 줄 모르는 **benefit** [bénəfit] 동 유익하다, 도움이 되다 **dedication** [dèdikéiʃən] 명 헌신 **assist** [əsíst] 동 돕다

C

Pretend you are the writer of the main text and fill in the volunteer questionnaire.

Volunteer Questionnaire

1 Why did you volunteer to help build houses?

예시 I watched a presentation about the program, and I was touched by the mission.

2 What did you get out of this volunteer experience?

예시 I learned that there are many people who don't have things that I take for granted.

3 If you recommend this volunteer trip to your friends, what are main reasons for doing so?

예시 This volunteer trip would be an opportunity to change lives, including your own. Also, you can learn new skills and get to know people from different cultures or countries.

D

Read the following and add another useful tip for volunteers. Then share it with your partner.

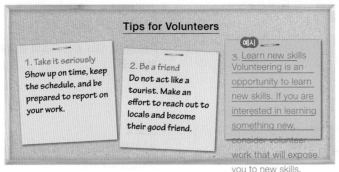

Tips for Volunteers

1. Take it seriously
Show up on time, keep the schedule, and be prepared to report on your work.

2. Be a friend
Do not act like a tourist. Make an effort to reach out to locals and become their good friend.

예시 3. Learn new skills
Volunteering is an opportunity to learn new skills. If you are interested in learning something new, consider volunteer work that will expose you to new skills.

p. 100

C 자신이 본문의 필자라고 생각하고 자원봉사 설문지를 작성하시오.

1 집짓기를 돕기로 한 이유는 무엇이었습니까?

예시 집짓기 프로그램에 대한 발표를 보고 그 임무에 감동받았다.

2 이 자원봉사 경험을 통해 무엇을 얻었습니까?

예시 내가 당연하게 여기는 것들을 갖지 못한 사람들이 많다는 것을 알게 되었다.

3 친구들에게 이 자원봉사 여행을 추천한다면 주된 이유는 무엇입니까?

예시 이 자원봉사 여행은 당신의 삶을 포함하여 삶을 변화시킬 수 있는 기회가 될 것이다. 또한, 새로운 기술을 배우고 다양한 문화와 나라의 사람들을 알게 될 수 있다.

D 다음을 읽고 자원봉사자를 위한 유용한 조언을 추가하시오. 그러고 나서 짝과 공유하시오.

1. 진지하게 임하라
제시간에 가고 계획을 지키며 하는 일에 대해 보고할 수 있도록 준비하라.

2. 친구가 되어라
관광객처럼 행동하지 말아라. 지역 주민에게 다가가려고 노력하고 그들의 좋은 친구가 되어라.

3. 예시 새로운 기술을 배워라
자원봉사는 새로운 기술을 배울 수 있는 기회이다. 새로운 것을 배우는 데 관심이 있다면 당신이 새로운 기술을 접하게 할 자원봉사를 고려해 봐라.

배경지식

다양한 봉사활동 프로그램

- **몰래 산타 봉사:** 카페를 통해 회원 가입 후 월 회비와 참가비를 내면 '몰래 산타'가 될 수 있다. 독거노인이나 저소득층 가정을 대상으로 미리 동의를 얻은 후 산타 복장을 하고 집에 찾아가 함께 트리를 만들고 케이크도 나눠 먹으며 즐거운 시간을 보내는 뜻깊은 봉사활동이다.
- **낭독 봉사:** 녹음 봉사라고도 불리며 시각장애인들을 위해 책을 낭독해 녹음하는 봉사이다. 봉사자의 시간에 맞춰 비교적 자유롭게 진행할 수 있으며 혼자서도 참여할 수 있다는 장점이 있다.
- **녹색자전거봉사단:** 녹색자전거봉사단은 청소년들이 자전거를 이용하여 시민의 공원인 한강을 모니터링함으로써 한강의 공공질서와 환경을 살펴보고 개선할 부분을 찾는 프로그램이다. 환경정화를 실시하여 봉사 정신을 일깨우고, 시민 정신을 느낄 수 있는 동기를 부여한다.

어휘 **questionnaire** [kwèstʃənέər] 명 설문지 **recommend** [rèkəménd] 동 추천하다 **seriously** [síəriəsli] 부 진지하게, 진심으로 **show up** (예정된 곳에) 나타나다 **report** [ripɔ́ːrt] 동 보고하다 **reach out to** …에게 다가가다[관심을 보이다]

Discovering Grammar

Point 1

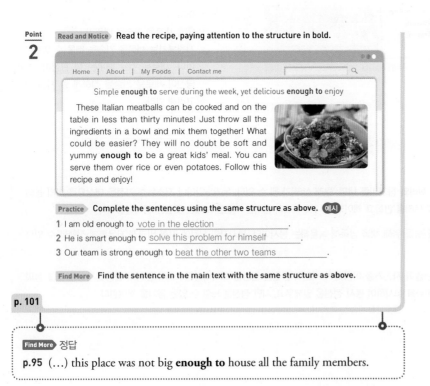

Read and Notice Read the advertisement, paying attention to the structure in bold.

Vacation in Miami Beach

Think back to the last time **when** you went on a vacation with the perfect balance of fun, relaxation, and fine dining. Would you like some seconds? Then, check out Miami Beach! You'll especially enjoy the food in Miami because the fish is fresh, the vegetables are locally grown, and the dishes are crafted by celebrity chefs. With so many reasons **why** you should go to Miami, what are you waiting for?

Practice Complete the sentences by unscrambling the words.

1 Can you tell me (are / the reason / upset / you / why)? the reason why you are upset
2 He remembers (the day / had / when / we / that argument). the day when we had that argument
3 I pointed to (where / used to / the spot / stand / the house). the spot where the house used to stand

Find More Find the sentences in the main text with the same structure as above.

p. 101

Find More 정답
p.98 (...) this family now has a safe place **where** they can lay their heads.
p.98 They are the reason **why** ordinary people like me want (...)

Point 1

Read and Notice 굵게 표시된 구조에 주의하여 광고를 읽으시오.

마이애미비치에서의 휴가
재미와 휴식, 그리고 멋진 식사가 완벽한 조화를 이룬 휴가를 보냈던 최근의 시간을 돌아보세요. 한 번 더 해보고 싶지 않으신가요? 그렇다면 마이애미비치로 오세요! 생선은 신선하고 채소는 현지에서 재배되며 요리들은 유명한 셰프가 공들여 만들기에 마이애미의 음식을 특별히 즐기실 수 있을 것입니다. 마이애미로 가야 할 이렇게 많은 이유가 있는데 무얼 망설이십니까?

Practice 단어의 순서를 바르게 맞춰 문장을 완성하시오.

1 네가 화난 이유를 내게 말해 줄 수 있니?
2 그는 우리가 그 언쟁을 벌였던 날을 기억한다.
3 나는 그 집이 있었던 곳을 가리켰다.

Find More 위와 같은 구조의 문장을 본문에서 찾으시오.

Point 2

Read and Notice Read the recipe, paying attention to the structure in bold.

Home | About | My Foods | Contact me

Simple **enough to** serve during the week, yet delicious **enough to** enjoy

These Italian meatballs can be cooked and on the table in less than thirty minutes! Just throw all the ingredients in a bowl and mix them together! What could be easier? They will no doubt be soft and yummy **enough to** be a great kids' meal. You can serve them over rice or even potatoes. Follow this recipe and enjoy!

Practice Complete the sentences using the same structure as above. 예시

1 I am old enough to vote in the election.
2 He is smart enough to solve this problem for himself.
3 Our team is strong enough to beat the other two teams.

Find More Find the sentence in the main text with the same structure as above.

p. 101

Find More 정답
p.95 (...) this place was not big **enough to** house all the family members.

Point 2

Read and Notice 굵게 표시된 구조에 주의하여 조리법을 읽으시오.

주중에도 만들 수 있을 만큼 간단하지만 충분히 즐길 수 있을 만큼 맛있는
이 이탈리안 미트볼은 30분 안에 만들어 식탁에 놓을 수 있습니다! 그릇에 모든 재료를 넣고 함께 섞기만 하면 됩니다! 무엇이 이보다 쉬울까요? 이것은 분명히 아이들의 훌륭한 식사가 될 만큼 부드럽고 맛있을 것입니다. 밥이나 심지어 감자 위에 얹어 내놓을 수 있습니다. 이 요리법을 따라 해보고 맛을 즐기세요!

Practice 위와 같은 구조를 사용하여 문장을 완성하시오. 예시

1 나는 선거에서 투표할 수 있을 만큼 나이가 들었다.
2 그는 혼자 이 문제를 풀 만큼 똑똑하다.
3 우리 팀은 나머지 두 팀을 이길 수 있을 만큼 강하다.

Find More 위와 같은 구조의 문장을 본문에서 찾으시오.

어휘 **relaxation**[rìːlækséiʃən] 명 휴식 **craft**[kræft] 동 공들여 만들다 **celebrity**[səlébrəti] 명 유명 인사 **argument**[ɑ́ːrgjumənt] 명 말다툼, 언쟁 **spot**[spɑt] 명 (특정한) 장소, 지점 **ingredient**[ingríːdiənt] 명 재료

문법 노트

Point 1

관계부사

관계부사는 접속사와 부사의 역할을 동시에 하며, 선행사를 수식하는 형용사절을 이끈다. 선행사가 시간을 나타낼 경우 when, 장소를 나타낼 경우 where, 이유를 나타낼 경우 why, 방법을 나타낼 경우 how를 쓴다. 선행사와 관계부사는 함께 쓰거나 둘 중 하나를 생략할 수 있는데, how의 경우 관계부사나 선행사 중 하나를 반드시 생략해야 한다.

ex Sunday is the only day **when** I can relax. (일요일은 내가 휴식을 취할 수 있는 유일한 날이다.)
This is the house **where** I was born. (이것이 내가 태어난 집이다.)
Is there some reason **why** you're here? (당신이 여기 온 이유가 있나요?)
This is (the way) **how** he solved the problem. (이것이 그가 문제를 해결한 방법이다.)

cf.) time, place, reason, way 등 일반적인 선행사 뒤에 오는 관계부사는 that으로 대신할 수 있다.

Point 2

「형용사/부사+enough+to-v」

「형용사/부사+enough+to-v」는 '…하기에 충분한/충분하게'라는 의미이다. 이때 enough는 부사이며 뒤에서 앞에 나온 형용사/부사를 수식한다. 이 구문은 「so+형용사/부사+that+주어+can」의 형태로 바꿔 쓸 수 있다.

ex The print is clear **enough to** read. (그 인쇄물은 읽을 수 있을 정도로 뚜렷하다.)
= The print is so clear that we can read it.
She is wise **enough to** make a good decision. (그녀는 좋은 결정을 할 수 있을 정도로 현명하다.)
= She is so wise that she can make a good decision.

Check-Up

1 다음 빈칸에 들어갈 알맞은 관계부사를 쓰시오.

(1) You should go to a place __________ you can get a good bargain.
(2) She is waiting for the day __________ he comes back to the country.

2 주어진 두 문장을 관계부사를 이용하여 한 문장으로 바꾸시오.

(1) I didn't tell Jenny the reason. I didn't go to the party for the reason.
→ ____

(2) Please tell me the way. You came up with the solutions that way.
→ ____

3 다음 괄호 안의 단어를 바르게 배열하여 문장을 완성하시오.

(1) He is (old / to / drive / enough / a car).
(2) This bag is (enough / my laptop / big / to / in / put).

4 주어진 우리말 뜻에 맞도록 괄호 안의 단어를 활용하여 문장을 완성하시오.

(1) Dan은 그런 것을 시도할 만큼 충분히 용감하다. (brave)
→ Dan is ____________________ try something like that.
(2) 그녀는 시험에 통과할 만큼 충분히 빠르게 헤엄칠 수 있었다. (fast)
→ She could swim ____________________ pass the test.

Write

Who Wants to Be a Volunteer?

Writing an Application

An Application

The purpose of an application is to get admitted to a job or a position. It contains information about skills, strengths, and past experiences of the applicant. Most applications are separated into different sections, each of which must be filled out correctly and completely. Read each line carefully and provide accurate information.

지원서

지원서는 어떤 직업이나 직책을 얻기 위해 쓰인다. 이것은 지원자의 기술, 강점, 과거 경험에 대한 정보를 포함하고 있다. 대부분의 지원서는 몇 가지 다른 구획으로 나누어지는데, 정확하고 완벽하게 채워져야 한다. 각 행을 신중하게 읽고 정확한 정보를 제공하도록 하라.

A Model Writing

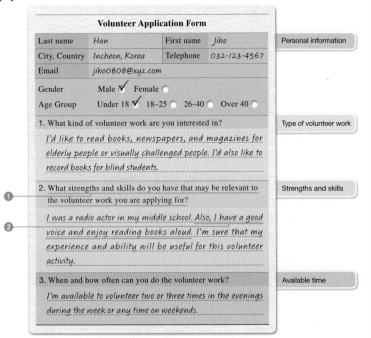

Volunteer Application Form

Last name	Han	First name	Jiho
City, Country	Incheon, Korea	Telephone	032-123-4567
Email	jiho0808@xyz.com		

Personal information

Gender: Male ✓ Female ○

Age Group: Under 18 ✓ 18–25 ○ 26–40 ○ Over 40 ○

1. What kind of volunteer work are you interested in?

   I'd like to read books, newspapers, and magazines for elderly people or visually challenged people. I'd also like to record books for blind students.

Type of volunteer work

2. ❶ What strengths and skills do you have that may be relevant to the volunteer work you are applying for?

   I was a radio actor in my middle school. ❷ *Also, I have a good voice and enjoy reading books aloud. I'm sure that my experience and ability will be useful for this volunteer activity.*

Strengths and skills

3. When and how often can you do the volunteer work?

   I'm available to volunteer two or three times in the evenings during the week or any time on weekends.

Available time

p. 102

A

1. 어떤 종류의 자원봉사 활동에 관심을 가지고 있습니까?
   저는 어르신들이나 시각 장애인들을 위해 책과 신문, 잡지를 읽어드리고 싶습니다. 또한, 시각 장애 학생들을 위해 책을 녹음하고 싶습니다.
2. 지원하신 자원봉사 활동과 관련된 강점이나 기술을 가지고 계시다면 어떤 것입니까?
   저는 중학교 때 성우로 활동했습니다. 또한 목소리가 좋고 큰 소리로 책 읽는 것을 좋아합니다. 제 경험과 능력이 이 자원봉사 활동을 하는 데 유용할 것이라 확신합니다.
3. 자원봉사 활동은 언제, 얼마나 자주 할 수 있습니까?
   주중 저녁 시간에 두세 번 혹은 주말 아무 때나 가능합니다.

구문 해설

❶ What strengths and skills do you have that may be relevant to the volunteer work you are applying for?
: that 이하는 strengths and skills를 선행사로 하는 주격 관계대명사절이다. you are applying for는 the volunteer work를 선행사로 하는 목적격 관계대명사절이며, 앞에 관계대명사 which[that]이 생략된 형태이다.

❷ Also, I have a good voice and enjoy reading books aloud.
: reading 이하는 동사 enjoy의 목적어 역할을 하는 동명사구이다.

유용한 표현

- **과거의 경험을 서술할 때**
  I have experience in ...
  I have a lot of experience with ...
  I worked as ... for~

- **자신의 강점이나 역량을 서술할 때**
  I'm good/skilled at ...
  I feel I have the necessary qualities for this because ...
  My strength is ...

≡어휘 **application**[æpləkéiʃən] ⓝ 지원서 **separate**[sépərèit] ⓥ 나누다, 분리하다 **section**[sékʃən] ⓝ 구획, 부분 **elderly**[éldərli] ⓐ 나이가 든 **visually**[víʒuəli] ⓐⓓ 시각적으로 **challenged**[tʃǽləndʒd] ⓐ 장애가 있는 **record**[rikɔ́rd] ⓥ 기록하다, 녹음하다 **relevant**[réləvənt] ⓐ 관련 있는, 적절한 **radio actor** 성우 **available**[əvéiləbl] ⓐ 시간[여유]이 있는

B Write Your Own

Step 1 Choose a volunteer activity that you'd like to get involved with from the following or add one if you have another idea.

- ▢ help the disabled bathe
- ▢ help the elderly at a nursing home
- ▢ be a volunteer guide at a museum
- ▢ YOU ____________
- ▢ clean up a local park
- ▢ work at an animal shelter
- ▢ serve meals for the homeless

Step 2 Complete the volunteer application below.

Volunteer Application Form

Name		Gender	Male ◯ Female ◯
Age		City, Country	
Telephone		Email	

예시

1. What kind of volunteer work are you interested in?
I'd like to paint houses for people who can't afford it themselves. I'd also like to help decorate homes for people in need.

2. What strengths and skills do you have that may be relevant to the volunteer work you are applying for?
I have done several painting projects, including some at my school. Also, I am interested in decorating and have helped decorate homes for other volunteer projects. I truly want to help people with my abilities.

3. When and how often can you do the volunteer work?
I'm available to volunteer on weekends.

Check Yourself | Write

- ▢ Did I fill out all the blanks on the application completely?
- ▢ Did I state all the information clearly?
- ▢ Did I use correct spelling and grammar?

p. 103

B **Step 1** 다음 중 참가하고 싶은 자원봉사 활동을 고르거나 다른 아이디어가 있으면 추가해 보시오.

장애인 목욕 돕기 / 지역 공원 청소하기
요양원에 계신 어르신 돕기 / 동물보호소에서 일하기
박물관 가이드로 일하기 / 노숙인에게 식사 제공하기

Step 2 아래의 자원봉사 지원서를 완성하시오.

예시

1. 저는 비용을 스스로 감당할 여유가 없는 사람들을 위해 집에 페인트칠을 해주고 싶습니다. 또한, 어려움에 처한 이들을 위해 집을 장식하는 일을 돕고 싶습니다.
2. 저는 학교에서의 활동을 포함해서 몇 번의 페인트 칠 작업을 했습니다. 또한 장식하는 일에도 관심이 있어 다른 자원봉사 활동을 통해 집안 꾸미는 일을 도왔습니다. 제 능력을 통해 사람들을 정말 돕고 싶습니다.
3. 봉사활동은 주말에 가능합니다.

Check Yourself

- □ 지원서의 모든 공란을 완전하게 채웠는가?
- □ 모든 정보를 명확히 기술했는가?
- □ 올바른 철자와 문법을 사용하였는가?

추가 예시문

1. What kind of volunteer work are you interested in?
I'd like to teach children at the community center. I'd also like to clean up the place.
2. What strengths and skills do you have that may be relevant to the volunteer work you are applying for?
I am good at dealing with children. Also, I have helped cleaning up places for other volunteer projects. I truly want to help people with my abilities.
3. When and how often can you do the volunteer work?
I'm available to volunteer on weekends.

1. 저는 주민센터에서 아이들을 가르치고 싶습니다. 또한, 그곳을 청소하고 싶습니다.
2. 저는 아이들을 잘 다룹니다. 또한 다른 자원봉사 활동을 통해 청소하는 것을 도왔습니다. 제 능력을 통해 사람들을 정말 돕고 싶습니다.
3. 봉사활동은 주말에 가능합니다.

Writing Tip 효과적인 자원봉사 지원서 작성하기

1 자원봉사하고자 하는 이유를 설명하고, 관심이 있는 특정 봉사직을 지정한다.
2 해당 직책에 관련하여 어떤 기술과 경험을 보유하고 있는지 설명함으로써 자신이 왜 그 직책에 적합한 사람인지 기술한다.
3 봉사 단체가 내세우는 임무를 왜 중요하게 생각하는지 설명함으로써, 그 단체가 임무를 달성하는 데 꼭 필요한 지원자임을 어필할 수 있다.
4 과거에 성공적으로 문제 상황을 해결했던 경험이나, 좋은 평가를 받은 업적을 기술하는 것도 도움이 된다.

어휘 **bathe**[beið] ⓔ 목욕하다 **nursing home** 요양원 **shelter**[ʃéltər] ⓜ 보호소

Fun and Meaningful Campaigns

A Get to Know the World

Fill in the blanks with the words in the box. Then listen and check your answers.

1

Santa Fun Run in Australia

Australia holds the Santa Fun Run every December. Participants wear Santa costumes for this 5 km run to help raise money for sick and disadvantaged children. They don't have to run though. They can also walk, roll, or skip! ❶ You can see Santas of all ages running and walking around and having a lot of fun while supporting some really great causes!

Charitable Vending Machine in Japan

In Japan, a drink company and the Red Cross have installed donation boxes in vending machines. ❷ This campaign allows customers to donate money, especially coins, to an earthquake and tsunami relief fund by simply pushing a button.

2

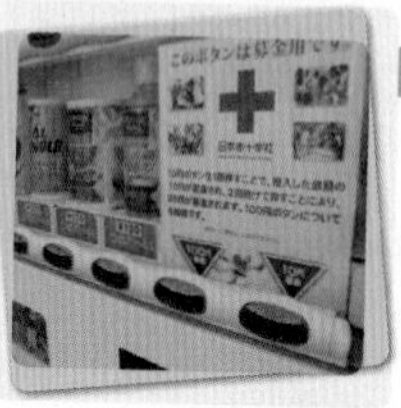

3

Immortal Fans in Brazil

A campaign by one of Brazil's football clubs encourages fans to become organ donors. ❸ It asks them to become "immortal fans" by promising to donate their organs after they die. It has led to a massive rise in the number of life-changing transplants and has reduced waiting lists for organs in some areas to almost zero.

life-changing transplants / simply pushing a button / help raise money

p. 104

A 상자 안의 단어로 빈칸을 채우시오. 그리고 나서 듣고 정답을 확인해 보시오.

1 오스트레일리아의 Santa Fun Run

오스트레일리아에서는 매년 12월에 Santa Fun Run을 개최한다. 참가자들은 산타 복장을 하고 아프거나 사회적으로 혜택을 받지 못한 아이들을 위한 기금을 모으고자 5km를 달린다. 하지만 참가자들이 꼭 달릴 필요는 없다. 걸어도 되고 무언가를 타고 가도 되고 가볍게 뛰어도 좋다! 당신은 정말 훌륭한 대의를 지지하면서 모든 연령대의 산타들이 뛰고 걸으며 즐거운 시간을 갖는 모습을 볼 수 있다!

2 일본의 자선 자판기

일본에서는 한 음료 회사와 적십자가 자판기에 기부 상자를 설치했다. 이 캠페인은 고객들이 단지 버튼만 누름으로써 지진과 쓰나미 구호기금에 돈, 특히 동전을 기부할 수 있게 한다.

3 브라질의 영원한 팬들

브라질의 한 축구 클럽이 시작한 캠페인은 팬들로 하여금 장기 기증자가 될 것을 장려한다. 팬들에게 사후에 장기를 기증한다는 서약을 함으로써 "불멸의 팬"이 되라고 권한다. 이 캠페인은 인생을 바꿔놓는 이식의 수의 엄청난 증가를 가져왔으며 어떤 지역에서는 장기 대기자의 수를 거의 0에 가깝게 줄여주었다.

구문 해설

❶ You can see Santas of all ages running and walking around and having a lot of fun while supporting some really great causes!
: 지각동사(see)의 목적격 보어로 현재분사(running, walking, having)가 쓰였다. while 이하는 동시상황을 나타내는 분사구문으로, 의미를 분명히 하기 위해 접속사를 생략하지 않은 형태이다.

❷ This campaign allows customers to donate money, especially coins, …
: 「allow+목적어+to-v」는 '…가 ~하게 하다'라는 의미이다.

❸ It asks them to become "immortal fans" by promising to donate their organs after they die.
: 「ask+목적어+to-v」는 '…에게 ~할 것을 부탁[요청]하다'라는 의미이다. promising 이하는 전치사 by의 목적어 역할을 하는 동명사구이다.

어휘 **participant**[pɑːrtísəpənt] ⓝ 참가자 **disadvantaged**[dìsədvǽntidʒd] ⓐ 사회적으로 혜택을 받지 못한, 빈곤한 **cause**[kɔːz] ⓝ 대의, 목적 **charitable**[tʃǽritəbl] ⓐ 자선을 베푸는 **vending machine** 자판기 **relief**[rilíːf] ⓝ 구호 **fund**[fʌnd] ⓝ 기금 **immortal**[imɔ́ːrtəl] ⓐ 불멸의 **organ**[ɔ́ːrgən] ⓝ 장기 **donor**[dóunər] ⓝ 기증자 **transplant**[trǽnsplæ̀nt] ⓝ 이식

B Take a Closer Look

Pretend that you took part in one of the campaigns in A. Then act out an interview with your partner.

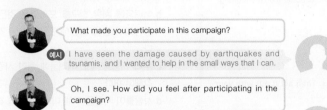

What made you participate in this campaign?

예시 I have seen the damage caused by earthquakes and tsunamis, and I wanted to help in the small ways that I can.

Oh, I see. How did you feel after participating in the campaign?

예시 I felt happy about my contribution and inspired to do more to help.

C Keep Exploring

Search for another campaign from around the world. Then present it to the class.

Oxfam has numerous shops all over the world. The shops sell many products from developing countries or donated items. It helps boost the quality of life for producers and their surrounding communities and helps people in need fight poverty.

YOU

p. 105

B 자신이 A의 캠페인 중 하나에 참여했다고 가정하시오. 그러고 나서 짝과 인터뷰해 보시오.

- 왜 이 캠페인에 참여하게 되었나요?

예시 지진과 쓰나미로 인해 발생한 피해를 보았는데 제가 할 수 있는 작은 방법들로 도움을 주고 싶었습니다.

- 오, 그렇군요. 이 캠페인에 참여한 후 어떤 생각이 들었나요?

예시 제가 기여할 수 있어서 행복했고, 도울 수 있는 일을 더 하도록 자극을 받았습니다.

C 세계의 다른 캠페인을 조사해 보시오. 그러고 나서 학급에 발표하시오.

Oxfam은 세계적으로 수많은 가게를 보유하고 있다. 이 가게에서는 개발도상국 상품이나 기증된 물건들을 많이 판매하고 있다. 이것은 생산자와 주변 지역 사회의 삶의 질을 높여주고 어려움에 처한 사람들이 가난과 싸우는 데에 도움을 준다.

Check-Up

[1-3] 다음 문장이 본문 내용과 일치하면 T, 일치하지 않으면 F를 쓰시오.

1 Santa Fun Run is held every year in Australia to help children in need. (   )

2 In Japan, a drink company donates some of its profits to the Red Cross. (   )

3 In Brazil, a campaign by a football club has reduced the number of organ transplants. (   )

배경지식

소셜기부

SNS(소셜네트워킹서비스)를 활용해 일반인의 참여를 유도하는 기부 형태를 말한다. 페이스북에 댓글을 달면 기부 물품이 모이고, 트위터로 리트윗(퍼나르기)하면 1,000원이 기부되는 방법 등이 대표적이다. 이 방법을 통해 소비자는 기부과정에 직접 참여하면서 스스로 좋은 일을 했다는 만족감을 얻을 수 있으며, 해당 기업이나 브랜드에 대한 호감도도 덩달아 높일 수 있는 효과가 있다.

대표적인 소셜기부의 사례로 키바(Kiva)를 들 수 있다. 키바는 사이트에 창업을 원하는 가난한 사람들이 사연을 올리면 전 세계의 네티즌들이 그 아이디어와 가능성을 보고 투자할 수 있도록 하는 일종의 저소득층 신용 대출이다. 어려운 이웃이 사업을 통해 지속적으로 수입을 얻고 스스로 자립할 수 있도록 도와주는 방법이다.

어휘 **numerous** [njú:mərəs] 형 많은 **boost** [bu:st] 동 신장시키다, 북돋우다 **poverty** [pávərti] 명 빈곤

Do It Yourself

L **Listen to the speech and choose the opinion that matches it most.**

ⓐ However little it may be, it's better than doing nothing for others.
b To help a friend in need is easy, but to give him or her your time is difficult.
c We have to think about people in need even when we are having a hard time.
d Time and money spent helping people do more for themselves is better than mere giving.

S **Complete the conversation with the sentences in the box. Then act it out with your partner.**

A: Mrs. Parker, I heard that you're moving into a new house.
B: Yes, I am. I'm moving into a smaller house, so I have to throw some things away.
A: ______ c ______
B: First of all, my old grand piano. ______ a ______
A: How about donating the piano to the senior center? I heard that they're in need of a new piano.
B: Good idea. ______ b ______

a There's not enough space for it in the new house.
b I think donating it to the center would be better than throwing it away.
c What are you going to throw away?

Self-Reflection 1 Answer the Big Question

Q. What are some ways in which we can make the world better?

Example	Example	YOU
We can volunteer to help those in need.	We can donate things that we don't use anymore.	

p. 106

L **연설을 듣고 그것과 가장 일치하는 의견을 고르시오.**

a 아무리 작다 할지라도 남을 위해 아무것도 안 하는 것보다 낫다.
b 어려움에 처한 친구를 도와주는 것은 쉽지만, 당신의 시간을 그들에게 내어주는 것은 어렵다.
c 우리가 힘들 때도 어려움에 처한 사람들을 생각해야 한다.
d 사람들이 자신을 위해 더 많은 것을 하도록 돕는 데 시간과 돈을 쓰는 것이 단순히 기부하는 것보다 낫다.

S **상자 안의 문장으로 대화를 완성하시오. 그리고 나서 완성된 대화문으로 짝과 역할 연기를 하시오.**

A: Parker 부인, 새집으로 이사 가신다고 들었습니다.
B: 예, 그래요. 좀 더 작은 집으로 이사하려고 해서 몇 가지 물건들을 버려야 해요.
A: 어떤 물건을 버리시려고 하나요?
B: 우선 제 낡은 그랜드 피아노를 버리려구요. 새 집에는 그것을 둘 충분한 공간이 없어요.
A: 노인복지관에 그 피아노를 기부하시는 게 어떨까요? 그곳에 새 피아노가 필요하다고 들었어요.
B: 좋은 생각이네요. 버리는 것보다는 복지관에 기증하는 게 낫다고 생각해요.

Self-Reflection 1 Big Question에 답하기

Q. 세상을 더 좋게 만들 수 있는 방법은 무엇일까요?
|예시| 어려움에 처한 사람들을 돕기 위해 자원봉사를 할 수 있다.
|예시| 더는 사용하지 않는 것들을 기부할 수 있다.

Script L

M: Many people think that the only way to help others is by donating a lot of money. But actually our time, skills, and attention are even more valuable than money. Helping an elderly neighbor carry her groceries, cooking delicious meals for people in need, and picking up litter are all simple things you can do to help others. Sometimes I wish I could do more for my community, but then I realize that it's better to help out whenever I can than not at all.

해석

남: 많은 사람들이 다른 사람을 도울 방법은 많은 돈을 기부하는 것뿐이라고 생각합니다. 하지만 사실 우리의 시간, 기술, 관심이 돈보다 훨씬 더 가치 있습니다. 이웃 어르신이 식료품을 드는 것을 돕는 것, 도움이 필요한 사람들을 위해 맛있는 식사를 요리하는 것, 그리고 쓰레기를 줍는 것 모두가 당신이 다른 사람을 돕기 위해 할 수 있는 단순한 일들입니다. 가끔 저는 지역 사회를 위해 더 많은 것을 할 수 있으면 좋겠다고 생각하지만, 그러고 나서 제가 가능할 때마다 도움을 주는 것이 아무것도 안 하는 것보다 낫다는 걸 깨닫습니다.

어휘 **mere** [miər] 형 겨우 …의 **throw away** 버리다 **senior center** 노인복지관

R Read the paragraph and answer the following questions.

As I look back on this trip, I find it amazing that so many different people came together to build a house for a family they'd never met. For many of us, (A) (it / we'd / was / built / the first time / ever / a house). The work was hard, but not one person ever stopped smiling or even complained. I'm thankful for the friendships I've made through this trip. In addition, I learned so much from the other volunteers, the community members, and this family. I thought I was there to give, but I received so much more in return. This experience has inspired me to continue building houses for others. I hope it will also encourage my friends and family members to help out in the future.

1 What is the best title for the paragraph?

ⓐ I Got a Lot from a Trip to Help Others
b The New Rules of Volunteering
c How Interesting Making New Friends Is
d Building Houses: Summer Vacation Fun

2 Put the given words in (A) in the correct order to complete the sentence.

it was the first time we'd ever built a house

W Answer the questions below to complete the school club application.

School Club Application

Name
Grade
Class

1. Which club are you interested in?
예시 I'm interested in the Theater Club.

2. Why are you applying to join the club?
예시 I like seeing plays and performing in front of people.

3. What do you want to do in this club?
예시 I want to act in the school play this fall.

2 Reflect on Your Learning

1 I've actively participated in class during this lesson. ①-②-③-④-⑤
2 I fully understand what I've learned in this lesson. ①-②-③-④-⑤
3 I can use the expressions I learned in this lesson in other situations. ①-②-③-④-⑤

p. 107

R 단락을 읽고 다음 질문에 답하시오.

1 단락의 제목으로 가장 적절한 것은?

a 나는 다른 사람을 돕기 위한 여행에서 많은 것을 얻었다
b 자원봉사의 새로운 규칙
c 새 친구를 사귀는 것이 얼마나 즐거운가
d 집짓기: 여름방학의 즐거움

2 (A)에 주어진 단어를 바른 순서대로 배열하여 문장을 완성하시오.

해설 we'd ever built a house는 the first time을 선행사로 하는 관계부사절이다.

W 아래 질문에 답하여 학교 동호회 지원서를 완성하시오.

학교 동호회 지원서

1. 어떤 동호회에 관심이 있나요?
예시 저는 연극 동호회에 관심이 있습니다.

2. 왜 이 동호회에 지원하시나요?
예시 저는 연극을 보는 것과 사람들 앞에서 공연하는 것을 좋아합니다.

3. 이 동호회에서 어떤 걸 하고 싶으신가요?
예시 저는 올 가을 학교 연극에 출연하고 싶습니다.

Self-Reflection 2 학습 과정 돌아보기

1 나는 이 단원을 배우는 동안 수업에 적극적으로 참여했다.
2 나는 이 단원에서 배운 것을 완전히 이해한다.
3 나는 이 단원에서 배운 표현을 다른 상황에 사용할 수 있다.

Check-Up

[1-2] 다음 빈칸에 들어갈 알맞은 말을 〈보기〉에서 찾아 쓰시오. 필요하다면 형태를 바꾸시오.

1 She took the lead by ________________ volunteer work.

2 I don't have money for dinner, ________________ a new cell phone.

보기	let alone	take for granted	help out	take part in

[3-4] 다음 괄호 안에서 어법상 올바른 것을 고르시오.

3 We are not happy about the reason (why / how) our trip was canceled.

4 She thought a lot about the time (where / when) she was a kid.

5 다음 두 문장이 같은 뜻이 되도록 빈칸에 알맞은 말을 쓰시오.

He is so strong that he can bend almost any metal.
= He is ____.

어휘 **ingredient** [ingríːdiənt] ⓜ (요리의) 재료 **strength** [streŋkθ] ⓜ 힘, 기운 **prepare** [pripέər] ⓢ 준비하다

단원 핵심 정리

Communicative Functions

1 바람 표현하기: I wish I could ... (…하면 좋겠다)

▶ 바라는 것을 표현할 때 "I wish I could ..."라는 표현을 사용할 수 있다. 이와 유사한 표현으로는 "I want (to) ...," "I'd like ...," "I look/am looking forward to ..." 등이 있다.

2 선호 표현하기: I think X is better than Y. (X가 Y보다 낫다고 생각한다.)

▶ 선호하는 것을 말할 때 "I think X is better than Y"라는 표현을 사용할 수 있다. 이와 유사한 표현으로 "I prefer X to Y," "I('d) prefer (to) ...," "I think X is better than/preferable to Y" 등이 있다.

New Words & Expressions

upset	형 기분 나쁜, 화난
nightmare	명 악몽
sigh	명 한숨
relief	명 안도
scary	형 무서운, 겁나는
protect	동 보호하다
leak	동 새다
take for granted	당연하게 여기다
volunteer	명 자원봉사자
presentation	명 발표, 설명
touched	형 감동한
mission	명 사명, 임무
take part in	…에 참가하다
doubt	명 의심, 의문
construction	명 건설, 공사
hut	명 오두막
jar	명 단지, 항아리
drip	동 (액체가) 똑똑 떨어지다
hardly	부 거의 … 아니다
let alone	…는 고사하고, …커녕
temperature	명 온도
brick	명 벽돌
dig	동 (구멍 등을) 파다
take apart	해체하다
celebrate	동 축하하다, 기념하다
incredible	형 놀라운, 엄청난
complain	동 불평하다
thankful	형 감사하는
help out	(곤란한 때에) 거들다, 도와주다
lay	동 놓다, 두다
deserve	동 …을 누릴 자격이 있다
decent	형 (수준 · 질이) 괜찮은, 제대로 된
ordinary	형 평범한

Language Points

| 관계부사 |

관계부사는 접속사와 부사의 역할을 동시에 하며, 선행사를 수식하는 형용사절을 이끈다. 선행사가 시간을 나타낼 경우 when, 장소를 나타낼 경우 where, 이유를 나타낼 경우 why, 방법을 나타낼 경우 how를 쓴다. 선행사와 관계부사는 함께 쓰거나 둘 중 하나를 생략할 수 있는데, how의 경우 관계부사나 선행사 중 하나를 반드시 생략해야 한다.

| 형용사/부사+enough+to-v |

「형용사/부사+enough+to-v」는 '…하기에 충분한/충분하게'라는 의미이다. 이때 enough는 부사이며 뒤에서 앞에 나온 형용사/부사를 수식한다. 이 구문은 「so+형용사/부사+that+주어+can」의 형태로 바꿔 쓸 수 있다.

1 다음 중 짝지어진 대화가 어색한 것은?

① A: Did you turn off the TV when you left?
B: Oh! No, it totally slipped my mind.
② A: I wish I could play the piano like you.
B: I'm sure you could. How about taking some lessons?
③ A: Do you want to go to the gym with me?
B: When are you going?
④ A: I think reading books is better than watching TV.
B: Yes, we get lots of information from TV.
⑤ A: I'm nervous about the presentation.
B: Don't worry. You can practice with me.

2 대화가 자연스럽게 이어지도록 ⓐ~ⓓ를 순서대로 배열하시오.

ⓐ What's that?
ⓑ It's like a fridge for everyone. Anyone who needs food can take what's there for free.
ⓒ That sounds good. I think sharing food is better than throwing it away.
ⓓ Let's put this milk in the food-sharing fridge in the community center.

[3-5] 주어진 우리말과 같은 뜻이 되도록 빈칸에 알맞은 말을 쓰시오.

3 She is ________ ________ ________ travel around the world.
(그녀는 세계를 여행할 만큼 충분히 부유하다.)

4 He does not take a bus ________ ________ a taxi.
(그는 택시는 고사하고 버스도 안 탄다.)

5 That is ________ ________ ________ I bought my glasses.
(저기가 내가 안경을 구입한 가게이다.)

[6-8] 다음 글을 읽고, 물음에 답하시오.

As I look back on this trip, I find ⓐ it amazing that so many different people came together to build a house for a family they'd never met. For many of us, it was the first time we'd ever built a house. The work was hard, but not one person ever stopped smiling or even complained. I'm thankful for the friendships I've made through this trip. ________, I learned so much from the other volunteers, the community members, and this family. I thought I was there to give, but I received so much more in return. This experience has inspired me to continue building houses for others. I hope it will also encourage my friends and family members to help out in the future.

6 ⓐ의 밑줄 친 it과 같은 용법으로 쓰인 것은?

① What time is it now?
② It is getting dark outside.
③ It is my uncle that taught me to swim.
④ Tom bought me a shirt, but it is too small for me.
⑤ I thought it good to do so.

7 빈칸에 들어갈 말로 가장 알맞은 것은?

① Instead ② Otherwise ③ In addition
④ However ⑤ Nevertheless

8 윗글의 내용과 일치하지 않는 것은?

① 집짓기 활동에 다양한 사람들이 참여했다.
② 집을 지어 본 경험이 있는 봉사자가 대부분이었다.
③ 필자는 다른 봉사자들과 친구가 되었다.
④ 필자는 집짓기 봉사를 계속 이어가고 싶어한다.
⑤ 필자는 자신의 친구와 가족도 집짓기 봉사에 참여하길 바란다.

[9-10] 다음 글을 읽고, 물음에 답하시오.

I am so glad that this family now has a safe place ___(A)___ they can lay their heads. I believe everyone deserves a decent home. Right now, there are still many people around the world without a place to live. They are the reason ___(B)___ ordinary people like me want to go out there and help put a roof over their head.

9 필자가 집짓기 봉사 활동을 가고 싶어하는 이유를 찾아 우리말로 쓰시오.

10 빈칸 (A), (B)에 알맞은 관계부사를 쓰시오.

Project

Hold Your Own Charity Event!

Step 1 *Think about It*

Make a group of four with your classmates. Look at the pictures and come up with your own charity event idea.

Run to help cancer patients

Concert to support the homeless

Bazaar to help needy people

Step 1 네 명이 한 모둠을 만드시오. 사진을 보고 자선 행사에 대한 여러분의 아이디어를 떠올려 보시오.

- 암 환자를 돕기 위한 달리기
- 노숙자들을 돕기 위한 연주회
- 어려운 사람들을 돕기 위한 바자회

Step 2 *Organize It*

Plan the details of the charity event by answering the following questions.

Example

1 What type of charity event will it be?
It will be a charity walk wearing wigs.

2 What is the purpose of the event?
It is to support cancer patients.

3 What kind of activities will be included in the charity event?
There will be blood donations, a charity haircut to make wigs for cancer patients, and a lucky draw for every participant.

4 When and where will the charity event be held?
It will be held at Olympic Park on October 22, 2017.

YOU

1 What type of charity event will it be?

2 What is the purpose of the event?

3 What kind of activities will be included in the charity event?

4 When and where will the charity event be held?

p. 108

Step 2 다음 질문들에 답하면서 자선 행사의 구체적인 내용을 계획해 보시오.

1 어떤 종류의 자선 행사가 될 것인가?
가발을 쓰고 걷는 자선 행사가 될 것이다.

2 행사의 목적은 무엇인가?
암 환자들을 돕기 위한 것이다.

3 어떤 종류의 활동이 자선 행사에 포함될 것인가?
헌혈, 암 환자를 위해 가발을 만들기 위한 자선 이발, 참가자 전원을 위한 제비뽑기가 있을 것이다.

4 자선 행사는 언제, 어디에서 열릴 것인가?
2017년 10월 22일에 올림픽 공원에서 열릴 것이다.

배경지식

다양한 자선 행사들

- **위아자 나눔장터(중앙일보):** 사용하던 물건을 시민끼리 사고 팔아 수익금으로 저소득층 어린이를 돕는 국내 최대 규모 나눔장터로, 서울, 부산, 대전, 대구에서 동시에 열린다.
- **신생아 살리기 모자뜨기 캠페인(세이브더칠드런):** 아프리카나 아시아 등에 살고 있는 체온 조절과 보온이 필요한 신생아들을 위해 모자를 직접 떠서 해외사업장에 보내주는 캠페인이다. 모자뜨기 키트 판매를 통해 얻은 수익금 또한 후원에 사용된다.
- **친환경 아이콘 페이스페인팅(아름다운가게):** 멸종위기에 놓인 동물의 아이콘을 그려주는 페이스페인팅으로, 아이들에게 예쁜 그림을 선물하고 환경의 소중함도 알려줄 수 있다. 1,000원 이상의 기부금을 내고 참여할 수 있다.

어휘 **charity** [tʃǽrəti] 명 자선 **patient** [péiʃənt] 명 환자 **the homeless** 노숙자들 **needy** [níːdi] 형 (경제적으로) 어려운, 궁핍한 **blood donation** 헌혈 **wig** [wig] 명 가발 **lucky draw** 제비뽑기 **participant** [pɑːrtísəpənt] 명 참가자

Step 3 *Present It*

Make a poster for your charity event and present it to the class.

Example

WALK WITH A WIG
WALK FOR CANCER
22 OCTOBER 2017 8:30 A.M.
Olympic Park
This charity walk will give you an opportunity to support cancer patients. Join and help the patients beat cancer sooner!
Distance: 7 km
Fee: ₩10,000 / participant
There will be an award for the Most Amazing Wig worn throughout the event!
For more information, call 000-123-4567 or visit www.walkwithawig.com
Blood Donation
Charity Haircut
Lucky Draw

Evaluate It | Score each group's poster based on the following evaluation sheet.

1 Did the poster deliver all the information effectively?	1	2	3	4	5
2 Was the charity event idea original and unique?	1	2	3	4	5
3 Did they use correct spelling and grammar?	1	2	3	4	5
4 Did they speak clearly and with correct pronunciation?	1	2	3	4	5

p. 109

Step 3 여러분의 자선 행사를 위한 포스터를 만들고 이를 학급에 발표하시오.

가발을 쓰고 걸으세요
암을 위해 걸으세요
2017년 10월 22일 오전 8시 30분
올림픽 공원

이 자선 걷기는 당신에게 암 환자를 후원할 기회를 줄 것입니다. 참여하여 환자들이 암을 더 빨리 이길 수 있도록 도와주세요.

거리: 7km
요금: 참가자당 1만원
행사 동안 가장 놀라운 가발을 착용한 사람에 대한 상이 있을 것입니다.

더 많은 정보를 위해서는 000-123-4567로 전화 주시거나 www.walkwithawig.com을 방문해 주세요.

Evaluate It

다음 평가표에 근거하여 각 모둠의 포스터에 점수를 매기시오.

1 포스터가 모든 정보를 효과적으로 전달했는가?
2 자선 행사 아이디어는 독창적이고 독특했는가?
3 올바른 철자와 문법을 사용했는가?
4 올바른 발음으로 분명하게 말했는가?

+ Plus 효과적인 포스터 만드는 법

1 전달하고자 하는 메시지를 담고 있으면서도, 눈길을 끄는 그림, 사진 등을 넣는다. 색상 대비를 통해 강조점을 더 부각시킬 수 있다.
2 주요 정보는 멀리서도 읽기 쉽게 만든다.
3 헤드라인, 세부 사항(what, when, where) 등 필요한 정보를 담는다.
4 요소 간 공간을 적절히 배치하여 가독성을 높이고, 우선 순위에 따라 각 요소의 크기를 달리하여 메시지를 효과적으로 전달한다.

어휘 **opportunity**[àpərtjúːnəti] 명 기회 **support**[səpɔ́ːrt] 동 후원하다 **beat**[biːt] 동 이기다 **distance**[dístəns] 명 거리 **fee**[fiː] 명 요금

Lesson
5

What Matters Most

Functions

- **강조하기**
  It is important to be happy with who you are.
- **관심에 대해 묻기**
  What are you interested in?

Structures

- **Reaching** the hermit's hut, the king found the old man digging in his garden.
- **If** you **hadn't helped** me, you **would've left**, and that man **would've attacked** you.

Listen & Speak 1

Psychology

Love Yourself

자신을 사랑하세요

Listen & Speak 2

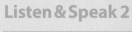

Do What You Love

좋아하는 것을 하세요

Read

Literature

Three Questions

세 가지 질문

Big Question

What do you think is important in life?

삶에서 중요한 것이 무엇이라고 생각합니까?

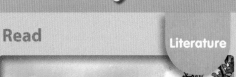

Write

A Small Taste of Books

책을 맛보기

Inside Culture

Art

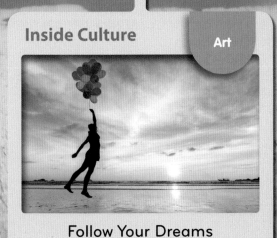

Follow Your Dreams

꿈을 좇아가세요

Listen & Speak 1

Love Yourself

Psychology

강조하기 It is important to be happy with who you are.

A Get Ready

Look at the following and think about what makes you feel bad about yourself.

I'm not good at sports.

I can't speak well in front of people.

I'm not musically talented.

B Learn It

1 Listen to the conversation. What are the speakers mainly talking about?

a the necessity of praising friends
b the advantages of listening to others carefully
ⓒ the importance of being satisfied with yourself
d the relationship between personality and popularity

2 Listen again. Choose the best response to the girl's last comment.

a I'm sorry, but I don't agree with you.
b I feel really upset because you said so.
c Okay. Then how can I be more outgoing?
ⓓ You're right. I'll try to see my own strengths.

Sound in Use American vs British T sound

A Listen carefully, focusing on the different pronunciation.
1 I found it on the bottom shelf.
2 The most important thing is your health.

B Listen and repeat the pronunciations of these examples.
1 Can I get a glass of water?
2 She is a better dancer than you.

p. 112

A 다음을 보고 여러분 자신에게 있어 불만스러운 부분에 관해 생각해 보시오.
- 나는 운동을 잘 못 해.
- 나는 사람들 앞에서 말을 잘 못 해.
- 나는 음악에 재능이 없어.

B 1 대화를 들으시오. 화자들은 주로 무엇에 관해 이야기하고 있는가?

a 친구를 칭찬하는 것의 필요성
b 다른 사람의 말을 주의 깊게 듣는 것의 장점
c 자신에 대해 만족하는 것의 중요성
d 성격과 인기 사이의 관계

2 다시 들으시오. 여자의 마지막 말에 대한 가장 적절한 응답을 고르시오.

a 미안하지만, 난 네 생각에 동의하지 않아.
b 네가 그렇게 말해서 난 너무 속상해.
c 좋아. 그런데 내가 어떻게 더 외향적으로 될 수 있을까?
d 네 말이 맞아. 나 자신의 장점을 보려 노력할게.

Sound in Use

A 발음에 집중하여 잘 들으시오.
1 나 이것을 맨 아래 선반에서 찾았어.
2 가장 중요한 것은 너의 건강이야.

B 이 예시문들의 발음을 듣고 따라하시오.
1 물 한잔 마실 수 있을까요?
2 그녀는 너보다 춤을 잘 춰.

Script B

B: Look at Tina. She has a lot of friends.
G: Yeah, people like her because she's very sociable and outgoing.
B: I want to be as popular as she is, but I'm too quiet. I think I should be more like her.
G: Well, you have your own merits. You always listen carefully to others when they are talking.
B: Really? But I don't think that's such a great quality.
G: Sure it is. Everyone needs a friend who is a good listener.
B: Thank you for saying that.
G: Try to always remember that it is important to be happy with who you are.

해석

남: Tina를 봐. 그녀는 정말 친구가 많아.
여: 응. 그녀는 굉장히 사교적이고 외향적이어서 사람들이 그녀를 좋아해.
남: 나도 그녀처럼 인기 있으면 좋겠지만, 난 너무 말이 적어. 난 내가 더 그녀 같아야 한다고 생각해.
여: 글쎄, 넌 너만의 장점이 있어. 넌 다른 사람들이 얘기할 때 항상 그들의 말을 귀 기울여 듣잖아.
남: 정말? 하지만 그게 그렇게 대단한 자질은 아닌 것 같아.
여: 그건 정말 대단한 거야. 누구나 잘 들어주는 친구를 필요로 하거든.
남: 그렇게 말해줘서 고마워.
여: 지금의 너의 모습에 만족하는 것이 중요하다는 걸 항상 기억하려고 노력해.

어휘 **relationship** [riléiʃənʃìp] ⓜ 관계 **personality** [pə̀rsənǽləti] ⓜ 성격 **outgoing** [áutgòuiŋ] ⓗ 외향적인, 사교적인 **strength** [streŋkθ] ⓜ 장점, 강점 **sociable** [sóuʃəbl] ⓗ 사교적인 **popular** [pápjulər] ⓗ 인기 있는, 대중적인 **merit** [mérit] ⓜ 장점 **quality** [kwáləti] ⓜ 자질

C Use It

Step 1 Listen to the interview and answer the following questions.

1 **What is the best title for the woman's book?**
- a Celebrate the Happiness of Others
- b Let's Awaken the Giant Inside Each of Us
- c Why We Should Be Spending More Time Alone
- ⓓ Love the Most Important Person in Your Life: You

2 **Listen again. Which is NOT part of the woman's advice?**
- a Accept your imperfections.
- b Focus on your strong points.
- ⓒ Stop comparing yourself to others.
- d Praise yourself when achieving a goal.

Step 2 Write down three strengths your partner has.

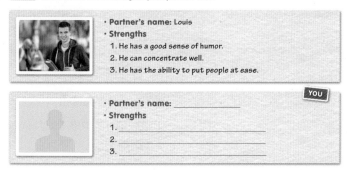

- Partner's name: Louis
- Strengths
  1. He has a good sense of humor.
  2. He can concentrate well.
  3. He has the ability to put people at ease.

YOU

- Partner's name: ____________
- Strengths
  1. ____________
  2. ____________
  3. ____________

p. 113

C Step 1 인터뷰를 듣고 다음 질문에 답하시오.

1 **여자의 책에 가장 어울리는 제목은 무엇인가?**
- a 다른 사람들의 행복을 축하하라
- b 우리 각자의 안에 있는 거인을 깨우자
- c 왜 우리는 더 많은 시간을 혼자 보내야 하는가
- d 당신 삶에서 가장 중요한 사람, 당신을 사랑하라

2 **다시 들으시오. 여자가 한 충고의 일부가 아닌 것은?**
- a 당신의 불완전함을 받아들여라.
- b 당신의 장점에 집중하라.
- c 자신을 타인과 비교하는 것을 그만둬라.
- d 목표를 달성했을 때 자신을 칭찬하라.

Step 2 짝이 가진 세 가지 장점을 쓰시오.

- 짝의 이름: Louis
- 장점

1. 유머 감각이 뛰어나다.
2. 집중을 잘할 수 있다.
3. 사람들을 편안하게 만드는 힘을 가지고 있다.

Script C

M: Today, I am very happy to speak with psychologist Dr. Julie Brown. Dr. Brown, please tell us about your most recent book.

W: It's all about the importance of loving yourself.

M: Why is loving yourself so important?

W: Well, it can help you build your self-esteem. Furthermore, it can help you learn to love others.

M: I see. So what are some ways you can learn to love yourself?

W: One effective method is to accept that you can't be perfect and focus on what you're good at. And it is important to congratulate yourself when you fulfill a goal, however small it is.

M: Those are some great suggestions, Dr. Brown. Thank you very much for your time today.

해석

남: 오늘, 심리학자인 Julie Brown 박사님과 말씀 나누게 되어 정말 기쁩니다. Brown 박사님, 박사님께서 가장 최근 펴내신 책에 대해 말씀해 주시죠.

여: 그 책은 여러분 자신을 사랑하는 것의 중요성에 대한 것입니다.

남: 자신을 사랑하는 것이 왜 그렇게 중요하지요?

여: 음, 그것은 여러분이 자존감을 세우는 데 도움을 줄 수 있습니다. 게다가, 여러분이 다른 사람들을 사랑하는 법을 배우는 데에도 도움을 줄 수 있고요.

남: 알겠습니다. 그러면 자신을 사랑하는 법을 배울 수 있는 방법에는 뭐가 있나요?

여: 한 가지 효과적인 방법은 여러분이 완벽할 수 없다는 것을 인정하고 여러분이 잘하는 것에 집중하는 것입니다. 그리고 여러분이 어떤 목적을 달성했을 때, 그것이 아무리 작은 것이라 하더라도 자신을 축하해주는 것이 중요합니다.

남: 참 좋은 제안들이네요, Brown 박사님. 오늘 시간 내 주셔서 대단히 감사드립니다.

어휘 **awaken**[əwéikən] ⓢ 깨우다 **accept**[æksépt] ⓢ 받아들이다 **imperfection**[ìmpərfékʃən] ⓜ 결함, 미비점 **compare**[kəmpéər] ⓢ 비교하다 **psychologist**[saikálədʒist] ⓜ 심리학자 **self-esteem** ⓜ 자존감, 자부심 **effective**[iféktiv] ⓗ 효과적인 **method**[méθəd] ⓜ 방법 **fulfill**[fulfíl] ⓢ 달성하다 **however**[hauévər] ⓑ 아무리 …라 하더라도

Step 3 Talk with your partner about the strengths he or she has.

Example

A: Everyone seems to have special strengths, but I think I don't have any.
B: But you have many strong points. You have a good sense of humor. In addition, you have the ability to put people at ease.
A: Thank you for saying so. It makes me feel better.
B: **It's important to** focus on your good points. It makes you feel more confident about yourself.

Step 4 Make a group of four. Search for other ways to improve your self-esteem and present them to the class.

How to Improve Your Self-Esteem

1. *Focus on your strong points.*
2. ______
3. ______
4. ______
5. ______

Check Yourself · Listen and Speak 1	Yes	Not Sure	No
1 I can understand others when they put emphasis on something.	☐	☐	☐
2 I can put emphasis on something.	☐	☐	☐

p. 114

Step 3 짝이 가진 장점에 관해 짝과 이야기해 보시오.

A: 모든 사람이 특별한 장점을 가지고 있는 것 같은데, 난 아무런 장점도 갖고 있지 않은 것 같아.
B: 아냐, 넌 많은 장점을 갖고 있어. 넌 유머 감각이 있잖아. 게다가 넌 사람들의 마음을 편하게 만드는 능력이 있어.
A: 그렇게 말해줘서 고마워. 그 말에 기분이 좋아진다.
B: 네 장점에 집중하는 게 중요해. 그게 너 자신에 대해 더 자신감을 느끼도록 만들어주거든.

Step 4 네 명이 한 모둠을 만드시오. 자존감을 높이는 다른 방법들에 대해 찾아보고 학급에 발표하시오.

자존감을 높이는 방법

1. 자신의 장점에 집중하라.

Check Yourself

1 다른 사람이 무언가를 강조할 때 이해할 수 있다.
2 무언가를 강조할 수 있다.

추가 예시문

A: Everyone seems to have special strengths, but I think I don't have any.
B: But you have many strong points. You have the ability to keep calm. In addition, you have a very positive attitude toward life.
A: Thank you for saying so. It makes me feel better.
B: **It's important to** focus on your good points. It makes you feel more confident about yourself.

Function of Communication

강조하기: It is important to ... (…하는 것이 중요하다)

→ 어떤 것을 강하게 주장하거나 두드러지게 할 때, "It is important to ..."라는 표현을 사용할 수 있다. 이와 유사한 표현으로 "It is important that ...," "I want to stress ..." 등이 있다.

|Example|

A: **It is important to** warm up before you exercise. (운동하기 전에 준비운동을 하는 것이 중요해.)
B: I agree. It will help reduce the risk of injury. (맞아. 그것은 부상의 위험을 줄이는 데 도움을 줄 거야.)

Speaking Aid

강조하는 표현에 덧붙여 동의나 이의 여부를 묻는 표현을 활용할 수 있다. 동의나 이의 여부를 묻는 표현에는 다음과 같은 것들이 있다.

• What do you think? • Don't you agree? • Would/Do you agree with me?

Listen & Speak 2

Do What You Love

관심에 대해 묻기 What are you interested in?

A Get Ready

Look at the following and match each person to the job that best fits them.

I like to explain things to others.
I love to try new dishes.
I'm happy to give advice to friends.
I like to take pictures.
a
d
b
c

a teacher **b** counselor **c** photographer **d** food critic

B Learn It

1 **Listen to the conversation. What are the speakers mainly talking about?**

ⓐ ways to find your interests
b relationship problems with friends
c the qualities that make a great volunteer
d the importance of planning for the future

2 **Listen again. Which is most similar to the boy's advice?**

a Ask yourself what you really want to do.
ⓑ Experience many different things to see what you like.
c Follow other people's future plans instead of your own.
d Spend more time with your friends to get to know yourself.

Speaking Tip

You can say "I'll give it a try" when saying that you will try something new.

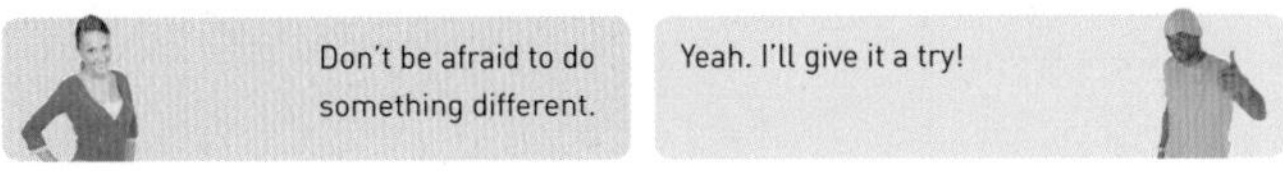

Don't be afraid to do something different.
Yeah. I'll give it a try!

p. 115

A 다음을 보고 각 인물과 그들에게 가장 잘 어울리는 직업을 짝지으시오.

- 나는 남에게 뭔가를 설명하는 걸 좋아해.
- 나는 새로운 요리를 먹어보는 걸 좋아해.
- 나는 친구들에게 조언해주는 게 좋아.
- 나는 사진 찍는 걸 좋아해.

B 1 **대화를 들으시오. 화자들은 주로 무엇에 관해 이야기하고 있는가?**

a 흥미를 느끼는 것을 찾는 방법
b 친구들과의 관계 문제
c 훌륭한 자원봉사자의 자질
d 장래에 대한 계획을 세우는 것의 중요성

2 **다시 들으시오. 남자의 조언과 가장 비슷한 것은?**

a 무엇을 정말로 하고 싶은지 자신에게 물어라.
b 무엇을 좋아하는지 알아내기 위해 많은 다양한 것들을 경험하라.
c 자신의 장래 계획 대신 남의 계획을 따라라.
d 자신을 알아갈 수 있도록 친구들과 더 많은 시간을 보내라.

Speaking Tip

뭔가를 시도해 보겠다고 말할 때 "I'll give it a try" 라고 말할 수 있다.
무언가 다른 걸 하는 것을 두려워하지 마. / 응. 한번 해볼게!

Script B

G: Hey, Tom. Could you give me some advice?
B: Sure, Vivian. What is it?
G: I need some help figuring out the best career for myself.
B: What are you interested in?
G: Actually, I don't really know. I just hang out with my friends, and that's all.
B: That's okay. If you don't know what you like to do, then you should try doing different things.
G: Hmm... like what?
B: How about volunteering or doing a job experience program? Sometimes when you try something new, you can find out what fits you and what doesn't.
G: Oh, good idea! I'll give it a try.

해석

여: 안녕, Tom. 내게 조언 좀 해줄 수 있어?
남: 물론이지, Vivian. 무슨 일인데?
여: 내게 가장 좋은 직업을 찾아내는 데에 도움이 필요해.
남: 넌 뭐에 흥미가 있어?
여: 사실, 잘 모르겠어. 난 그저 친구들이랑 시간을 보내고, 그게 다야.
남: 괜찮아. 네가 뭘 하는 걸 좋아하는지 모르면, 다양한 걸 시도해봐야 해.
여: 음··· 예를 들면?
남: 자원봉사를 해보거나 직업 체험 프로그램을 해보는 건 어때? 때로는 새로운 뭔가를 시도할 때, 뭐가 네게 맞고 맞지 않는지를 알아낼 수 있거든.
여: 아, 좋은 생각이야! 한번 해볼게!

어휘 **counselor**[káunsələr] 명 상담 전문가 **critic**[krítik] 명 비평가, 평론가 **figure out** …을 알아내다, …을 이해하다 **career**[kəríər] 명 직업; 경력, 이력 **hang out with** …와 많은 시간을 보내다 **fit**[fit] 동 적합하다, 어울리다

C Use It

Step 1 Read the passage and answer the following questions.

❶ Remarkably, the great artist Henri Rousseau did not start painting until he was in his early forties. In addition, he never received any 1) __formal__ artistic instruction. ❷ He studied art by himself by going to the Louvre Museum and looking at the artworks of his favorite artists. He loved painting and enjoyed the entire process itself. Despite his great creativity, though, he was not taken seriously for most of his career. His works were even criticized for looking 2) __childish__ by critics but he continued to paint as he wanted. Finally, he was recognized as a genius by a 3) __younger__ generation of artists, including Pablo Picasso.

1 What is the main idea of the passage?

- a Getting a formal education is necessary.
- b Artists need time to develop their skills.
- ⓒ To keep doing what you love is important.
- d Many painters have been inspired by nature.

2 Fill in the blanks with the words in the box.

childish	younger	formal

Step 2 Think about what you are interested in and what you want to be.

I'm interested in writing.

- journalist
- poet

I'm interested in watching sports.

- sports reporter
- sports analyst

YOU

I'm interested in ________.

- ________
- ________

p. 116

C **Step 1** 지문을 읽고 다음 질문에 답하시오.

1 지문의 요지는 무엇인가?

- a 정식 교육을 받는 것은 꼭 필요하다.
- b 예술가는 기량을 발전시킬 시간이 필요하다.
- c 자신이 좋아하는 것을 계속하는 것이 중요하다.
- d 많은 화가들이 자연에 의해 영감을 받았다.

해설 다른 사람들의 비판이나 인정과는 상관없이 자신이 좋아하는 일을 계속함으로써 나중에는 결국 천재성을 인정받게 된 화가에 관한 이야기이다.

2 상자 안에 있는 단어들로 빈칸을 채우시오.

Step 2 자신이 관심 있는 것과 되고 싶은 것에 관해 생각해 보시오.

나는 글쓰기에 관심이 있어.	나는 스포츠 관람에 관심이 있어.
언론인	스포츠 기자
시인	스포츠 분석가

해석

놀랍게도, 위대한 화가 Henri Rousseau는 40대 초가 되어서야 그림을 그리기 시작했다. 게다가, 그는 어떤 1)정식 예술 교육도 받은 적이 없었다. 그는 루브르 박물관에 가서 그가 좋아하는 화가들의 작품을 보면서 혼자서 미술을 공부했다. 그는 그림 그리는 것을 좋아했고, 그 전체적인 과정 자체를 즐겼다. 그러나 그의 뛰어난 창의력에도 불구하고, 그는 그의 경력 대부분에 있어 제대로 대우받지 못했다. 그의 작품은 심지어 평론가들에 의해 2)유치해 보인다고 비판받았지만, 그는 그가 원하는 대로 계속해서 그림을 그렸다. 마침내, 그는 Pablo Picasso를 포함한 3)더 젊은 세대의 화가들에 의해 천재로 인정받게 되었다.

구문 해설

❶ Remarkably, the great artist Henri Rousseau did not start painting until he was in his early forties.
: 「not ... until ~」은 '~ (하기) 전까지는 … 않다, ~해서야 비로소 …하다'라는 의미이다.

❷ He studied art by himself by going to the Louvre Museum and looking at the artworks of his favorite artists.
: going ... Museum과 looking 이하는 전치사 by의 목적어 역할을 하는 동명사구이다. 두 동명사구가 접속사 and로 병렬 연결되어 있다.

어휘 **remarkably**[rimɑ́:rkəbli] 부 놀랍게도; 매우 **instruction**[instrʌ́kʃən] 명 교육 **by oneself** 혼자 **entire**[intáiər] 형 전체의, 전부의 **process**[prɑ́ses] 명 과정 **despite**[dispáit] 전 …에도 불구하고 **recognize**[rékəgnàiz] 동 인정[인식]하다 **generation**[dʒènəréiʃən] 명 세대 **formal**[fɔ́:rməl] 형 정식의, 공식적인 **childish**[tʃáildiʃ] 형 유치한 **poet**[póuit] 명 시인 **analyst**[ǽnəlist] 명 분석가

Step 3 Talk with your partner about what you are interested in and what you want to be.

Example

A: **What are you interested in**?
B: I'm interested in writing.
A: Then why don't you think about finding a job related to writing?
B: Actually, I'd like to be a journalist or a poet.
A: That's a good idea!

Step 4 Make a to-do list of things that will help you become what you want to be in the future. Then present it to the class.

To-do list to become a journalist	YOU To-do list to become ______
1. Practice by writing a short paragraph every day.	1. ______
2. Search for good articles and learn from them.	2. ______
3. Pay attention to current issues.	3. ______

Check Yourself | Listen and Speak 2

	Yes	Not Sure	No
1 I can understand others when they ask me what my interests are.	☐	☐	☐
2 I can ask others what their interests are.	☐	☐	☐

p. 117

Step 3 자신이 관심 있는 것과 되고 싶은 것에 관해 짝과 이야기해 보시오.

A: 너는 어떤 것에 관심이 있어?
B: 나는 글쓰기에 관심이 있어.
A: 그러면 글쓰기와 관련된 직업을 찾아보는 게 어때?
B: 사실, 나는 기자나 시인이 되고 싶어.
A: 그거 좋은 생각이네!

추가 예시문

A: **What are you interested in?**
B: I'm interested in food.
A: Then why don't you think about finding a job related to food?
B: Actually, I'd like to be a chef or a food stylist.
A: That's a good idea!

Step 4 자신이 장래에 되고 싶은 것이 되는 데에 도움을 줄 것들을 적은 할 일 목록을 만드시오. 그러고 나서 그것을 학급에 발표하시오.

언론인이 되기 위해 할 일 목록
1. 매일 짧은 단락을 쓰면서 연습해라.
2. 좋은 기사를 찾아 그것들로부터 배워라.
3. 시사 문제에 관심을 기울여라.

Check Yourself

1 다른 사람이 내 관심사가 무엇인지 물을 때 이해할 수 있다.
2 다른 사람들의 관심사가 무엇인지 물을 수 있다.

Function of Communication

관심에 대해 묻기: What are you interested in? (무엇에 관심이 있어?)

➡ 상대방이 어떤 것에 흥미를 느끼고 관심이 있는지를 물을 때, "What are you interested in?"이라는 표현을 사용할 수 있다. 이와 함께 쓸 수 있는 표현으로 "Are you interested in ... ?," "Do you find X interesting?" 등이 있다.

| Example 1 |

A: **What are you interested in?** (너는 어떤 것에 관심이 있니?)
B: I'm interested in watching movies. (나는 영화 보는 것에 관심이 있어.)

| Example 2 |

A: I still don't know what to major in. (나는 아직도 무엇을 전공할지 모르겠어.)
B: Well, **what are you interested in?** (음, 너는 어떤 것에 관심이 있는데?)

▶ Speaking Aid

관심에 대해 묻는 표현과 함께 관심을 나타내는 표현도 알아두면 도움이 된다.

- I'm interested in ...
- ... interests me (a lot/greatly).
- I'm fascinated by ...
- How interesting!

Before You Read

A Topic Preview

1 Read the quotes and think about the message they are trying to send. Then share your thoughts with your partner.

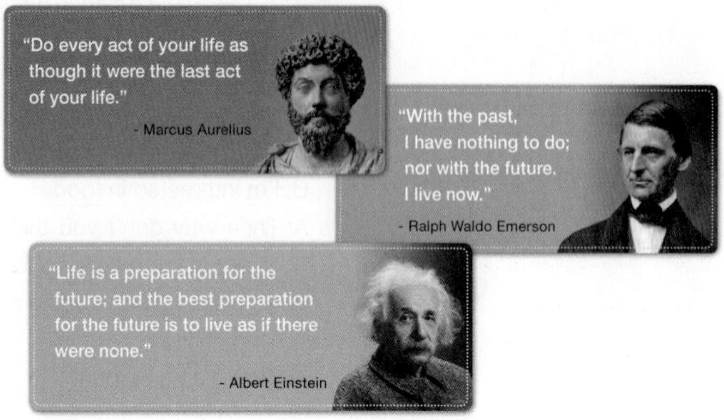

"Do every act of your life as though it were the last act of your life."
- Marcus Aurelius
"With the past, I have nothing to do; nor with the future. I live now."
- Ralph Waldo Emerson
"Life is a preparation for the future; and the best preparation for the future is to live as if there were none."
- Albert Einstein

예시 I think the message is about living in the present.

2 Look at the book cover and read the introduction of "Three Questions." Then guess how the king gets his answers.

An Introduction to "Three Questions"

First published in 1885 as part of the collection *What Men Live By, and Other Tales*, "Three Questions" is a short story by Russian author Leo Tolstoy. The story is about a king who wants to find the answers to what he considers the three most important questions in life.

예시 I think he will meet someone who will tell him the answers.

p. 118

A 1 **인용구를 읽고 전하고자 하는 메시지에 관해 생각해 보시오. 그리고 여러분의 생각을 짝과 공유하시오.**

- 당신 인생에서의 모든 행동을 마치 인생에서의 마지막 행동인 것처럼 하라.
  - Marcus Aurelius
- 과거와 난 전혀 관계가 없다; 미래와도 없다. 난 현재를 산다.
  - Ralph Waldo Emerson
- 삶은 미래를 위한 준비이다; 그리고 미래를 위한 최선의 준비는 미래가 없는 것처럼 현재를 사는 것이다.
  - Albert Einstein

예시 내 생각에 메시지는 현재를 사는 것에 대한 것이다.

2 **책 표지를 보고 〈Three Questions〉의 소개 글을 읽으시오. 그리고 나서 어떻게 왕이 답을 얻었는지 추측해 보시오.**

〈Three Questions〉 소개

1885년에 최초 출판된 《사람은 무엇으로 사는 가 외 다른 이야기들》이라는 모음집의 일부인 〈Three Questions〉는 러시아의 작가 Leo Tolstoy의 단편 소설이다. 삶에서 가장 중요하다고 여기는 세 가지 질문에 대한 답을 찾기를 원한 왕에 관한 이야기이다.

예시 내 생각엔 그가 그에게 답을 알려 줄 누군가를 만날 것이다.

배경지식

- Marcus Aurelius(121–180): 로마 제국의 16대 황제로, 로마 제국의 전성기를 이루었던 5현제(賢帝) 중 마지막 황제이다. 후기 스토아학파의 철학자로 《명상록》을 집필하여 학자로서의 업적도 남겼다. 재위 당시 로마는 내부적인 사회 문제와 함께 외부의 침략과 전염병의 유행 등으로 어려움을 겪기 시작했으며, 그의 사망을 기점으로 로마 제국도 쇠퇴하게 된다.
- Ralph Waldo Emerson(1803–1882): 미국의 철학가이자 시인이다. 이성적인 체계보다는 직관을 통해 사물의 본질을 파악할 수 있다고 여겼으며, 그의 사상 및 영적인 통찰력을 담은 시와 수필은 후대 철학가와 작가들에게 오랫동안 영향을 미쳤다.
- Albert Einstein(1879–1955): 독일 태생의 이론물리학자이다. 한때 성적 부진으로 학교를 졸업하지 못할 정도로 교육 제도에 적응하지 못했으나, 훗날 광전효과, 브라운운동이론, 특수상대성이론을 발표하는 등 뛰어난 업적을 이루었다. 특히 특수상대성이론은 그때까지의 우주관을 완전히 바꾸어놓은 획기적인 이론이었다.

어휘 **as though** 마치 …인 것처럼 **preparation**[prèpəréiʃən] ⓜ 준비 **publish**[pʌ́bliʃ] ⓢ 출판하다 **collection**[kəlékʃən] ⓜ (시·노래 등의) 모음집 **live by** (신조·원칙)에 따라 살다 **author**[ɔ́:θər] ⓜ 작가, 저자 **consider**[kənsídər] ⓢ …를 ~로 여기다[생각하다]

B Vocabulary Preview

1 Look at the pictures and read the sentences. Find out the meaning of each word in bold using context clues.

Whenever I'm in trouble, I **consult** him.

She **disguised** herself as a man.

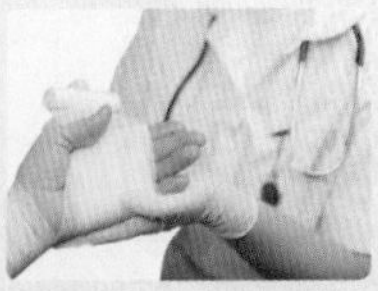

The nurse cleaned the **wound** and bandaged it carefully.

They were completely **exhausted** after their long run.

She **stared** at me with wide open eyes.

The woman lost all her **property** in the fire.

2 Read the meaning of each phrase and fill in the blanks with the phrases. Change their forms if needed.

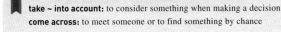

take ~ into account: to consider something when making a decision
come across: to meet someone or to find something by chance

1) On my way home, I __came across__ an old friend of mine.
2) We should __take__ the weather __into account__ before planning the trip.

p. 119

B 1 사진을 보고 문장을 읽으시오. 문맥의 단서를 이용하여 굵은 글씨로 쓰인 각 단어의 의미를 알아내시오.

- **consult** ⓢ 상담[상의]하다
  나는 곤경에 처할 때마다 그에게 상담한다.
- **disguise** ⓢ 변장하다
  그녀는 남자로 변장했다.
- **wound** ⓜ 상처, 부상
  간호사는 상처를 닦아내고 조심스럽게 붕대를 감았다.
- **exhausted** ⓗ 기진맥진한
  그들은 장거리 달리기를 한 후 완전히 기진맥진했다.
- **stare** ⓢ 빤히 쳐다보다, 응시하다
  그녀는 휘둥그레진 눈으로 나를 빤히 쳐다보았다.
- **property** ⓜ 재산
  그 여자는 화재로 모든 재산을 잃었다.

2 각 어구의 의미를 읽고 이를 활용하여 빈칸을 채우시오. 필요하다면 형태를 바꾸시오.

take ~ into account: 결정을 내릴 때 무언가를 고려하다
come across: 우연히 누군가를 만나거나 무언가를 찾다

1) 집으로 가는 길에 나는 옛 친구를 우연히 만났다.
2) 우리는 여행을 계획하기 전에 날씨를 고려해야 한다.

추가 예문

1
- If it doesn't heal, **consult** your doctor. (그게 치유되지 않으면, 의사와 상담하세요.)
- I **disguised** myself by wearing glasses. (나는 안경을 써서 변장했다.)
- She had a serious **wound** in her shoulder. (그녀는 어깨에 심한 상처를 입었다.)
- I was too **exhausted** to reach the summit. (난 너무 기진맥진해서 정상까지는 못 올라갔다.)
- He **stared** at her in the face. (그는 그녀의 얼굴을 빤히 쳐다봤다.)
- The old man gave all his **property** to charity. (그 노인은 자신의 전 재산을 자선 단체에 기증했다.)

2
- **Take** your own strengths and weaknesses **into account**. (자신의 장점과 약점을 고려하세요.)
- I **came across** some photos in a book. (나는 우연히 책 속에서 사진 몇 장을 발견했다.)

Check-Up

[1-4] 다음 설명에 해당하는 단어를 〈보기〉에서 골라 쓰시오.

1 __________: to look for a long time with one's eyes wide open

2 __________: all the things that belong to someone

3 __________: to give a new appearance to a person or thing, especially in order to hide its true form

4 __________: a damaged area of the body, such as a cut or hole in the skin or flesh made by a weapon

보기	disguise	property	consult	stare	wound	exhausted

Three Questions

While You Read Q1
Why did the king want to know the three things?

The king wanted to know the three things because he thought it would ensure his success.

❶ There was once a king who wanted to know three things: the right time to do everything, the most necessary people to pay attention to, and the most important thing to do. ❷ He thought that knowing these things would ensure his success.

❸ He announced that he would reward anyone who could teach him these things. ❹ Many people traveled to his palace, but they all provided different answers to his questions.

❺ Regarding the first question, some said that the king should make a detailed schedule so that he could always know the perfect time to do everything. ❻ Others claimed that he should take every situation into account and wait for the precise moment to act. ❼ Still others suggested that he should consult wise men.

어휘 **ensure**[inʃúər] ⓢ 확실하게 하다, 보증하다 **announce**[ənáuns] ⓢ 발표[공표]하다, 알리다 **take ... into account** …을 고려하다 **precise**[prisáis] ⓗ 정확한 **consult**[kənsʌ́lt] ⓢ 상담[상의]하다

Word Formation '…하게 만들다'라는 의미의 동사형 접두사 en-과 '확실한'이라는 의미의 형용사 sure가 결합하여 '확실하게 하다'라는 의미의 동사 ensure가 되었다. ex **en-** + able → **enable**(가능하게 하다) **en-** + large → **enlarge**(확대하다) **en-** + rich → **enrich**(풍요롭게 하다)

해석

세 가지 질문

❶옛날에 세 가지를 알고 싶어 하는 왕이 있었다. 어떤 것을 하기에 적기가 언제인지, 주의를 기울여야 할 가장 필요한 사람이 누구인지, 그리고 해야 할 가장 중요한 일이 무엇인지가 그 세 가지였다. ❷그는 이것들을 아는 것이 그의 성공을 보증해줄 것이라고 생각했다.
❸그는 이것들을 알려줄 수 있는 누구에게건 보상하겠다고 공표했다. ❹많은 사람들이 그의 궁전으로 찾아왔지만, 그들 모두 그의 질문들에 대해 다른 답을 내놓았다.
❺첫 번째 질문에 관해서, 어떤 사람들은 왕이 무언가를 할 최적의 때를 항상 알 수 있도록 상세한 일정을 짜야 한다고 말했다. ❻다른 사람들은 왕이 모든 상황을 고려해서 행동할 정확한 시기를 기다려야 한다고 주장했다. ❼또 다른 이들은 현자들과 상의해야 한다고 제안했다.

While You Read

Q1 왕은 왜 세 가지를 알고 싶어 했는가?
왕은 그것이 그의 성공을 보증해줄 것이라고 생각했기 때문에 세 가지를 알고 싶어 했다.

구문 해설

❶ There was once a king who wanted to know these things: the right time to do everything, the most necessary people to pay attention to, and the most important thing to do.
: who ... things는 a king을 선행사로 하는 주격 관계대명사절이다. to do everything, to pay attention to, to do는 각각 time, people, thing을 수식하는 형용사적 용법의 to부정사구이다.

❷ He thought that knowing these things would ensure his success.
: that 이하는 동사 thought의 목적어 역할을 하는 명사절이다. knowing these things는 that절의 주어 역할을 하는 동명사구이다.

❸ He announced that he would reward anyone who could teach him these things.
: that 이하는 동사 announced의 목적어 역할을 하는 명사절이다. who 이하는 anyone을 선행사로 하는 주격 관계대명사절이다.

❺ ..., some said that the king should make a detailed schedule so that he could always know ...
: some은 '어떤 사람들'이라는 뜻으로, 막연하게 여러 사람들을 지칭할 때 사용된다. 이는 뒤에 이어지는 문장에서 주어로 쓰인 Others(다른 사람들은), 그 다음 문장에서 주어로 쓰인 Still others(또 다른 이들)와 연결된다. 「so that+주어+can[could]」은 '…가 ~할 수 있도록'이라는 의미이다.

❻ Others claimed that he should take every situation into account and wait for the precise moment to act.
: that 이하는 동사 claimed의 목적어 역할을 하는 명사절이다. take와 wait는 접속사 and로 병렬 연결되어 있다. to act는 the precise moment를 수식하는 형용사적 용법의 to부정사이다.

Check-Up

1 본문에서 왕이 알고 싶어한 세 가지 질문에 해당하지 <u>않는</u> 것은?
① 무언가를 하기에 가장 좋은 시기는 언제인가? ② 가장 주의를 기울여야 하는 사람은 누구인가?
③ 훌륭한 왕에게 필요한 자질은 무엇인가? ④ 해야 할 가장 중요한 일은 무엇인가?

2 다음 괄호 안의 단어를 바르게 배열하여 문장을 완성하시오.
They said the king should make a detailed schedule (he / always know / to do everything / the perfect time / so that / could).

3 다음 문장의 (A), (B)에서 어법상 알맞은 것을 고르시오.
Others claimed (A)(that / what) he should take every situation into account and (B)(wait / waited) for the precise moment to act.

❶ Equally various were the answers to the second question. ❷ Some said that the members of the king's council were the most important people, while others mentioned priests, doctors, or warriors.

❸ In response to the third question, some replied that science was the most important thing, whereas others insisted that it was war or religious worship.

❹ The king was not pleased with any of the answers. ❺ Still wishing to find the best answers to his questions, the king decided to visit an old hermit who was famous for his wisdom.

❻ The hermit lived in a forest and met only ordinary folk, so the king disguised himself as a simple peasant. ❼ He ordered his bodyguards to stay behind while he went on alone to seek out the hermit.

❽ Reaching the hermit's hut, the king found the old man digging in his garden. ❾ The hermit greeted the king and continued digging. ❿ The king said, "I have come here to ask you three questions. ⓫ How can I learn the right time to do everything? ⓬ Whom do I most need to pay attention to? ⓭ Finally, what is the most important thing to do?"

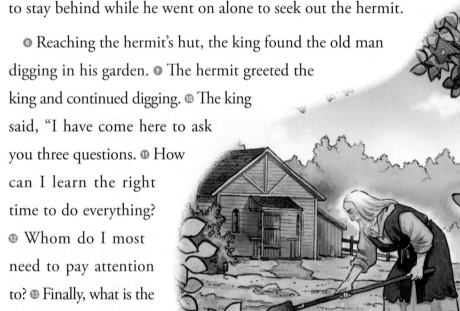

While You Read Q2 If you were the king, would you be satisfied with any of these answers? Why or why not?

예시 I would not be satisfied with these answers because they are ideas that anyone could have.

어휘 **council**[káunsəl] 명 의회; 자문위원회 **whereas**[hwεəræ̀z] 접 반면 **worship**[wə́ːrʃip] 명 예배 **hermit**[hə́ːrmit] 명 은자, 은둔자 **wisdom**[wízdəm] 명 지혜 **folk**[fouk] 명 사람들 **disguise**[disgáiz] 동 변장하다 **peasant**[péznt] 명 농부, 농민; 소작농 **greet**[griːt] 동 인사하다; 맞이하다

Word Formation '명성'이라는 의미의 명사 fame과 '…의 성질, 특징을 가진'이라는 의미의 형용사형 접미사 -ous가 결합하여 '유명한'이라는 의미의 형용사 famous가 되었다. ex danger + **-ous** → **dangerous**(위험한) joy + **-ous** → **joyous**(즐거운) nerve + **-ous** → **nervous**(긴장한, 초조한)

해석

❶두 번째 질문에 대한 대답들도 다양했다. ❷어떤 사람들은 왕의 자문위원회 위원들이 가장 중요한 사람들이라고 말하는 반면, 다른 사람들은 성직자, 의사, 기사라고 말했다.
❸세 번째 질문에 대한 답으로는, 어떤 사람들은 과학이 가장 중요한 것이라고 말한 반면, 다른 사람들은 전쟁이나 종교적인 예배라고 주장했다.
❹왕은 어떤 대답도 마음에 들지 않았다. ❺여전히 그의 질문들에 대한 최선의 답을 찾길 원했기에, 왕은 지혜로 명성이 높은 한 늙은 은자를 찾아가기로 결심했다.
❻그 은자는 숲에 살았고, 오직 평민들만 만났기에 왕은 평범한 농부로 변장했다. ❼왕은 은자를 찾기 위해 혼자 가는 동안, 그의 경호원들에게 뒤에 남아있으라고 명령했다.
❽왕이 은자의 오두막에 도착했을 때, 왕은 그 노인이 정원에서 땅을 파고 있는 것을 발견했다. ❾은자는 왕에게 인사를 하고는 계속해서 땅을 팠다. ❿왕이 말했다. "당신에게 세 가지 질문을 하려고 왔습니다. ⓫어떻게 하면 제가 무언가를 할 최적의 때를 알 수 있습니까? ⓬저는 누구에게 가장 관심을 기울여야 합니까? ⓭마지막으로, 해야 할 가장 중요한 일은 무엇입니까?"

While You Read

Q2 만약 당신이 왕이라면, 당신은 이런 대답들 중 어느 것엔가 만족했겠는가? 왜 그런가 혹은 그렇지 않은가?
예시 이 대답들은 누구나 할 수 있는 생각들이므로 나는 이 대답들에 만족하지 않았을 것이다.

구문 해설

❶ Equally various were the answers …
: 보어 Equally various가 문두에 와서, 주어와 동사가 도치되어 「보어+동사+주어」의 어순이 되었다.

❸ …, some replied that science was the most important thing, whereas others insisted that …
: 두 개의 that절은 각각 동사 replied, insisted의 목적어 역할을 하는 명사절이다. 접속사 whereas는 '반면에'라는 뜻으로 앞뒤 문장의 내용을 대비시켜준다.

❺ Still wishing … questions, the king decided to visit an old hermit who was famous for his wisdom.
: Still wishing … questions는 이유를 나타내는 분사구문이다. who 이하는 an old hermit을 선행사로 하는 주격 관계대명사절이다.

❽ Reaching the hermit's hut, the king found the old man digging in his garden.
: Reaching … hut은 때를 나타내는 분사구문이다. the old man은 found의 목적어, digging은 목적격 보어이다.

❿ The king said, "I have come here to ask you three questions."
: to ask 이하는 목적을 나타내는 부사적 용법의 to부정사구이다.

Check-Up

1 본문에서 왕이 농부로 변장한 이유를 우리말로 서술하시오.

____

[2-3] 다음 글을 읽고, 물음에 답하시오.

> Equally various (A)(was / were) the answers to the second question. Some said that the members of the king's council were the most important people, __________ others mentioned priests, doctors, or warriors.

2 (A)의 괄호 안에서 어법상 알맞은 것을 고르시오.

3 빈칸에 들어갈 말로 가장 알맞은 것은?

① as long as ② because ③ even though ④ while

While You Read Q3
Why do you think the hermit declined to respond to the king's questions?

예시 I think the hermit wanted to show the king answers to the questions instead of explaining with words.

❶ The hermit listened carefully but declined to respond. ❷ "You must be tired," the king said. ❸ "Let me help you with that." ❹ The hermit thanked him, handing the king his spade.

❺ The king worked for a long time while the hermit watched him silently. ❻ Eventually, as the sun was setting, the king stopped and said, "I came to you for answers to my questions. ❼ If you can give me none, please let me know so that I can return home."

❽ "Someone is running toward us," the hermit said. ❾ "Let's see who it is."

❿ The king turned and saw a man running out of the woods. ⓫ When the man reached the king, he fell down. ⓬ The king could see blood flowing from a large wound in his stomach. ⓭ The king washed and bandaged the wound, and then he and the hermit carried the man into the hut. ⓮ The man closed his eyes and fell asleep. ⓯ Because he was completely exhausted, the king also lay down and slept.

While You Read Q4
What did the king do when he met the wounded man?

The king washed and bandaged the man's wound, and then carried him into the hut.

어휘 **decline**[dikláin] (동) 거절[사양]하다 **respond**[rispɑ́nd] (동) 대답[응답]하다 **spade**[speid] (명) 삽 **eventually**[ivéntʃuəli] (부) 결국, 마침내 **wound**[wuːnd] (명) 상처, 부상 **bandage**[bǽndidʒ] (동) 붕대를 감다 **exhausted**[igzɔ́ːstid] (형) 기진맥진한

해석

❶은자는 주의 깊게 들었지만 대답하기를 거절했다. ❷"당신은 지친 게 분명합니다. ❸제가 당신이 하는 일을 거들어 드리겠습니다."라고 왕이 말했다. ❹은자는 왕에게 감사해 하고는, 그의 삽을 왕에게 건넸다.
❺왕은 한참 동안 일을 했고, 그 동안 은자는 왕을 아무 말없이 바라보았다. ❻해가 지고 있었기에, 결국 왕은 하던 일을 멈추고 말했다. "저는 제 질문들에 대한 대답을 찾기 위해 당신에게 왔습니다. ❼당신이 제게 아무 대답도 줄 수 없다면, 집으로 돌아갈 수 있도록 알려주세요."
❽"누군가 우리 쪽으로 달려오고 있군요."라고 은자가 말했다. ❾"누군지 봅시다."
❿왕은 고개를 돌려 한 남자가 숲에서부터 달려오는 것을 보았다. ⓫그 남자가 왕에게 이르렀을 때, 그는 쓰러졌다. ⓬왕은 그의 배에 있는 커다란 상처에서 피가 흐르는 것을 볼 수 있었다. ⓭왕은 그 상처를 씻어주고 붕대를 감아주고 나서, 은자와 함께 그 남자를 오두막 안으로 옮겼다. ⓮그 남자는 눈을 감더니 잠들었다. ⓯완전히 기진맥진했기 때문에, 왕도 누워서 잠들었다.

While You Read

Q3 은자가 왜 왕의 질문에 답하기를 거절했다고 생각하는가?
예시 은자는 질문에 대한 답을 말로 설명하는 대신 왕에게 보여주고 싶었던 것 같다.
Q4 왕은 부상당한 남자를 만났을 때 무엇을 했는가?
왕은 그의 상처를 씻어주고 붕대를 감아주고 나서, 그를 오두막 안으로 옮겼다.

구문 해설

❹ The hermit thanked him, handing the king his spade.
: handing 이하는 연속 동작을 나타내는 분사구문이다.

❼ ..., please let me know so that I can return home.
: 사역동사(let)의 목적격 보어로 동사원형(know)이 쓰였다. 「so that+주어+can」은 '…가 ~할 수 있도록'이라는 의미이다.

❾ "Let's see who it is."
: who it is는 동사 see의 목적어 역할을 하는 의문사절(간접의문문)이다.

❿ The king turned and saw a man running out of the woods.
: turned와 saw가 접속사 and로 병렬 연결되어 있다. 지각동사(saw)의 목적격 보어로 현재분사(running)가 쓰여 진행의 의미를 나타냈다.

Check-Up

1 본문의 내용과 일치하지 않는 것을 고르시오.
① 은자는 왕의 질문에 답하지 않았다.
② 왕은 은자의 일을 돕겠다고 제안했다.
③ 왕은 숲속에 쓰러져 있던 한 남자를 발견했다.
④ 왕과 은자는 부상당한 남자를 치료해 주었다.

2 다음 괄호 안에서 어법상 올바른 것을 고르시오.
The king could see blood (flowed / flowing) from a large wound in his stomach.

3 주어진 우리말 뜻에 맞도록 괄호 안의 동사를 알맞은 형태로 고쳐 쓰시오.
The hermit thanked him, __________ the king his spade. (hand)
(은자는 왕에게 감사해 하고는, 그의 삽을 왕에게 건넸다.)

❶ When he awoke in the morning, the man was staring at him.

❷ "Forgive me," the man begged.

❸ "I don't know you, and I have no reason to forgive you," the king replied.

❹ "You might not know me, but I know you," the man answered. ❺ "During the last war, you killed my brother and took my property. ❻ When I knew that you had gone to see the hermit, I decided to kill you on your way back. ❼ However, I came across your bodyguards, who recognized me and wounded me. ❽ Although I escaped, I would have died if you hadn't saved my life. ❾ Now, my sons and I will serve you forever."

While You Read Q5
Why did the wounded man ask for forgiveness from the king?

He asked for forgiveness because he had planned to kill the king while the king was on his way home.

❿ Pleased to have made friends with his enemy so easily, the king forgave the man and promised to restore his property. ⓫ After the man left, the king went outside to talk to the hermit.

≡ 어휘 **stare**[stɛər] ⓢ 빤히 쳐다보다, 응시하다 **forgive**[fərgív] ⓢ 용서하다 **beg**[beg] ⓢ 간청[애원]하다 **property**[prápərti] ⓜ 재산 **come across** 우연히 마주치다[발견하다] **recognize**[rékəgnàiz] ⓢ 알아보다, 인식하다 **serve**[sə:rv] ⓢ (사람을) 모시다, 섬기다 **enemy**[énəmi] ⓜ 적 **restore**[ristɔ́:r] ⓢ 되돌려주다, 반환하다

해석

❶아침에 왕이 잠에서 깼을 때, 그 남자가 왕을 바라보고 있었다.
❷"용서해주십시오."라고 그 남자가 간청했다.
❸"저는 당신을 모릅니다. 그러니 제가 당신을 용서해야 할 이유가 없습니다."라고 왕이 대답했다.
❹"당신은 저를 모를 수도 있지만 저는 당신을 압니다."라고 남자가 대답했다. ❺"지난 전쟁에서 당신은 저의 형제를 죽이고, 제 재산을 앗아갔습니다. ❻당신이 은자를 보러 갔다는 것을 알았을 때, 저는 당신이 돌아오는 길에 당신을 죽이려고 결심했습니다. ❼하지만, 저는 우연히 당신의 경호원들과 마주쳤고, 그들이 저를 알아보고는 제게 상처를 입혔습니다. ❽탈출하기는 했으나, 당신이 제 목숨을 구해주지 않았다면 저는 죽었을 것입니다. ❾이제부터, 제 아들들과 저는 당신을 평생 섬기도록 하겠습니다."
❿이렇게 쉽게 적과 화해하게 된 것이 기뻤기에, 왕은 그 남자를 용서하고 그의 재산을 돌려주겠다고 약속했다. ⓫그 남자가 떠난 후, 왕은 은자와 말하기 위해 밖으로 나갔다.

While You Read

Q5 그 부상당한 남자는 왜 왕으로부터 용서를 구했는가?
그는 왕이 집(왕국)으로 돌아가는 동안 왕을 죽이려고 계획하고 있었기 때문에 용서를 구했다.

구문 해설

❸ I don't know you, and I have no reason to forgive you, …
: to forgive you는 reason을 수식하는 형용사적 용법의 to부정사구이다.

❻ When I knew that you had gone to see the hermit, …
: 그 남자가 알았던 것(knew)보다 왕이 떠난 것(had gone)이 먼저 일어난 일이므로, 과거완료 시제가 쓰였다.

❼ However, I came across your bodyguards, who recognized me and wounded me.
: who 이하는 your bodyguards를 선행사로 하여 이를 부연 설명하는 계속적 용법의 주격 관계대명사절이다.

❽ …, I would have died if you hadn't saved my life.
: 「주어+조동사의 과거형+have+p.p. if+주어+had+p.p.」는 '만약 …했더라면 ~했을 텐데'라는 의미로 과거 사실을 반대로 가정하거나 상상하는 가정법 과거완료이다.

❿ Pleased to have made friends with his enemy so easily, …
: Pleased … easily는 이유를 나타내는 분사구문으로, 'As he[the king] was pleased'로 풀어쓸 수 있다. 왕이 적과 친구가 된 것(to have made friends)이 기뻐한 것(pleased)보다 먼저 일어난 사건이므로 완료부정사인 「to+have+p.p.」의 형태가 쓰였다.

Check-Up

1 본문에서 남자가 왕을 죽이려고 했던 이유를 찾아 우리말로 서술하시오.

____

2 다음 글에서 어법상 틀린 것을 찾아 바르게 고치시오.

When I knew that you ① have gone to see the hermit, I decided ② to kill you on your way back. However, I came across your bodyguards, ③ who recognized me and ④ wounded me.

3 주어진 우리말 뜻에 맞도록 괄호 안의 동사를 알맞은 형태로 고쳐 쓰시오.

I ________ ________ ________ if you ________ ________ my life. (die, save)
(당신이 제 목숨을 구해주지 않았다면 저는 죽었을 것입니다.)

❶ "For the last time, I beg you to answer my questions," the king said.

❷ "They've already been answered," said the hermit.

❸ "What do you mean?" the king asked.

❹ "If you hadn't helped me, you would've left, and that man would've attacked you. ❺ Therefore, the most important time was when you were digging. ❻ I was the most important person, and helping me was the most important thing. ❼ Later, the most important time was when you cared for the man. ❽ If you hadn't helped him, he would've died, so he was the most important person, and helping him was the most important thing. ❾ Remember, there is only one time that is important: now! ❿ The person that you are with is the most important person, and doing that person good is the most important thing."

While You Read Q6 What are the hermit's answers to the three questions?

He answered that the most important time is now, the most important person is the one that you are with, and the most important thing is doing that person good.

Source https://ebooks.adelaide.edu.au (p.232 참조)

어휘 **attack**[ətǽk] ⓢ 공격하다 **care for** …를 돌보다

해석

❶ "마지막으로, 당신이 제 질문들에 답해주시기를 간청 드립니다."라고 왕이 말했다.
❷ "그것들은 이미 답변이 이루어졌습니다."라고 은자가 말했다.
❸ "무슨 말씀이십니까?"라고 왕이 물었다.
❹ "당신이 나를 돕지 않았다면, 당신은 떠났을 것이고, 그 남자가 당신을 공격했을 겁니다. ❺ 그러므로, 가장 중요한 순간은 당신이 땅을 파던 때입니다. ❻ 제가 바로 가장 중요한 사람이고, 저를 도왔던 것이 가장 중요한 일이었던 것입니다. ❼ 그 후에, 가장 중요한 순간은 당신이 그 남자를 돌봐주었을 때입니다. ❽ 만약 당신이 그를 돕지 않았다면, 그는 죽었을 것이기에 그가 가장 중요한 사람이었고, 그를 돕는 것이 가장 중요한 일이었습니다. ❾ 기억하십시오. 중요한 순간은 오직 한 순간, 바로 지금입니다! ❿ 당신이 함께하는 사람이 가장 중요한 사람이고, 그 사람에게 선을 행하는 것이 가장 중요한 일입니다."

While You Read

Q6 세 가지 질문에 대한 은자의 답은 무엇인가?
그는 가장 중요한 때는 지금이고, 가장 중요한 사람은 당신이 지금 함께하는 사람이며, 가장 중요한 것은 그 사람에게 선을 행하는 것이라고 답했다.

구문 해설

❷ "They've already been answered," said the hermit.
: They는 앞 문장의 my questions를 가리킨다. 현재완료 시제인 「have p.p.」와 수동태인 「be p.p.」가 결합된 현재완료 수동태가 쓰였다.

❹ If you hadn't helped me, you would've left, and that man would've attacked you.
: 「If+주어+had+p.p., 주어+조동사의 과거형+have+p.p.」는 '만약 …했더라면 ~했을 텐데'라는 의미로 과거 사실을 반대로 가정하거나 상상하는 가정법 과거완료이다.

❺ Therefore, the most important time was when you were digging.
: when 이하는 동사 was의 보어 역할을 하는 관계부사절이며, 앞에 선행사 the time이 생략된 형태이다.

❾ Remember, there is only one time that is important: now!
: that 이하는 only one time을 선행사로 하는 주격 관계대명사절이다.

❿ The person that you are with is …
: that … with는 The person을 선행사로 하는 목적격 관계대명사절이다.

Check-Up

[1-2] 다음 글을 읽고, 물음에 답하시오.

"If you hadn't helped me, you would've left, and that man would've attacked you. Therefore, the most important time was __________ you were digging. I was the most important person, and helping me was the most important thing. Later, the most important time was when you cared for the man. (A) (만약 당신이 그를 돕지 않았다면), he would've died, so he was the most important person, and helping him was the most important thing. Remember, there is only one time that is important: now! The person that you are with is the most important person, and doing that person good is the most important thing."

1 빈칸에 들어갈 말로 가장 알맞은 것은?

① what ② who ③ where ④ when

2 (A)의 우리말 뜻에 맞도록 주어진 단어를 활용하여 문장을 완성하시오.

(if, you, help, him) → ______________________________

A

Fill in the blanks with the words in the box based on the main text.

Setting	• in a kingdom a long time ago • at the hermit's 1) ___hut___
Characters	• a king who has three 2) ___questions___ to ask • a 3) ___hermit___ who gives the answers to the king • a man who tries to kill the king
Theme	• the importance of being in the 4) ___present___

hermit   hut   present   questions

A 본문에 근거하여 상자 속 단어로 빈칸을 채우시오.

배경	• 오래 전 어느 왕국 • 은자의 1)오두막
등장인물	• 물어볼 세 가지 2)질문이 있는 왕 • 왕에게 답을 주는 3)은자 • 왕을 죽이려고 하는 남자
주제	• 4)현재에 있는 것의 중요성

B

Number the following events in the correct order based on the main text.

4	A wounded man appeared, and the king took care of him.
6	The king forgave the man and made friends with him.
7	The hermit responded that his questions were already answered.
1	There was a certain king who wanted to know three things.
5	The man told the king who he was and begged the king for forgiveness.
3	The king decided to meet a wise hermit, and went to see him.
2	Many people answered to the king's questions, but their answers didn't satisfy him.

p. 125

B 본문에 근거하여 올바른 순서대로 다음 사건들에 번호를 매기시오.

4 한 부상 당한 남자가 나타났고, 왕은 그를 돌봐줬다.
6 왕은 그 남자를 용서하고 그와 친구가 되었다.
7 은자는 그의 질문에 대해 이미 답변이 이루어졌다고 답했다.
1 세 가지를 알고 싶어하는 어떤 왕이 있었다.
5 그 남자는 왕에게 자신이 누구인지 말하고 용서를 간청했다.
3 왕은 현명한 은자를 만나기로 결심하고 그를 보러 갔다.
2 많은 사람들이 왕의 질문에 답했지만 그들의 답은 왕을 만족시키지 못했다.

Check-Up

[1-3] 다음 문장이 본문 내용과 일치하면 T, 일치하지 않으면 F를 쓰시오.

1 The king announced that he would reward anyone who could answer to his questions. (   )

2 The king went to the hermit's hut with his bodyguards. (   )

3 The man running out of the woods was wounded in his legs. (   )

어휘 **setting**[sétiŋ] 명 배경 **kingdom**[kíŋdəm] 명 왕국 **hut**[hʌt] 명 오두막 **character**[kǽriktər] 명 등장인물 **present**[préznt] 명 현재 **forgiveness**[fərgívnis] 명 용서

C Look at each character and choose the word in the box that best describes him. Then share your opinions and reasons with your partner.

brave	caring	patient	generous
curious	considerate	insightful	honest

예시
- I think the king is brave because he went to the hermit's hut alone.
- I think the hermit is insightful because of his wise answers.
- I think the wounded man is honest because he told the king about his plan.

C 각 등장인물을 보고 그를 가장 잘 묘사하는 말을 상자에서 고르시오. 그러고 나서 자신의 의견과 이유를 짝과 공유하시오.

예시
- 나는 왕이 혼자서 은자의 오두막으로 갔기 때문에 용감하다고 생각해.
- 나는 은자의 현명한 답 때문에 그가 통찰력 있는 사람이라고 생각해.
- 나는 부상당한 남자는 왕에게 그의 계획에 관해 말했기 때문에 정직하다고 생각해.

D Imagine that you are going to meet a wise person. Make three questions of your own and share them with your friends.

예시

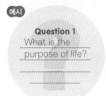

Question 1
What is the purpose of life?

Question 2
How can I succeed in life?

Question 3
What should I do with my future?

D 자신이 현명한 사람을 만날 거라고 상상해 보시오. 자신만의 세 가지 질문을 만들어 친구들과 공유하시오.

예시
Q1 삶의 목적이 무엇인가?
Q2 어떻게 인생에서 성공할 수 있는가?
Q3 나의 미래에 무엇을 해야 하는가?

p. 126

배경지식

Leo Tolstoy

Leo Tolstoy(1828–1910)는 사실주의 소설의 대가로, 19세기 러시아 문학을 대표하는 세계적 문호임과 동시에 문명 비평가이자 사상가였다. Tolstoy는 귀족의 자녀로 태어났지만, 민중의 가난과 굶주림에 대한 책임감을 느끼며 귀족의 탐욕과 부패, 왜곡된 사회질서와 종교를 비판하고 인간의 내면과 삶의 본질에 대해 고민하고 탐구했다. 그 결과 삶에 대한 깊이 있는 통찰이 배어 있는 수많은 걸작을 남겼다. 대표작은 나폴레옹의 모스크바 침입과 러시아 사회를 그린 《전쟁과 평화》(1864–1869), 사랑과 결혼 등의 문제를 다룬 《안나 카레니나》(1873–1876), 러시아 민담을 개작한 《바보 이반》(1886), 죽음을 소재로 한 《이반 일리치의 죽음》(1886) 등이 있다.

어휘 **brave** [breiv] 형 용감한 **caring** [kέəriŋ] 형 배려하는, 보살피는 **patient** [péiʃənt] 형 인내심 있는 **generous** [ʤénərəs] 형 관대한, 너그러운 **considerate** [kənsídərit] 형 사려 깊은, 배려하는 **insightful** [ínsáitfəl] 형 통찰력 있는

Discovering Grammar

Point 1

Read and Notice Read the passage from a diary, paying attention to the structure in bold.

> **Waiting** for class to end, I watch the hands of the clock slowly turn. Every Wednesday, I volunteer at a nursing home after school. The people who live there tell the most interesting stories. Some have fought in wars or traveled to places I've only dreamed of. **Listening** to their stories, I always feel like I learn a lot from them.

Practice Complete the sentences with the given words using the same structure as above.

1 I lent her my note, wishing her luck. (wish, luck, her)
2 Not knowing where to go, we just waited for the sun to rise. (know, not, where to go)
3 Arriving home, I realized that I had left my umbrella in the cab. (home, arrive)

Find More Find the sentences in the main text with the same structure as above.

p. 127

Find More 정답

p.121 Still **wishing** to find the best answers to his questions, the king decided to (...)
p.121 **Reaching** the hermit's hut, the king found (...)
p.122 The hermit thanked him, **handing** the king his spade.

Point 1

Read and Notice 굵게 표시된 구조에 주의하여 일기 속 구절을 읽으시오.

> 수업이 끝나기를 기다리며, 나는 시곗바늘이 천천히 돌아가는 것을 바라본다. 매주 수요일, 나는 방과 후에 요양원에서 봉사활동을 한다. 그곳에 사는 사람들은 가장 흥미로운 이야기들을 들려준다. 어떤 사람들은 전쟁에서 싸웠거나 내가 꿈꿔오기만 했던 곳들로 여행했다. 그들의 이야기를 들을 때면, 나는 항상 그들로부터 많은 걸 배우는 것처럼 느낀다.

Practice 위와 같은 구조를 사용하여 주어진 단어로 문장을 완성하시오.

1 나는 그녀에게 행운을 빌어주며 내 노트를 빌려주었다.
2 어디로 가야 할지 몰라서, 우리는 그저 해가 뜨기만을 기다렸다.
3 집에 도착했을 때에야 나는 우산을 택시에 뒀다는 것을 깨달았다.

Find More 위와 같은 구조를 가진 문장을 본문에서 찾으시오.

Point 2

Read and Notice Read the interview script, paying attention to the structure in bold.

> I was able to act quickly because I was prepared for the worst. **If** I **hadn't watched** the safety demonstration before the flight and **if** I **hadn't read** the safety information as advised, I **wouldn't have known** what to do. **If** I **hadn't known** what to do, I **wouldn't have survived** the crash.

Practice Complete the sentences using the same structure as above. 예시

1 I wouldn't have helped you if you hadn't asked me.
2 If he had known you were coming, he would have stayed longer.
3 If you had studied more, you would have done better on your exams.

Find More Find the sentences in the main text with the same structure as above.

p. 127

Find More 정답

p.123 Although I escaped, I **would have died if** you **hadn't saved** my life.
p.124 **If** you **hadn't helped** me, you **would've left**, and that man **would've attacked** you.
p.124 **If** you **hadn't helped** him, he **would've died**, (...)

Point 2

Read and Notice 굵게 표시된 구조에 주의하여 인터뷰 원고를 읽으시오.

> 저는 최악의 상황에 대해 준비가 되어 있었기 때문에 재빨리 행동할 수 있었습니다. 만약 제가 비행 전에 안전시범을 보지 않았더라면, 그리고 조언 받은 대로 안전정보를 읽어보지 않았더라면, 저는 뭘 해야 할지 몰랐을 것입니다. 만약 제가 뭘 해야 할지 몰랐다면, 저는 그 추락사고에서 살아남지 못했을 것입니다.

Practice 위와 같은 구조를 사용하여 문장을 완성하시오. 예시

1 네가 내게 요청하지 않았다면 나는 너를 도와주지 않았을 것이다.
2 네가 오고 있다는 걸 그가 알았다면, 그는 더 오래 머물렀을 것이다.
3 네가 더 열심히 공부했더라면, 너는 시험을 더 잘 봤을 것이다.

Find More 위와 같은 구조를 가진 문장을 본문에서 찾으시오.

어휘 **nursing home** 요양원 **cab**[kæb] 명 택시 **prepared**[pripέərd] 형 (…을 처리할) 준비가 된 **safety**[séifti] 명 안전 **demonstration**[dèmənstréiʃən] 명 시범 **survive**[sərváiv] 동 살아남다, 생존하다 **crash**[kræʃ] 명 (충돌·추락) 사고

문법 노트

Point 1

분사구문

부사절은 when, because, if, although 등의 접속사가 이끄는 절로 문장에서 부가적인 정보를 제공한다. 분사구문은 부사절에서 접속사와 (주절과 동일한) 주어를 생략한 형태로, 시간, 이유, 조건, 양보, 동시동작, 연속동작 등 부사절에 있던 접속사의 의미를 담고 있다.

ex **Entering** the room, I noticed something was wrong. [= When I entered the room, …]
(방에 들어섰을 때, 나는 뭔가 잘못됐다는 걸 알아차렸다.)
Written in easy words, this book is useful for beginners. [= As it is written in easy words, …]
(쉬운 말로 쓰여있어서, 이 책은 초보자들에게 유용하다.)
Turning right, you'll find the restaurant. [= If you turn right, …]
(오른쪽으로 돌면 너는 그 식당을 찾을 수 있을 것이다.)
Drinking a cup of tea, he read a book. [= While he was drinking a cup of tea, …]
(차를 마시면서 그는 책을 읽었다.)

Point 2

가정법 과거완료

「If+주어+had+p.p., 주어+조동사의 과거형+have+p.p.」의 형태로, '만약 …했더라면, ~했을 텐데'라는 의미이다. 이미 벌어진 과거의 사실과 다른 가정이나 상상을 할 때 사용한다.

ex If you **had come**, you **would have met** them. [= As you didn't come, you didn't meet them.]
(네가 왔다면, 그를 만났을 것이다.)
If I hadn't been there, you **could have died**. [= As I was there, you could survive.]
(내가 그곳에 없었다면, 너는 죽을 수도 있었다.)

Check-Up

1 주어진 문장과 같은 뜻이 되도록 괄호 안의 단어를 올바른 형태로 고치시오.

(1) He stood still because he was shocked at what he saw.
= ________ at what he saw, he stood still. (shock)

(2) She kept following her dreams although she had some difficulties.
= ________ some difficulties, she kept following her dreams. (have)

2 다음 중 밑줄 친 부분의 성격이 다른 하나를 고르시오.

① The child sat at the desk painting a picture.
② Walking barefoot at the beach can be dangerous.
③ Sweeping across the night sky, the bats hunted their prey.
④ Leaving the party too early, we couldn't see the fireworks.

3 다음 괄호 안의 동사를 알맞은 형태로 고쳐 쓰시오.

(1) If you ____________ me you were sick, I would have visited you. (tell)
(2) If you had had a key, you could ____________ the door. (open)

4 주어진 문장을 〈보기〉와 같이 바꿔 쓰시오.

| 보기 | As I was sick, I couldn't go to the party.
→ If I had not been sick, I could have gone to the party.

(1) As we missed the bus, we couldn't get there in time.
→ ____

(2) As he didn't listen to me, he lost a lot of money.
→ ____

A Small Taste of Books

Writing a Book Review

A Book Review

A book review is a writer's opinion about a book. When you write a review, begin with a brief summary or description of the book. Then state your opinion of it—whether you liked it or not and why.

서평

서평은 책에 관한 필자의 견해이다. 서평을 쓸 때, 그 책에 대한 간략한 요약이나 묘사로 시작 해라. 그리고 나서 그 책이 좋았는지 싫었는지, 그 이유는 무엇인지 등 책에 관한 당신의 견해를 진 술해라.

A Model Writing

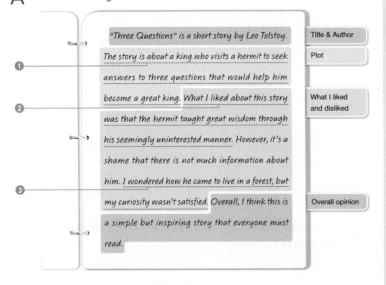

"Three Questions" is a short story by Leo Tolstoy. (Title & Author) *The story is about a king who visits a hermit to seek answers to three questions that would help him become a great king.* (Plot) ❶ *What I liked about this story was that the hermit taught great wisdom through his seemingly uninterested manner. However, it's a shame that there is not much information about him. I wondered how he came to live in a forest, but my curiosity wasn't satisfied.* (What I liked and disliked) ❷ ❸ *Overall, I think this is a simple but inspiring story that everyone must read.* (Overall opinion)

A 〈Three Questions〉는 Leo Tolstoy가 쓴 단편 소설이다. 이 소설은 위대한 왕이 되는 데 도움을 줄 세 가지 질문에 대한 답을 구하기 위해 은자를 찾아간 한 왕에 관한 이야기이다. 이 이야기에서 내가 좋아했던 것은 은자가 겉보기에는 무심한 태도로 위대한 지혜를 가르쳐준 것이었다. 하지만, 그에 관한 정보가 그리 많지 않다는 점은 아쉽다. 나는 그가 어떻게 숲에 살게 됐는지 궁금했지만, 내 호기심은 채워지지 않았다. 전반적으로, 나는 이것이 모든 사람이 읽어야 할 단순하지만 영감을 주는 이야기라고 생각한다.

Useful Expressions Describing a story

touching	humorous	instructive	entertaining
engaging	eye-opening	thrilling	informative

p. 128

Useful Expressions 이야기 묘사하기

감동적인 / 유머러스한 / 교훈적인 / 재미있는
매력적인 / 놀랄만한 / 스릴있는 / 유익한

구문 해설

❶ The story is about a king who visits a hermit to seek answers to three questions that would help him become a great king.
: who 이하는 a king을 선행사로 하는 주격 관계대명사절이고, to seek은 목적을 나타내는 부사적 용법의 to부정사이다. that 이하는 three questions를 선행사로 하는 주격 관계대명사절이다.

❷ What I liked about this story was that the hermit taught great wisdom …
: What … story는 문장의 주어 역할을 하는 관계대명사절이다. that 이하는 문장의 보어 역할을 하는 명사절이다.

❸ I wondered how he came to live in a forest, …
: how … forest는 동사 wondered의 목적어 역할을 하는 의문사절(간접의문문)이다.

유용한 표현

이야기를 묘사하는 기타 표현들

- funny(웃긴)
- heartbreaking(가슴 아픈)
- romantic(낭만적인)
- tragic(비극적인)
- stunning(멋진)
- breathtaking(숨이 멎는 듯한)
- frightening(무서운)

어휘 **seemingly**[síːmiŋli] 부 외견상, 겉보기에 **uninterested**[ʌ̀níntərəstid] 형 무관심한 **shame**[ʃeim] 명 애석한[아쉬운] 일 **curiosity**[kjùəriɑ́səti] 명 호기심 **overall**[òuvərɔ́ːl] 부 전반적으로 **inspiring**[inspáiəriŋ] 형 영감을 주는

B Write Your Own

Step 1 Think about a book you've enjoyed reading recently. Then talk about it with your partner.

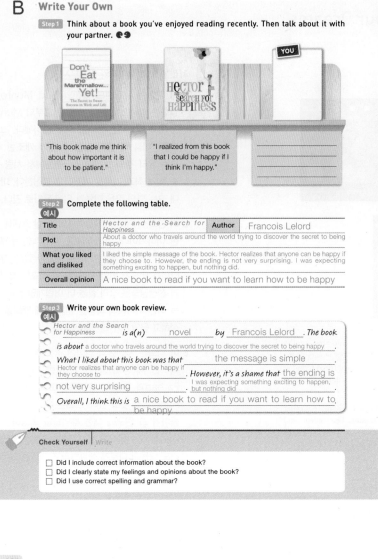

"This book made me think about how important it is to be patient."

"I realized from this book that I could be happy if I think I'm happy."

Step 2 Complete the following table.

예시

Title	Hector and the Search for Happiness	Author	Francois Lelord
Plot	About a doctor who travels around the world trying to discover the secret to being happy		
What you liked and disliked	I liked the simple message of the book. Hector realizes that anyone can be happy if they choose to. However, the ending is not very surprising. I was expecting something exciting to happen, but nothing did.		
Overall opinion	A nice book to read if you want to learn how to be happy		

Step 3 Write your own book review.

예시

Hector and the Search for Happiness *is a(n)* novel *by* Francois Lelord. *The book is about* a doctor who travels around the world trying to discover the secret to being happy. *What I liked about this book was that* the message is simple. Hector realizes that anyone can be happy if they choose to. *However, it's a shame that* the ending is not very surprising. I was expecting something exciting to happen, but nothing did. *Overall, I think this is* a nice book to read if you want to learn how to be happy.

Check Yourself | Write

- ☐ Did I include correct information about the book?
- ☐ Did I clearly state my feelings and opinions about the book?
- ☐ Did I use correct spelling and grammar?

p. 129

추가 예시문

The Absolutely True Diary of a Part-Time Indian is a novel by Sherman Alexie. The book is about 14-year-old Arnold Spirit, a poor Indian boy with many problems who wants to be a cartoonist. What I liked about this book was that Arnold's narration is combined with his own cartoons. However, it's a shame that many characters face tragic deaths. I wish there were more solid and long-living characters like Arnold. Overall, I think this is a heartbreaking but also funny book that anyone who is interested in the life of Native Americans in the U.S. should read.

《The Absolutely True Diary of a Part-Time Indian》은 Sherman Alexie의 소설이다. 그 책은 만화가가 되고 싶어 하는, 많은 문제를 가진 14살의 가난한 인디언 소년 Arnold Spirit에 관한 것이다. 이 책에서 내가 좋아했던 것은 Arnold의 내레이션이 그가 직접 그린 만화와 결합되어 있다는 것이었다. 하지만, 많은 등장인물이 비극적인 죽음을 맞이한다는 점은 아쉽다. 나는 Arnold처럼 든든하고 오래 사는 등장인물들이 더 있기를 바란다. 전반적으로, 나는 이 책이 미국 내 북미 원주민의 삶에 관심이 있는 사람이라면 누구나 읽어야 하는, 가슴 아프면서도 재미있는 책이라고 생각한다.

B **Step 1** 최근 재미있게 읽은 책에 대해 생각해 보시오. 그러고 나서 그에 관해 짝과 이야기해 보시오.

- "이 책은 인내심 있는 것이 얼마나 중요한지에 관해 생각하도록 해줬어."
- "나는 이 책으로부터 내가 행복하다고 생각하면 행복할 수 있다는 것을 깨달았어."

Step 2 다음 표를 완성하시오.

예시

- 제목: 《Hector and the Search for Happiness》
- 저자: Francois Lelord
- 줄거리: 행복해지는 비결을 발견하려고 노력하며 전 세계를 여행하는 의사에 관한 이야기
- 좋았던 점과 싫었던 점: 나는 책의 단순한 메시지가 좋았다. Hector는 누구나 행복해지겠다고 선택하기만 하면 행복해질 수 있다는 걸 깨달았다. 하지만, 결말이 그다지 놀랍지 않다. 나는 뭔가 흥미로운 일이 벌어지길 기대했지만 아무 일도 일어나지 않았다.
- 전반적 견해: 행복해지는 법을 배우고 싶다면 읽기에 좋은 책

Step 3 자신의 서평을 쓰시오.

예시 《Hector and the Search for Happiness》는 Francois Lelord의 소설이다. 그 책은 행복의 비결을 발견하려고 노력하며 세계를 여행하는 의사에 관한 것이다. 이 책에서 내가 좋아했던 것은 메시지가 단순하다는 것이었다. Hector는 누구나 행복해지겠다고 선택하기만 하면 행복해질 수 있다는 걸 깨닫는다. 하지만, 결말이 그다지 놀랍지 않다는 점은 아쉽다. 난 뭔가 흥미로운 일이 벌어지길 기대했지만 아무 일도 일어나지 않았다. 전반적으로, 나는 이 책이 당신이 행복해지는 법을 알고 싶다면 읽어볼 만한 좋은 책이라고 생각한다.

Check Yourself

- ☐ 책에 대한 정확한 정보를 포함했는가?
- ☐ 책에 관한 내 느낌과 의견을 분명히 서술했는가?
- ☐ 올바른 철자와 문법을 사용했는가?

Inside Culture　Follow Your Dreams

A Get to Know the World

Look at the pictures and match them to the plots.

Sing Street

3 Idiots

The World's Fastest Indian

a This is based on the true story of Burt Munro from New Zealand. Since he was young, Munro has had a passion for machines that move fast. ❶ After modifying his motorcycle to make it faster, he decides to break the world's land speed record at Utah's Bonneville Salt Flats. In the end, he makes his way to Utah to achieve his dream.

b This is the story about a 14-year-old boy named Conor. His family is having money problems, and his parents' relationship is in trouble. The students and teachers at his new inner-city public school aren't making his life any easier either. ❷ He forms a band to win the heart of a girl and dreams of becoming a musician.

c ❸ This is a story about three engineering students trying to find their true dream. Farhan and Raju are searching for their long-lost companion, Rancho. They revisit their college days and recall memories of their friend, who inspired them to think differently, even as the rest of the world made fun of them.

p. 130

A 사진을 보고 줄거리와 짝지으시오.

a 이 영화는 뉴질랜드 출신의 Burt Munro의 실화를 바탕으로 한다. 어렸을 때부터 Munro는 빨리 움직이는 기계를 매우 좋아했다. 그의 오토바이를 더 빨리 달릴 수 있게 개조한 후, 그는 유타 주의 보네빌 소금평원에서 차량 속도 세계 최고 기록을 깨겠다고 결심한다. 마침내 그는 그의 꿈을 이루기 위해 유타로 간다.

b 이 영화는 Conor라는 이름의 14살 소년에 관한 이야기이다. 그의 가족은 금전적인 문제가 있고, 부모들 간의 관계에도 문제가 있다. 그가 다니는 대도시 빈민가의 새 공립학교의 학생들과 선생님들은 그의 삶을 더 어렵게만 한다. 그는 어떤 여자애의 마음을 얻기 위해 밴드를 결성하고 음악가가 되기를 꿈꾼다.

c 이 영화는 자신들의 진정한 꿈을 찾으려고 노력하는 세 명의 공학도에 관한 이야기이다. Farhan과 Raju는 오랫동안 보지 못한 친구 Rancho를 찾고 있다. 그들은 대학 시절로 되돌아가 그 친구에 대한 추억들을 회상하는데, Rancho는 심지어 온 세상이 그들을 놀리더라도 남들과 다르게 생각하라고 그들을 고무했다.

구문 해설

❶ After modifying his motorcycle to make it faster, he decides to ...
: After ... faster는 시간을 나타내는 분사구문으로, 의미를 분명히 하기 위해 접속사를 생략하지 않은 형태이다. make의 목적격 보어로 비교급 형용사(faster)가 쓰였다.

❷ He forms a band to win the heart of a girl and dreams of becoming a musician.
: 동사 forms와 dreams가 접속사 and로 병렬 연결되어 있다. to win ... a girl은 목적을 나타내는 부사적 용법의 to부정사구이다. becoming a musician은 전치사 of의 목적어 역할을 하는 동명사구이다.

❸ ... students trying to find their true dream.
: trying 이하는 students를 수식하는 현재분사구이다.

어휘 **modify**[mɑ́dəfài] ⓢ 개조하다 **engineering**[èndʒiníəriŋ] ⓜ 공학 **revisit**[rivízit] ⓢ 다시 찾아가다 **make one's way to** …로 나아가다 **long-lost** ⓗ 오랫동안 보지 못한 **recall**[rikɔ́ːl] ⓢ 회상하다, 기억해내다 **inner-city** ⓗ 대도시 빈민가의 **companion**[kəmpǽnjən] ⓜ 친구, 벗 **make fun of** …를 놀리다

B Take a Closer Look

Choose the movie that you'd like to watch most in A and write a comment explaining why.

Comment

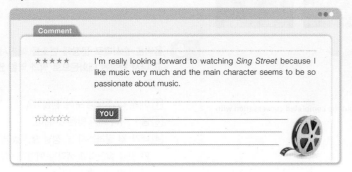

★★★★★ I'm really looking forward to watching *Sing Street* because I like music very much and the main character seems to be so passionate about music.

☆☆☆☆☆ YOU ______________________________

____

____

B A에서 자신이 가장 보고 싶은 영화를 골라서 이유를 설명하는 글을 쓰시오.

- 저는 〈Sing Street〉을 보는 게 너무나 기대됩니다. 왜냐하면 제가 음악을 아주 좋아하고 주인공이 음악에 대해 정말 열정적으로 보이기 때문입니다.

C Keep Exploring

Search for another movie about following dreams. Write a brief introduction and share it with your class.

Title: ______________________________

Main actors: ______________________________

Plot: ______________________________

____

____

Memorable lines: ______________________________

____

p. 131

C 꿈을 좇는 것에 관한 다른 영화를 조사해 보시오. 간략한 소개 글을 쓰고 그것을 학급에 공유하시오.

Check-Up

[1–4] 다음 문장이 본문 내용과 일치하면 T, 일치하지 않으면 F를 쓰시오.

1 *The World's Fastest Indian* is a film about a man who wanted to break the world's land speed record. (   )

2 *Sing Street* is about a boy who makes a band in order to win the heart of a girl. (   )

3 Conor in *Sing Street* gets help from his teachers at his new inner-city public school. (   )

4 Rancho in *3 Idiots* inspired his college friends to think realistically in order to succeed. (   )

배경지식

꿈과 관련된 영화

- Billy Elliot(2000): 영국에 사는 11살 소년 빌리는 복싱을 배우러 가는 체육관에서 우연히 발레 수업을 보게 되고, 자신도 모르게 여학생들의 동작을 따라 한다. 그의 재능을 발견한 발레 선생님에게 수업도 받으며 점점 더 발레의 매력에 매료된다. 발레는 여자들이나 하는 거라는 아버지의 반대를 무릅쓰고, 빌리는 자신이 좋아하는 발레를 위해 나아간다.
- October Sky(1999): 냉전 시대였던 1957년, 미국의 탄광마을에 사는 소년들은 아버지들이 그랬듯이 광부가 될 운명에 놓여있다. 그러나 주인공 호머는 소련이 첫 인공위성 발사에 성공했다는 뉴스를 듣고 자신의 꿈을 깨닫는다. 그리고 주변의 조롱과 반대에도 불구하고 로켓 연구에 집중한다.

L Listen to the conversation and choose which volunteer work the girl suggests.

a

ⓑ

c

d

L 대화를 듣고 여자가 어떤 자원봉사를 제안하는지 고르시오.

S Number the sentences in the correct order. Then act out the completed conversation with your partner.

[1] Hey, you look sad. Are you okay?
[6] Hmm… I guess maybe you're right.
[4] I don't really know what I'm good at. Every time I think I'm good at something, there's always someone better than me.
[2] Not really. I've been worrying a lot about my future lately.
[5] There will always be someone better than us at something, but it is important to try to focus on your own strengths.
[7] Feel more confident and don't compare yourself to others.
[3] Why is that?
[8] Thanks for your advice.

S 올바른 순서대로 문장에 번호를 매기시오. 그러고 나서 완성된 대화문으로 짝과 역할 연기를 하시오.

[1] 이봐, 너 우울해 보여. 괜찮아?
[6] 음… 아마 네가 맞는 것 같아.
[4] 내가 뭘 잘하는지 난 정말 모르겠어. 내가 어떤 것을 잘한다고 생각할 때마다 항상 나보다 더 잘하는 사람이 있거든.
[2] 아니. 최근에 내 미래에 대해 많이 걱정해왔어.
[5] 무엇에서건 항상 우리보다 잘하는 사람은 있겠지만, 네 자신의 장점에 집중하려고 노력하는 게 중요해.
[7] 좀 더 자신감을 갖고 네 자신을 남과 비교하지마.
[3] 왜 그러는데?
[8] 충고 고마워.

Self-Reflection

1 Answer the Big Question

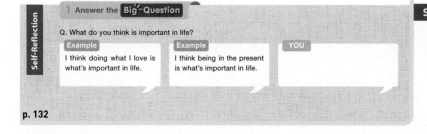

Q. What do you think is important in life?

Example I think doing what I love is what's important in life.

Example I think being in the present is what's important in life.

YOU

p. 132

Self-Reflection 1 Big Question에 답하기

Q. 삶에서 중요한 것이 무엇이라고 생각합니까?
|예시| 나는 내가 사랑하는 일을 하는 게 삶에서 중요한 것이라고 생각한다.
|예시| 나는 현재에 충실한 것이 삶에서 중요한 것이라고 생각한다.

Script L

G: John, what do you want to do after graduation?
B: Actually, I've thought a lot about it, but I still don't know what I want to do.
G: Well, what are you interested in?
B: I'm interested in reading books and helping others.
G: Have you ever thought about volunteering to read books to the elderly?
B: No, I haven't. But I think that would be a good experience.
G: I think so, too. That kind of volunteer work can help you plan your future.

해석

여: John, 졸업 후에 뭘 하고 싶어?
남: 사실, 그것에 대해 많이 생각해왔는데 내가 뭘 하고 싶은지 여전히 모르겠어.
여: 그럼, 넌 뭐에 흥미가 있어?
남: 난 책을 읽는 거랑 다른 사람들을 돕는 데에 관심이 있어.
여: 연세가 드신 분들에게 책을 읽어드리는 자원봉사에 관해 생각해 본 적 있어?
남: 아니, 안 해봤어. 그렇지만 그거 좋은 경험이 될 것 같다고 생각해.
여: 나도 그렇게 생각해. 그런 종류의 자원봉사 활동은 네가 미래를 계획하는 데에 도움을 줄 수 있어.

어휘 **lately** [léitli] ㉾ 최근 **compare** [kəmpέər] ㉢ 비교하다 **graduation** [grædʒuéiʃən] ㉥ 졸업 **elderly** [éldərli] ㉧ 연세가 드신

R Read the paragraph and answer the following questions.

The king worked for a long time while the hermit watched him silently. (①) Eventually, as the sun was setting, the king stopped and said, "I came to you for answers to my questions. (②) If you can give me none, please (A) (I / return / me / let / so that / can / know / home)."

"Someone is running toward us," the hermit said. "Let's see who it is." (③)

The king turned and saw a man running out of the woods. When the man reached the king, he fell down. The king could see blood flowing from a large wound in his stomach. (④) The man closed his eyes and fell asleep. Because he was completely exhausted, the king also lay down and slept.

1 Put the given words in (A) in the correct order to complete the sentence.
let me know so that I can return home

2 Choose the best place for the following sentence among ①–④. ④

The king washed and bandaged the wound, and then he and the hermit carried the man into the hut.

W Write a review of your favorite book.

Outline — Title & Author — Plot — What I liked and disliked — Overall opinion

예시 *The Little Prince* by Antoine de Saint-Exupéry is my favorite book. The book is about a man whose plane crashes in the middle of the Sahara. There he meets a little prince from a tiny planet in space. What I liked about this book was that it has many good quotes about life, but it's hard to understand. Overall, I think it's a great book for people who want to remember what it's like to look at life through a child's eyes.

2 Reflect on Your Learning

1 I've actively participated in class during this lesson. ①-②-③-④-⑤
2 I fully understand what I've learned in this lesson. ①-②-③-④-⑤
3 I can use the expressions I learned in this lesson in other situations. ①-②-③-④-⑤

p. 133

R 단락을 읽고 다음 질문에 답하시오.

1 (A)에 주어진 단어를 올바른 순서로 배열하여 문장을 완성하시오.

2 다음 문장이 들어가기에 가장 적절한 곳을 ①–④ 중에서 고르시오.

W 좋아하는 책의 서평을 써 보시오.

예시 Antoine de Saint-Exupéry가 쓴 《어린 왕자》가 내가 좋아하는 책이다. 이 책은 사하라 사막 한가운데에 그의 비행기가 추락한 남자에 대한 이야기이다. 그곳에서 그는 우주의 아주 작은 행성에서 온 어린 왕자를 만난다. 내가 이 책에서 좋아했던 것은 삶에 대한 좋은 인용구들이 많다는 것이었지만, 이해하기는 어려웠다. 전반적으로, 나는 이 책이 어린아이의 눈으로 삶을 바라보는 게 어떤지를 기억하고 싶은 사람들에게 좋은 책이라고 생각한다.

Self-Reflection 2 학습 과정 돌아보기

1 나는 이 단원을 배우는 동안 수업에 적극적으로 참여했다.
2 나는 이 단원에서 배운 것을 완전히 이해한다.
3 나는 이 단원에서 배운 표현을 다른 상황에 사용할 수 있다.

Check-Up

[1-3] 다음 빈칸에 들어갈 알맞은 말을 〈보기〉에서 찾아 쓰시오.

1 I want to know the ______________ number of people.

2 We're making all efforts to ______________ perfect quality.

3 I decided to donate half of my ______________ to society.

보기	restore	ensure	greet	property	precise	wound

[4-5] 다음을 읽고, 물음에 답하시오.

Still (A) (wishing / wished) to find the best answers to his questions, the king decided (B) (visiting / to visit) an old hermit who was famous for his wisdom. The hermit lived in a forest and met only ordinary folk, so the king __________ himself as a simple peasant.

4 (A), (B)의 괄호 안에서 어법상 맞는 것을 고르시오.

5 빈칸에 들어갈 말로 가장 알맞은 것은?

① asked ② congratulated ③ disguised ④ portrayed

단원 핵심 정리

Communicative Functions

1 강조하기: It is important to ... (…하는 것이 중요하다)

▶ 어떤 것을 강하게 주장하거나 강조해서 말할 때, "It is important to ..."라는 표현을 사용할 수 있다. 이와 유사한 표현으로 "It is important that ...," "I want to stress ..." 등이 있다.

2 관심에 대해 묻기: What are you interested in? (무엇에 관심이 있어?)

▶ 상대방이 어떤 것에 흥미를 느끼고 관심이 있는지를 물을 때, "What are you interested in?"이라는 표현을 사용할 수 있다. 이와 함께 쓸 수 있는 표현으로 "Are you interested in ... ?," "Do you find ... interesting?" 등이 있다.

New Words & Expressions

ensure	동 확실하게 하다, 보증하다
announce	동 발표[공표]하다, 알리다
take ... into account	…을 고려하다
precise	형 정확한
consult	동 상담[상의]하다
council	명 의회; 자문위원회
whereas	접 반면
worship	명 예배
hermit	명 은자, 은둔자
wisdom	명 지혜
folk	명 사람들
disguise	동 변장하다
peasant	명 농부, 농민; 소작농
greet	동 인사하다; 맞이하다
decline	동 거절[사양]하다
respond	동 대답[응답]하다
spade	명 삽
eventually	부 결국, 마침내
wound	명 상처, 부상
bandage	동 붕대를 감다
exhausted	형 기진맥진한
stare	동 빤히 쳐다보다, 응시하다
forgive	동 용서하다
beg	동 간청[애원]하다
property	명 재산
come across	우연히 마주치다[발견하다]
recognize	동 알아보다, 인식하다
serve	동 (사람을) 모시다, 섬기다
enemy	명 적
restore	동 되돌려주다, 반환하다
attack	동 공격하다
care for	…를 돌보다

Language Points

| 분사구문 |

부사절은 when, because, if, although 등의 접속사가 이끄는 절로 문장에서 부가적인 정보를 제공한다. 분사구문은 부사절에서 접속사와 (주절과 동일한) 주어를 생략한 형태로, 시간, 이유, 조건, 양보, 동시동작, 연속동작 등 부사절에 있던 접속사의 의미를 담고 있다.

| 가정법 과거완료 |

「If+주어+had+p.p., 주어+조동사의 과거형+have+p.p.」의 형태로, '만약 …했더라면, ~했을 텐데'라는 의미이다. 이미 벌어진 과거의 사실과 다른 가정이나 상상을 할 때 사용한다.

단원평가

1 다음 빈칸에 들어갈 말로 알맞은 것은?

A: What are some ways you can learn to love yourself?
B: Well, ________________________________.

① I'd like to know what you're good at
② just feel free to ask me anything anytime
③ it's important to be happy with who you are
④ I'll make it whatever way you want
⑤ try to be nice to the people whom you love

2 대화가 자연스럽게 이어지도록 ⓐ~ⓓ를 순서대로 배열하시오.

ⓐ I'm interested in writing.
ⓑ Then why don't you think about finding a job related to writing?
ⓒ What are you interested in?
ⓓ Actually, I'd like to be a journalist or a poet.

[3-4] 주어진 우리말과 같은 뜻이 되도록 빈칸에 알맞은 말을 쓰시오.

3 She ________ ________ an old picture taken 15 years ago.
(그녀는 15년 전에 찍은 낡은 사진을 우연히 발견했다.)

4 When designing a building, a good architect ________ ________ ________ the building's surroundings.
(건물을 설계할 때, 훌륭한 건축가는 그 건물의 주변환경을 고려한다.)

[5-6] 다음 괄호 안에서 어법상 알맞은 단어를 고르시오.

5 He wandered the streets, (looking / looked) for his son.

6 If I had had enough time, I (could do / could have done) better.

[7-8] 다음 글을 읽고, 물음에 답하시오.

①Reaching the hermit's hut, the king found the old man digging in his garden. The hermit greeted the king and continued digging. The king said, "I have come here ②to ask you three questions. How can I learn the right time to do everything? ③Whom do I most need to pay attention to? Finally, what is the most important thing to do?"
The hermit listened carefully but ________ to respond. "You must be tired," the king said. "Let me ④help you with that." The hermit thanked him, ⑤handed the king his spade.

7 밑줄 친 ①~⑤ 중, 어법상 틀린 것은?

8 빈칸에 들어갈 말로 가장 알맞은 것은?

① agreed ② began ③ convinced
④ declined ⑤ prescribed

[9-10] 다음 글을 읽고, 물음에 답하시오.

"Someone is running toward us," the hermit said. "Let's see who it is." (①)
The king turned and 한 남자가 숲에서부터 달려오는 것을 보았다. (②) When the man reached the king, he fell down. (③) The king could see blood flowing from a large wound in his stomach. (④) The king washed and bandaged the wound, and then he and the hermit carried the man into the hut. (⑤) Because he was completely exhausted, the king also lay down and slept.

9 다음 문장이 들어가기에 가장 알맞은 위치는?

The man closed his eyes and fell asleep.

10 밑줄 친 우리말과 같은 뜻이 되도록 다음 괄호 안의 단어를 바르게 배열하시오.

(a man / out of / running / saw / the woods)

Lesson 6

Beyond the Limits

Functions

- **알고 있는지 묻기**
  Have you heard about the big competition that's coming up?
- **놀람 표현하기**
  I'm surprised that he is able to memorize so many lines then.

Structures

- With his assistance, she also studied higher mathematics and engineering **so** hard **that** she became an expert in them without ever going to college!
- **Not only did they prove** their doubters wrong, but they also achieved an accomplishment that inspired us to do the impossible.

Listen & Speak 1

Science

Pushing Limits with Technology

기술로 한계를 확장하기

Listen & Speak 2

The Power of Will

의지의 힘

Big Question

What do we need to overcome limits?

한계를 극복하기 위해
우리는 무엇을 필요로 할까요?

Read

History+Architecture

Against All Odds

모든 역경에도 불구하고

Inside Culture

Geography

Incredible Cultural Treasures

놀라운 문화재들

Write

How I Overcame an Obstacle

내가 장애물을 극복한 방법

Listen & Speak 1

Pushing Limits with Technology

Science

알고 있는지 묻기 Have you heard about the big competition that's coming up?

A **Get Ready**

Look at the pictures and think about the different types of technology you've seen in movies.

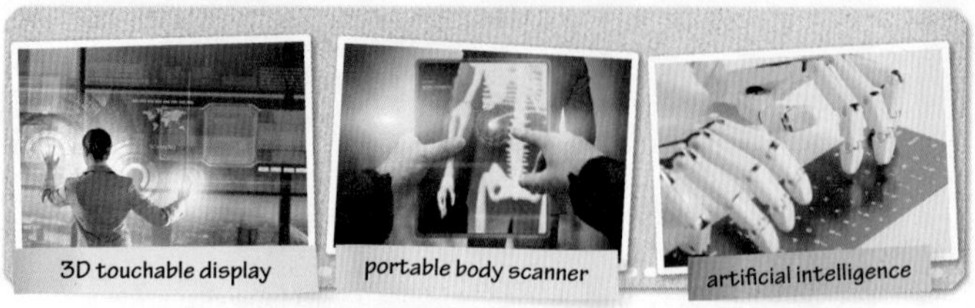

B **Learn It**

1 Listen to the conversation. Choose the picture that best describes what the speakers are talking about.

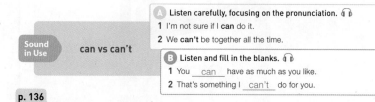

2 Listen again. Choose the best response to the girl's last comment.

a It's going to be different from what you think it will be.
ⓑ I can't either! I'm really looking forward to seeing it.
c You're right. Let's do something to help people in disaster areas.
d By the way, can you tell me what the competition is about?

Sound in Use can vs can't

A Listen carefully, focusing on the pronunciation.
1 I'm not sure if I **can** do it.
2 We **can't** be together all the time.

B Listen and fill in the blanks.
1 You __can__ have as much as you like.
2 That's something I __can't__ do for you.

p. 136

A 사진을 보고 영화에서 본 다양한 유형의 기술들에 대해 생각해 보시오.

- 3D 터치형 디스플레이
- 휴대용 인체 스캐너
- 인공지능

B 1 대화를 들으시오. 화자들이 이야기하고 있는 대상을 가장 잘 묘사한 사진을 고르시오.

2 다시 들으시오. 여자의 마지막 말에 대한 응답으로 가장 적절한 것을 고르시오.
a 그것은 네가 생각하는 것과는 다를 거야.
b 나도! 그걸 보는 게 정말 기대된다.
c 네 말이 맞아. 재난 지역에 있는 사람들을 돕기 위해 뭔가를 하자.
d 그런데, 그 대회가 뭐에 대한 건지 말해줄래?

해설 대회에 대한 기대감을 표현한 상대방의 말에 공감하는 말이 적절하다.

Sound in Use

A 발음에 집중하여 잘 들으시오.
1 내가 이것을 할 수 있을지 잘 모르겠어.
2 우리가 항상 함께할 수는 없어.

B 듣고 빈칸을 채우시오.
1 당신은 원하는 만큼 가질 수 있습니다.
2 그건 내가 너에게 해줄 수 없는 거야.

Script B

G: Hey, Danny. Have you heard about the big competition that's coming up?
B: No. What kind of competition is it?
G: It's for designing robots that can help in disasters.
B: Oh... Do you mean the ones that enter dangerous areas people can't easily reach?
G: Yes. Some robots can even fly over a disaster area and find people in need.
B: That sounds cool! I think they're going to make rescue work much faster and safer.
G: Definitely. I can't wait to see what ideas people come up with in the competition!

해석

여: 안녕, Danny. 다가오는 큰 대회에 대해 들어본 적 있어?
남: 아니. 어떤 종류의 대회인데?
여: 재난 상황에서 도움이 될 수 있는 로봇을 설계하는 거야.
남: 아… 사람들이 쉽게 접근할 수 없는 위험한 지역에 진입하는 로봇들을 말하는 거니?
여: 응. 어떤 로봇들은 재난 지역 위를 비행해서 어려움에 처한 사람들을 찾아낼 수도 있어.
남: 그거 멋지다! 그것들이 구조작업을 훨씬 더 빠르고 안전하게 만들어줄 것 같아.
여: 당연하지. 사람들이 대회에서 어떤 아이디어를 제안할지 너무 기다려져!

어휘 **portable** [pɔ́:rtəbl] 형 휴대[이동]가 쉬운 **artificial** [ɑ̀:rtəfíʃəl] 형 인공[인조]의 **disaster** [dizǽstər] 명 재난, 재해 **competition** [kɑ̀mpətíʃən] 명 대회, 시합 **come up** (행사가) 다가오다 **dangerous** [déindʒərəs] 형 위험한 **in need** 어려움에 처한 **rescue** [réskju:] 명 구조, 구출 **come up with** …을 생각해내다

C Use It

Step 1 Read the passage and answer the following questions.

Have you ever lost a hammer or a knife? On Earth, you can simply buy a new one from a nearby store. What if this happened in space, though? When astronauts at the International Space Station lost a tool, they had to wait several months until another ship brought a new one. ❶ Sending up new supplies like this doesn't just take time. ❷ It's extremely ___________ too, costing approximately $10,000 for every pound that gets launched into space. ❸ With a 3D printer, however, astronauts could create new tools whenever they needed them, saving both time and money.

1 What is the passage mainly about?

a the safety issues of space travel
b the history of 3D printing technology
ⓒ the advantages of using 3D printing in space
d the costs of improving the International Space Station

2 Which one best fits in the blank?

a cheap b important c harmful ⓓ expensive

3 Have you heard about another example of 3D printing? If you have, share it with your partner.

p. 137

C Step 1 지문을 읽고 다음 질문에 답하시오.

1 위 지문은 주로 무엇에 관한 것인가?

a 우주여행의 안전성 문제
b 3D 프린팅 기술의 역사
c 우주에서 3D 프린팅을 사용하는 것의 장점
d 국제 우주 정거장을 개선하는 비용

해설 우주에서 도구를 잃어버렸을 때 3D프린팅이 있으면 시간과 돈을 절약할 수 있다는 내용의 글이다.

2 빈칸에 가장 적절한 것은?

a 값싼 b 중요한 c 해로운 d 값비싼

해설 빈칸 뒤에서 지구에서 공급품을 운송할 경우에는 비용이 굉장히 많이 든다는 이야기를 하고 있다.

3 3D 프린팅의 다른 예에 관해 들어본 적이 있는가? 그렇다면, 짝과 그 예를 공유하시오.

해석

망치나 칼을 잃어버린 적이 있는가? 지구상에서라면 당신은 그저 가까운 가게에서 새것을 사올 수 있다. 하지만 이런 일이 우주에서 벌어진다면 어떨까? 국제 우주 정거장에 있는 우주 비행사들이 도구를 잃어버렸을 때, 그들은 다른 비행선이 새것을 가져올 때까지 수개월을 기다려야 했다. 이렇게 새로운 물자를 올려 보내는 일은 그저 시간만 걸리는 게 아니다. 그것은 우주로 발사되는 파운드 당 대략 $10,000의 비용이 드는, 굉장히 값비싼 일이기도 하다. 하지만 3D 프린터가 있다면, 우주비행사들은 새로운 도구가 필요할 때마다 그것들을 만들어낼 수 있어서 시간과 돈 모두를 절약할 수 있을 것이다.

구문 해설

❶ Sending up new supplies like this doesn't just take time.
: Sending up ... this는 문장의 주어 역할을 하는 동명사구이다.

❷ It's extremely expensive too, costing approximately $10,000 for every pound that gets launched into space.
: costing 이하는 동시상황을 나타내는 분사구문이다. that 이하는 every pound를 선행사로 하는 주격 관계대명사절이다.

❸ With a 3D printer, however, astronauts could create new tools whenever they needed them, saving both time and money.
: whenever는 '…할 때는 언제든지'라는 의미이며, 부사절을 이끄는 복합관계부사이다.

어휘 **hammer**[hǽmər] ⓜ 망치 **nearby**[nìərbái] ⓗ 인근의, 가까운 **astronaut**[ǽstrənɔ̀ːt] ⓜ 우주비행사 **tool**[tuːl] ⓜ 도구 **supply**[səplái] ⓜ [pl.] 물자, 보급품 **cost**[kɔːst] ⓓ 비용이 들다 **approximately**[əpráksəmətli] ⓑ 대략 **launch**[lɔːntʃ] ⓓ 발사[진수]하다

Step 2 Look at the pictures of new types of technology and think about their expected effects.

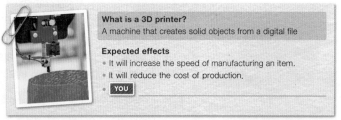

What is a 3D printer?
A machine that creates solid objects from a digital file

Expected effects
- It will increase the speed of manufacturing an item.
- It will reduce the cost of production.
- YOU ______________________

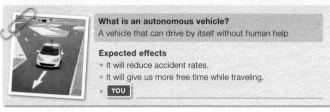

What is an autonomous vehicle?
A vehicle that can drive by itself without human help

Expected effects
- It will reduce accident rates.
- It will give us more free time while traveling.
- YOU ______________________

Step 3 Talk with your partner about new types of technology and their expected effects.

Example

A: **Have you heard about** a 3D printer?
B: No. What is it?
A: It is a machine that creates solid objects from a digital file.
B: Wow, awesome! What effects will it have on our lives?
A: For one thing, it will increase the speed of manufacturing an item; for another, it will reduce the cost of production.

Check Yourself | Listen and Speak 1	Yes	Not Sure	No
1 I can understand others when they ask me if I know something.	☐	☐	☐
2 I can ask others if they know something.	☐	☐	☐

p. 138

Step 2 새로운 유형의 기술을 보여주는 사진을 보고 그것들의 기대 효과에 관해 생각해 보시오.

3D 프린터는 무엇인가?
디지털 파일로부터 입체적인 물체를 만들어내는 기계

기대효과
- 물품을 제조하는 속도를 높여줄 것이다.
- 생산비용을 줄여줄 것이다.

자율주행차량은 무엇인가?
인간의 도움 없이 혼자서 주행할 수 있는 차량

기대효과
- 사고율을 줄여줄 것이다.
- 여행하는 동안 우리에게 더 많은 자유 시간을 제공할 것이다.

Step 3 새로운 유형의 기술과 그것의 기대효과에 관해 짝과 이야기해 보시오.

A: 3D 프린터에 대해 들어봤어?
B: 아니. 그게 뭔데?
A: 디지털 파일로 입체적인 물체를 만들어내는 기계야.
B: 와, 멋진데! 그게 우리 삶에 어떤 영향을 미칠까?
A: 우선, 그건 물품을 제조하는 속도를 증가시켜 줄 거야. 또한, 생산 비용을 줄여 줄 거야.

Check Yourself

1 다른 사람이 나에게 무언가를 알고 있는지 물었을 때 이해할 수 있다.
2 다른 사람들이 무언가를 알고 있는지 물을 수 있다.

추가 예시문

A: **Have you heard about** an autonomous vehicle?
B: No. What is it?
A: It is a vehicle that can drive by itself without human help.
B: Wow, awesome! What effects will it have on our lives?
A: For one thing, it will reduce accident rates; for another, it will give us more free time while traveling.

Function of Communication

알고 있는지 묻기: Have you heard about ... ? (…에 대해 들어봤어?)
→ 상대방이 무엇을 알고 있는지 물어볼 때 "Have you heard (about) ... ?"이라는 표현을 사용할 수 있다. 이와 유사한 표현으로 "Do you know about ...?," "You know ... (, don't you)?," "Are you aware of ... ?" 등이 있다.

|Example|
A: **Have you heard about** the new English teacher? (너 새로운 영어 선생님에 대해 들었어?)
B: Yes, we'll be in his conversation class once a week. (응, 우리는 일주일에 한 번 그의 회화 수업을 들을 거야.)

▶ Speaking Aid

알고 있는지 묻는 표현과 함께 알고 있음을 나타내는 표현도 알아두면 도움이 된다. 알고 있음을 나타낼 때는 아래와 같은 표현을 사용할 수 있다.
- I know (about) ...
- I heard/have heard (about) ...
- I've been told (about) ...
- I'm aware (of) ...

The Power of Will

Listen & Speak 2

놀람 표현하기 I'm surprised that he is able to memorize so many lines then.

A Get Ready

Look at the pictures and think about what we need to overcome difficulties.

help from others

positive thinking

a great deal of effort

A 사진을 보고 어려움을 극복하기 위해 우리가 필요로 하는 것에 대해 생각해 보시오.

- 다른 사람들의 도움
- 긍정적인 사고
- 엄청난 노력

B Learn It

1 Listen to the conversation. What are the speakers mainly talking about?

a ways of memorizing a lot of lines
b the popularity of a recent movie
ⓒ how an actor overcame his difficulties
d the importance of being able to read and write

2 Listen again. Complete the sentence with the correct words from the conversation.

Since the actor has a d isability in reading and writing, other people help him m emorize his lines by reading them a loud to him.

B 1 대화를 들으시오. 화자들은 주로 무엇에 관해 이야기하고 있는가?

a 많은 대사를 암기하는 방법
b 한 최신 영화의 인기
c 한 배우가 그의 어려움을 극복한 방법
d 읽고 쓸 수 있는 것의 중요성

해설 방금 보고 나온 영화의 주연배우가 가진 장애에 관해 이야기를 나누고 있다.

2 다시 들으시오. 대화에 나오는 단어로 문장을 완성하시오.

그 배우는 읽고 쓰는 것에 장애가 있으므로 다른 사람들이 그의 대사를 그에게 크게 읽어줌으로써 그가 대사를 암기하는 것을 도와준다.

Speaking Tip

You can say "Believe it or not" when you'd like to emphasize that something is very surprising but true.

Believe it or not, she and I were very close friends.

Really? I didn't know that.

p. 139

Speaking Tip

믿기 힘들 만큼 놀라운 사실을 말하려고 할 때 "Believe it or not"이라고 말할 수 있다.
믿기 힘들겠지만, 그녀와 나는 아주 절친한 친구야. / 정말? 나는 몰랐어.

Script B

G: That movie was fantastic! What did you think of it?
B: I thought it was great. I especially liked the leading actor's performance. He's such an amazing actor.
G: He sure is. And his performances are even more impressive when you consider the challenges he faces.
B: What challenges does he face?
G: Believe it or not, he has a learning disability that makes it difficult for him to read and write.
B: Really? I'm surprised that he is able to memorize so many lines then.
G: Well, I heard that someone else helps him by reading them aloud.
B: Still, it must not be easy for him. He's even more amazing than I thought!

해석

여: 그 영화 굉장했어! 넌 어떻게 생각했니?
남: 대단하다고 생각했어. 나는 특히 주연 배우의 연기가 좋았어. 그는 너무나 놀라운 배우야.
여: 정말 그래. 그리고 그가 직면한 어려움을 고려하면 그의 연기는 훨씬 더 인상적이야.
남: 그가 어떤 어려움에 직면하고 있는데?
여: 믿기 힘들겠지만, 그는 읽고 쓰는 걸 어렵게 만드는 학습 장애를 가지고 있어.
남: 정말? 근데 그가 그렇게 많은 대사를 암기할 수 있다는 게 놀랍네.
여: 그게, 다른 누군가가 대사들을 큰 소리로 읽어줘서 그를 도와준다고 들었어.
남: 그렇다고 해도, 그게 그에게는 틀림없이 쉬운 일이 아닐 거야. 그는 내가 생각했던 것보다 훨씬 더 놀랍구나!

어휘 **line**[lain] ⓜ (연극·영화의) 대사 **popularity**[pὰpjulǽrəti] ⓜ 인기 **leading actor** 주연 배우 **performance**[pərfɔ́ːrməns] ⓜ 연기 **challenge**[tʃǽlindʒ] ⓜ (어려운) 문제, 과제 **learning disability** 학습 장애

C Use It

Step 1 Listen to the documentary and answer the following questions.

1 What is the best title for the documentary?

a Supporting the Disabled
b Competing in the Paralympics
ⓒ Rising above Challenges
d From an Athlete to a Model

2 Listen again. Which is true about Aimee Mullins?

a She lost the lower half of her legs because of a car accident.
b She was an organizer for the Paralympic Games.
c She studied fashion design in Atlanta.
ⓓ She has helped and supported disabled athletes.

3 How do you feel about Aimee Mullins' story? Share your thoughts with your partner.

p. 140

C Step 1 다큐멘터리를 듣고 다음 질문에 답하시오.

1 다큐멘터리에 가장 적절한 제목은 무엇인가?

a 장애인 지원하기
b 세계 장애인 올림픽 경기에 참가하기
c 어려움을 넘어서 일어서기
d 운동선수에서 모델로

해설 선천성 질환으로 양쪽 다리의 절반을 잃고도 육상선수가 되었고, 운동 외의 분야에서도 능력을 발휘한 인물을 다룬 다큐멘터리에 어울리는 제목은 c이다.

2 다시 들으시오. Aimee Mullins에 대해 사실인 것은 무엇인가?

a 그녀는 자동차 사고로 양쪽 다리의 하반부를 잃었다.
b 그녀는 세계 장애인 올림픽 경기의 조직위원이었다.
c 그녀는 Atlanta에서 패션디자인을 공부했다.
d 그녀는 장애를 가진 선수들을 돕고 지원해왔다.

해설 **a** 태어날 때의 질환 때문에 양쪽 다리의 하반부를 잃었다. **b** 세계 장애인 올림픽 경기에 선수로 참가했다. **c** 세계 장애인 올림픽 경기가 Atlanta에서 열렸다.

3 Aimee Mullins의 이야기에 대해 어떤 느낌이 드는가? 자신의 생각을 짝과 공유하시오.

Script C

M: Aimee Mullins is no stranger to challenges. She was born in 1976 with a condition that required the removal of the lower half of her legs. But Aimee hasn't let this hold her back. During high school, she found her passion in track and field. She broke many national and world records, and even competed in the 1996 Paralympic Games in Atlanta. In addition to being an athlete, Aimee has been outstanding in other areas, too. She has been on TV, in magazines, and even in a fashion show. Aimee also gives motivational speeches and has helped create an organization that supports disabled athletes. Aimee Mullins is a great example of how people can do just about anything they make up their minds to do.

해석

남: Aimee Mullins는 어려움에 익숙한 사람입니다. 그녀는 1976년 다리 하반부를 제거해야 하는 질환을 갖고 태어났습니다. 하지만 Aimee는 이것이 그녀를 막아서도록 허용하지 않았습니다. 고등학교 재학 동안, 그녀는 육상경기에서 그녀의 열정을 발견했습니다. 그녀는 많은 국내 기록과 세계기록을 깼고 심지어 1996년 Atlanta에서 열린 세계 장애인 올림픽 경기에도 참가했습니다. 운동선수인 것에 더해, Aimee는 다른 분야들에서도 뛰어났습니다. 그녀는 TV, 잡지, 심지어 패션쇼에도 출연해왔습니다. Aimee는 또한 동기부여가 되는 연설을 하고 장애를 가진 선수들을 지원하는 단체를 만드는 데 도움을 주었습니다. Aimee Mullins는 어떻게 사람들이 무엇이든 하겠다고 마음먹은 일을 해낼 수 있는지를 보여주는 훌륭한 예입니다.

어휘 **disabled**[diséibld] ⓗ 장애를 가진 **Paralympics**[pærəlímpiks] ⓜ 세계 장애인 올림픽 경기 **organizer**[ɔ́:rgənàizər] ⓜ 조직자; 창시자 **removal**[rimú:vəl] ⓜ 제거 **hold ... back** …을 방해[저해]하다 **track and field** 육상 경기 **outstanding**[àutstǽndiŋ] ⓗ 뛰어난 **motivational**[mòutəvéiʃənl] ⓗ 동기부여가 되는 **make up one's mind** 결심하다

Step 2 Look at the example and think about another person who has overcome difficulties.

Jackie Robinson

- **Job:** A baseball player
- **Difficulty:** He faced a lot of insults and threats because of his race.
- **How (s)he overcame it and what (s)he achieved:** He fought racism with courage and became one of the best players in the major league.

- **Job:** ___________
- **Difficulty:** ___________________________
- **How (s)he overcame it and what (s)he achieved:**

____

____

Step 3 Talk with your partner about people who have overcome difficulties in their lives.

Example

A: Do you know any people who have overcome difficulties?
B: Yes, Jackie Robinson. He is a baseball player.
A: What difficulties did he face, and how did he overcome them?
B: Although he faced a lot of insults and threats because of his race, he fought racism with courage and became one of the best players in the major league.
A: **I'm surprised that** he was able to overcome such challenges.

Check Yourself | Listen and Speak 2	Yes	Not Sure	No
1 I can understand others when they express surprise.	☐	☐	☐
2 I can express surprise.	☐	☐	☐

p. 141

Step 2 예시를 보고 역경을 극복해 낸 다른 사람에 관해 생각해 보시오.

- 직업: 야구선수
- 역경: 그의 인종 때문에 많은 모욕과 협박에 직면했다.
- 역경을 극복한 방법과 성취한 것: 그는 용감하게 인종차별과 맞서 싸웠고 메이저리그에서 최고의 선수 중 한 명이 되었다.

Step 3 그들의 삶에서 역경을 극복한 사람들에 관해 짝과 이야기해 보시오.

A: 역경을 극복한 사람을 알고 있니?
B: 응, Jackie Robinson. 그는 야구선수야.
A: 그는 어떤 어려움을 겪었고 그것들을 어떻게 극복했어?
B: 그의 인종 때문에 많은 모욕과 협박에 직면했지만, 용감하게 인종차별에 맞서 싸웠고 메이저리그에서 가장 훌륭한 선수 중 한 명이 되었어.
A: 그가 그런 역경을 극복할 수 있었다니 놀랍다.

Check Yourself

1 다른 사람이 놀람을 표현할 때 이해할 수 있다.
2 놀람을 표현할 수 있다.

추가 예시문

A: Do you know any people who have overcome difficulties?
B: Yes, Lee Hee-Ah. She is a pianist.
A: What difficulties did she face, and how did she overcome them?
B: Although she was born with only two fingers on each hand, she made ceaseless efforts and won many awards in various competitions.
A: **I'm surprised that** she was able to overcome such challenges.

Function of Communication

놀람 표현하기: I'm surprised that ... (나는 …에 놀랐어)

→ 무언가에 대해 놀랐다는 것을 말할 때 "I'm surprised that ..." 이라는 표현을 사용할 수 있다. 이와 유사한 표현으로 "What a surprise!," "That's[It's] surprising!," "I (just) can't believe this." 등이 있다.

| Example |

A: **I'm surprised that** she got married. (그녀가 결혼했다니 정말 놀랐어.)
B: Me too. She looks very young. (나도. 그녀는 정말 어려 보여.)

▶ Speaking Aid

놀람을 나타내는 표현과 함께 놀람 여부를 묻는 표현도 알아두면 도움이 된다. 놀람 여부를 물을 때 아래와 같은 표현을 사용할 수 있다.

- Were you surprised?
- Does that surprise you?
- Are you surprised that ... ?

Before You Read

A Topic Preview

1 Look at the pictures of New York City. Then share what you have heard about it with your partner.

Times Square

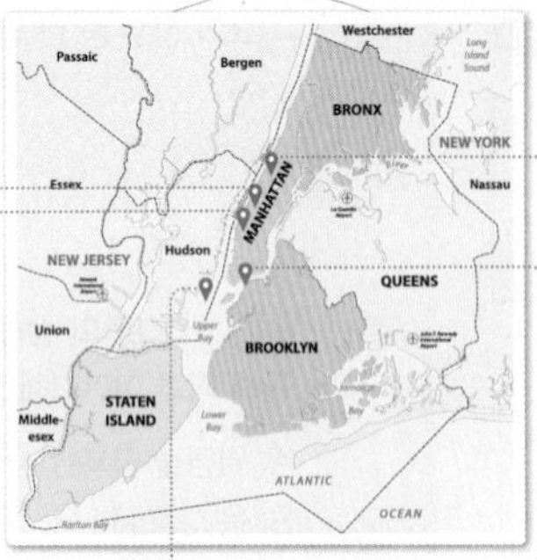

Central Park

Empire State Building

Statue of Liberty

Brooklyn Bridge

2 Look at the words and predict what you are going to read in the main text.

challenge	impossible	Brooklyn Bridge
sacrifice	overcome	give up
obstacle	*the Roebling family*	**determined**
achievement		

p. 142

A 1 뉴욕시의 사진을 보시오. 그러고 나서 그것에 대해 자신이 들은 것을 짝과 공유하시오.

2 단어들을 보고 본문에서 무엇을 읽을 것 같은지 예측해 보시오.

도전	불가능한	브루클린 다리
희생	극복하다	포기하다
장애물	Roebling 가문	확고한
성취		

배경지식

뉴욕의 명소

- Times Square: 미국 뉴욕 맨해튼에 있는 유명한 교차로로, 브로드웨이의 극장가가 있는 세계 엔터테인먼트 산업의 중심지이다. 세계에서 가장 붐비는 보행자용 교차로 중 한 곳이다.
- Empire State Building: 총 102층에 높이가 381m인 이 건물은 1929년 대공황 때 짓기 시작해 1931년 개관했다. 완공됐을 당시에는 세계에서 가장 높은 건물이었으며, 맨해튼 시내를 한눈에 볼 수 있는 전망대가 있다. 단기간에 지어졌지만 매우 견고해서, 1945년 제2차 세계대전 때 건물 79층을 폭격기가 들이받고 추락했으나 무너지지 않았다는 일화가 유명하다.
- Statue of Liberty: 미국 허드슨 강(Hudson River) 입구의 리버티 섬(Liberty Island)에 세워진 조각상으로, 프랑스가 미국 독립 100주년을 기념하여 선물한 것이다. 집게손가락 하나가 2.44m에 달하는 거대한 규모로, 머리에는 7개 대륙을 상징하는 뿔이 달린 왕관을 쓰고 있다. 오른손에는 '세계를 비추는 자유의 빛'을 상징하는 횃불을, 왼손에는 독립선언서를 들고 있다.
- Central Park: 뉴욕의 상징이자 세계에서 손꼽히는 도시공원이다. 남북 길이 4.1km, 동서 길이 0.83km의 직사각형으로 면적은 3.41km^{2}이다. 개장한 후 조경과 확장을 거쳐 1876년에 현재의 공원 형태를 갖추었다.

어휘 **sacrifice** [sǽkrəfàis] (명) 희생 **determined** [ditə́ːrmind] (형) 확고한, 단호한 **achievement** [ətʃíːvmənt] (명) 성취

B Vocabulary Preview

1 Look at the pictures and fill in the blanks with the words in the box. Change their forms if needed.

This structure is a famous 1) landmark in Sydney, Australia.

Her 2) ambition is to become an actress.

This new watch is 3) waterproof up to 300 meters.

Every meal is 4) supervised directly by the chef.

She needs to study with more 5) persistence.

They celebrated the successful 6) accomplishment of the sales goal.

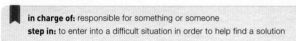

supervise accomplishment ambition persistence landmark waterproof

2 Read the meaning of each phrase and fill in the blanks with the phrases. Change their forms if needed.

in charge of: responsible for something or someone
step in: to enter into a difficult situation in order to help find a solution

1) When our team was having trouble, a classmate stepped in and helped us.
2) He is in charge of the project. So if you have any suggestions, tell him.

p. 143

B 1 사진을 보고 상자 안에 있는 단어들로 빈칸을 채우시오. 필요하다면 형태를 바꾸시오.

- **landmark** ⓜ 주요 지형지물, 명소
  이 건축물은 오스트레일리아 시드니에 있는 유명한 1)명소이다.
- **ambition** ⓜ 야망, 포부
  그녀의 2)포부는 여배우가 되는 것이다.
- **waterproof** ⓗ 방수가 되는
  이 새 시계는 300m까지 3)방수가 된다.
- **supervise** ⓢ 감독[관리]하다
  모든 음식은 주방장이 직접 4)감독한다.
- **persistence** ⓜ 끈기, 인내심
  그녀는 더 5)끈기있게 공부할 필요가 있다.
- **accomplishment** ⓜ 업적, 공적
  그들은 매출 목표의 성공적인 6)성취를 기념했다.

2 각 어구의 의미를 읽고 이를 활용하여 빈칸을 채우시오. 필요하다면 형태를 바꾸시오.

in charge of: 사물이나 사람에 책임이 있는
step in: 해결책을 찾는 것을 돕기 위해 어려운 상황에 개입하다

1) 우리 팀이 곤란해졌을 때, 반 친구 하나가 나서서 우릴 도와줬다.
2) 그가 그 프로젝트를 맡고 있다. 그러니 제안할 게 있으면 그에게 말해라.

추가 예문

1 • The twin towers became a new **landmark** in the city. (그 쌍둥이 타워는 도시의 새로운 명소가 되었다.)
• He had the burning **ambition** to be a great president. (그는 위대한 대통령이 되겠다는 불타는 야망을 가졌다.)
• Wear a **waterproof** jacket. (방수 재킷을 착용해라.)
• The pool is fully **supervised** by trained staff. (수영장은 훈련된 직원에 의해 철저히 관리된다.)
• He is a man with **persistence**. (그는 인내력을 가진 인물이다.)
• Winning this prize is a great **accomplishment** as a novelist. (이 상을 탄 것은 소설가로서 대단한 업적이다.)

2 • I'm **in charge of** foreign policy. (저는 외교정책을 담당하고 있습니다.)
• A businessperson has **stepped in** to save the school. (한 사업가가 그 학교를 살리기 위해 돕고 나섰다.)

Check-Up

[1-3] 각 단어에 해당하는 설명을 연결하시오.

1 landmark • • ① the continuation of doing something even though it is difficult or other people are against it
2 persistence • • ② to watch a person or activity and make certain that everything is done correctly, safely, etc.
3 supervise • • ③ a structure that is famous or that is a particularly important example of its type

Against All Odds

❶ Towering over the East River, the Brooklyn Bridge is one of New York City's famous landmarks. ❷ Nowadays, many people take it for granted, but back in the 1800s it was something people only dreamt of. ❸ The bridge's construction cost more than $320 million in today's money and the lives of over two dozen people. ❹ In particular, the family in charge of the project paid a high price to create the impressive bridge we all know and love today. ❺ This is the story of how the Roeblings built the Brooklyn Bridge.

❻ In the 1860s, the populations of Manhattan and Brooklyn were rapidly increasing, and so was the number of the commuters between them. ❼ Thousands of people took boats and ferries across the East River every day, but these forms of transport were unstable and frequently stopped by bad weather. ❽ Many New Yorkers wanted to have a bridge directly connecting Manhattan and Brooklyn because it would make their commute quicker and safer. ❾ Unfortunately, because of the East River's great width and rough tides, it would be difficult to build anything on it. ❿ It was also a very busy river at that time, with hundreds of ships constantly sailing on it.

While You Read Q1
Why did many people want to have a bridge between Manhattan and Brooklyn?

They wanted to have a bridge because it would make their commute quicker and safer.

어휘 landmark[lǽndmɑ̀:rk] ⓝ 주요 지형지물, 명소 in particular 특히 in charge of 책임이 있는 commuter[kəmjú:tər] ⓝ 통근자 transport[trǽnspɔ:rt] ⓝ 수송[운송] 수단 unstable[ʌnstéibl] ⓐ 불안정한 frequently[frí:kwəntli] ⓐ 자주, 흔히 tide[taid] ⓝ 조수, 조류 constantly[kɑ́nstəntli] ⓐ 끊임없이

해석

모든 역경에도 불구하고

❶이스트 강 위로 높이 솟아 있는 브루클린 다리는 뉴욕시의 유명한 명소들 중 하나이다. ❷요즈음, 많은 사람들이 브루클린 다리를 당연하게 여기지만, 1800년대에 그것은 사람들이 그저 꿈꾸기만 했던 것이었다. ❸그 다리의 건설은 현재 가치로 3억 2천만 달러 이상의 비용이 들었으며, 24명이 넘는 사람들의 목숨을 앗아갔다. ❹특히, 건설의 책임을 맡았던 가족은 오늘날 우리 모두가 알고 있고 사랑하는 그 멋진 다리를 만들어내기 위해 큰 대가를 치렀다. ❺이것은 Roebling 가문이 어떻게 브루클린 다리를 건설했는지에 관한 이야기이다.

❻1860년대에, 맨해튼과 브루클린의 인구는 급격히 증가하고 있었고, 두 도시 사이를 통근하는 사람들의 수 역시 증가하고 있었다. ❼수천 명의 사람들이 매일 이스트 강을 건너는 보트와 연락선을 탔지만, 이러한 형태의 수송 수단은 불안정했고, 악천후로 인해 자주 운행이 중단되었다. ❽많은 뉴욕 시민들은 맨해튼과 브루클린을 바로 잇는 다리를 원했는데, 그것이 그들의 통근을 더 빠르고 더 안전하게 만들어줄 것이기 때문이었다. ❾불행히도, 이스트 강의 넓은 강폭과 사나운 물살 때문에 그 강 위에 무언가를 짓는다는 것은 어려울 것이었다. ❿또한 그 당시의 이스트 강은 수백 척의 배들이 끊임없이 항해하는 매우 번잡한 강이었다.

While You Read

Q1 왜 많은 사람들이 맨해튼과 브루클린 사이를 잇는 다리를 갖기를 원했는가?
그것이 그들의 통근을 더 빠르고 더 안전하게 만들어줄 것이기 때문에 다리를 갖기를 원했다.

구문 해설

❹ In particular, the family in charge of the project paid a high price to create the impressive bridge we all know and love today.
: in charge of the project는 the family를 수식하는 전치사구이다. to create 이하는 목적을 나타내는 부사적 용법의 to부정사구이다. we all 이하는 the impressive bridge를 선행사로 하는 목적격 관계대명사절로, 앞에 관계대명사 which[that]가 생략된 형태이다.

❺ This is the story of how the Roeblings built the Brooklyn Bridge.
: how 이하는 전치사 of의 목적어 역할을 하는 의문사절(간접의문문)이다.

❻ …, and so was the number of the commuters between them.
: so가 문두로 오면서 「so+동사+주어」로 도치되었다. '…도 또한 그렇다'라는 의미를 나타내며, 이때 앞에서 쓰인 동사의 종류에 맞추어 동사 자리에 be동사, do[does/did], 조동사 중 하나를 쓴다.

❾ …, it would be difficult to build anything on it.
: 앞의 it은 가주어, to build 이하가 진주어이다. 뒤의 it은 the East River를 지칭하는 대명사이다.

❿ …, with hundreds of ships constantly sailing on it.
: 「with+명사+분사」는 '…가 ~한[된] 채로'라는 뜻으로, 부대상황을 나타내는 분사구문이다. 여기서는 hundreds of ships와 sail이 의미상 능동 관계여서 현재분사가 쓰였다.

Check-Up

1 **본문에서 문장❷의 첫번째 it이 가리키는 바를 찾아 쓰시오.**

____

2 **다음 괄호 안의 단어를 바르게 배열하여 문장을 완성하시오.**
This is (how / built / the story / the Roeblings / of) the Brooklyn Bridge.

[3-4] 다음 괄호 안에서 어법상 올바른 것을 고르시오.

3 My husband agrees with me, and so (do / are) my friends.

4 The park was calm yet cheerful, with people (enjoyed / enjoying) their weekend.

❶ Any bridge over the river would need to be a very high suspension bridge. ❷ Considering the limited technology in those days, building such a bridge seemed impossible. ❸ That is, people thought it was impossible until John Roebling, an expert at building suspension bridges, accepted the challenge.

↑ John Roebling(1806-1869)

❹ John proposed the use of steel cables—instead of iron ones—that would be six times stronger than needed to support the bridge. ❺ In addition, he planned to build two large stone towers to hold up the bridge's road and allow people to walk across it. ❻ If his ideas worked, the final result would be the longest, strongest suspension bridge ever built. ❼ John's ambition inspired people, so construction began in 1869. ❽ However, he was involved in a ferry accident later that year and died of an infection not long after. ❾ It looked like his ambitious plan was destined to fail shortly after it had been launched.

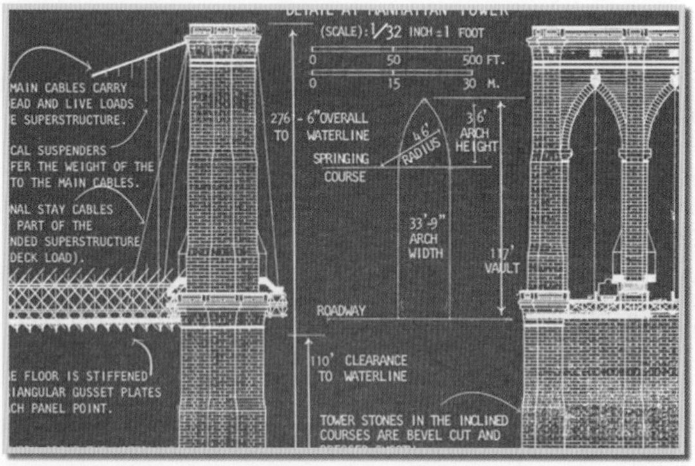

While You Read Q2
What ideas did John suggest for building a bridge over the East River?

He suggested the use of steel cables and the construction of two large stone towers.

≡ 어휘 **suspension bridge** ⓜ 현수교 **expert**[ékspəːrt] ⓜ 전문가 **propose**[prəpóuz] ⓢ 제안하다 **hold up** 지탱하다 **ambition**[æmbíʃən] ⓜ 야망, 포부 **involved**[inválvd] ⓗ 관련[연루]된, 휘말린 **infection**[infékʃən] ⓜ 감염 **destined**[déstind] ⓗ (to) (…할) 운명인 **shortly**[ʃɔ́ːrtli] ⓟ 곧, 금방 **launch**[lɔːntʃ] ⓢ 시작[착수]하다

∞ Word Formation '…이 아닌'이라는 의미의 접두사 im-과 '가능한'이라는 의미의 형용사 possible이 결합하여 '불가능한'이라는 의미의 형용사 impossible이 되었다. ex **im-** + mature → **immature**(미숙한) **im-** + patient → **impatient**(참을성 없는, 조급한) **im-** + moral → **immoral**(부도덕한)

해석

❶그 강 위에 지을 다리라면 매우 높은 현수교여야만 했다. ❷그 당시의 제한된 기술을 고려하면, 그런 다리를 건설하는 것은 불가능해 보였다. ❸다시 말해, 현수교 건설의 전문가인 John Roebling이 그 도전을 받아들일 때까지는 사람들은 그것이 불가능하다고 생각했다.

❹John은 철제 케이블 대신, 다리를 지지하기 위해 필요했던 것보다 6배나 더 강한 강철 케이블의 사용을 제안했다. ❺게다가, 그는 다리의 도로를 떠받치고 그 위로 사람들이 걸어서 건널 수 있게 하기 위해 두 개의 거대한 석탑을 건설하려고 계획했다. ❻만약 그의 아이디어가 이루어진다면, 최종 결과물은 그때까지 지어진 것 중 가장 길고 가장 튼튼한 현수교가 될 것이었다. ❼John의 포부는 사람들을 고무시켰고, 그리하여 1869년에 다리 건설이 시작되었다. ❽그러나, 그는 그해 말 한 연락선 사고에 휘말렸고 오래지 않아 감염으로 사망했다. ❾그의 야심 찬 계획은 시작하자마자 실패할 운명인 것처럼 보였다.

While You Read

Q2 John은 이스트 강 위에 다리를 건설하는 것을 위해 무엇을 제안했는가?

그는 강철 케이블의 사용과 두 개의 커다란 석탑의 건축을 제안했다.

구문 해설

❸ That is, people thought it was impossible until John Roebling, an expert at building suspension bridges, accepted the challenge.

: it was 이하는 동사 thought의 목적어 역할을 하는 명사절로, 앞에 접속사 that이 생략된 형태이다. it은 앞 문장의 building such a bridge를 지칭한다. John Roebling과 an expert ... bridges는 동격이다.

❹ John proposed the use of steel cables ... that would be six times stronger than needed to support the bridge.

: that 이하는 steel cables를 선행사로 하는 주격 관계대명사절이다. 「배수사+비교급+than」은 '…보다 몇 배 더 ~한'이라는 의미이다.

❺ In addition, he planned to build two large stone towers to hold up the bridge's road and allow people to walk across it.

: to build ... towers는 동사 planned의 목적어 역할을 하는 명사적 용법의 to부정사구이다. to hold up 이하는 목적을 나타내는 부사적 용법의 to부정사구이다. hold up과 allow가 접속사 and로 병렬 연결되어 있다.

❾ It looked like his ambitious plan was destined to fail shortly after it had been launched.

: 실패할 운명이었던 것(was destined to fail)보다 시작된 것(had been launched)이 먼저 일어난 일이므로 과거완료 시제가 쓰였다.

Check-Up

1 다음 빈칸에 들어갈 말로 가장 알맞은 것을 고르시오.

> Any bridge over the river would need to be a very high suspension bridge. ____________ the limited technology in those days, building such a bridge seemed impossible.

① Considering ② Despite ③ Regardless of ④ Thanks to

2 주어진 우리말 뜻에 맞도록 빈칸에 알맞은 말을 쓰시오.

Her hair is ________ ________ ________ ________ mine.

(그녀의 머리카락은 나보다 세 배 더 길다.)

3 본문에서 문장 ❾의 두 번째 it이 가리키는 바를 찾아 쓰시오.

____

❶ Luckily, John's role as chief engineer was succeeded by his son, Washington Roebling. ❷ Because he had built bridges with his father and studied bridge construction in Europe, he believed in John's dream. ❸ At that time, the foundations for the bridge's two towers were being built in the East River, which was extremely difficult and dangerous work. ❹ Workers had to stay at the bottom of the river in a waterproof box with little light and constant danger. ❺ Many died or were permanently injured by a serious disease called "*the bends," including Washington Roebling. ❻ In 1872, he developed this disease and was unable to move easily or visit the construction sites throughout the rest of the project.

While You Read Q3
What made it difficult for Washington to visit the construction sites?

A disease called "the bends" made it difficult for him to visit the sites.

❼ Other people would have quit at that point, but not Washington. ❽ He continued to supervise the bridge building for years by watching it through a telescope from his bedroom. ❾ However, there were still many things he could not do despite all his efforts. ❿ Once again, the project seemed likely to be abandoned.

↑ Washington Roebling(1837-1926)

* the bends 잠함병

어휘 **succeed**[səksíːd] (동) 뒤를 잇다 **foundation**[faundéiʃən] (명) 기반 **waterproof**[wɔ́ːtərprùːf] (형) 방수가 되는 **permanently**[pə́ːrmənəntli] (부) 영구적으로 **injure**[índʒər] (동) 부상을 입히다, 해치다 **including**[inklúːdiŋ] (전) …을 포함하여 **site**[sait] (명) 현장 **quit**[kwit] (동) 그만두다, 포기하다 **supervise**[súːpərvàiz] (동) 감독[관리]하다 **telescope**[téləskòup] (명) 망원경 **despite**[dispáit] (전) …에도 불구하고

해석

❶다행히도, 수석 엔지니어로서의 John의 역할은 그의 아들인 Washington Roebling이 이어갔다. ❷그는 아버지와 함께 다리들을 건설했었고 유럽에서 교량 건설을 공부했었기 때문에, 그는 John의 꿈을 믿었다. ❸그 당시에, 다리의 두 개의 탑을 위한 기반이 이스트 강에서 지어지고 있었는데, 이는 굉장히 어렵고 위험한 작업이었다. ❹노동자들은 방수 처리된 함 안에서 불빛도 거의 없이 끊임없는 위험을 안은 채 강바닥에 머물러야 했다. ❺Washington Roebling을 포함한 많은 사람들이 죽거나, "잠함병"이라 불린 심각한 병에 의해 영구적인 부상을 당했다. ❻1872년, 그는 잠함병에 걸렸고 남은 건설 기간 내내 쉽게 거동하거나 공사 현장을 방문할 수 없었다.

❼다른 사람들이라면 그 시점에서 포기했겠지만, Washington은 아니었다. ❽그는 침실에서 망원경으로 다리 건설을 지켜보며 수년간 계속해서 감독했다. ❾하지만, 그의 모든 노력에도 불구하고 그가 할 수 없는 일들이 여전히 많았다. ❿또다시, 다리 건설은 포기될 것처럼 보였다.

While You Read

Q3 무엇이 Washington이 공사 현장을 방문하는 것을 어렵게 만들었나?
"잠함병"이라 불리는 병이 그가 현장을 방문하는 것을 어렵게 만들었다.

배경지식

잠함병

장시간 기압이 높은 물 속에 있다가 급격히 기압이 낮은 물 위로 나올 때, 고압의 물속에서 체내에 축적된 질소가 완전히 배출되지 않고 혈관이나 몸 속에 기포를 만들어 생기는 병이다. 잠수부나 교량 · 터널 공사 종사자들이 이 병에 많이 걸리는데, 우리나라에서는 해녀들의 직업병이라고 하여 '해녀병'이라 칭하기도 한다.

구문 해설

❷ Because he had built bridges … and studied …, he believed in John's dream.
: 그가 믿었던 것(he believed)보다 다리를 건설하고 공부했던 것(had built … and (had) studied)이 먼저 일어난 일이므로 과거완료 시제가 쓰였다.

❸ At that time, … were being built in the East River, which was extremely difficult and dangerous work.
: were being built는 과거진행 시제와 수동태가 결합된 형태이다. which 이하는 앞의 절 전체를 선행사로 하여 이를 부연 설명하는 계속적 용법의 주격 관계대명사절이다.

❼ Other people would have quit at that point, …
: 과거 사실을 반대로 가정 혹은 상상하는 가정법 과거완료에서 주절만 있는 형태로, 주어 Other people이 if절을 대신하여 가정의 의미를 담고 있다. 따라서, "If other people had been in charge of the project, they would have quit …" 처럼 표현할 수 있다.

❾ However, there were still many things he could not do …
: he 이하는 many things를 선행사로 하는 목적격 관계대명사절로, 앞에 관계대명사 which[that]가 생략된 형태이다.

Check-Up

1 **주어진 우리말 뜻에 맞도록 빈칸에 알맞은 말을 쓰시오.**

At that time, the foundations for the bridge's two towers ______ ______ ______ in the East River.
(그 당시에, 다리의 두 개의 탑을 위한 기반이 이스트 강에서 지어지고 있었다.)

2 **본문의 내용과 일치하지 않는 것을 고르시오.**

① John의 뒤를 이어 Washington이 수석 엔지니어가 되었다.
② 다리의 두 탑의 기반을 만들기 위해 노동자들은 방수 처리된 함 안에서 일했다.
③ Washington은 1872년에 잠함병에 걸렸다.
④ Washington은 병으로 인해 다리 건설을 감독하는 것을 포기했다.

↑ Emily Roebling (1843-1903)

❶ To everyone's amazement, yet another Roebling stepped in to save the bridge. ❷ This time, it was Washington's wife, Emily Warren Roebling. ❸ She believed in what her family had started, and she was determined to see it through. ❹ Before marriage, she knew almost nothing about engineering. ❺ As her husband's health failed, though, Emily began passing his instructions to the assistant engineers and bringing back their construction reports. ❻ In the process, she naturally picked up a lot of information about bridge building. ❼ With his assistance, she also studied higher mathematics and engineering so hard that she became an expert in them without ever going to college!

She helped him by passing his instructions to the assistant engineers and bringing back their construction reports.

While You Read Q4
How did Emily help her husband communicate with the assistant engineers after he fell ill?

❽ By the time the bridge was finished in 1883, Emily was carrying out many of the chief engineer's duties, which was unprecedented for a woman in those days. ❾ Many people praised her contributions to the project, and she became the first person to cross the bridge. ❿ It was the moment she, Washington, John, and everyone else who built the bridge had worked so hard for.

While You Read Q5
Why do you think Emily's work was unprecedented for a woman at that time?

예시 I guess people at that time did not think it was appropriate for women to work in engineering, study higher math, or supervise men.

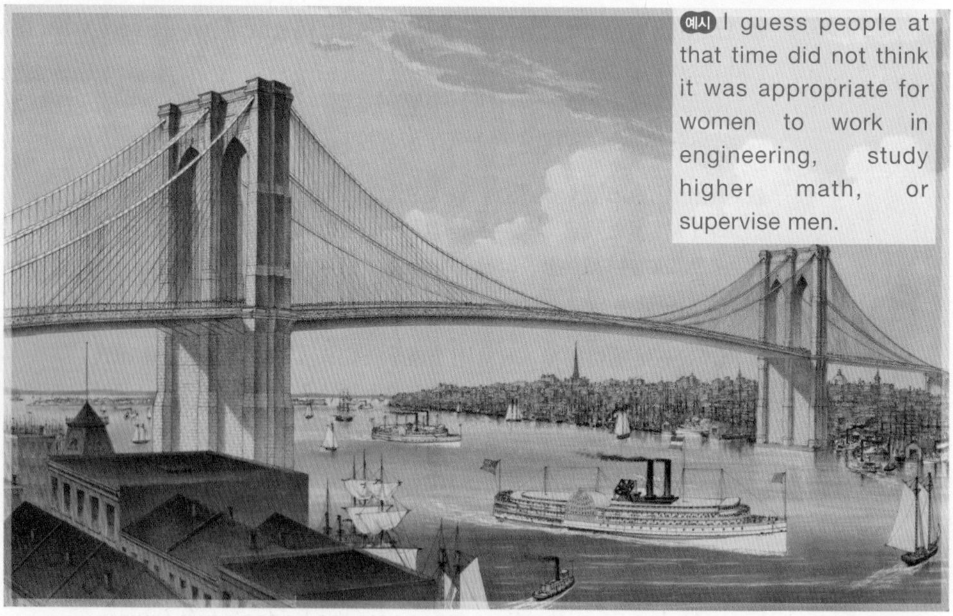

어휘 **amazement**[əméizmənt]명 놀라움 **step in** 돕고 나서다 **see ... through** …을 끝까지 해내다 **instruction**[instrʌ́kʃən]명 지시 **assistant**[əsístənt]형 보조의, 보좌의 **process**[prɑ́ses]명 과정 **carry out** 수행하다 **unprecedented**[ʌnprésidèntid]형 전례[유례] 없는 **contribution**[kɑ̀ntrəbjúːʃən]명 공헌, 기여

해석

❶놀랍게도, 거기에 또 한 명의 Roebling이 다리를 구해내기 위해 돕고 나섰다. ❷이번엔 Washington의 아내, Emily Warren Roebling이었다. ❸그녀는 그녀의 가족이 시작했던 일을 믿었고, 그것을 끝까지 해내겠다고 결심했다. ❹결혼 전에 그녀는 공학 기술에 대해 거의 아무것도 알지 못했다. ❺하지만, 남편의 건강이 악화되자, Emily는 남편의 지시를 보조엔지니어들에게 전달하고 그들의 건축 보고를 가지고 돌아오기 시작했다. ❻그 과정에서 그녀는 자연스레 교량 건설에 대한 많은 지식을 습득했다. ❼Emily는 또한 남편의 도움으로 고등 수학과 공학 기술을 매우 열심히 공부해서 대학에 가지 않고도 그 분야의 전문가가 되었다!

❽1883년 다리가 완공될 무렵에는, Emily는 수석 엔지니어의 업무 중 다수를 수행하고 있었으며, 이런 일은 그 당시 여성에게 전례가 없는 것이었다. ❾많은 사람들이 다리 건설에 대한 그녀의 공헌에 찬사를 보냈고, 그녀는 그 다리를 건너는 첫 번째 사람이 되었다. ❿그건 그녀와 Washington, John, 그리고 그밖에 다리를 건설한 모든 사람이 그렇게 열심히 일하며 목표했던 순간이었다.

While You Read

Q4 Emily는 그녀의 남편이 병든 후 보조 엔지니어들과 소통하는 것을 어떻게 도왔는가?
그녀는 남편의 지시를 보조 엔지니어들에게 전달하고 그들의 건설 보고서를 되가져옴으로써 그를 도왔다.

Q5 왜 Emily의 일이 그 당시의 여성에게는 전례가 없는 것이었다고 생각하는가?
예시 짐작으로는 그 당시의 사람들은 여성이 공학 분야에서 일하거나 고등 수학을 공부하거나 혹은 남성을 감독하는 것이 적절하지 않다고 생각했던 것 같다.

구문 해설

❶ To everyone's amazement, yet another Roebling stepped in to save the bridge.
: 「to+one's+감정명사」는 '…가 ~하게도'라는 의미의 관용구이다. to save the bridge는 목적을 나타내는 부사적 용법의 to부정사구이다.

❷ This time, it was Washington's wife, Emily Warren Roebling.
: Washington's wife와 Emily Warren Roebling은 동격이다.

❸ She believed in what her family had started, and she was determined to see it through.
: what ... started는 전치사 in의 목적어 역할을 하는 관계대명사절이다. it은 what her family had started를 지칭한다. 믿었던 것(believed)보다 시작했던 것(had started)이 먼저 일어난 일이므로 과거완료 시제가 쓰였다.

❼ With his assistance, she also studied … so hard that she became an expert …
: 「so+형용사/부사+that+주어+동사」는 '너무 …해서 ~하다'라는 의미이다.

❽ …, which was unprecedented for a woman in those days.
: which 이하는 앞의 절 전체를 선행사로 하여 이를 부연설명하는 계속적 용법의 주격 관계대명사절이다.

❿ It was the moment she, Washington, John, and everyone else who built the bridge had worked so hard for.
: she 이하는 the moment를 선행사로 하는 관계대명사절로, 앞에 관계대명사 which[that]가 생략된 형태이다. who … bridge는 everyone else를 선행사로 하는 주격 관계대명사절이다.

Check-Up

1 Emily Warren Roebling에 관한 본문 내용과 일치하지 않는 것은?

① 가족이 시작한 일을 끝까지 해내려고 했다.
② 결혼 전에는 공학에 관해 거의 알지 못했다.
③ 남편의 지시를 보조 엔지니어들에게 전달했다.
④ 다른 사람의 도움 없이 고등수학과 공학기술을 공부했다.

2 다음 괄호 안의 단어를 바르게 배열하여 문장을 완성하시오.

She was (asleep / so / fell / that / tired / she) quickly.

❶ To this day, the Brooklyn Bridge stands as evidence of the Roebling family's persistence. ❷ These amazing people made incredible sacrifices and overcame all obstacles to complete a project that seemed impossible to others. ❸ Not only did they prove their doubters wrong, but they also achieved an accomplishment that inspired us to do the impossible.

Source http://www.history.com 외 다수 (p.232 참조)

어휘 **evidence**[évədəns] 명 증거; 흔적 **persistence**[pərsístəns] 명 끈기, 인내심 **sacrifice**[sǽkrəfàis] 명 희생 **obstacle**[ɑ́bstəkl] 명 장애(물) **accomplishment**[əkɑ́mpliʃmənt] 명 업적, 공적

Word Formation '끈질기게 계속하다'라는 의미의 동사 persist와 명사형 접미사 -ence가 결합하여 '끈기, 인내심'이라는 의미의 명사 persistence가 되었다. ex differ + **-ence** → **difference**(차이, 다름) exist + **-ence** → **existence**(존재, 실재) prefer + **-ence** → **preference**(선호)

해석

❶지금까지도, 브루클린 다리는 Roebling 가문의 끈기의 증거로 서 있다. ❷이 놀라운 사람들은 엄청난 희생을 치르고 모든 장애를 극복하여 다른 사람들에게는 불가능하게 보였던 계획을 완수하였다. ❸그들은 다리 건설을 의심하던 사람들이 틀렸다는 것을 증명했을 뿐만 아니라, 또한 우리에게 불가능한 일을 하도록 고무하는 업적을 이뤘다.

구문 해설

❷ These amazing people made incredible sacrifices and overcame all obstacles to complete a project that seemed impossible to others.
: made와 overcame은 접속사 and로 병렬 연결되어 있다. to complete 이하는 결과를 나타내는 부사적 용법의 to부정사구이다. that 이하는 a project를 선행사로 하는 주격 관계대명사절이다.

❸ Not only did they prove their doubters wrong, but they also achieved an accomplishment that inspired us to do the impossible.
: 「not only ... but also ~」는 '…일 뿐 아니라 또한 ~도'라는 의미이며, 부정어구(not only)가 문두에 와서 주어와 동사가 도치되었다. 이때 동사가 일반동사(prove)이므로 「부정어(구)+do[does/did]+주어+동사원형」의 어순이 된다. that 이하는 an accomplishment를 선행사로 하는 주격 관계대명사절이다.

Check-Up

[1-2] 다음을 읽고, 물음에 답하시오.

To this day, the Brooklyn Bridge stands as evidence of the Roebling family's persistence. These amazing people made incredible sacrifices and overcame all obstacles to complete a project that seemed ____(A)____ to others. Not only ________________, but they also achieved an accomplishment that inspired us to do the ____(B)____.

1 빈칸 (A)와 (B)에 공통으로 들어갈 말로 가장 알맞은 것을 고르시오.

① powerful ② limited ③ unnecessary ④ impossible

2 다음 괄호 안의 단어를 바르게 배열하여 빈칸을 채우시오.

(they / their / did / doubters / prove / wrong)

After You Read

A Complete the timeline based on the main text using the sentences in the box.

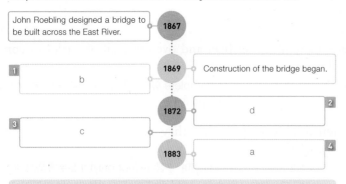

- **1867** – John Roebling designed a bridge to be built across the East River.
- **1869** – 1 b / Construction of the bridge began.
- **1872** – 3 c / 2 d
- **1883** – 4 a

a The bridge was completed and opened to the public.
b John died of an infection from an injury, and his son succeeded him as chief engineer.
c Emily stepped in and went on to carry out many of her husband's duties.
d Washington became unable to visit the construction sites on account of illness.

B Read the sentences and check T for true or F for false based on the main text.

	T	F
1 Manhattan and Brooklyn went through population declines in the 1860s.	☐	☑
2 In order to build a stronger bridge, John was going to use steel cables.	☑	☐
3 Washington didn't have any experience building bridges when he took over the bridge building project.	☐	☑
4 Emily studied engineering in college before she married Washington.	☐	☑
5 Emily was the first person to cross the bridge.	☑	☐

p. 149

A 본문에 근거하여 상자 속 문장을 이용해 연대표를 완성하시오.

1867년 – John Roebling이 이스트 강을 가로질러 건설될 다리를 설계했다.
1869년 – 다리의 건설이 시작되었다.
a 다리가 완공되어 대중에게 개방됐다.
b John이 부상으로 인한 감염으로 사망하고, 그의 아들이 그를 이어 수석 엔지니어가 되었다.
c Emily가 돕고 나섰고 계속해서 남편의 업무에서 많은 부분을 수행했다.
d Washington은 병으로 인해 공사 현장을 방문할 수 없게 되었다.

B 문장을 읽고 본문에 근거하여 사실이면 T, 거짓이면 F에 표시하시오.

1 맨해튼과 브루클린은 1860년대에 인구 감소를 겪었다.
2 더 튼튼한 다리를 건설하기 위해 John은 강철 케이블을 사용하려 했다.
3 Washington은 교량 건설계획을 넘겨받았을 때 교량 건설의 경험이 없었다.
4 Emily는 Washington과 결혼하기 전에 대학에서 공학을 공부했다.
5 Emily는 그 다리를 건넌 첫 번째 사람이었다.

해설 1 1860년대에 두 지역에서는 인구가 급격히 증가했다. 3 이미 아버지와 함께 교량을 건설해왔다. 4 결혼 전에 Emily는 공학에 대해 거의 아는 것이 없었다.

Check-Up

[1-4] 다음 빈칸에 들어갈 알맞은 말을 본문에서 찾아 쓰시오.

1 People in Brooklyn and Manhattan used to commute by ________________.

2 John Roebling suggested using ________________ to support the bridge.

3 The disease called ________________ kept Washington Roebling from visiting the construction sites.

4 Emily Roebling studied ________________ and engineering to be an expert in them.

어휘 **timeline**[táimlàin] ⓝ 연대표 **die of** …으로 죽다[사망하다] **injury**[índʒəri] ⓝ 부상 **go on to** 계속해서 …을 하다 **carry out** 수행하다 **on account of** … 때문에, …으로 **illness**[ílnis] ⓝ 병, 질환 **go through** …을 겪다 **decline**[dikláin] ⓝ 감소 **take over** …을 넘겨[인계]받다

C Choose which member of the Roebling family impressed you most. Then share the reason with your partner.

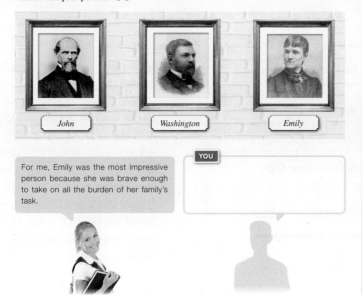

For me, Emily was the most impressive person because she was brave enough to take on all the burden of her family's task.

YOU

D Think about someone you know who has overcome challenges. Then introduce him or her to the class.

1. Who is (s)he?
   My friend Jack
2. What challenge did (s)he face?
   He wanted to be a writer, but his parents didn't want him to.
3. How did (s)he overcome it?
   He practiced hard and won prizes in several writing contests. He eventually persuaded his parents to support him.

YOU

1. Who is (s)he?
   ____
2. What challenge did (s)he face?
   ____
3. How did (s)he overcome it?
   ____

p. 150

C Roebling 가문에서 누가 자신에게 가장 인상 깊었는지 고르시오. 그러고 나서 짝과 그 이유를 공유하시오.

- 내게는 Emily가 가장 인상적인 인물이었는데, 왜냐하면 그녀는 가족의 과업에 대한 모든 부담을 짊어질 만큼 용감했기 때문이야.

D 자신이 알고 있는 어려움을 극복한 사람에 관해 생각해 보시오. 그러고 나서 그(녀)를 반에 소개하시오.

1. 그(녀)는 누구인가?
   내 친구 Jack
2. 그(녀)가 직면했던 난제는 무엇인가?
   그는 작가가 되고 싶었지만, 그의 부모님이 그걸 원하지 않았다.
3. 그(녀)는 어떻게 그 난제를 극복했는가?
   그는 열심히 연습해서 여러 글쓰기 대회에서 상을 받았다. 그는 결국 부모님이 그를 지원해 주도록 설득했다.

배경지식

어려움을 극복한 인물들

- **이희아:** 선천적인 문제로 손가락이 한 손에 두 개뿐이었고 다리도 완전히 자라지 않았으나, 부단한 노력으로 피아니스트가 되어 다양한 대회에서 수상했다.
- **프랭클린 D. 루스벨트:** 촉망받는 정치인이던 그는 30대에 소아마비에 걸려 엄청난 통증과 장애와 싸워야 했다. 그가 미국의 대통령이 된 것은 소아마비로 하반신이 마비된 이후였다.
- **조앤 롤링:** 이혼 후 어린 딸과 함께 생활 보조금으로 연명하며 〈해리포터〉 시리즈를 쓰기 시작했다. 〈해리포터〉는 12개의 출판사에서 거절당한 끝에 출판되었고, 세계적인 베스트 셀러가 되었다.

어휘 **impress**[imprés] ⓢ 깊은 인상을 주다 **take on** (일 등을) 맡다, (책임을) 지다 **burden**[bə́ːrdn] ⓜ (의무, 책임의) 짐, 부담 **task**[tæsk] ⓜ 일, 과업, 과제 **prize**[praiz] ⓜ 상, 상품 **persuade**[pərswéid] ⓢ 설득하다

Discovering Grammar

Point 1

Read and Notice Read the book review, paying attention to the structure in bold.

I was **so** fascinated by this book **that** I read it within two hours. It is an amazing book with an awesome plot. It is about a boy who finds a tollbooth that takes him to an unknown land. It is full of adventure and the characters are described very well. You should definitely give this book a try. This book is **so** interesting **that** you won't want to put it down!

Practice Complete the sentences using the same structure as above. 예시

1 It was so cold outside that we couldn't take a walk in the park.

2 The building is so tall that I can see the whole city from the top of it.

3 One of my friends is so beautiful that she could be picked as a model.

Find More Find the sentence in the main text with the same structure as above.

p. 151

Find More 정답

p. 147 With his assistance, she also studied higher mathematics and engineering **so** hard **that** she became an expert (…)

Point 2

Read and Notice Read the note, paying attention to the structure in bold.

To the building manager,

My next-door neighbors have dogs that always bark a lot early in the morning. Since they moved in, **never have I had** a good night's sleep. More precisely, **not one morning have I been** able to sleep past five. **Not only did I explain** the problem to the couple, but I even suggested solutions. I love dogs. **Little did I know** that I would end up hating dogs because of this. Please help me clear this matter up.

from the resident in Room 501

Practice Complete the sentences with the given words using the same structure as above.

1 Little did I expect that I would ever meet him again. (I expected)

2 Never have I had such a terrible experience with a restaurant! (I have had)

3 Not only did she win the race but she also broke the world record. (she won)

Find More Find the sentence in the main text with the same structure as above.

p. 151

Find More 정답

p.148 **Not only did they prove** their doubters wrong, but they also achieved an accomplishment that inspired us to do the impossible.

Point 1

Read and Notice 굵게 표시된 구조에 주의하여 서평을 읽으시오.

나는 이 책에 너무 매료돼서 두 시간 이내에 이 책을 다 읽었다. 이것은 굉장한 줄거리를 가진 놀라운 책이다. 이것은 미지의 나라로 데려다주는 도로 요금소를 발견한 소년에 관한 책이다. 모험으로 가득하고 등장인물들이 굉장히 잘 묘사되어 있다. 반드시 이 책을 읽어봐야 한다. 이 책은 너무 흥미로워서 당신은 이 책을 내려놓고 싶지 않을 것이다.

Practice 위와 같은 구조를 사용하여 문장을 완성하시오. 예시

1 바깥이 너무 추워서 우리는 공원에서 산책을 할 수 없었다.

2 그 건물은 너무 높아서 나는 건물 꼭대기에서 도시 전체를 볼 수 있다.

3 내 친구들 중 한 명은 너무 아름다워서 그녀는 모델로 뽑힐 수 있을 정도다.

Find More 위와 같은 구조의 문장을 본문에서 찾으시오.

Point 2

Read and Notice 굵게 표시된 구조에 주의하여 쪽지를 읽으시오.

건물관리인에게,

제 옆집에 사는 이웃이 이른 아침에 항상 많이 짖는 개들을 데리고 있습니다. 그들이 이사 온 이래, 저는 단 하룻밤도 숙면을 할 수 없었습니다. 더 정확히 말해, 아침 5시를 넘겨 잠을 잘 수 있었던 적이 하루도 없었습니다. 저는 그 부부에게 문제를 설명했을 뿐만 아니라 해결책까지도 제안했습니다. 저는 개를 사랑합니다. 제가 이번 일로 결국 개를 싫어하게 될 줄은 정말 몰랐습니다. 부디 제가 이 문제를 해결할 수 있게 도와주십시오.

501호 거주민으로부터

Practice 위와 같은 구조를 사용하여 주어진 단어로 문장을 완성하시오.

1 내가 그를 다시 만날 거라고는 거의 기대하지 않았다.

2 나는 식당과 관련해 그렇게 끔찍한 경험을 해 본 적이 없었다.

3 그녀는 경주에서 이겼을 뿐 아니라 세계 기록도 깼다.

Find More 위와 같은 구조의 문장을 본문에서 찾으시오.

어휘 **fascinated** [fǽsənèitid] 형 매혹[매료]된 **tollbooth** [tóulbù:θ] 명 도로 요금소 **unknown** [ʌnnóun] 형 알려지지 않은 **definitely** [défənitli] 부 분명히, 확실히 **precisely** [prisáisli] 부 정확히 **end up v-ing** …하는 것으로 끝나다 **clear up** …을 해결[정리]하다

문법 노트

Point 1

「so+형용사/부사+that+주어+동사」

「so+형용사/부사+that+주어+동사」는 주로 결과나 정도를 나타내며 '너무 …하여 ~하다' 또는 '…할 정도로 ~하다'로 해석한다.

ex I was **so** sick **that** I couldn't eat anything at all.
(나는 너무 아파서 어떤 것도 전혀 먹을 수 없었다.)
He spoke **so** firmly **that** I almost believed him.
(그가 너무 확고하게 말해서 나는 그를 믿을 뻔했다.)

cf.) 「so that ... can ~」은 '…가 ~할 수 있도록'이라는 의미로 목적을 나타낸다.

ex She worked hard **so that** she could buy a house.
(그녀는 집을 사기 위해 열심히 일했다.)

Point 2

부정어로 인한 도치

not only, not until, no sooner, never, little, hardly, seldom 등의 부정어(구)가 문두에 위치하면 주어와 동사가 도치된다. 이때, 동사가 be동사나 조동사일 때는 그대로 어순만 바꾸지만, 일반동사일 경우에는 조동사 do를 인칭과 시제에 맞게 바꾸어 주어 앞에 삽입해야 한다.

ex **Never have I seen** such a mean person!
(나는 그렇게나 비열한 사람은 본 적이 없어!)
Seldom did she have a chance to talk with her mother.
(그녀는 어머니와 대화할 기회가 거의 없었다.)
Not until yesterday **did I know** that fact.
(어제서야 나는 그 사실을 알았다.)

Check-Up

1 주어진 우리말 뜻에 맞도록 괄호 안의 단어를 바르게 배열하시오.

(1) He was (he / so / made / the same / that / stupid / mistake) over and over again.
(그는 너무나 어리석어서 똑같은 실수를 계속해서 저질렀다.)
(2) We (that / we / sit / were / couldn't / excited / so / still).
(우리는 너무 흥분해서 가만히 앉아있을 수 없었다.)
(3) I was (burst / surprised / tears / I / so / into / that).
(나는 너무 놀라서 눈물을 터뜨렸다.)

2 다음 문장에서 어법상 틀린 부분을 고쳐 쓰시오.

(1) Never do I imagine he would become an actor.
(2) No sooner I had gone to bed than I was asleep.
(3) Not until that moment we realized how far we had come.

3 주어진 문장을 〈보기〉와 같이 바꿔 쓰시오.

| 보기 He had seldom seen such beauty.
→ Seldom had he seen such beauty.

(1) He not only apologized but also sent me a card.
→ Not only ________________________, but he also sent me a card.
(2) I had hardly dreamt that I would meet such a lovely girl like you.
→ Hardly ________________________ that I would meet such a lovely girl like you.
(3) I knew little about the culture of the company.
→ Little ________________________ about the culture of the company.

How I Overcame an Obstacle

Write

Writing a Narrative Paragraph

A Narrative Paragraph

A narrative paragraph tells the reader about an incident or event that happened to the narrator. Choose one of your most memorable or meaningful experiences and describe the event clearly, using specific details.

이야기체 단락

이야기체 단락은 화자에게 일어났던 일이나 사건에 관해 독자에게 말해준다. 가장 기억할 만하거나 의미 있는 경험들 중 하나를 고르고 구체적인 세부 내용을 이용하여 명확하게 그 사건을 기술하라.

A Model Writing

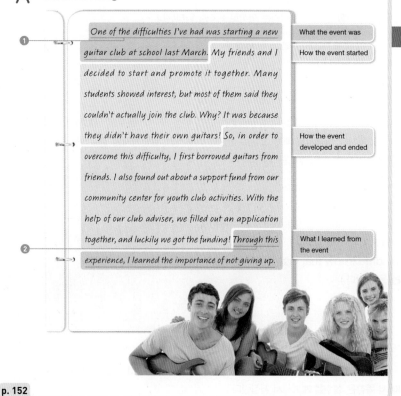

❶ *One of the difficulties I've had was starting a new guitar club at school last March.* (What the event was) *My friends and I decided to start and promote it together.* (How the event started) *Many students showed interest, but most of them said they couldn't actually join the club. Why? It was because they didn't have their own guitars! So, in order to overcome this difficulty, I first borrowed guitars from friends. I also found out about a support fund from our community center for youth club activities. With the help of our club adviser, we filled out an application together, and luckily we got the funding!* (How the event developed and ended) ❷ *Through this experience, I learned the importance of not giving up.* (What I learned from the event)

p. 152

A 내가 겪었던 어려움들 중 하나는 지난 3월 학교에서 새 기타 동아리를 개설하는 것이었다. 친구들과 나는 기타 동아리를 함께 시작하고 홍보하기로 했다. 많은 학생들이 관심을 보였지만, 그들 대부분은 사실 동아리에 가입할 수는 없다고 했다. 왜냐고? 그들은 자기 기타를 가지고 있지 않기 때문이었다! 그래서 이 어려움을 극복하기 위해 나는 먼저 친구들에게서 기타를 빌렸다. 나는 또한 우리 동네 주민센터에서 청소년 동아리 활동을 위해 주는 지원금에 관해 알게 되었다. 우리는 동아리 지도 선생님의 도움으로 지원서를 함께 작성했고, 운 좋게도 지원금을 얻어냈다! 이 경험을 통해 나는 포기하지 않는 것의 중요성을 배웠다.

구문 해설

❶ One of the difficulties I've had was starting a new guitar club … last March.
: 「one of the+복수명사+단수동사」는 '…중의 하나는 ~'이라는 의미이다. I've had는 One of the difficulties를 선행사로 하는 목적격 관계대명사절로, 앞에 관계대명사 which[that]가 생략된 형태이다. starting … last March는 보어 역할을 하는 동명사구이다.

❷ …, I learned the importance of not giving up.
: giving up은 전치사 of의 목적어 역할을 하는 동명사구이다. 동명사의 부정을 나타낼 때는 앞에 not을 쓴다.

유용한 표현

- **이야기를 시작할 때**
  first / in the beginning / initially / It began with … / It started with …
- **다음에 일어난 일을 말할 때**
  next / after a while / after that / soon / then / before long
- **이야기를 마무리할 때**
  at last / at the end / finally / eventually

어휘 **meaningful** [míːniŋfəl] ⓗ 의미 있는 **specific** [spisífik] ⓗ 구체적인, 명확한 **promote** [prəmóut] ⓢ 홍보하다 **borrow** [bɑ́rou] ⓢ 빌리다 **fund** [fʌnd] ⓜ 기금, 자금 **youth** [juːθ] ⓜ 청춘, 젊음 **fill out** …을 작성하다 **application** [æ̀pləkéiʃən] ⓜ 지원서 **give up** 포기하다

B Write Your Own

Step 1 Look at the following and think about some other difficulties you've faced.

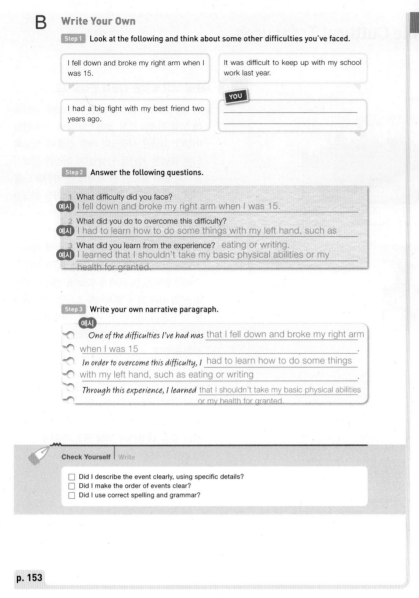

- I fell down and broke my right arm when I was 15.
- It was difficult to keep up with my school work last year.
- I had a big fight with my best friend two years ago.
- YOU ______

Step 2 Answer the following questions.

1 What difficulty did you face?
예시 I fell down and broke my right arm when I was 15.

2 What did you do to overcome this difficulty?
예시 I had to learn how to do some things with my left hand, such as eating or writing.

3 What did you learn from the experience?
예시 I learned that I shouldn't take my basic physical abilities or my health for granted.

Step 3 Write your own narrative paragraph.

예시
One of the difficulties I've had was that I fell down and broke my right arm when I was 15.
In order to overcome this difficulty, I had to learn how to do some things with my left hand, such as eating or writing.
Through this experience, I learned that I shouldn't take my basic physical abilities or my health for granted.

Check Yourself | Write

- ☐ Did I describe the event clearly, using specific details?
- ☐ Did I make the order of events clear?
- ☐ Did I use correct spelling and grammar?

p. 153

B **Step 1** 다음을 보고 자신이 직면했던 다른 어려움들에 대해 생각해 보시오.

- 15살 때 넘어져서 오른팔이 부러졌다.
- 작년에 학교 공부를 따라잡는 게 힘들었다.
- 2년 전 가장 친한 친구와 크게 다퉜다.

Step 2 다음 질문에 답하시오.

1 어떤 어려움에 직면했는가?
예시 내가 15살 때 넘어져서 오른팔이 부러졌다.

2 이 어려움을 극복하기 위해 무엇을 했는가?
예시 나는 뭔가를 왼손으로 하는 법을 배워야 했는데, 가령 먹는 일이나 쓰는 일 같은 것이 있었다.

3 그 경험으로부터 무엇을 배웠는가?
예시 나는 나의 신체 능력이나 건강을 당연한 것으로 여기지 말아야 한다는 것을 배웠다.

Step 3 자신의 이야기체 단락을 쓰시오.

예시 내가 겪었던 어려움들 중 하나는 내가 15살 때 넘어져서 오른팔이 부러졌던 일이었다. 이 어려움을 극복하기 위해 나는 뭔가를 왼손으로 하는 법을 배워야 했는데, 가령 먹는 일이나 쓰는 일 같은 것이 있었다. 이 경험을 통해 나는 나의 신체 능력이나 건강을 당연한 것으로 여기지 말아야 한다는 것을 배웠다.

Check Yourself

- ☐ 구체적인 세부 내용을 이용해서 사건을 분명하게 묘사했는가?
- ☐ 사건의 순서를 분명히 했는가?
- ☐ 올바른 철자와 문법을 사용하였는가?

추가 예시문

One of the difficulties I've had was that it was hard for me to keep up with my schoolwork last year. In order to overcome this difficulty, I reduced the time that I spent playing with my mobile phone. I also tried to take notes in class as much as possible. Through this experience, I learned the importance of time management and note-taking skills.

내가 겪었던 어려움 중의 하나는 작년에 학교 공부에 뒤쳐지지 않도록 하는 것이었다. 이 어려움을 극복하기 위해 나는 휴대전화를 가지고 노는 시간을 줄였다. 또한 수업시간에 가능한 한 많이 필기를 하려고 노력했다. 이 경험을 통해 나는 시간 관리와 노트필기 기술의 중요성을 배웠다.

Writing Tip 이야기체 단락 쓰기

1 사건을 묘사할 때 적절한 시제를 사용한다.
2 독자의 흥미를 불러 일으키기 위해 너무 딱딱한 말보다는 실제 쓰는 말을 사용한다.
3 글의 명료성을 높이기 위해 복잡한 단어나 문장구조를 피하고, 너무 많은 정보를 한 문장 안에 담기보다는 여러 문장으로 분산시킨다.

어휘 **face**[feis] ⓢ 직면하다 **fall down** 넘어지다, 쓰러지다 **keep up with** …에 뒤처지지 않다

Incredible Cultural Treasures

A Get to Know the World

Look at the pictures and match them to the descriptions.

1 

Rice Terraces of the Philippine Cordilleras

2 

Great Mosque of Djenné in Mali

3 

Kinderdijk Windmills in the Netherlands

a These were carved out of the slope by the Ifugao people 2,000 to 3,000 years ago without the aid of machinery. ❶ They created these level steps so that the people could plant rice. ❷ If these were laid end to end, they would stretch half way around the world. It is considered one of the greatest engineering achievements of all time.

b These are located in a region that is at risk of flooding because it lies below sea level. During the 13th century, regular flooding became a big problem. ❸ To prevent it from happening, nineteen of these structures were built to help drain the excess water. The region has been a World Heritage Site since 1997.

c This is the world's largest mud brick building. Rain, moisture, and temperature changes cause cracks and remove mud little by little from the wall. To keep it from falling apart, the community repairs the building's walls annually.

p. 154

A 사진을 보고 알맞은 설명과 연결하시오.

a 이것은 2,000~3,000년 전 Ifugao족 사람들에 의해 기계의 도움 없이 산비탈을 깎아 만들어졌다. 그들은 사람들이 벼를 심을 수 있도록 이런 평평한 계단을 만들었다. 이것을 끝에서 끝까지 펼쳐 놓으면 전 세계의 반 바퀴에 이를 만큼 이어질 것이다. 이는 역사상 가장 위대한 공학적 업적 중 하나로 여겨진다.

b 이것들은 해수면 아래에 있기 때문에 홍수의 위험이 있는 지역에 위치해 있다. 13세기에 주기적인 범람은 큰 문제가 되었다. 범람이 발생하는 걸 막기 위해, 한계치를 초과한 물을 빼내는 데 도움이 되도록 이 구조물 19개가 만들어졌다. 그 지역은 1997년 이래로 세계 문화 유산이 되었다.

c 이것은 세계 최대의 진흙 벽돌 건물이다. 비, 수분, 온도 변화가 균열을 일으키고 벽에서 진흙을 조금씩 벗겨낸다. 그것이 완전히 허물어지는 것을 예방하기 위해 공동체에서는 매년 그 건물의 벽을 수리한다.

구문 해설

❶ They created these level steps so that the people could plant rice.
: 「so that ... can ~」은 '…가 ~할 수 있도록'이라는 의미이다.

❷ If these were laid end to end, they would stretch half way around the world.
: 「If+주어+동사의 과거형, 주어+조동사의 과거형+동사원형」의 형태로, '만약 …라면, ~할 텐데'라는 의미이며 현재 사실을 반대로 가정 혹은 상상하는 가정법 과거이다.

❸ To prevent it from happening, nineteen of these structures were built to help drain the excess water.
: To prevent ... happening과 to help 이하는 목적을 나타내는 부사적 용법의 to 부정사구이다.

어휘 **windmill**[wíndmil] ⓜ 풍차 **carve**[kɑːrv] ⓢ 조각하다, 깎아서 만들다 **slope**[sloup] ⓜ (산)비탈, 경사지 **machinery**[məʃíːnəri] ⓜ 기계(류) **stretch**[stretʃ] ⓢ 펼쳐지다, 이어지다 **at risk of** …의 위험에 처한 **prevent**[privént] ⓢ 막다[예방하다] **drain**[drein] ⓢ 물을 빼내다, 배수하다 **excess**[ékses] ⓗ 초과한, 제한 외의 **moisture**[mɔ́istʃər] ⓜ 수분, 습기 **crack**[kræk] ⓜ 금, 틈, 균열 **annually**[ǽnjuəli] ⓟ 매년

B Take a Closer Look

Pretend that you're at one of the cultural treasures in A and write a postcard to a family member.

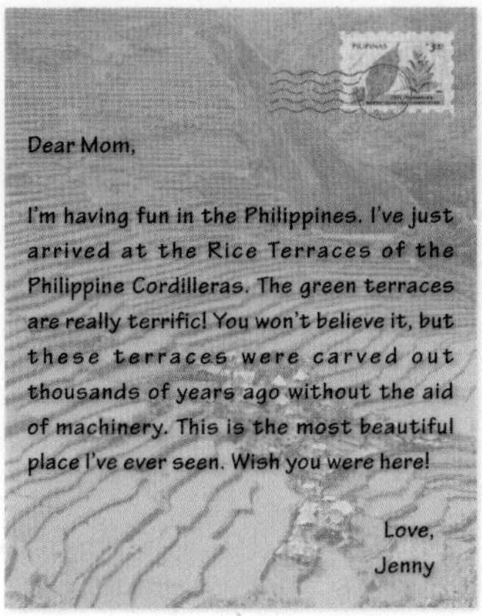

Dear Mom,
I'm having fun in the Philippines. I've just arrived at the Rice Terraces of the Philippine Cordilleras. The green terraces are really terrific! You won't believe it, but these terraces were carved out thousands of years ago without the aid of machinery. This is the most beautiful place I've ever seen. Wish you were here!
Love,
Jenny

YOU

Dear ________,

I'm having fun in ____________. I've just arrived at ____________________.

______________________________.

You won't believe it, but ____________

____

____________. This is ____________

______________________________.

Wish you were here!

Love,

____

B 자신이 A에 있는 문화유적지 중 한 곳에 있다고 가정하고 가족 중 한 명에게 엽서를 써 보시오.

사랑하는 엄마,
저는 필리핀에서 재미있게 지내고 있어요. 저는 필리핀 코르딜레라스의 계단식 논에 막 도착했어요. 초록색의 논이 정말 멋져요! 믿기 어렵겠지만, 이 논은 수천 년 전에 기계의 도움도 없이 깎아서 만든 거래요. 여긴 제가 본 곳 중 가장 아름다운 곳이에요! 엄마도 여기 계시면 좋겠어요!

사랑을 담아,
Jenny가

C Keep Exploring

Search for another cultural heritage site like the ones in A. Then present it to your class.

What	Where	Obstacles to construction
The Great Wall of China	China	① It was built on top of mountains over a distance of more than 20,000 kilometers. ② It was repaired and extended over 1,500 years.

p. 155

C A에 있는 것과 같은 다른 문화유산을 찾아 보시오. 그러고 나서 그것을 학급에 발표하시오.

무엇: 만리장성
장소: 중국
건설 시 장애물:
① 20,000km 이상의 거리에 걸쳐 산꼭대기에 지어졌다.
② 1,500년 이상에 걸쳐 수리되고 연장되었다.

Check-Up

[1-3] 다음 문장이 본문 내용과 일치하면 T, 일치하지 않으면 F를 쓰시오.

1 The Ifugao people in the Philippines created the level steps so that they could harvest salt. (   )

2 Nineteen windmills were built in Kinderdijk to help conserve water. (   )

3 The Great Mosque of Djenné is made of mud bricks and its walls are repaired annually. (   )

배경지식

세계의 놀라운 문화유산

- **스톤헨지(Stonehenge):** 런던 남서쪽에 있으며 선사시대의 거석문화를 볼 수 있는 곳이다. 스톤헨지 유적지 안쪽에 있는 돌 하나의 무게는 자그마치 30~50t 정도로 이 돌들은 유적지에서 38km쯤 떨어져 있는 곳에서 가져온 것으로 확인되었다. 스톤헨지 유적지의 모습은 두 기둥 사이에 덮개돌을 올려놓은 모양인데, 기둥을 세울 때는 밧줄로 돌을 묶고 200여 명의 사람이 줄을 끌어당겨 돌을 세운 것으로 알려져 있다.
- **합천 해인사 대장경판:** 16년 간의 대역사 끝에 간행되었으며, 판수가 8만여 개에 8만 4천 개의 경전 말씀이 실려 있어 팔만 대장경이라고도 부른다. 경판으로 쓰일 재목은 바닷물 속에 1~2년간 담가 뒀다가 경판 크기로 자른 뒤 소금물에 삶고 1년간 건조하는 과정을 거쳤다. 경판의 글자는 사람들을 훈련시켜 글자체를 통일한 뒤 솜씨 좋은 장인들에게 새기게 했다. 그 덕분에 전체 글자수가 5,200만 자가 넘는 대장경판이 마치 한 사람이 쓴 것처럼 만들어졌다. 교정도 꼼꼼하게 보아 오탈자도 거의 없이 정교하다고 한다.

L Listen to the conversation and choose the picture that best describes what the speakers are talking about.

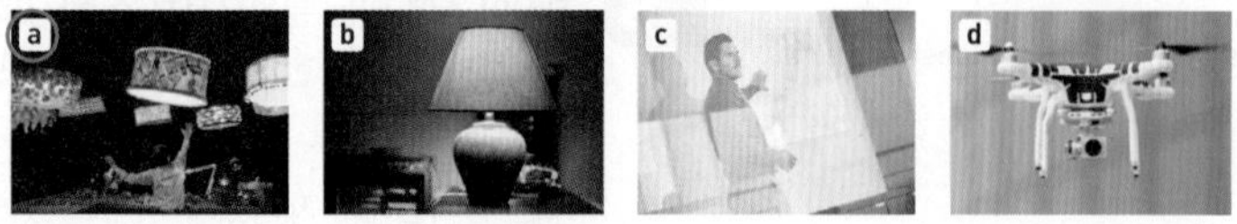

S Number the sentences in the correct order. Then act out the completed conversation with your partner.

1 What are you reading, Robert?
7 Really? I'm surprised that he had to overcome such obstacles.
5 No way! Is that true?
6 That's not all. His first company went bankrupt.
2 Hey, Sarah. I'm reading about the life of Walt Disney.
4 Yes, but he didn't have it easy. Did you know that Walt Disney was once fired by a newspaper editor because he thought Disney had no good ideas?
3 Oh, I bet his life was interesting. He was a very creative and successful man.
8 Yeah. I think that's why people like him inspire us.

Self-Reflection 1 Answer the Big Question

Q. What do we need to overcome limits?

Example	Example	YOU
We need the help of science and technology.	We need a strong will and determination.	

p. 156

L 대화를 듣고 화자들이 이야기하고 있는 대상을 가장 잘 묘사한 사진을 고르시오.

S 올바른 순서대로 문장에 번호를 매기시오. 그러고 나서 완성된 대화문으로 짝과 역할 연기를 하시오.

1 뭘 읽고 있어, Robert?
7 정말? 그가 그런 장애물들을 극복해야 했다니 놀랍다.
5 말도 안돼! 그게 사실이야?
6 그게 다가 아니야. 그의 첫 번째 회사는 파산했었어.
2 안녕, Sarah. Walt Disney의 삶에 관해 읽고 있어.
4 응, 하지만 그걸 쉽게 가진 건 아니야. Walt Disney가 예전에 한 신문사 편집장에 의해 해고됐었는데, 그가 멋진 생각을 해내지 못한다고 편집장이 생각했던 때문이라는 거 알았어?
3 아, 그의 삶은 틀림없이 흥미로웠겠지. 그는 굉장히 창의적이고 성공한 사람이었어.
8 응. 그게 바로 그와 같은 사람들이 우리에게 영감을 주는 이유라고 생각해.

Self-Reflection 1 Big Question에 답하기

Q. 한계를 극복하기 위해 우리는 무엇을 필요로 할까요?
|예시| 우리는 과학과 기술의 도움이 필요하다.
|예시| 우리는 강한 의지와 결단이 필요하다.

Script L

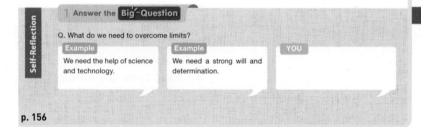

G: Hey, Colin. What are you watching?
B: Hi. I'm watching a movie to prepare for my science presentation.
G: Hmm... Are those flying lampshades? What's going on?
B: That's what I said when I first saw them. Have you heard about dancing drones?
G: Dancing drones? Are those lampshades actually drones?
B: Yes! This is a movie showing light-equipped flying drones dancing to the movements of a human performer.
G: I see. So, what's your presentation topic?
B: It is about technology that has pushed the limits of the human imagination.
G: Wow! Sounds cool! I'm sure you'll do great.

해석

여: 안녕, Colin. 뭘 보고 있어?
남: 안녕. 과학 발표 준비하려고 영화를 보고 있어.
여: 음… 저거 날아다니는 전등갓이니? 어떻게 저래?
남: 그게 내가 처음 저것들을 봤을 때 했던 말이야. 춤추는 드론에 대해 들어 본 적 있어?
여: 춤추는 드론? 저 전등갓들이 사실은 드론인 거야?
남: 맞아! 이건 조명이 장착된 날아다니는 드론이 인간 연기자의 동작에 맞춰서 춤을 추는 걸 보여주는 영화야.
여: 알겠어. 그래서 네 발표 주제는 뭐야?
남: 인간 상상력의 한계를 확장한 과학기술에 관한 거야.
여: 와! 멋진데! 네가 잘할 거라고 확신해.

어휘 go bankrupt 파산하다 fire [faiər] 동 해고하다 editor [édətər] 명 편집장 bet [bet] 동 (…이) 틀림없다[분명하다] lampshade [lǽmpʃèid] 명 램프[전등]의 갓 performer [pərfɔ́ːrmər] 명 연기자, 연주자

R Read the paragraph and answer the following questions.

> Luckily, John's role as chief engineer (A) <u>succeed</u> by his son, Washington Roebling. (①) Because he had built bridges with his father and studied bridge construction in Europe, he (B) <u>believe</u> in John's dream. (②) At that time, the foundations for the bridge's two towers were being built in the East River, which was extremely difficult and dangerous work. (③) Workers had to stay at the bottom of the river in a waterproof box with little light and constant danger. (④) In 1872, he developed this disease and was unable to move easily or visit the construction sites throughout the rest of the project.

1 Choose the best place for the following sentence among ①–④. ④

> Many died or were permanently injured by a serious disease called "the bends," including Washington Roebling.

2 Write the appropriate forms of (A) and (B).

(A) was succeeded (B) believed

W Write a short narrative paragraph about a time when you overcame a difficulty at school.

Outline	What the event was	How the event started	How the event developed and ended	What I learned from the event

예시

One of the difficulties I've had in school was making new friends. When I was 13, my family and I moved to Seoul. I felt lonely at first. *To solve this, I* I joined a book club and a soccer team. *I also* tried to approach classmates first rather than wait for them to talk to me. Now I have a wide circle of friends. *Through this experience, I learned* that if you want something, you have to go get it.

2 Reflect on Your Learning

1 I've actively participated in class during this lesson. ①-②-③-④-⑤
2 I fully understand what I've learned in this lesson. ①-②-③-④-⑤
3 I can use the expressions I learned in this lesson in other situations. ①-②-③-④-⑤

p. 157

R 단락을 읽고 다음 질문에 답하시오.

1 다음 문장이 들어가기에 가장 적절한 곳을 ①–④ 중에서 고르시오.

해설 ④에 들어가야 'the bends'와 그 다음 문장에 등장하는 'this disease'가 자연스럽게 연결된다.

2 (A)와 (B)의 적절한 형태를 쓰시오.

해설 (A) John's role과 succeed가 의미상 수동 관계이고, 과거의 일을 서술하고 있다.
(B) 과거의 일을 서술하고 있다.

W 학교에서의 어려움을 극복했을 때에 관한 짧은 이야기체 단락을 쓰시오.

예시 내가 학교에서 겪었던 어려움들 중 하나는 새로운 친구를 사귀는 것이었다. 13살이었을 때, 나와 내 가족은 서울로 이사 왔다. 처음에 나는 외로움을 느꼈다. 이 문제를 해결하기 위해, 나는 독서 동아리와 축구팀에 가입했다. 나는 또한 반 친구들이 내게 말을 걸어주길 기다리기보다는 먼저 친구들에게 다가가려고 노력했다. 지금은 친구들이 많다. 이 경험을 통해 나는 뭔가를 원하면 직접 가서 얻어내야 한다는 것을 배웠다.

Self-Reflection 2 학습 과정 돌아보기

1 나는 이 단원을 배우는 동안 수업에 적극적으로 참여했다.
2 나는 이 단원에서 배운 것을 완전히 이해한다.
3 나는 이 단원에서 배운 표현을 다른 상황에 사용할 수 있다.

Check-Up

[1-2] 다음 빈칸에 들어갈 알맞은 말을 〈보기〉에서 찾아 쓰시오.

1 His voice becomes ________ on the high notes.

2 New ________ has appeared that will certainly confirm her guilt.

보기	ambition	waterproof	unstable	contribution	evidence

3 주어진 우리말 뜻에 맞도록 괄호 안의 단어를 이용하여 문장을 완성하시오.

I was ________ ________ ________ I couldn't open my eyes. (scared)
(나는 너무 무서워서 눈을 뜰 수가 없었다.)

[4-5] 다음 문장에서 밑줄 친 부분을 어법에 맞게 고쳐 쓰시오.

4 Not only <u>does she see</u> a ghost, but she also talked to it.

5 Little <u>I expected</u> him to become a successful writer.

단원 핵심 정리

Communicative Functions

1 알고 있는지 묻기: Have you heard about ... ? (…에 대해 들어봤어?)

▶ 상대방이 무엇을 알고 있는지 물어볼 때 "Have you heard (about) ... ?"이라는 표현을 사용할 수 있다. 이와 유사한 표현으로 "Do you know about ...?," "You know ... (, don't you)?," "Are you aware of ... ?" 등이 있다.

2 놀람 표현하기: I'm surprised that ... (나는 …에 놀랐어)

▶ 무언가에 대해 놀랐다는 것을 말할 때 "I'm surprised that ..." 이라는 표현을 사용할 수 있다. 이와 유사한 표현으로 "What a surprise!," "That's/It's surprising!," "I (just) can't believe this." 등이 있다.

New Words & Expressions

landmark	명 주요 지형지물, 명소	**permanently**	부 영구적으로
in particular	특히	**injure**	동 부상을 입히다, 해치다
in charge of	책임이 있는	**including**	전 …을 포함하여
commuter	명 통근자	**site**	명 현장
transport	명 수송[운송] 수단	**quit**	동 그만두다, 포기하다
unstable	형 불안정한	**supervise**	동 감독[관리]하다
frequently	부 자주, 흔히	**telescope**	명 망원경
tide	명 조수, 조류	**despite**	전 …에도 불구하고
constantly	부 끊임없이	**amazement**	명 놀라움
suspension bridge	명 현수교	**step in**	돕고 나서다
expert	명 전문가	**see ... through**	…을 끝까지 해내다
propose	동 제안하다	**instruction**	명 지시
hold up	지탱하다	**assistant**	형 보조의, 보좌의
ambition	명 야망, 포부	**process**	명 과정
involved	형 관련[연루]된, 휘말린	**carry out**	수행하다
infection	명 감염	**unprecedented**	형 전례[유례] 없는
destined	형 (to) (…할) 운명인	**contribution**	명 공헌, 기여
shortly	부 곧, 금방	**evidence**	명 증거; 흔적
launch	동 시작[착수]하다	**persistence**	명 끈기, 인내심
succeed	동 뒤를 잇다	**sacrifice**	명 희생
foundation	명 기반	**obstacle**	명 장애(물)
waterproof	형 방수가 되는	**accomplishment**	명 업적, 공적

Language Points

| so+형용사/부사+that+주어+동사 |

「so+형용사/부사+that+주어+동사」는 주로 결과나 정도를 나타내며 '너무 …하여 ~하다' 또는 '…할 정도로 ~하다'로 해석한다.

| 부정어로 인한 도치 |

not only, not until, no sooner, never, little, hardly, seldom 등의 부정어(구)가 문두에 위치하면 주어와 동사가 도치된다. 이때, 동사가 be동사나 조동사일 때는 그대로 어순만 바꾸지만, 일반동사일 경우에는 조동사 do를 인칭과 시제에 맞게 바꾸어 주어 앞에 삽입해야 한다.

단원평가

1 다음 빈칸에 들어갈 말로 알맞은 것은?

A: ____________________
B: No. What is it?
A: It is a machine that creates solid objects from a digital file.

① Who do you think you are?
② Do you have any design in mind?
③ Have you heard about a 3D printer?
④ Why didn't you send me the file?
⑤ Can you come to my birthday party next week?

2 대화가 자연스럽게 이어지도록 ⓐ~ⓓ를 순서대로 배열하시오.

ⓐ What difficulties did he face, and how did he overcome them?
ⓑ Although he faced a lot of insults and threats because of his race, he fought racism with courage and became one of the best players in the major league.
ⓒ Yes, Jackie Robinson. He is a baseball player.
ⓓ Do you know any people who have overcome difficulties?

[3-6] 주어진 우리말과 같은 뜻이 되도록 빈칸에 알맞은 말을 쓰시오.

3 Although I like to watch all kinds of movies, I love horror movies ________ ________.
(모든 종류의 영화를 보는 걸 좋아하지만, 나는 특히 공포영화를 좋아한다.)

4 She ________ ________ before a fight could start.
(그녀는 싸움이 시작되기 전에 개입했다.)

5 He was ________ ________ ________ he couldn't even lift a finger.
(그는 너무 피곤해서 손가락 하나 까딱할 수 없었다.)

6 Never ________ ________ ________ such nonsense!
(나는 그런 터무니없는 얘기를 들어본 적이 없다!)

[7-8] 다음 글을 읽고, 물음에 답하시오.

John proposed the use of steel cables—instead of iron ones—that would be six times stronger than needed to support the bridge. ____________, he planned to build two large stone towers to hold up the bridge's road and allow people to walk across it. If his ideas worked, the final result would be the longest, strongest suspension bridge ever built. John's ambition inspired people, so construction began in 1869. However, he was involved in a ferry accident later that year and died of an infection not long after.

7 빈칸에 들어갈 말로 가장 알맞은 것은?

① As a result
② In addition
③ For example
④ In consequence
⑤ On the contrary

8 John에 관한 윗글의 내용과 일치하지 않는 것은?

① 다리 건설에 강철 케이블의 사용을 제안했다.
② 두 개의 석탑이 다리 위 도로를 지탱하도록 설계했다.
③ 보행자들이 걸어서 다리를 건널 수 있게 하려고 했다.
④ 그의 포부는 사람들로부터 외면받았다.
⑤ 그는 연락선 사고로 인한 감염으로 곧 사망했다.

[9-10] 다음 글을 읽고, 물음에 답하시오.

By the time the bridge ①was finished in 1883, Emily was carrying out many of the chief engineer's duties, ②that was unprecedented for a woman in those days. Many people ____________ her contributions to the project, and she became the first person ③to cross the bridge. It was the moment she, Washington, John, and everyone else ④who built the bridge ⑤had worked so hard for.

9 윗글의 밑줄 친 ①~⑤ 중, 어법상 틀린 것은?

10 빈칸에 들어갈 말로 가장 알맞은 것은?

① evaluated
② criticized
③ diminished
④ praised
⑤ followed

Act Out a Story!

Step 1 Think about It

Make a group of four with your classmates. Talk about the stories you know and search for more. Then choose one that you want to act out.

Step 1 네 명이 한 모둠을 만드시오. 여러분이 알고 있는 이야기들에 관해 말하고 더 많은 이야기들을 찾아보시오. 그러고 나서 여러분이 모둠에서 연기하고 싶은 이야기를 고르시오.

Step 2 Organize It

1 Choose the most impressive scene from the story and assign characters for each group member.

- **Title**:
- **Scene**:
- **Characters**:

2 Write a script of the scene you chose with your group members.

Example

"Three Questions" Script

King: You must be tired. Let me help you with that.
Hermit: Okay… Thank you…
Narrator: As the sun was setting, the king stopped.
King: I came to you for answers to my questions. If you can give me none, please let me know so that I can return home.
Hermit: Someone is running toward us. Let's see who it is.
(…)

YOU

p. 158

Step 2 1 이야기에서 가장 인상적인 장면을 고르고 각 모둠원에게 등장인물을 배정하시오.

2 여러분이 선택한 장면의 대본을 모둠원들과 함께 쓰시오.

"Three Questions" 대본

왕: 피곤하시겠네요. 제가 도와드리겠습니다.
은자: 그러지요. 고맙습니다.
내레이터: 해가 저물고 있을 때, 왕은 하던 일을 멈췄습니다.
왕: 저는 제 질문들에 대한 대답을 찾기 위해 당신에게 왔습니다. 제게 아무 대답도 해줄 수 없다면, 집으로 돌아갈 수 있도록 알려주십시오.
은자: 누군가 우리 쪽으로 달려오고 있군요. 누군지 봅시다.

배경지식

- **빨강머리 앤:** 1908년 발표된 캐나다 작가 Lucy Maud Montgomery(1874–1942)의 대표소설이다. 빨간 머리에 주근깨가 있는, 상상력이 풍부한 고아 소녀 Anne Shirley가 냉소적이고 고지식한 독신 여성 Marilla Cuthbert, 과묵하고 소심한 독신 남성 Matthew Cuthbert 남매에게 실수로 입양되면서 겪는 성장기이다.
- **올리버 트위스트:** 1838년 발표된 영국 작가 Charles Dickens(1812–1870)의 장편소설이다. 19세기 영국 런던의 뒷골목을 배경으로, 빈민 구제소에서 태어난 Oliver Twist라는 고아 소년이 보육원, 도둑 소굴 등을 거치며 겪는 인생 여정을 통해 영국 사회의 불평등한 계층화와 산업화의 폐해를 날카롭게 비판한 작품이다.

어휘 **act out** (연극이나 영화 등에서) 연기하다 **impressive**[imprésiv] ㉱ 인상적인 **assign**[əsáin] ㉣ 할당하다, 배정하다 **script**[skript] ㉮ 대본

Step 3 *Present It*

Present your group's script to the class by acting it out.

Evaluate It | Score each group's script and play based on the following evaluation sheet.

1 Was the script written clearly?	1	2	3	4	5
2 Did they use correct spelling and grammar in the script?	1	2	3	4	5
3 Did they speak clearly and with correct pronunciation?	1	2	3	4	5

p. 159

Step 3 여러분 모둠의 대본을 연기해서 학급에 발표하시오.

Evaluate It

다음 평가표에 근거하여 각 모둠의 대본과 연기에 점수를 매기시오.

1 대본은 명확하게 쓰였는가?
2 대본에서 올바른 철자와 문법을 사용했는가?
3 분명하게 그리고 올바른 발음으로 말했는가?

+Plus 무대 연기를 위한 조언

1 대사를 잊어버릴 것에 대해 걱정할 필요가 없도록 대사를 잘 외운다.

2 여러 공연을 관람하고 다른 배우들로부터 배운다.

3 감정을 표현하기 위해 표정과 몸짓을 사용한다.

4 맡은 배역에 대해 여러 가지 핵심적인 질문들을 스스로 묻고 대답한다.

5 자신이 맡은 배역의 인물이라면 어떨지 생각해본다.

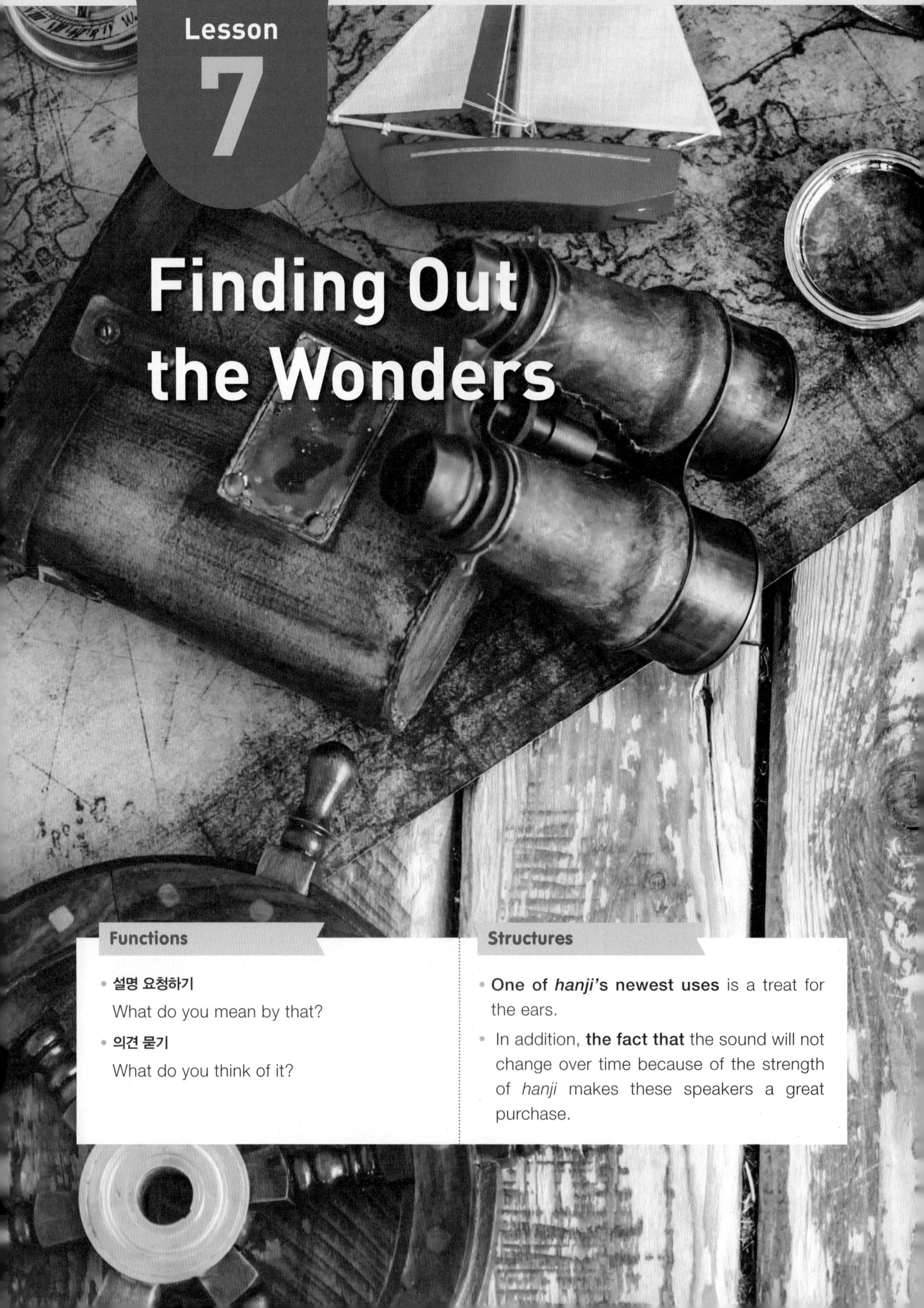

Lesson

7

Finding Out the Wonders

Functions

- **설명 요청하기**
  What do you mean by that?
- **의견 묻기**
  What do you think of it?

Structures

- **One of *hanji*'s newest uses** is a treat for the ears.
- In addition, **the fact that** the sound will not change over time because of the strength of *hanji* makes these speakers a great purchase.

Listen & Speak 1 Social Studies

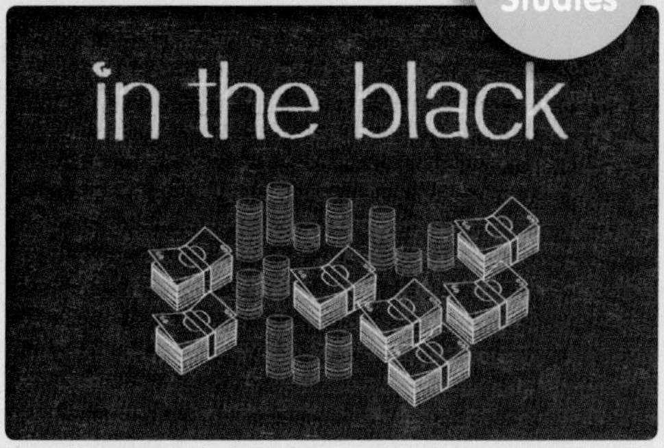

The Root of Everyday

일상적인 것의 기원

Listen & Speak 2

Worth More Than You Think

당신이 생각하는 것보다 더 가치 있는

Read History + Science

Hanji, Korea's Paper

한지, 한국의 종이

Write

Person of the Month Award

이달의 인물상

Inside Culture History

Accidental Discoveries

우연한 발견

Big Question

What can be discovered in the world around us?

우리 주변의 세계에서 무엇이 발견될 수 있습니까?

Listen & Speak 1

The Root of Everyday

Social Studies

설명 요청하기 What do you mean by that?

A **Get Ready**

Look at the picture and read about the lapel buttonhole. Then think about the origin of another everyday object.

the buttonhole on a lapel

It started from the story that Prince Albert cut a hole in his jacket to put the flowers through it that were given by Queen Victoria.

A 사진을 보고 옷깃 단추 구멍에 대하여 읽으시오. 그러고 나서 다른 일상용품의 기원에 대해 생각해 보시오.

옷깃에 있는 단추 구멍

이것은 Albert 왕자가 재킷에 구멍을 내어 그곳으로 Victoria 왕비에게 받은 꽃을 꽂았다는 이야기로부터 시작되었다.

B **Learn It**

1 Listen to the conversation. Which picture are the speakers looking at?

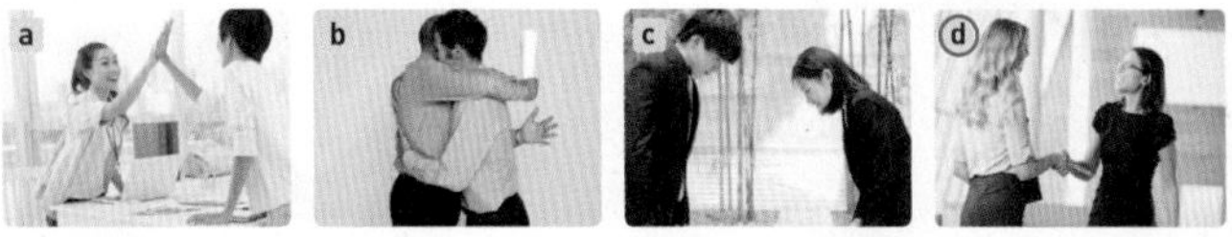

a b c ⓓ

2 Listen again. Complete the sentence with the correct words from the conversation.

This custom started to ensure s<u>afety</u> by showing that you weren't holding a w<u>eapon</u>.

Sound in Use What do you ...? ↘ Do you ...? ↗

A Listen carefully, focusing on the intonation.

1 What do you plan to do this weekend? ↘

2 Do you think you can handle it? ↗

B Listen and put (↘) for falling or (↗) for rising intonation.

1 How do you describe this object? (↘)

2 Do you want a little taste? (↗)

p. 162

B 1 대화를 들으시오. 화자들은 어떤 사진을 보고 있는가?

해설 악수하는 사진을 보고 그 풍습의 기원에 대해 이야기하고 있다.

2 다시 들으시오. 대화에서 올바른 단어를 찾아 문장을 완성하시오.

이 풍습은 당신이 무기를 숨기고 있지 않다는 것을 보여줌으로써 안전을 보장하기 위해 시작되었다.

Sound in Use

A 억양에 집중하여 잘 들으시오.

1 너는 이번 주말에 무엇을 할 계획이니?

2 당신이 그것을 처리할 수 있다고 생각하세요?

B 듣고 하강 조에는 ↘를, 상향 조에는 ↗를 쓰시오.

1 이 물체를 어떻게 묘사합니까?

2 맛을 조금 보시겠습니까?

Script B

G: Look at these two people shaking hands. They look so happy to see each other.

B: They do. But did you know that people didn't shake hands to be friendly in the past?

G: Really? Then why did they do it?

B: They would greet each other like this for safety reasons.

G: What do you mean by that? How would shaking hands keep you safe?

B: In the past, people shook hands with each other to see if the other person was hiding a weapon.

G: Wow, that's so interesting. I had no idea how this custom started.

해석

여: 이 두 사람이 악수하는 것을 봐. 서로 만나서 반가워하는 것처럼 보여.

남: 맞아. 그런데 과거에는 사람들이 친근해지기 위해 악수하지 않았다는 걸 알고 있었니?

여: 정말? 그럼 그들은 악수를 왜 한 거야?

남: 안전상의 이유로 이렇게 서로 인사를 하곤 했지.

여: 그게 무슨 뜻이야? 어떻게 악수가 너를 안전하게 해 줘?

남: 과거에는 상대방이 무기를 숨기고 있는지 보기 위해 서로 악수를 했어.

여: 와, 그거 정말 재미있다! 나는 이런 풍습이 어떻게 시작되었는지 몰랐어.

어휘 **lapel** [ləpél] 명 옷깃 **buttonhole** [bʌ́tnhòul] 명 단추 구멍 **custom** [kʌ́stəm] 명 관습 **ensure** [inʃúər] 동 보장하다 **handle** [hǽndl] 동 다루다, 처리하다 **shake hands** 악수하다 **greet** [griːt] 동 맞다, 환영하다 **safety** [séifti] 명 안전 **hide** [haid] 동 숨기다 **weapon** [wépən] 명 무기

C Use It

Step 1 Read the passage and answer the following questions.

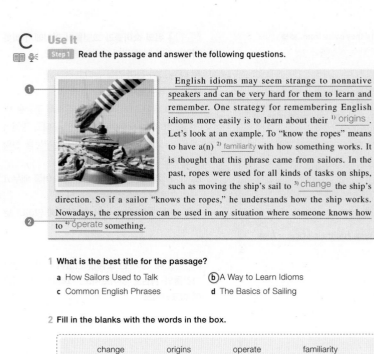

❶ English idioms may seem strange to nonnative speakers and can be very hard for them to learn and remember. One strategy for remembering English idioms more easily is to learn about their [1] origins. Let's look at an example. To "know the ropes" means to have a(n) [2] familiarity with how something works. It is thought that this phrase came from sailors. In the past, ropes were used for all kinds of tasks on ships, such as moving the ship's sail to [3] change the ship's direction. So if a sailor "knows the ropes," he understands how the ship works. ❷ Nowadays, the expression can be used in any situation where someone knows how to [4] operate something.

1 What is the best title for the passage?

a How Sailors Used to Talk
ⓑ A Way to Learn Idioms
c Common English Phrases
d The Basics of Sailing

2 Fill in the blanks with the words in the box.

change	origins	operate	familiarity

Step 2 Match each idiom with its origin and meaning.

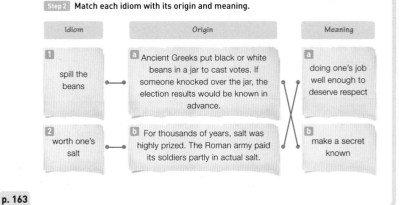

Idiom	Origin	Meaning
1 spill the beans	a Ancient Greeks put black or white beans in a jar to cast votes. If someone knocked over the jar, the election results would be known in advance.	a doing one's job well enough to deserve respect
2 worth one's salt	b For thousands of years, salt was highly prized. The Roman army paid its soldiers partly in actual salt.	b make a secret known

(1 — a — b, 2 — b — a)

p. 163

C **Step 1** 지문을 읽고 다음 질문에 답하시오.

1 위 지문의 제목으로 가장 알맞은 것은?

a 선원들이 말했던 방법
b 숙어를 배우는 법
c 일반적인 영어 어구
d 항해술의 기초

2 상자 안의 단어로 빈칸을 채우시오.

Step 2 각각의 숙어를 알맞은 기원 및 의미와 짝지으시오.

- spill the beans (비밀을 알리다)

고대 그리스인들은 투표하기 위해 병에 검은콩과 흰콩을 넣었다. 만약 누군가가 병을 넘어뜨리면 선거 결과가 미리 알려진다.

- worth one's salt (존경을 받을 만하게 일을 잘하는)

수천 년 동안 소금은 아주 귀했다. 로마 군대는 병사들에게 봉급의 일부분을 진짜 소금으로 줬다.

해석

영어 숙어들은 영어가 모국어가 아닌 사람에게는 낯설게 보일지 모르고 그것들을 배우고 기억하는 것이 매우 어려울 수 있다. 영어 숙어들을 더욱 쉽게 기억하기 위한 한 가지 전략은 그것들의 기원에 대해 배우는 것이다. 예를 들어보자. "know the ropes"는 일이 어떻게 돌아가는지 잘 알고 있다는 뜻이다. 이 구절은 선원들에게서 유래했다고 여겨진다. 과거에 밧줄은 배의 방향을 바꾸기 위해 돛을 움직이는 것과 같은 선상에서의 온갖 일에 사용되었다. 그래서 선원이 "밧줄에 대해 잘 안다면", 그는 배가 어떻게 작동하는지 알고 있는 것이다. 요즘에는 누군가 무엇을 잘 처리할 줄 아는 상황이라면 어디에나 이 표현이 사용될 수 있다.

구문 해설

❶ English idioms may seem strange to nonnative speakers and can be very hard for them to learn and remember.
: seem의 보어로 형용사(strange)가 쓰였다. to learn and remember는 '…하기에'라는 의미의 부사적 용법의 to부정사구이며, 의미상 주어는 for them이다.

❷ Nowadays, the expression can be used in any situation where someone knows how to operate something.
: where 이하는 any situation을 선행사로 하는 관계부사절이다. how 이하는 동사 knows의 목적어 역할을 하는 「의문사+to-v」 형태의 부정사구이다.

어휘 **nonnative**[nànnéitiv] ⓗ 본국 태생이 아닌, 외국인의 **strategy**[strǽtədʒi] ⓜ 전략, 계획 **sailor**[séilər] ⓜ 선원, 뱃사람 **task**[tæsk] ⓜ 일, 과업 **sail**[seil] ⓜ 돛 **familiarity**[fəmìliǽrəti] ⓜ 익숙함, 낯익음 **spill**[spil] ⓢ 쏟다 **cast a vote** 투표하다 **election**[ilékʃən] ⓜ 선거 **in advance** 미리 **deserve**[dizə́:rv] ⓢ …을 받을 만하다 **worth**[wə:rθ] ⓗ …의 가치가 있는

Step 3 Talk with your partner about the idioms and where they came from.

Example

A: I think he is worth his salt.
B: **What do you mean by that**?
A: Oh, it means he does his job well enough to deserve respect. It is related to the Roman army. Its soldiers were paid partly in actual salt.
B: That's very interesting! I want to learn more idioms and find out their origins.
A: There are so many more than this. Let's find out together!

Step 4 Make a group of four and search for other idioms and their origins. Then present them to the class.

Idiom	Meaning	Origin

Check Yourself | Listen and Speak 1	Yes	Not Sure	No
1 I can understand others when they ask me for an explanation.	☐	☐	☐
2 I can ask others for an explanation.	☐	☐	☐

p. 164

Step 3 위의 숙어들과 그것들이 어디에서 비롯되었는지에 대해 짝과 이야기해 보시오.

A: 나는 그가 급여 값을 한다고 생각해.
B: 그게 무슨 뜻이야?
A: 아, 그 말은 그가 자기 일을 잘해서 존경을 받을 만하다는 뜻이야. 그건 로마 군대와 관련이 있어. 로마의 병사들은 봉급의 일부분을 진짜 소금으로 받았어.
B: 그거 정말 흥미로운데! 더 많은 숙어를 배우고 그 기원에 대해 알아보고 싶어.
A: 이것보다 훨씬 더 많이 있어. 함께 알아내 보자!

Step 4 네 명이 한 모둠을 만들어 다른 숙어와 그것들의 기원을 찾아보시오. 그리고 나서 학급에 발표하시오.

Check Yourself

1 다른 사람이 나에게 설명을 요청할 때 이해할 수 있다.
2 다른 사람에게 설명을 요청할 수 있다.

추가 예시문

A: I think Cindy spilled the beans.
B: **What do you mean by that?**
A: Oh, it means she made a secret known. It is related to the fact that ancient Greeks put beans in a jar to cast votes. If someone knocked over the jar, the election results would be known in advance.
B: That's very interesting! I want to learn more idioms and find out their origins.
A: There are so many more than this. Let's find out together!

Function of Communication

설명 요청하기: What do you mean by ... ? (…이 무슨 뜻이야?)
➡ 어떤 일이나 대상의 내용을 잘 이해할 수 있도록 설명을 요청할 때, "What do you mean by ... ?"라는 표현을 사용할 수 있다. 이와 유사한 표현으로 "What is ... (exactly)?," "Could you explain ... ?," "What does that mean?" 등이 있다.

| Example |

A: This issue has become a political hot potato. (이 문제는 정치적인 뜨거운 감자가 되어버렸어.)
B: A hot potato? **What do you mean by** that? (뜨거운 감자? 그게 무슨 뜻이야?)

▶ Speaking Aid

설명을 요청하는 것은 의사소통 개선의 기능을 한다. 이와 유사한 기능을 하는 것으로, 확인을 요청하는 표현이 있다.

• Did you say ... ?   • Are you sure?   • Do/Did you mean ... ?

Worth More Than You Think

Listen & Speak 2

의견 묻기 What do you think of it?

A Get Ready

Look at the pictures and think about the value or importance of each one.

B Learn It

1 Listen to the conversation. What are the speakers mainly talking about?

a tips on making schedules effectively
b the development stages of brain functions
c the problems caused by resting our brains
ⓓ the importance of spending time doing nothing

2 Listen again. What will the speakers most likely do after the conversation?

a get some rest
b cancel their vacation plans
c do outdoor activities
ⓓ change their vacation plans

Speaking Tip

You can say "That makes sense" when saying that something is practical and sensible.

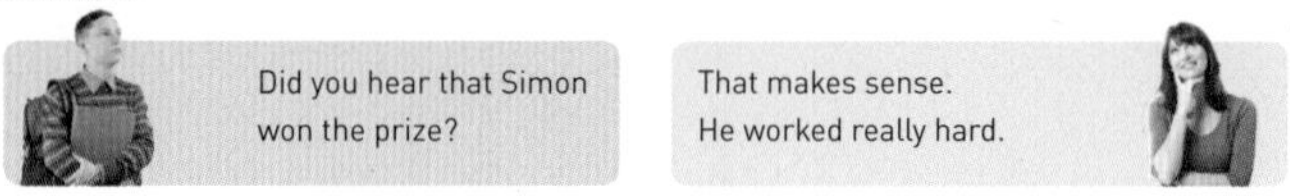

Did you hear that Simon won the prize?
That makes sense. He worked really hard.

p. 165

A 사진을 보고 각각의 가치나 중요성에 대해 생각해 보시오.

- 다른 사람들에게 인사하기
- 매일 일기 쓰기
- 가족들과 대화하기

B 1 대화를 들으시오. 화자들은 주로 무엇에 대해 이야기하고 있는가?

a 일정을 효과적으로 짜는 것에 대한 조언
b 뇌 기능의 발달 단계
c 뇌를 쉬게 함으로써 발생하는 문제점들
d 아무것도 안 하며 시간을 보내는 것의 중요성

2 다시 들으시오. 화자들은 대화 후에 무엇을 할 가능성이 가장 높은가?

a 휴식을 취한다
b 휴가 계획을 취소한다
c 야외 활동을 한다
d 휴가 계획을 변경한다

해설 대화 마지막에 휴가 계획으로 짠 활동 중 일부를 없애자고 했다.

Speaking Tip

상대방의 말이 합리적이거나 옳다고 느낄 때 "That makes sense"라고 말할 수 있다.
Simon이 그 상을 받았다는 것 들었어? / 그거 말이 되네. 그는 정말 열심히 일했잖아.

Script B

M: Hey, Joan. Did you look at the schedule for our vacation yet? What do you think of it?
W: Well, it seems really packed with activities. I want to spend some time doing absolutely nothing.
M: Hmm... But that sounds like a waste of time.
W: Actually, it's not. It's very important for us to empty our brains from time to time. It'll help us get more done later.
M: Sounds odd. Being lazy can make you more productive?
W: Yes. It may seem boring, but our brains function better after some rest.
M: I never saw it that way before, but that makes sense. Let's remove some of the activities then.

해석

남: 이봐, Joan. 우리 휴가 일정을 벌써 봤어? 어떻게 생각해?
여: 음, 활동들로 정말로 꽉 차 보이더라. 나는 아무것도 안 하면서 시간을 좀 보냈으면 싶어.
남: 음… 그렇지만 그건 시간 낭비처럼 들리는걸.
여: 사실 그렇지 않아. 가끔 우리의 뇌를 비우는 것이 굉장히 중요해. 그렇게 하면 나중에 더 많은 것을 하는 데 도움이 될 거야.
남: 이상하게 들리는데. 게으름 피우는 게 너를 더 생산적으로 만들 수 있다고?
여: 맞아. 지루해 보일지 모르지만, 우리 뇌는 휴식 후에 더 잘 기능하지.
남: 그렇게 생각해 본 적은 없지만, 일리가 있네. 그럼 활동 몇 개를 없애자.

어휘 **effectively**[iféktivli] ㊀ 효과적으로 **function**[fʌ́ŋkʃən] ㊔ 기능 **packed with** …로 가득한, 꽉 찬 **absolutely**[æbsəlúːtli] ㊀ 전혀 **from time to time** 때때로 **odd**[ɑd] ㊉ 이상한, 특이한 **productive**[prədʌ́ktiv] ㊉ 생산적인 **remove**[rimúːv] ㊂ 없애다, 제거하다

C Use It

Step 1 Listen to the speech and answer the following questions.

1 What is the purpose of the speech?

- a to persuade people to lose weight
- ⓑ to explain the benefits of walking
- c to advertise products related to walking
- d to point out the danger of doing intense exercise

2 Listen again. Which is NOT mentioned about walking?

- a It is much safer than other exercises.
- b It can reduce body fat.
- c It helps relieve stress.
- ⓓ It doesn't cost a lot of money.

3 Think about another form of exercise that seems easy and simple but has a lot of benefits. Then share it with your partner.

p. 166

C

Step 1 연설을 듣고 다음 질문에 답하시오.

1 연설의 목적은 무엇인가?

- a 사람들이 체중을 감량하도록 설득하기 위해
- b 걷기의 이점에 대해 설명하기 위해
- c 걷기와 관련된 제품을 광고하기 위해
- d 격렬한 운동을 하는 것의 위험성을 지적하기 위해

2 다시 들으시오. 걷기에 대해 언급된 것이 아닌 것은?

- a 다른 운동보다 훨씬 안전하다.
- b 체지방을 줄일 수 있다.
- c 스트레스를 푸는 데 도움이 된다.
- d 많은 돈이 들지 않는다.

3 쉽고 간단해 보이지만, 이점이 많은 다른 운동에 대해 생각해 보시오. 그리고 나서 짝과 생각을 공유하시오.

Script C

W: When was the last time you went for a walk? And I don't mean a walk to your car or to the subway station; I mean a walk just for the sake of walking. Most people don't think about walking these days, but it can be just as beneficial to your health as more intense exercise. And the risk of injury is much lower. A physical benefit of walking is that it can reduce body fat, but it has mental health benefits, too. It can be a kind of meditation, because it gives you the opportunity to empty your mind. This can help reduce stress. So give walking a try!

해석

여: 여러분이 가장 최근에 걸었던 게 언제입니까? 여러분의 차나 지하철역까지 걸어간 것이 아니라 오직 걷기 위해서 걸은 것을 말하는 겁니다. 요즘에는 대부분의 사람들이 걷는 걸 생각하지 않지만, 걷기는 더 격렬한 운동만큼이나 여러분의 건강에 이롭습니다. 그리고 부상의 위험도 훨씬 적죠. 걷기의 신체적인 이점은 체지방을 감소시킨다는 것이지만, 정신 건강에도 이점이 있습니다. 걷기는 일종의 명상이 될 수 있습니다. 왜냐하면, 여러분에게 마음을 비울 기회를 주기 때문이죠. 이것은 스트레스를 줄이는 데 도움을 줄 수 있습니다. 그러니 한번 걸어보세요!

어휘 **point out** 지적하다 **intense**[inténs] 형 강렬한 **relieve**[rilíːv] 동 (불쾌감, 고통을) 없애[덜어]주다 **for the sake of** …을 위해서 **beneficial**[bènəfíʃəl] 형 유익한, 이로운 **risk**[risk] 명 위험(요소) **injury**[índʒəri] 명 부상 **meditation**[mèdətéiʃən] 명 명상

Step 2 Think about the things that may be worth more than you think.

Some people may think ...
- It requires a lot of time.
- It can be hard to read.

handwriting

But others think ...
- It shows the effort of the writer.
- It helps us memorize things better.

Some people may think ...
- ______________
- ______________

____

But others think ...
- ______________
- ______________

Step 3 Talk with your partner about the things that may be worth more than you think.

Example
A: Hey. **What do you think of** handwriting?
B: Well, I think it requires a lot of time and can be hard to read.
A: You're right, but I think it has some value, too. For example, it shows the effort of the writer. Also, it helps us memorize things better.
B: Hmm... I didn't think about that.
A: Yeah. Handwriting may be worth more than you think!

Check Yourself | Listen and Speak 2

	Yes	Not Sure	No
1 I can understand others when they ask my opinion about something.	☐	☐	☐
2 I can ask others' opinions about something.	☐	☐	☐

p. 167

Step 2 생각보다 더 가치 있을 수 있는 것들에 대해 생각해 보시오.

• 시간이 많이 필요하다. • 읽기 어려울 수 있다.	손으로 쓰기	• 글쓴이의 성의를 보여준다. • 암기가 더 수월하도록 도와준다.

Step 3 생각보다 더 가치 있을 수 있는 것들에 대해 짝과 이야기해 보시오.

A: 이봐. 너는 손으로 쓰는 것에 대해 어떻게 생각하니?
B: 글쎄, 난 그게 많은 시간을 필요로 하고 읽기 어려울 수 있다고 생각해.
A: 맞아, 하지만 난 그게 가치도 있다고 생각해. 예를 들어 글씨를 쓰는 사람의 성의를 보여주지. 또한, 우리가 어떤 걸 더 잘 기억하도록 도와줘.
B: 음… 그건 생각지도 못했어.
A: 그래. 손으로 쓰는 것은 네가 생각하는 것보다 더 가치 있는지도 몰라!

Check Yourself

1 다른 사람이 어떤 것에 대한 나의 의견을 물었을 때 이해할 수 있다.
2 어떤 것에 대한 다른 사람의 의견을 물어볼 수 있다.

추가 예시문

A: Hey. **What do you think of** paper books?
B: Well, I think they are difficult to carry around and take up a lot of space.
A: You're right, but I think it has some value, too. For example, we can write in them easily. Also, they can be shared, resold, or rented.
B: Hmm… I didn't think about that.
A: Yeah. Paper books may be worth more than you think!

Function of Communication

의견 묻기: What do you think of ... ? (…에 대해 어떻게 생각해?)
➡ 특정 대상에 대해 어떠한 생각을 갖고 있는지 물어볼 때, "What do you think of ... ?"라는 표현을 사용할 수 있다. 이와 유사한 표현으로, "How do you feel about ... ?," "What is your view/opinion?" 등이 있다.

| Example |
A: **What do you think of** having a pet? (애완동물을 키우는 것에 대해 어떻게 생각해요?)
B: Well, I think it makes you more relaxed. (음, 저는 그것이 당신의 마음을 더 느긋하게 만들어 준다고 생각해요.)

Speaking Aid

자신의 의견을 말하고, 그 의견에 대해 이유를 덧붙이는 표현을 사용할 수 있다. 이유를 나타내는 표현에는 다음과 같은 것들이 있다.
• It is because ... • The reason why I said that is ... • I believe so since ... • I think like that due to ...

Before You Read

A Topic Preview

1 Take the quiz and check your knowledge about *hanji*.

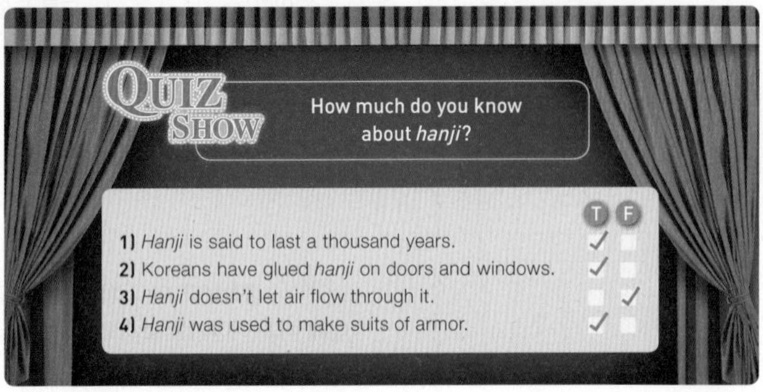
QUIZ SHOW
How much do you know about *hanji*?
T F
1) *Hanji* is said to last a thousand years. ✓
2) Koreans have glued *hanji* on doors and windows. ✓
3) *Hanji* doesn't let air flow through it. ✓
4) *Hanji* was used to make suits of armor. ✓

2 Look at the pictures and think about what the things shown have in common. Then share your idea with your partner.

Kimchi taco
Modern *hanbok*
Fusion Gugak
Tteok as a dessert

예시 I think they show the value of the traditions of Korea in a different way and make new models for using them.

p. 168

A 1 퀴즈를 풀고 한지에 대한 지식을 확인해 보시오.

1) 한지는 천 년을 간다고 한다.
2) 한국인은 문과 창문에 한지를 붙였다.
3) 한지는 공기가 통하지 않게 한다.
4) 한지는 갑옷을 만드는 데 사용되었다.

2 사진을 보고 이것들의 공통점에 대해 생각해 보시오. 그러고 나서 짝과 생각을 공유하시오.

예시 이것들은 한국 전통의 가치를 다른 방식으로 보여주고 그것들을 사용하는 새로운 본보기를 만들어낸다고 생각한다.

배경지식

한스타일(Han Style)

우리 문화의 원류로서 대표성과 상징성을 띠면서도, 생활화, 산업화, 세계화가 가능한 한글, 한식, 한복, 한옥, 한지, 한국 음악 등의 전통문화를 브랜드화한 것이다. 한스타일의 세계화를 위해 한국어의 국외 보급을 확대하고, 한글 디자인 문화 상품을 개발하는 데 주력하고 있다. 한식 조리법을 표준화하고, 국제 행사를 통해 한식을 홍보하고 있다. 동시에 한복 디자인의 현대화에도 힘쓰고 있으며, 세계 4대 패션쇼에 참가하여 한복을 홍보하고 있다. 한옥 및 고택을 관광 자원화하며, 한지 상품 수출을 지원하고 있다. 한류의 영향력이 강한 지역에서 국악 공연을 확대하는 것 또한 한스타일을 세계화하기 위한 노력 중 하나이다.

어휘 **last**[læst] ⓢ 오래되다; (기능이) 지속되다 **flow through** (바람·피·전기 등이) 통하다 **armor**[ɑ́:rmər] ⓜ 갑옷 **fusion**[fjú:ʒən] ⓜ 융합, 결합

B Vocabulary Preview

1 Look at the pictures and read the sentences. Find out the meaning of each word in bold using context clues.

His car has **durable** tires on it.

This band **absorbs** sweat very well.

My laptop has an energy-saving **function**.

I could feel **vibrations** on the ground.

They came up with some **innovative** ideas.

Plants quickly **adapt** to their environment.

2 Read the meaning of each phrase and fill in the blanks with the phrases. Change their forms if needed.

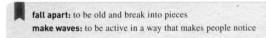

fall apart: to be old and break into pieces
make waves: to be active in a way that makes people notice

1) This book is <u>falling apart</u> from long use.
2) Her new historical novel is <u>making waves</u> among readers.

p. 169

B 1 사진을 보고 문장을 읽으시오. 문맥의 단서를 이용하여 각 단어의 의미를 알아내시오.

- **durable** ⓗ 내구성 있는, 튼튼한
  그의 자동차에는 튼튼한 타이어가 달려있다.
- **absorb** ⓢ 흡수하다
  이 띠는 땀을 매우 잘 흡수한다.
- **function** ⓜ 기능
  내 노트북에는 에너지 절약 기능이 있다.
- **vibration** ⓜ 진동, 흔들림
  나는 바닥에서 진동을 느낄 수 있었다.
- **innovative** ⓗ 혁신적인, 획기적인
  그들은 몇 가지 획기적인 아이디어를 생각해냈다.
- **adapt** ⓢ 적응하다
  식물은 그들의 환경에 재빨리 적응한다.

2 각 어구의 의미를 읽고 이를 활용하여 빈칸을 채우시오. 필요하다면 형태를 바꾸시오.

fall apart: 오래되어 조각으로 부서지다
make waves: 사람들이 알아채게 하는 방식으로 활성화되다

1) 이 책은 오래 써서 <u>너덜너덜해졌다</u>.
2) 그녀의 신간 역사소설은 독자들 사이에 <u>파장을 일으키고 있다</u>.

추가 예문

1
- This plate is strong and **durable**. (이 접시는 강하고 튼튼하다.)
- Plants **absorb** water through their roots. (식물은 뿌리를 통해 물을 흡수한다.)
- The **function** of education is to teach one to think critically. (교육의 기능은 사람이 비판적으로 생각하도록 가르치는 것이다.)
- Small **vibrations** are made when you hit the glass. (유리잔을 치면 작은 진동이 발생한다.)
- He is famous for his **innovative** invention. (그는 획기적인 발명품으로 유명하다.)
- She will soon **adapt** to city life. (그녀는 곧 도시 생활에 적응할 것이다.)

2
- Those shoes **fell apart** in a month. (그 신발은 한 달 만에 망가졌다.)
- Our new product has been **making waves** in the market. (우리의 신제품은 시장에서 파장을 일으켜 왔다.)

Check-Up

[1-3] 다음 설명에 해당하는 단어를 〈보기〉에서 찾아 쓰시오.

1 ____________: a special activity or purpose of a person or thing

2 ____________: able to be in good condition after being used

3 ____________: to take in a gas, liquid, or other substance

보기	durable	absorb	vibration	innovative	function	adapt

Hanji, Korea's Paper

❶ Until 1966, no one knew that the Mugujeonggwang Daedaranigyeong, the world's oldest printed document, lay inside a container at Bulguksa Temple in Gyeongju, Korea. ❷ Experts around the world were shocked that a document printed more than 1,200 years ago could still be around. ❸ They were even more surprised when the paper was removed from the container. ❹ Although the document was printed before 751 CE, it was still in perfect condition.

While You Read Q1
Why were the experts surprised when the paper was removed from the container?

They were surprised because the document was still in perfect condition although it had been printed before 751 CE.

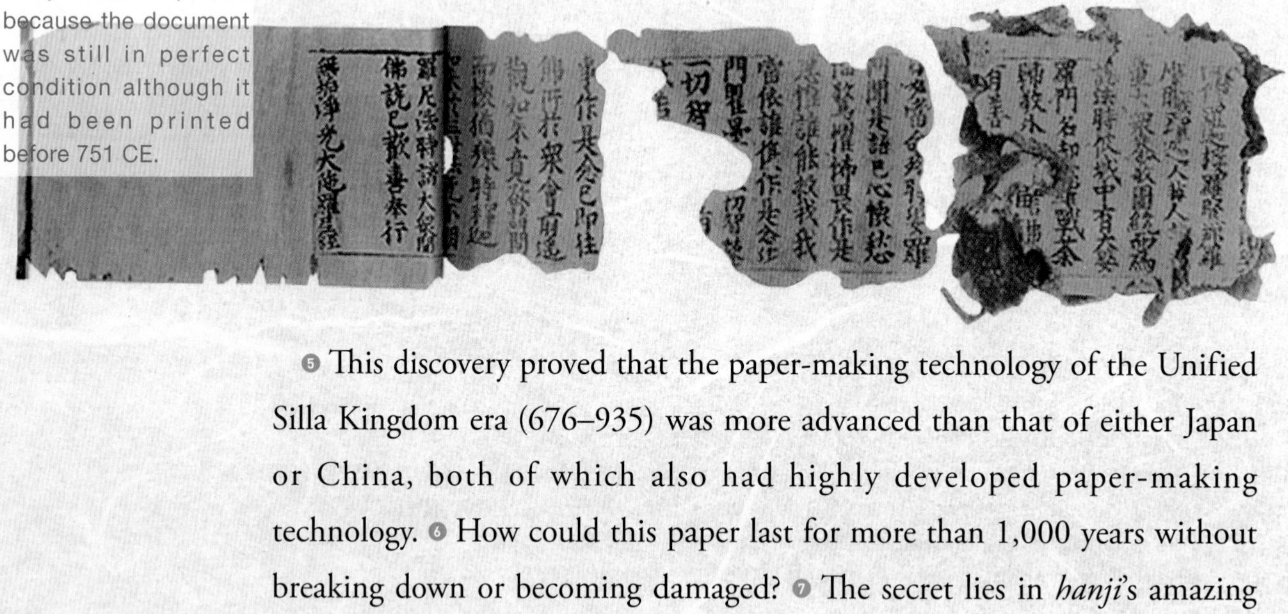

❺ This discovery proved that the paper-making technology of the Unified Silla Kingdom era (676–935) was more advanced than that of either Japan or China, both of which also had highly developed paper-making technology. ❻ How could this paper last for more than 1,000 years without breaking down or becoming damaged? ❼ The secret lies in *hanji*'s amazing physical properties.

≡어휘 **document**[dάkjumənt] ⓜ 문서, 서류 **container**[kəntéinər] ⓜ 용기, 함 **remove**[rimúːv] ⓢ 이동시키다, 치우다 **discovery**[diskʌ́vəri] ⓜ 발견 **advanced**[ædvǽnst] ⓗ 진보한, 앞선 **break down** (물질이) 분해되다 **damaged** [dǽmidʒd] ⓗ 손상된

해석

한지, 한국의 종이

❶1966년까지만 해도, 세계에서 가장 오래된 인쇄물인 무구정광대다라니경이 대한민국 경주에 있는 불국사의 함 안에 있다는 것을 그 누구도 알지 못했다. ❷전 세계의 전문가들은 1,200년 보다 더 이전에 인쇄된 문서가 여전히 존재할 수 있었다는 것에 굉장히 놀랐다. ❸그들은 함에서 종이를 꺼냈을 때 더욱 놀랐다. ❹그 문서는 서기 751년 이전에 인쇄된 것임에도 불구하고, 여전히 완벽한 상태였다.
❺이 발견은 일본과 중국의 제지 기술보다 통일 신라 시대(676년~935년)의 제지 기술이 더욱 뛰어났었다는 것을 증명했는데, 일본과 중국 또한 고도로 발달된 제지 기술을 보유하고 있었다. ❻어떻게 이 종이는 1,000년이 넘는 세월 동안 분해되거나 손상되지 않고 지속될 수 있었을까? ❼그 비밀은 한지의 놀라운 물리적 특성에 있다.

While You Read

Q1 함에서 종이를 꺼냈을 때 전문가들은 왜 놀랐는가?
그들은 문서가 서기 751년 이전에 인쇄된 것임에도 불구하고 여전히 완벽한 상태였기 때문에 놀랐다.

구문 해설

❶ Until 1966, no one knew that the Mugujeonggwang Daedaranigyeong, the world's oldest printed document, lay …
: that 이하는 동사 knew의 목적어 역할을 하는 명사절이다. the Mugujeonggwang Daedaranigyeong과 the world's oldest printed document는 동격이다.

❷ Experts around the world were shocked that a document printed more than 1,200 years ago could still be around.
: that 이하는 감정의 원인이나 이유를 나타낸다. printed … ago는 a document를 수식하는 과거분사구이다.

❸ They were even more surprised when …
: even은 '훨씬'이라는 의미로 비교급을 강조하는 부사이다.

❺ This discovery proved that the paper-making technology of the Unified Silla Kingdom era (676–935) was more advanced than that of either Japan or China, both of which …
: 처음에 나온 that 이하는 동사 proved의 목적어 역할을 하는 명사절이다. 두 번째 that은 the paper-making technology를 지칭하며 문장 내에서 같은 명사가 반복되는 것을 피하기 위해 쓰였다. both 이하는 Japan과 China를 선행사로 하여 이를 부연 설명하는 계속적 용법의 주격 관계대명사절이다.

Check-Up

1 본문의 내용과 일치하지 않는 것은?
① 무구정광대다라니경은 세계에서 가장 오래된 인쇄물이다.
② 무구정광대다라니경은 불국사에서 발견되었다.
③ 서기 751년 이후에 무구정광대다라니경이 인쇄되었다.
④ 통일 신라의 제지 기술이 일본과 중국보다 더 뛰어났다.

2 본문에서 문장 ❺의 두 번째 that이 가리키는 것을 찾아 영어로 쓰시오.

____

3 다음 괄호 안의 단어를 바르게 배열하여 문장을 완성하시오.
He tried on three jackets, (which / he / of / liked / none).

❶ *Hanji* is traditionally made from the bark of the mulberry tree. ❷ Through a number of complex processes, the tree bark is made into a paper that is very durable and hard to tear. ❸ On the other hand, Western paper, which is made from pulp, begins to fall apart and becomes unusable after 100 years. ❹ It's easy to understand why Koreans created the old saying about *hanji*: "Paper lasts a thousand years, while silk endures five hundred." ❺ In addition to lasting a long time, *hanji* keeps heat and sound in but allows air to flow through it easily. ❻ The paper also absorbs water and ink very well, so there is no bleeding.

While You Read Q2
What properties does *hanji* have?

It is durable and hard to tear. In addition, it keeps heat and sound in but allows air to flow through it. It also absorbs water and ink well.

어휘 **bark**[baːrk] 명 나무껍질 **mulberry**[mʌ́lberi] 명 뽕나무 **complex**[kəmpléks] 형 복잡한 **durable**[djúərəbl] 형 내구성 있는, 튼튼한 **tear**[tεər] 동 찢다, 뜯다 **fall apart** 오래되어 허물어지다, 망가지다 **endure**[indjúər] 동 지속되다, 오래가다 **absorb**[æbzɔ́ːrb] 동 흡수하다 **bleed**[bliːd] 동 번지다

해석

❶한지는 전통적으로 닥나무(뽕나무의 일종) 껍질로 만들어진다. ❷여러 복잡한 과정을 거쳐, 나무껍질은 튼튼하고 찢기 힘든 종이가 된다. ❸반면, 서양의 종이는 펄프로 만들어지는데, 100년이 지나면 부스러지기 시작하여 사용할 수 없게 된다. ❹왜 한국인들이 한지에 대해 "비단은 오백 년을 가고, 종이는 천 년을 간다."는 옛말을 만들었는지는 이해하기가 쉽다. ❺긴 시간을 가는 것 이외에도 한지는 열과 소리를 잘 보존하지만 공기는 쉽게 통과하게 한다. ❻또한, 한지는 물과 잉크를 잘 흡수하여 번짐이 없다.

While You Read

Q2 한지는 어떤 특성들을 가지고 있는가?

튼튼하고 찢기 힘들다. 게다가 이것은 열과 소리를 잘 보존하지만 공기는 통과시킨다. 그리고 물과 잉크를 잘 흡수한다.

구문 해설

❷ Through a number of complex processes, the tree bark is made into a paper that is very durable and hard to tear.

: that 이하는 a paper를 선행사로 하는 주격 관계대명사절이다. to tear는 한정을 나타내는 부사적 용법의 to부정사로 '…하기에'라고 해석한다.

❸ …, Western paper, which is made from pulp, begins to fall apart and becomes unusable after 100 years.

: which … pulp는 삽입된 주격 관계대명사절로 Western paper를 부연 설명한다. begins와 becomes는 접속사 and로 병렬 연결되어 있다.

❹ It's easy to understand why Koreans created the old saying about *hanji*: …

: It은 가주어, to understand 이하가 진주어이다. why 이하는 동사 understand의 목적어 역할을 하는 의문사절(간접의문문)로 「의문사+주어+동사」의 어순이다.

❺ In addition to lasting a long time, *hanji* keeps heat and sound in but allows air to flow through it easily.

: lasting a long time은 전치사 to의 목적어 역할을 하는 동명사구이다. keeps와 allows는 접속사 but으로 병렬 연결되어 있다. 「allow+목적어+to-v」는 '…가 ~하게 하다[허락하다]'라는 의미이다.

Check-Up

[1-3] 다음 문장이 본문 내용과 일치하면 T, 일치하지 않으면 F를 쓰시오.

1 The bark of the mulberry tree is the main material used to make *hanji*. (　　　)

2 Making *hanji* is a complex and difficult process. (　　　)

3 *Hanji* keeps heat and sound in but can't absorb water well. (　　　)

[4-5] 주어진 우리말 뜻에 맞도록 괄호 안의 단어를 활용하여 문장을 완성하시오.

4 나는 Tom이 언제 서울로 이사했는지 물어봤다. (when, move)

→ I asked Tom ______________________________.

5 이 문제는 풀기 어렵다. (difficult, solve)

→ This problem is ______________________________.

It has been glued to the walls, door frames, and floors of homes. It has been also used to make furniture, lanterns, wedding accessories, and boxes.

While You Read Q3
How has *hanji* been used in Korean homes?

While You Read Q4
What did people do in order to turn *hanji* into suits of armor?

People would put many layers of *hanji* together.

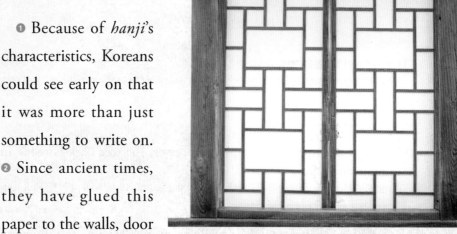

❶ Because of *hanji*'s characteristics, Koreans could see early on that it was more than just something to write on. ❷ Since ancient times, they have glued this paper to the walls, door frames, and floors of their homes. ❸ Koreans have also used it to make furniture, lanterns, wedding accessories, and boxes. ❹ Due to its durability, *hanji* was even used in battle. ❺ Back then, people would put many layers of *hanji* together to make suits of armor. ❻ This armor, called *jigap*, was tough enough to stop arrows. ❼ With so many uses, *hanji* is naturally considered an invaluable part of Korean history and culture.

❽ Though the tide of modernization seems to have made people forget about this paper's outstanding qualities, *hanji* has endured and remains relevant today. ❾ In recent years, finding even more functions and purposes for *hanji* has become a trend.

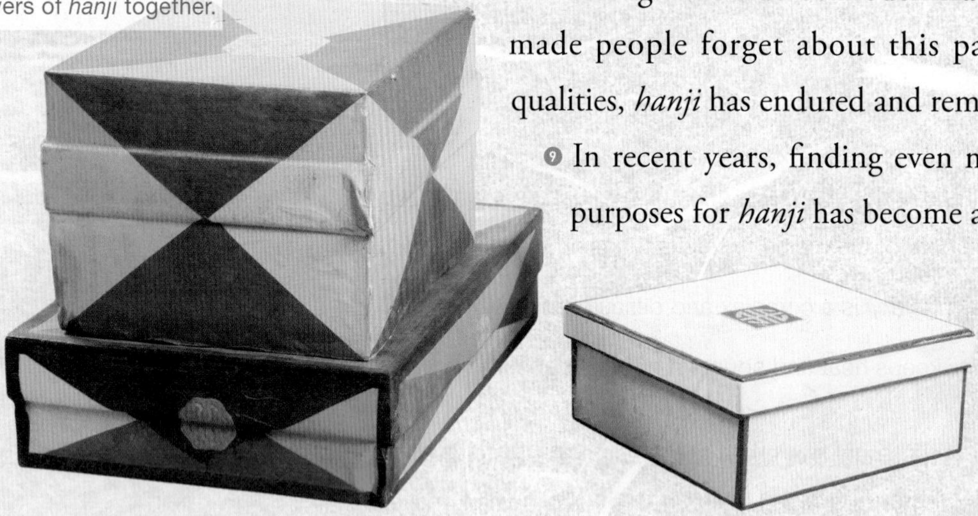

어휘 **characteristic** [kæriktərístik] 명 특징 **glue** [glu:] 동 …을 (접착제로) 붙이다 **layer** [léiər] 명 층, 겹 **armor** [á:rmər] 명 갑옷 **invaluable** [invǽljuəbl] 형 매우 귀중한 **modernization** [mὰdərnizéiʃən] 명 현대화 **outstanding** [autstǽndiŋ] 형 뛰어난, 특출난 **relevant** [réləvənt] 형 의의가 있는, 유의미한 **function** [fʌ́ŋkʃən] 명 기능

해석

❶한지의 특징 덕분에, 한국인들은 일찍이 한지가 그 위에 글을 쓰는 용도 이상의 것이라는 걸 알 수 있었다. ❷고대부터, 한국인들은 한지를 벽, 문틀, 그리고 집 바닥에 붙여왔다. ❸한국인들은 또한 가구, 초롱, 혼례 장신구와 상자를 만드는 데 한지를 사용해왔다. ❹내구성 때문에 한지는 전장에서도 사용되었다. ❺그 당시, 사람들은 갑옷을 만들기 위해 여러 겹의 한지를 합쳤다. ❻지갑이라고 불리는 이 갑옷은 화살을 막을 만큼 충분히 단단했다. ❼이렇게 많은 용도로 인해, 한지는 자연스럽게 한국의 역사와 문화의 매우 귀중한 부분으로 여겨진다.

❽비록 현대화의 물결로 사람들이 한지의 뛰어난 특징들을 잊은 듯했으나, 한지는 지속되어 왔고 오늘날에도 유의미하게 남아 있다. ❾요즈음, 한지의 더 많은 기능과 용도를 찾는 것이 하나의 유행이 되었다.

While You Read

Q3 한지는 한옥에 어떻게 사용되었는가?
한지는 벽, 문틀, 그리고 집 바닥에 붙여졌다. 또한, 한지는 가구, 초롱, 혼례 장신구와 상자를 만드는 데 사용되었다.

Q4 사람들은 한지를 갑옷으로 만들기 위해 무엇을 했는가?
여러 겹의 한지를 합쳤다.

구문 해설

❶ …, Koreans could see early on that it was more than just something to write on.
: that 이하는 동사 see의 목적어 역할을 하는 명사절이다. to write on은 something을 수식하는 형용사적 용법의 to부정사구이다.

❺ Back then, people would put many layers of *hanji* together to make suits of armor.
: would는 '…하곤 했다'라는 의미로 과거의 습성이나 경향을 나타내는 조동사이다. to make 이하는 목적을 나타내는 부사적 용법의 to부정사구이다.

❻ This armor, called *jigap*, was tough enough to stop arrows.
: called *jigap*은 삽입된 과거분사구로 This armor를 부연설명한다. 「형용사+enough+to-v」는 '…하기에 충분히 ~한'이라는 의미이다.

❽ … seems to have made people forget about this paper's outstanding qualities, …
: 사역동사(made)의 목적격 보어로 동사원형(forget)이 쓰였다. 사람들이 잊게 만든 것(to have made people forget)이 …처럼 보이는 것(seems)보다 더 과거에 일어난 일이므로 「to have p.p.」의 형태로 쓰였다.

❾ …, finding even more functions and purposes for *hanji* has become a trend.
: finding … *hanji*는 문장의 주어 역할을 하는 동명사구이다.

Check-Up

1 **본문에서 한지로 만든 것으로 언급되지 <u>않은</u> 것은?**
① 벽지 ② 가구 ③ 갑옷 ④ 신발

[2-3] 다음 문장이 본문 내용과 일치하면 T, 일치하지 않으면 F를 쓰시오.

2 In the past, people used *hanji* even in battle. (   )

3 A wedding accessory made of *hanji* is called *jigap*. (   )

[4-5] 주어진 우리말 뜻에 맞도록 괄호 안의 단어를 알맞게 배열하시오.

4 My mom (me / my room / made / clean).
(엄마는 내게 방을 치우게 하셨다.)

5 He has (work / to / a lot of / deal with).
(그는 처리해야 할 일이 많다.)

This blend is almost weightless and keeps its shape better than other materials. It is also washable and eco-friendly.

While You Read Q5
What are the strengths of *hanji* yarn blended with cotton or silk?

❶ Lately, designers have been using *hanji* to make clothes, socks, and ties. ❷ The fabric these designers are using is a blend of *hanji* yarn with cotton or silk. ❸ This blend is almost weightless and keeps its shape better than other materials. ❹ It is also washable and eco-friendly. ❺ Not only is *hanji* clothing practical, but it's also making waves at domestic and international fashion shows. ❻ It seems that *hanji* clothing is here to stay.

❼ One of *hanji*'s newest uses is a treat for the ears. ❽ Customers can now buy speakers that use vibration plates and outside panels made of *hanji*. ❾ Compared to regular speakers, the sound that comes from *hanji* speakers is stronger and sharper. ❿ The paper's thickness and ability to absorb sound help the speakers pick up the smallest vibrations. ⓫ In addition, the fact that the sound will not change over time because of the strength of *hanji* makes these speakers a great purchase. ⓬ Serious music lovers will really be able to appreciate the great sound quality of these speakers.

While You Read Q6
How are *hanji* speakers different from regular speakers?

Compared to regular speakers, the sound that comes from *hanji* speakers is stronger and sharper.

어휘 **fabric**[fǽbrik] (명) 직물, 천 **yarn**[jɑːrn] (명) (직물용) 실, 방적사 **practical**[prǽktikəl] (형) 실용적인 **make waves** 파장[풍파]을 일으키다 **domestic**[dəméstik] (형) 국내의 **treat**[triːt] (명) 만족[즐거움]을 주는 것[사람] **customer**[kʌ́stəmər] (명) 고객 **vibration**[vaibréiʃən] (명) 진동, 흔들림 **panel**[pǽnl] (명) 판 **purchase**[pə́ːrtʃəs] (명) 산 물건, 구매품 **appreciate**[əpríːʃièit] (동) 진가를 알아보다[인정하다]

Word Formation '사이에, 중간에'를 의미하는 접두사 inter-와 '국가의'라는 의미의 형용사 national이 결합하여 '국제의'라는 의미의 형용사 international이 되었다. ex **inter-** + racial → **interracial**(다른 인종간의) **inter-** + continental → **intercontinental**(대륙간의) **inter-** + personal → **interpersonal**(사람과 사람 사이의)

해석

❶최근에 디자이너들은 옷, 양말과 넥타이를 만들기 위해 한지를 사용해 오고 있다. ❷이 디자이너들이 사용하고 있는 직물은 한지 실을 면이나 비단과 혼합한 것이다. ❸이 혼합물은 무게가 거의 나가지 않고, 다른 재료보다 모양을 더 잘 유지한다. ❹또한 이것은 물세탁이 가능하며 친환경적이기도 하다. ❺한지로 만든 옷은 실용적일 뿐만 아니라, 국내외 패션쇼에서 파장을 일으키고 있다. ❻한지로 된 옷(이라는 유행)은 오래 지속될 것 같다.

❼한지의 최신 용도들 중 하나는 귀에 즐거움을 주는 것이다. ❽고객들은 현재 한지로 만들어진 진동판과 외판을 사용한 스피커를 구입할 수 있다. ❾일반 스피커와 비교하여, 한지 스피커로부터 나오는 소리는 더욱 강력하고 날카롭다. ❿한지의 두께와 소리를 흡수하는 능력은 스피커가 가장 작은 진동까지 포착하도록 도와준다. ⓫게다가, 한지의 내구력 덕분에 시간이 흘러도 소리가 변하지 않을 것이라는 사실은 이 스피커를 훌륭한 구매품이 되게 한다. ⓬진정으로 음악을 사랑하는 사람들은 이 스피커의 훌륭한 음질의 진가를 알 수 있을 것이다.

While You Read

Q5 면이나 비단과 혼합된 한지 실의 장점은 무엇인가?
이 혼합물은 무게가 거의 나가지 않고, 다른 재료보다 모양을 더 잘 유지한다. 또한, 이것은 물세탁이 가능하며 친환경적이다.

Q6 한지 스피커는 일반 스피커와 어떻게 다른가?
일반 스피커와 비교했을 때, 한지 스피커로부터 나오는 소리는 더욱 강력하고 날카롭다.

구문 해설

❷ The fabric these designers are using is a blend of *hanji* yarn with …
: these … using은 The fabric을 선행사로 하는 목적격 관계대명사절이며, 앞에 관계대명사 which[that]이 생략된 형태이다.

❺ Not only is *hanji* clothing practical, but it's also making waves …
: 부정어구(Not only)가 문두에 쓰여 주어와 동사가 도치되었다.

❼ One of *hanji*'s newest uses is a treat for the ears.
: 「one of+한정어+최상급+복수명사」는 '가장 …한 것들 중 하나'라는 의미이다.

❽ … buy speakers that use vibration plates and outside panels made of *hanji*.
: that 이하는 speakers를 선행사로 하는 주격 관계대명사절이다. made of *hanji*는 vibration plates와 outside panels를 수식하는 과거분사구이다.

❿ … and ability to absorb sound help the speakers pick up the smallest vibrations.
: to absorb sound는 ability를 수식하는 형용사적 용법의 to부정사구이다. 준사역동사 help의 목적격 보어로 동사원형(pick up)이 쓰였다.

⓫ In addition, the fact that the sound will not change over time because of the strength of *hanji* makes these speakers a great purchase.
: that … *hanji*는 the fact와 동격인 명사절이다. 5형식 동사(makes)의 목적격 보어로 명사구(a great purchase)가 쓰였다.

Check-Up

[1-2] 본문의 내용과 일치하도록 〈보기〉에서 알맞은 단어를 빈칸에 넣으시오.

1 Fabric made of *hanji* is ________ and can hold its ________ very well.

2 With *hanji's* ability to ________ sound, *hanji* speakers can offer excellent sound quality.

보기	shape	absorb	continue	massive	light

[3-4] 다음 괄호 안에서 어법상 올바른 것을 고르시오.

3 The volunteers help (clean / cleaned) senior citizens' houses.

4 Hardly (had she finished / she had finished) her work when she fell asleep.

❶ And now, in one of its most innovative uses yet, *hanji* may soon be traveling into outer space. ❷ Korea and the U.S. are planning to use *hanji* on robots and spacecraft through a joint project supported by NASA. ❸ The paper has special properties that will help protect spacecraft from the harmful rays of the sun. ❹ Scientists hope to use *hanji* in the future for space probes since it is less expensive and lighter than the currently used materials.

❺ As you can see, people keep transforming *hanji* for countless uses. ❻ Its ability to adapt to the needs of every generation has led to the revival of this traditional paper. ❼ So long as *hanji* continues to be treasured, there may be no limit to how it will be enjoyed in the future.

Source http://www.korea.net 외 다수 (p.233 참조)

어휘 **innovative**[ínəvèitiv] 형 혁신적인, 획기적인 **spacecraft**[spéiskræ̀ft] 명 우주선 **joint**[ʤɔint] 형 공동의, 합동의 **harmful**[hɑ́:rmfəl] 형 유해한, 해로운 **ray**[rei] 명 광선, 빛 **probe**[proub] 명 우주 탐사선, 탐사용 로켓 **currently**[kə́:rəntli] 부 현재, 지금 **adapt**[ədǽpt] 동 적응하다 **generation**[ʤènəréiʃən] 명 세대 **revival**[riváivəl] 명 부활

Word Formation '셈, 계산'이라는 의미의 명사 count와 '…이 없는' 이라는 의미의 형용사형 접미사 -less가 결합하여 '셀 수 없는'이라는 의미의 형용사 countless가 되었다. ex care + **-less** → **careless**(부주의한) meaning + **-less** → **meaningless**(무의미한) end + **-less** → **endless**(끝없는)

해석

❶그리고 지금, 가장 혁신적인 용도의 하나로, 한지는 곧 우주 공간으로 여행을 떠날지도 모른다. ❷한국과 미국은 NASA가 후원하는 공동 프로젝트를 통해 로봇과 우주선에 한지를 사용하는 것을 계획하고 있다. ❸한지는 태양의 유해 광선들로부터 우주선을 보호해주는 데에 도움이 될 특별한 성질들을 지니고 있다. ❹현재 사용되는 물질보다 한지가 비용이 적게 들고 가볍기 때문에, 과학자들은 미래에 우주 탐사선에 한지를 사용하길 원한다.
❺당신이 보았듯이, 사람들은 수많은 용도를 위해 한지를 끊임없이 변화시키고 있다. ❻모든 세대의 요구에 적응할 수 있는 한지의 능력은 이 전통적인 종이의 부활로 이어졌다. ❼한지가 계속해서 소중히 여겨지는 한, 미래에 한지가 어떻게 사용될 것인가에 대한 한계는 없을지도 모른다.

구문 해설

❷ Korea and the U.S. are planning to use *hanji* … a joint project supported by NASA.
: to use 이하는 planning의 목적어 역할을 하는 명사적 용법의 to부정사구이다. supported by NASA는 a joint project를 수식하는 과거분사구이다.

❸ The paper has special properties that will help protect …
: that 이하는 special properties를 선행사로 하는 주격 관계대명사절이다.

❻ Its ability to adapt to the needs of every generation has led …
: to adapt … generation은 Its ability를 수식하는 형용사적 용법의 to부정사구이다. 문장의 주어 Its ability의 수에 맞춰 단수형 동사 has led를 썼다. 이와 같이 주어에 수식어구나 절이 붙어 길어진 경우 수 일치에 유의한다.

❼ So long as *hanji* continues to be treasured, there may be no limit to how it will be enjoyed in the future.
: 「so[as] long as」는 '…하는 한은, …하기만 하면'이라는 의미이다. how 이하는 전치사 to의 목적어 역할을 하는 의문사절(간접의문문)로 「의문사+주어+동사」의 어순이다.

Check-Up

1 우주선을 만들기에 적합한 한지의 특징을 본문에서 모두 찾아 우리말로 쓰시오.

____

[2-3] 주어진 우리말 뜻에 맞도록 괄호 안의 말과 to부정사를 이용하여 문장을 완성하시오.

2 우리는 당신의 제안을 받아들이기로 결정했습니다. (accept, proposal)
→ We have decided ______________________.

3 그녀는 좋은 직장을 얻을 기회를 놓쳤다. (get a job)
→ She missed the chance ______________________.

A

Complete the summary of the main text using the words in the box.

Properties of *Hanji*	• It is durable and hard to 1) tear. • It keeps 2) heat and sound in but lets air flow through it. • It 3) absorbs water and ink well, so there is no bleeding.
Traditional Uses of *Hanji*	• Material to write on • Material for covering walls, door frames, and 4) floors of houses • Material for making 5) furniture, lanterns, and boxes
The Newest and Future Uses of *Hanji*	• Material for 6) fabrics used to make clothes, socks, and ties • Material for the plates and 7) panels of speakers • Material for making robots, spacecraft, and space 8) probes

panels	fabrics	floors	heat
absorbs	furniture	probes	tear

B

Read the sentences and check T for true or F for false based on the main text.

	T	F
1 *Hanji* is usually made from the root of the mulberry tree.	☐	☑
2 The Korean saying, "Paper lasts a thousand years, while silk endures five hundred," emphasizes *hanji*'s durability.	☑	☐
3 Though suits of armor called *jigap* were just layers of paper, they were so tough that they could even stop arrows.	☑	☐
4 Clothes made of *hanji* are heavy and are not washable.	☐	☑

p. 175

A 상자 안의 단어를 이용하여 본문 요약을 완성하시오.

한지의 특성
- 튼튼하고 1)찢기 힘들다.
- 2)열과 소리는 보존하되 공기는 통과시킨다.
- 물과 잉크를 잘 3)흡수하여 번지지 않는다.

한지의 전통적인 사용
- 글을 쓰는 재료
- 벽, 문틀, 집 4)바닥을 덮는 재료
- 5)가구, 초롱, 상자의 재료

한지의 새로운 사용과 미래의 사용
- 옷, 양말, 넥타이를 만드는 데 사용되는 6)직물의 재료
- 스피커의 진동판과 외7)판의 재료
- 로봇, 우주선, 우주 8)탐사선을 만들기 위한 재료

B 문장을 읽고 본문에 근거하여 사실이면 T, 거짓이면 F에 표시하시오.

1 한지는 보통 닥나무 뿌리로 만들어진다.
2 한국의 속담인 "비단은 오백 년을 가고, 종이는 천 년을 간다."는 한지의 내구성을 강조하는 것이다.
3 지갑이라 불리는 갑옷은 단지 여러 겹의 종이지만 매우 질겨서 화살도 막을 수 있다.
4 한지로 만들어진 옷은 무겁고 물에 세탁할 수 없다.

해설 1 한지는 닥나무 껍질로 만들어진다.
4 한지로 만든 옷은 가볍고 물로 세탁이 가능하다고 했다.

Check-Up

[1-3] 다음 문장이 본문 내용과 일치하면 T, 일치하지 않으면 F를 쓰시오.

1 The Mugujeonggwang Daedaranigyeong was discovered in 1966. (   )

2 Due to its ability to absorb water well, *hanji* was used for making suits of armor. (   )

3 *Hanji* is less expensive than the materials currently used for space probes. (   )

어휘 **property** [prápərti] 명 속성[특성] **emphasize** [émfəsàiz] 동 강조하다 **durability** [djùərəbíləti] 명 내구성 **washable** [wáʃəbl] 형 물에 빨아도 되는

C

Among the many uses of *hanji* presented in the main text, which was the most impressive to you? Talk with your partner about your answer.

For me, *hanji* clothing was the most impressive because I've never imagined that we could make washable clothes out of paper!

YOU

C 본문에 나온 한지의 여러 용도 중 가장 인상 깊었던 것은 무엇인가? 짝과 이야기해 보시오.

나에게는 한지 옷이 가장 인상적이었어. 왜냐하면, 종이로 물세탁이 가능한 옷을 만들 수 있을 거라고 상상해 본 적이 없거든!

D

Search for one of Korea's cultural assets and its properties. Then suggest an idea about a new use for it.

Name: *Hanji*
Property: It is durable and allows air to flow through it easily.
Suggestion for a new use:
Making a pair of shoes

YOU
Name: ____________
Property: ____________
____
Suggestion for a new use:
____

p. 176

D 한국의 문화유산 중 하나와 그 특성을 조사하시오. 그리고 나서 그것의 새로운 용도에 대한 아이디어를 제안하시오.

이름: 한지
특성: 튼튼하고 공기를 쉽게 통과시킨다.
새로운 용도 제안: 신발 제작

배경지식

한국의 문화 유산

- **장독 속에 숨은 과학:** 장독은 흙으로 만들어지는데, 흙의 입자는 크기가 불규칙적이기 때문에, 굽는 과정에서 수많은 기공이 생긴다. 이 숨구멍들은 공기는 투과시키지만, 물이나 그 밖의 내용물들은 통과시키지 않는다. 그래서 독 안에 김치나 기타 발효 음식들을 넣어 저장해 두면 독 바깥에서 신선한 산소들이 끊임없이 공급돼 발효작용을 돕는다. 공기 순환 덕분에 음식의 신선도도 오래 유지된다.

- **한복에 숨겨진 우리 조상의 지혜:** 한복의 가장 큰 특징은 넉넉함인데 이는 건강에 아주 좋은 형태이다. 서양 옷이 관절의 움직임을 제한하는 데 반해 한복은 평면재단을 하여 관절 모양에 옷을 맞추기 때문에 관절의 활동성을 최대한 보장한다. 평면재단은 어깨 관절을 편하게 하고, 무릎 관절을 자유롭게 굽히고 펼 수 있도록 한다. 또한, 이 넉넉함이 옷과 몸 사이에 충분한 공기층을 만들어 단열효과를 낸다.

≡ 어휘 **impressive** [imprésiv] 형 인상적인 **asset** [ǽset] 명 자산 **suggestion** [səgdʒéstʃən] 명 제안, 의견

Discovering Grammar

Point 1

Read and Notice Read the advertisement, paying attention to the structure in bold.

YOU DON'T WANT TO MISS THIS!

Gyeongju was the capital of the Silla Kingdom and is now a UNESCO World Heritage Site. Explore **one of the most developed civilizations** of its time. Walk or bike to get the most out of this "museum without walls." A trip to Gyeongju is an adventure you won't want to miss! It will be **one of the best travel experiences** of your life.

Practice Complete the sentences with the given words using the same structure as above.

1 Varanasi, India is one of __the oldest cities__ in the world. (old city)
2 Coffee is one of __the most popular drinks__ in Korea. (popular drink)
3 It became one of __the biggest businesses__ in the U.S. (big business)

Find More Find the sentences in the main text with the same structure as above.

p. 177

Find More 정답
p.173 **One of *hanji*'s newest uses** is a treat for the ears.
p.174 And now, in **one of its most innovative uses** yet, (...)

Point 2

Read and Notice Read the expert advice, paying attention to the structure in bold.

Once you accept **the fact that** you are not perfect, then you will be able to accept feedback from others gracefully. Consider letting go of the following things as well:

1. Judgment of the person giving feedback
2. Judgment of yourself
3. **The idea that** there is only one way to do something
4. Your anxiety about these kinds of conversations

If you can let go of these things, then you will be ready for any feedback that comes your way.

Practice Complete the sentences using the same structure as above. 예시

1 My friend believes the idea that __every problem has a solution__.
2 Dr. James expressed the hope that __a new treatment for the disease would be developed__.
3 I agree with your opinion that __pets are good for people__.

Find More Find the sentence in the main text with the same structure as above.

p. 177

Find More 정답
p.173 In addition, **the fact that** the sound will not change over time because of the strength of *hanji* makes these speakers a great purchase.

Point 1

Read and Notice 굵게 표시된 구조에 주의하여 광고를 읽으시오.

당신은 이것을 놓치고 싶지 않을 것입니다! 경주는 신라의 수도였고 현재 유네스코 세계 문화유산입니다. 그 당시 가장 발달된 문명 중 하나를 답사해 보세요. 이 "벽 없는 박물관"을 최대한 체험하려면 걷거나 자전거를 타세요. 경주로의 여행은 당신이 놓치고 싶지 않을 모험입니다! 이것은 당신 삶에서 가장 멋진 여행 경험 중 하나가 될 것입니다.

Practice 위와 같은 구조를 사용하여 주어진 단어로 문장을 완성하시오.

1 인도의 바라나시는 세계에서 가장 오래된 도시 중 하나이다.
2 커피는 한국에서 가장 인기 있는 음료 중 하나이다.
3 그것은 미국에서 가장 규모가 큰 사업 중 하나가 되었다.

Find More 위와 같은 구조의 문장을 본문에서 찾으시오.

Point 2

Read and Notice 굵게 표시된 구조에 주의하여 전문가의 조언을 읽으시오.

일단 당신이 완벽하지 않다는 사실을 받아들이면, 다른 사람으로부터의 의견을 정중하게 받아들일 수 있게 될 것입니다. 다음의 것들 또한 버리는 걸 고려해 보세요.
1. 의견을 주는 사람에 대한 비판
2. 스스로에 대한 비판
3. 어떤 일을 하는 방법이 한 가지밖에 없다는 생각
4. 이런 종류의 대화에 대한 당신의 염려
당신이 이런 것들을 버릴 수 있다면 당신에게 오는 어떤 의견이라도 받아들일 준비가 될 것입니다.

Practice 위와 같은 구조를 사용하여 문장을 완성하시오. 예시

1 내 친구는 모든 문제에는 해결책이 있다는 견해를 믿는다.
2 James 박사는 그 질병의 새로운 치료제가 개발될 것이라는 희망을 표했다.
3 나는 애완동물이 인간에게 이롭다는 너의 의견에 동의한다.

Find More 위와 같은 구조의 문장을 본문에서 찾으시오.

어휘 **capital** [kǽpətl] 명 수도 **explore** [iksplɔ́ːr] 동 답사하다 **civilization** [sìvəlizéiʃən] 명 문명 **gracefully** [gréisfəli] 부 정중하게, 우아하게 **let go of** …을 버리다 **judgment** [dʒʌ́dʒmənt] 명 판단, 비판 **anxiety** [æŋzáiəti] 명 불안(감), 염려

문법 노트

Point 1

「one of the+최상급+복수명사」

최상급을 이용한 표현으로 '가장 …한 것들 중 하나'라는 의미이다. the를 대신하여 소유격 표현과 같은 한정사가 올 수도 있다.

ex) This bag is **one of the cheapest items** in the store.
(이 가방은 매장에서 가장 저렴한 상품 중 하나입니다.)
That is **one of my best memories** in Seoul.
(그것은 내가 서울에서 가진 가장 좋은 기억 중 하나이다.)

cf.) 주어로 쓰였을 경우 단수인 one에 수를 일치시켜 단수동사를 써야 하는 점에 유의한다.

ex) **One of the biggest problems** is rising sea level.
(가장 큰 문제 중 하나는 상승하는 해수면이다.)

Point 2

동격절을 이끄는 접속사 that

명사의 의미를 보충하거나 부연 설명하기 위해 명사절을 뒤에 둘 수 있다. 이때 접속사 that을 사용하며 명사와 명사절의 관계를 동격 관계라고 한다. 동격절을 이끄는 접속사 that은 생략할 수 없으며, 동격절이 나오는 주요 명사에는 fact, news, opinion, idea, thought, question 등이 있다.

ex) **The fact that** he has never been abroad is a big disadvantage.
(그가 해외에 한 번도 가 본 적이 없다는 사실은 큰 약점이다.)
I agree with **her opinion that** reading can broaden our knowledge.
(나는 독서가 우리의 지식을 넓힐 수 있다는 그녀의 의견에 동의한다.)

Check-Up

1 다음 괄호 안의 단어를 알맞은 형태로 고쳐 쓰시오.

(1) This is one of the ________ novels I've ever read. (good)
(2) One of the ________ buildings in the world is in Dubai. (tall)

2 주어진 우리말 뜻에 맞도록 괄호 안의 단어를 활용하여 문장을 완성하시오.

(1) 이것은 가장 인기 있는 온라인 강좌 중 하나입니다. (popular, online courses)
→ This is ______________________________.
(2) 나는 나의 가장 친한 친구 중 한 명과 크게 싸웠다. (good, friend)
→ I had a big fight with ______________________.

3 다음 밑줄 친 부분을 바르게 고치시오.

(1) I was impressed with the thought <u>which</u> everyone should be treated well.
(2) One of the most beloved movies <u>have</u> been released again in theaters.

4 주어진 우리말 뜻에 맞도록 괄호 안의 단어를 바르게 배열하시오.

(1) Despite (the movie / the fact / poor reviews / received / that), I went to see it.
(그 영화가 낮은 평점을 받았다는 사실에도 불구하고, 나는 그 영화를 보러 갔다.)
(2) People were shocked at (spread / that / the fire / throughout the entire building / the news).
(불이 건물 전체로 번졌다는 소식에 사람들은 충격 받았다.)

Write

Person of the Month Award

Writing a Persuasive Email

A Persuasive Email

When you write a persuasive email, state your opinion clearly. You should explain what you want the reader to think or do. Give at least two reasons to support your opinion. Use facts and examples to explain your reasons. Be sure to include a greeting, closing, and signature.

설득하는 이메일
설득하는 이메일을 쓸 때 당신의 의견을 명료하게 서술하라. 당신은 독자가 무엇을 생각하거나 하기를 원하는지 설명해야 한다. 당신의 의견을 뒷받침하는 근거를 최소한 두 개 제시하라. 근거를 설명하기 위해 사실과 예시를 사용하라. 반드시 인사말, 끝맺음 말, 서명을 포함하라.

A Model Writing

From Georgefu@nhys.com
To Garcia12@franklinhigh.edu
Subject Candidate recommendation

Dear Mr. Garcia, — Greeting

Every month we choose one outstanding person at Franklin High to receive the Person of the Month Award. I would like to recommend Lydia Collins for this award. — Your opinion

Lydia organized a food drive for our local food bank. She placed donation boxes in every classroom to collect canned foods. ❶ We even had a fun competition between classes to get more students to donate food. In the end, we collected over 3,500 cans! — Supporting reason 1

❷ Because of Lydia, students at Franklin High know that anyone can make a difference, no matter what their age is. ❸ Many students are already thinking about other ways they can help the community. — Supporting reason 2

For these reasons, I believe Lydia Collins deserves this award. — Closing

Sincerely,
George Fu — Signature

Send Now Saved

p. 178

A Garcia 선생님께,
매달 저희는 이달의 인물상을 받을 프랭클린 고등학교의 뛰어난 인물 한 명을 선정합니다. 저는 이번 상에 Lydia Collins를 추천하고 싶습니다.
Lydia는 저희 지역 무료급식소를 위한 음식 기부 운동을 조직했습니다. 그녀는 통조림 식품을 모으기 위해 모든 교실에 기부 상자를 설치했습니다. 더 많은 학생들이 음식을 기부하게 하기 위해 학급 간에 재미 있는 대회를 열기도 했습니다. 마침내 저희는 3,500개가 넘는 통조림을 모았습니다!
Lydia 덕분에 프랭클린 고등학교의 학생들은 나이에 상관없이 누구나 변화를 가져올 수 있다는 것을 알았습니다. 많은 학생들이 지역 사회를 도울 수 있는 다른 방법들을 이미 생각하고 있습니다.
이런 이유로 저는 Lydia Collins가 이 상을 받아 마땅하다고 생각합니다.
George Fu 드림

구문 해설

❶ We even had a fun competition between classes to get more students to donate food.
: to get 이하는 목적을 나타내는 부사적 용법의 to부정사구이다. 「get+목적어+to-v」는 '…가 ~을 하게 만들다'라는 의미이다.

❷ Because of Lydia, students at Franklin High know that anyone can make a difference, no matter what their age is.
: that … difference는 동사 know의 목적어 역할을 하는 명사절이다. 「no matter what+주어+동사」는 '…가 무엇을 ~하더라도'라는 의미이다.

❸ Many students are already thinking about other ways they can help the community.
: they 이하는 other ways를 선행사로 하는 관계부사절이며, 관계부사 how는 선행사와 같이 쓸 수 없으므로 생략되었다.

유용한 표현

설득하는 글에 쓸 수 있는 표현

- 근거를 제시할 때
  First … Second … / The first reason is … Also … / In addition / Because / Since
- 정보들 사이를 연결할 때
  Also / Furthermore / As a result / In the end / However
- 끝맺을 때
  In conclusion / In short / Therefore / For these reasons

어휘 **persuasive**[pərswéisiv] ⓗ 설득력 있는 **signature**[sígnətʃər] ⓜ 서명 **candidate**[kǽndidèit] ⓜ 입후보자 **outstanding**[autstǽndiŋ] ⓗ 뛰어난, 눈에 띄는 **organize**[ɔ́ːrgənàiz] ⓢ 준비하다, 조직하다 **drive**[draiv] ⓜ (목적 달성을 위한) 단체 운동 **place**[pleis] ⓢ 놓다[두다] **donation**[dounéiʃən] ⓜ 기부 **competition**[kɑ̀mpətíʃən] ⓜ 대회, 시합 **deserve**[dizə́ːrv] ⓢ …을 받을 만하다

B Write Your Own

Step 1 Think about the people at your school and decide who deserves the award and why.

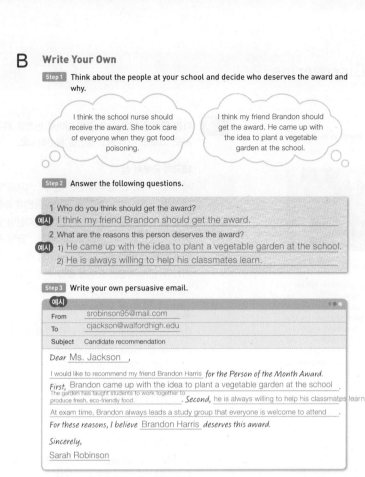

I think the school nurse should receive the award. She took care of everyone when they got food poisoning.

I think my friend Brandon should get the award. He came up with the idea to plant a vegetable garden at the school.

Step 2 Answer the following questions.

1 Who do you think should get the award?
예시 I think my friend Brandon should get the award.

2 What are the reasons this person deserves the award?
예시 1) He came up with the idea to plant a vegetable garden at the school.
2) He is always willing to help his classmates learn.

Step 3 Write your own persuasive email.

예시

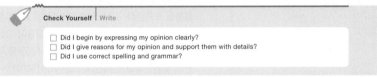

From srobinson95@mail.com
To cjackson@walfordhigh.edu
Subject Candidate recommendation

Dear Ms. Jackson ,

I would like to recommend my friend Brandon Harris *for the Person of the Month Award.*

First, Brandon came up with the idea to plant a vegetable garden at the school . The garden has taught students to work together to produce fresh, eco-friendly food. *Second,* he is always willing to help his classmates learn . At exam time, Brandon always leads a study group that everyone is welcome to attend .

For these reasons, I believe Brandon Harris *deserves this award.*

Sincerely,
Sarah Robinson

Check Yourself | Write

☐ Did I begin by expressing my opinion clearly?
☐ Did I give reasons for my opinion and support them with details?
☐ Did I use correct spelling and grammar?

p. 179

추가 예시문

Dear Ms. Miller,
I would like to recommend my friend Sally Mitchell for the Person of the Month Award.
First, Sally has helped many young children in need. Every weekend, she volunteers to teach them how to read and write. She inspires us to care about other people in the community. Second, she works in a dog shelter whenever she has free time. She teaches us all living things are very important and must be treated with respect.
For these reasons, I believe Sally Mitchell deserves this award.
Sincerely,
Kate Brown

Miller 선생님께
저는 제 친구 Sally Mitchell을 이달의 인물상에 추천하고 싶습니다.
첫째로, Sally는 어려움에 처한 많은 어린 아이들을 도왔습니다. 매주 주말 그녀는 아이들에게 읽고 쓰는 법을 가르칩니다. 그녀는 우리가 지역 사회의 사람들을 돌보도록 고무시킵니다. 둘째로, 그녀는 시간이 날 때마다 유기견 보호소에서 일합니다. 그녀는 우리에게 모든 생명체는 매우 중요하며 존중받아야 한다는 것을 가르쳐줍니다.
이런 이유로 저는 Sally Mitchell이 이 상을 받아 마땅하다고 생각합니다.
Kate Brown 드림

B **Step 1** 학교에 있는 사람들을 생각해 보고 상을 받을 만한 사람과 그 이유를 정하시오.

- 나는 보건 선생님이 상을 받아 마땅하다고 생각한다. 그 분은 모두가 식중독에 걸렸을 때 우리를 돌보셨다.
- 나는 내 친구 Brandon이 상을 받아야 한다고 생각한다. 그는 학교에 채소밭을 가꾸자는 아이디어를 생각해 냈다.

Step 2 다음 문제에 답하시오.

1 누가 상을 받아야 한다고 생각하는가?
예시 나는 내 친구 Brandon이 상을 받아야 한다고 생각한다.

2 이 사람이 상을 받을 만한 이유는 무엇인가?
예시 1) 그는 학교에 채소밭을 가꾸자는 아이디어를 생각해냈다.
2) 그는 언제나 반 친구들이 배우는 것을 기꺼이 돕는다.

Step 3 자신의 설득 이메일을 쓰시오.

예시 Jackson 선생님께
저는 제 친구 Brandon Harris를 이달의 인물상에 추천하고 싶습니다. 첫째로, Brandon은 학교에 채소밭을 가꾸자는 아이디어를 생각해냈습니다. 정원은 학생들에게 신선하고 친환경적인 음식을 생산하기 위해 함께 일하는 법을 가르쳐 주었습니다. 둘째로, 그는 학급 친구들이 공부하는 것을 언제나 기꺼이 도와줍니다. 시험 기간에 Brandon은 누구나 자유롭게 참석할 수 있는 공부 모임을 늘 이끕니다.
이런 이유로 저는 Brandon Harris가 이 상을 받아 마땅하다고 생각합니다.
Sarah Robinson 드림

Check Yourself

☐ 의견을 명료하게 나타내면서 시작했는가?
☐ 의견의 근거를 제시하고 세부내용으로 뒷받침했는가?
☐ 올바른 철자와 문법을 사용하였는가?

Writing Tip 글의 설득력을 높이는 법

1 의견을 명료하고 직접적으로 나타내며 글을 시작한다.

2 설득력 있는 근거로 의견을 뒷받침한다.
- 독자가 공감할 수 있는 구체적인 실생활 예시 들기
- 신빙성 있는 자료나 권위자의 말 인용하기
- 뒷받침 내용을 논리적으로 전개하기
- 나올 법한 반대 의견을 언급하며 그에 대한 반박 근거 제시하기

3 의견을 다시 한 번 피력하며 마무리한다.

Inside Culture Accidental Discoveries

A Get to Know the World

Read the following paragraphs and fill in the blanks with the words in the box. Then listen and check your answers.

The Golden Buddha in Thailand

The world's largest golden Buddha was originally covered in 1) plaster . One day while it was being moved, the ropes lifting the statue broke. ❶ The statue fell, and some plaster chipped off, which revealed part of its 2) golden surface. After the rest of the plaster was removed, the Golden Buddha was placed in a beautiful temple for all to enjoy.

Terracotta Army in China

Over 8,000 clay soldiers lay hidden in Emperor Qin Shi Huang's 3) tomb for more than 2,000 years. Then, in 1974, a group of farmers discovered the Terracotta Army while they were trying to dig a well near the ancient capital city of Chang'an. Each clay soldier was created with a specific appearance, so they all look 4) unique .

Lascaux Caves in France

❷ Lascaux Caves in France contain 5) paintings estimated to be 17,300 years old, which show large animals. No one knew about their existence until 1940. ❸ It is said that four teenagers accidentally discovered the caves while running after their dog into an opening to the caves. ❹ What's special about them is that the paintings have kept their original 6) colors .

paintings	golden	tomb	colors	plaster	unique

p. 180

A 다음 단락을 읽고 상자 안의 단어로 빈칸을 채우시오. 그러고 나서 듣고 정답을 확인하시오.

태국의 금부처 상

세계에서 가장 큰 금부처 상은 원래 1)석고로 덮여있었다. 어느 날 그것이 옮겨지는 동안에 조각상을 들어 올리는 밧줄이 끊어졌다. 조각상이 떨어졌고 석고 일부가 떨어져 나가면서, 2)금빛 표면 일부분이 드러나게 되었다. 나머지 석고가 제거된 후 금부처 상은 모두가 즐길 수 있도록 아름다운 사원에 놓이게 되었다.

중국의 병마용

8,000개 이상의 진흙으로 만든 병사가 2,000년 이상 진시황의 3)무덤에 숨겨져 있었다. 1974년 당시에 농부들이 고대 수도인 장안 근교에 우물을 파다가 병마용을 발견했다. 각각의 진흙 병사는 각기 다른 모습으로 만들어져서 모두가 4)독특해 보인다.

프랑스의 라스코 동굴

프랑스의 라스코 동굴에는 17,300년이 되는 것으로 추정되는 5)그림들이 있는데, 그것은 큰 동물들을 보여준다. 1940년까지 아무도 그림의 존재를 알지 못했다. 네 명의 10대 아이들이 그들의 개를 쫓아 동굴 입구로 들어 가면서 동굴을 우연히 발견했다고 전해진다. 그림들이 원래의 6)색상을 간직해왔다는 것이 특별한 점이다.

구문 해설

❶ …, which revealed part of its golden surface.
: which 이하는 앞의 절 전체를 선행사로 하여 이를 부연설명하는 계속적 용법의 주격 관계대명사절이다.

❷ Lascaux Caves in France contain paintings estimated to be 17,300 years old, which show large animals.
: estimated … old는 paintings를 수식하는 과거분사구이다. which 이하는 paintings를 선행사로 하여 이를 부연설명하는 계속적 용법의 주격 관계대명사절이다.

❸ It is said that four teenagers accidentally discovered the caves while running after their dog …
: It은 가주어이고 that 이하가 진주어이다. while 이하는 때를 나타내는 분사구문이며, 분사구문이 나타내는 뜻을 명확히 하기 위해 접속사를 생략하지 않은 형태이다.

❹ What's special about them is that the paintings …
: What's … them은 문장의 주어 역할을 하는 관계대명사절이다. that 이하는 주격 보어 역할을 하는 명사절이다.

☰ 어휘 **lift**[lift] ⓢ 들어 올리다 **statue**[stǽtʃuː] ⓜ 조각상 **plaster**[plǽstər] ⓜ 석고, 회반죽 **chip off** 떨어져 나가다 **reveal**[rivíːl] ⓢ 드러내다 **clay**[klei] ⓜ 진흙, 찰흙 **well**[wel] ⓜ 우물 **appearance**[əpíərəns] ⓜ 겉모습, 외모 **estimate**[éstəmèit] ⓢ 추정하다 **existence**[igzístəns] ⓜ 존재 **accidentally**[æ̀ksidentəli] ⓟ 우연히

B Take a Closer Look

Choose the discovery that you want to see the most in A and write down your reason. Then share it with your partner.

I'd like to visit Thailand to see how tall the golden statue is in person.

YOU

I'd like to ______________________________
____

B A에 나온 발견물 중 가장 보고 싶은 것을 고르고 그 이유를 쓰시오. 그러고 나서 짝과 공유하시오.

- 나는 황금 불상이 얼마나 큰지 직접 보러 태국에 가보고 싶어.

C Keep Exploring

Search for another accidental discovery from a different country. Then present it to the class.

Name of the discovery: ______________________________

Where it is located: ______________________________

When it was found: ______________________________

How it was discovered: ______________________________

____

____

____

C 다른 나라의 우연한 발견물을 조사하시오. 그러고 나서 학급에 발표하시오.

p. 181

Check-Up

[1-3] 다음 문장이 본문 내용과 일치하면 T, 일치하지 않으면 F를 쓰시오.

1 The golden Buddha in Thailand used to be covered in plaster. (   )

2 In China, farmers discovered many clay soldiers that all looked exactly the same. (   )

3 The paintings discovered in the Lascaux Caves have kept their original colors. (   )

배경지식

- **태국의 금부처상:** 방콕의 사원 왓 트라이밋에 있는 불상으로, 높이가 3m, 무게는 5.5톤에 달한다. 어떤 용도로 어떻게 만들어졌는지는 전해지지 않으며, 그 양식으로 미루어 볼 때 13~14세기경에 제작되었을 것으로 짐작된다. 18세기에 미얀마의 약탈을 피하기 위해 석고로 덮었다고 추정되며, 여러 번 옮겨진 끝에 현재의 왓 트라이밋에 자리잡게 되었다.
- **중국의 병마용:** 진시황제의 장례에 사용된 테라코타로, 시안(옛 장안)의 진시황릉에서 1km 정도 떨어진 곳에서 발견되었다. 총 4개의 갱도가 발굴되었고 약 8천 점의 병사가 있을 것으로 추정되는데, 아직도 상당수의 병마용이 발굴되지 않은 채로 묻혀있다. 진시황은 병마용을 비롯한 여러 부장물들로 자신의 무덤에 황궁을 재현하고자 했는데, 이는 그의 권력이 매우 강력했음을 의미한다.
- **프랑스의 라스코 동굴:** 프랑스 남서부에 있는 도르도뉴의 몽티냑 마을에 있다. 이 동굴에는 구석기 시대인 기원전 3만 5000년에서 기원전 1만 년 사이에 그려진 것으로 추정되는 벽화들이 있다. 구석기인들이 이곳에서 사냥할 동물들을 그리고 사냥의식을 지낸 것으로 추측된다. 이 벽화는 1979년에 유네스코 세계유산으로 등재되었다.

Do It Yourself

L **Listen to the speech and choose what the speaker is mainly talking about.**

a the health benefits of the *ondol* heating system
b the harmony between traditional and modern architecture
ⓒ the energy efficiency of an ancient Korean heating system
d the architectural secret hidden in traditional Korean houses

L **연설을 듣고 화자가 주로 무엇에 대해 이야기하고 있는지 고르시오.**

a 온돌 난방 시스템의 건강상의 이점
b 전통과 현대 건축 양식 간의 조화
c 고대 한국 난방 시스템의 에너지 효율성
d 한국의 전통 가옥에 숨겨진 건축학적 비밀

S **Complete the conversation with the sentences in the box. Then act it out with your partner.**

A: Are you picking up trash again?
B: Oh, hi, Insu. Well, I just can't turn a blind eye to it.
A: ____b____
B: It means I can't ignore what I've seen.
A: It sounds like a useful saying. ____a____
B: Actually it has an interesting origin. ____c____
A: No, I haven't.
B: Well, Nelson had one blind eye. He once received a signal to stop attacking. But instead of stopping, he held his telescope up to his blind eye and said, "I do not see the signal." In the end, he kept attacking and won the battle.
A: That's amazing!

a Where does it come from?
b What do you mean by that?
c Have you heard of Admiral Nelson?

S **상자 안에 있는 문장으로 대화를 완성하시오. 그러고 나서 짝과 역할 연기를 하시오.**

A: 또 쓰레기를 줍고 있니?
B: 아, 인수야 안녕. 그게, 내가 못 본척할 수가 없어서 말이야.
A: 그게 무슨 뜻이야?
B: 내가 본 것을 무시할 수 없다는 뜻이야.
A: 유용한 표현처럼 들리네. 어디에서 온 말이야?
B: 사실 그 말은 흥미로운 유래를 가졌어. Nelson 제독에 대해 들어본 적 있니?
A: 아니, 없어.
B: 음, Nelson 제독은 한쪽 눈이 멀었었어. 그가 한번은 공격을 중지하라는 신호를 받았었어. 하지만 중지하는 대신 그는 망원경을 보이지 않는 눈에 대고 이렇게 말했지. "나한테는 신호가 보이지 않는다." 결국 그는 공격을 계속했고 전쟁에서 승리를 거두었어.
A: 멋진걸!

Self-Reflection 1 Answer the Big Question

Q. What can be discovered in the world around us?

Example	Example	YOU
We can discover the value of the little things in life.	We can discover new ways to use old things.	

p. 182

Self-Reflection 1 Big Question에 답하기

Q. 우리 주변의 세계에서 무엇이 발견될 수 있습니까?
|예시| 삶의 작은 것들의 가치를 발견할 수 있다.
|예시| 옛것을 사용하는 새로운 방법을 발견할 수 있다.

Script L

M: What do you think of *ondol*, Korea's traditional heating system? Maybe you've never given much thought to it, but *ondol* is a unique invention from ancient Korea. It works by storing and transferring heat over a long period of time, making it highly economical. In the past, people used *ondol* not only for keeping their living spaces warm. They also used it to cook. Because of these merits, people continue to use it to this day in modern architecture.

해석

남: 한국의 전통 난방 시스템인 온돌에 대해 어떻게 생각하세요? 아마 당신은 그것에 대해 깊게 생각해 본 적이 없을 테지만, 온돌은 고대 한국의 독특한 발명품입니다. 이것은 열을 오랜 시간에 걸쳐 저장하고 전달함으로써 작동해서 매우 경제적입니다. 과거에 사람들은 생활 공간을 따뜻하게 유지하는 데만 온돌을 사용하지 않았습니다. 그들은 그것을 요리하는 데에도 사용했습니다. 이러한 장점들 때문에 사람들은 오늘날까지 현대 건축 양식에서도 계속 온돌을 사용합니다.

어휘 **efficiency**[ifíʃənsi] ㊂ 효율 **architectural**[ὰːrkətékʧərəl] ㊇ 건축학[술]의 **ignore**[ignɔ́ːr] ㊅ 무시하다 **telescope**[téləskòup] ㊂ 망원경 **admiral**[ǽdmərəl] ㊂ 제독, 해군 장성 **store**[stɔːr] ㊅ 저장[보관]하다 **transfer**[trænsfə́ːr] ㊅ 옮기다, 이동시키다 **economical**[èkənάmikəl] ㊇ 경제적인 **merit**[mérit] ㊂ 장점, 가치 있는 요소

R Read the paragraph and answer the following questions.

Hanji is traditionally made from the bark of the mulberry tree. Through a number of complex processes, the tree bark is made into a paper that is very durable and hard to tear. ________, Western paper, (A) [what / which] is made from pulp, begins to fall apart and becomes unusable after 100 years. It's easy to understand (B) [why / when] Koreans created the old saying about *hanji*: "Paper lasts a thousand years, while silk endures five hundred." In addition to lasting a long time, *hanji* keeps heat and sound in but allows air (C) [to flow / flowing] through it easily. The paper also absorbs water and ink very well, so there is no bleeding.

1 Which one best fits in the blank?

a Furthermore ⓑ On the other hand c In fact d That is

2 Choose the grammatically correct words for (A), (B), and (C). (A) which (B) why (C) to flow

W Write an email to a local business and persuade them to donate something to support your school volunteer work.

Outline: Greeting — Your opinion — Supporting reason(s) — Closing & Signature

예시

To whom it may concern,

My school is doing volunteer work at a children's center *on* May 25. *Would you* be interested in donating some cookies*? We want to* give them to the children. *Making a donation would be* a good opportunity to advertise your store. *We hope* you consider making a donation. *Thank you for your time!*

Sincerely,

Kim Minwoo

R 단락을 읽고 다음 질문에 답하시오.

1 빈칸에 들어갈 말로 가장 적절한 것은?

a 게다가 b 반면에 c 사실은 d 즉

2 (A), (B), (C)에서 문법적으로 올바른 단어를 고르시오.

해설 (A) Western paper를 선행사로 하는 주격 관계대명사 자리이다. (B) 앞에서 설명한 한지의 특성이 한지에 대한 옛말이 만들어진 이유가 되므로 why가 알맞다. (C) 「allow+목적어+to-v」의 구조가 사용되었다.

W 지역 기업에 보내는 이메일을 써서 학교 봉사 활동을 지원하기 위해 기부를 해달라고 설득하시오.

예시 관계자분께,

저희 학교는 5월 25일에 아동 센터에서 봉사활동을 할 예정입니다. 쿠키를 좀 기부해주실 의향이 있으신가요? 그것을 아이들에게 나눠주고자 합니다. 기부를 해주신다면 귀하의 상점을 홍보할 수 있는 좋은 기회가 될 것입니다. 기부를 고려해 주시길 바랍니다. 시간 내주셔서 감사합니다!

김민우 드림

2 Reflect on Your Learning

1 I've actively participated in class during this lesson. ①-②-③-④-⑤
2 I fully understand what I've learned in this lesson. ①-②-③-④-⑤
3 I can use the expressions I learned in this lesson in other situations. ①-②-③-④-⑤

p. 183

Self-Reflection 2 학습 과정 돌아보기

1 나는 이 단원을 배우는 동안 수업에 적극적으로 참여했다.
2 나는 이 단원에서 배운 것을 완전히 이해한다.
3 나는 이 단원에서 배운 표현을 다른 상황에 사용할 수 있다.

Check-Up

[1-3] 다음 빈칸에 들어갈 알맞은 말을 〈보기〉에서 찾아 쓰시오.

1 The ____________ of old songs has now become a trend.

2 It is not possible to exchange ____________ items.

3 He has the ability to present ____________ ideas in a simple way.

보기	function	damaged	characteristic	complex	revival

[4-5] 다음 글을 읽고, 물음에 답하시오.

And now, in 이것의 가장 혁신적인 용도 중 하나 yet, *hanji* may soon be traveling into outer space. Korea and the U.S. are planning ①to use *hanji* on robots and spacecraft through a joint project ②supporting by NASA. The paper has special properties ③that will help ④protect spacecraft from the harmful rays of the sun. Scientists hope to use *hanji* in the future for space probes since it is less expensive and lighter than the ⑤currently used materials.

4 윗글의 밑줄 친 우리말과 같은 뜻이 되도록 다음 괄호 안의 단어를 알맞게 배열하시오.

(uses / of / its / innovative / one / most)

5 밑줄 친 ①~⑤ 중, 어법상 틀린 것을 골라 바르게 고치시오.

Communicative Functions

1 설명 요청하기: What do you mean by ... ? (…이 무슨 뜻이야?)

▶ 상대방이 한 말을 잘 이해할 수 있도록 설명을 요청할 때, "What do you mean by ... ?"라는 표현을 사용할 수 있다. 이와 유사한 표현으로 "What is ... (exactly)?," "Could you explain ... ?," "What does that mean?" 등이 있다.

2 의견 묻기: What do you think of ... ? (…에 대해 어떻게 생각해?)

▶ 특정 대상에 대해 어떠한 생각을 갖고 있는지 물어볼 때, "What do you think of ... ?"라는 표현을 사용할 수 있다. 이와 유사한 표현으로, "How do you feel about ... ?," "What is your view/opinion?" 등이 있다.

New Words & Expressions

document	명 문서, 서류
container	명 용기, 함
remove	동 이동시키다, 치우다
discovery	명 발견
advanced	형 진보한, 앞선
break down	(물질이) 분해되다
damaged	형 손상된
bark	명 나무껍질
mulberry	명 뽕나무
complex	형 복잡한
durable	형 내구성 있는, 튼튼한
tear	동 찢다, 뜯다
fall apart	오래되어 허물어지다, 망가지다
endure	동 지속되다, 오래가다
absorb	동 흡수하다
bleed	동 번지다
characteristic	명 특징
glue	동 …을 (접착제로) 붙이다
layer	명 층, 겹
armor	명 갑옷
invaluable	형 매우 귀중한
modernization	명 현대화
outstanding	형 뛰어난, 특출난
relevant	형 의의가 있는, 유의미한
function	명 기능
fabric	명 직물, 천
yarn	명 (직물용) 실, 방적사
practical	형 실용적인
make waves	파장[풍파]을 일으키다
domestic	형 국내의
treat	명 만족[즐거움]을 주는 것[사람]
customer	명 고객
vibration	명 진동, 흔들림
panel	명 판
purchase	명 산 물건, 구매품
appreciate	동 진가를 알아보다[인정하다]
innovative	형 혁신적인, 획기적인
spacecraft	명 우주선
joint	형 공동의, 합동의
harmful	형 유해한, 해로운
ray	명 광선, 빛
probe	명 우주 탐사선, 탐사용 로켓
currently	부 현재, 지금
adapt	동 적응하다
generation	명 세대
revival	명 부활

Language Points

| one of the+최상급+복수명사 |

최상급을 이용한 표현으로 '가장 …한 것들 중 하나'라는 의미이다. the를 대신하여 소유격 표현과 같은 한정사가 올 수도 있다.

| 동격절을 이끄는 접속사 that |

명사의 의미를 보충하거나 설명하기 위해 명사절을 뒤에 둘 수 있다. 이때 접속사 that을 사용하며 명사와 명사절의 관계를 동격 관계라고 한다. 동격절을 이끄는 접속사 that은 생략할 수 없으며, 동격절이 나오는 주요 명사에는 fact, news, opinion, idea, thought, question 등이 있다.

1 대화가 자연스럽게 이어지도록 ⓐ~ⓓ를 순서대로 배열하시오.

ⓐ What do you mean by that? How would shaking hands keep you safe?
ⓑ Did you know that people didn't shake hands to be friendly in the past?
ⓒ They would greet each other for safety reasons.
ⓓ Really? Then why did they do it?

2 다음 빈칸에 들어갈 말로 알맞은 것은?

A: Did you look at the schedule for our vacation yet? What do you think of it?
B: Well, ______________________.

① it was already done
② I've never heard about it
③ I can handle it on my own
④ it seems really packed with activities
⑤ I hope you have a great time on your vacation

[3-6] 주어진 우리말과 같은 뜻이 되도록 빈칸에 알맞은 말을 쓰시오.

3 Not only ________ ________ ________ the window, but he also lied to me about it.
(그는 창문을 깼을 뿐만 아니라, 나에게 그것에 대해 거짓말도 했다.)

4 ________ ________ ________ it doesn't rain, we can go on a picnic.
(비가 오지 않는 한 우리는 소풍을 갈 수 있다.)

5 I support ________ ________ ________ one's social environment affects one's personality.
(나는 개인의 사회적 환경이 성격에 영향을 미친다는 생각을 지지한다.)

6 We have to use materials that ________ ________ naturally.
(우리는 자연적으로 분해되는 재료를 써야 한다.)

[7-8] 다음 글을 읽고, 물음에 답하시오.

Hanji is traditionally made from the bark of the mulberry tree. Through a number of complex processes, the tree bark is made into a paper that is very durable and hard to tear. On the other hand, Western paper, which is made from pulp, begins to fall apart and becomes unusable after 100 years. It's easy to understand 왜 한국인들이 그런 옛말을 만들었는지 about *hanji*: "Paper lasts a thousand years, while silk endures five hundred." In addition to (last) a long time, *hanji* keeps heat and sound in but allows air to flow through it easily.

7 윗글의 밑줄 친 우리말과 같은 뜻이 되도록 다음 괄호 안의 단어를 알맞게 배열하시오.

(saying / Koreans / the / created / old / why)

8 괄호 안의 동사 last를 알맞은 형태로 고쳐 쓰시오.

[9-10] 다음 글을 읽고, 물음에 답하시오.

Because of *hanji's* characteristics, Koreans could see early on ________ it was more than just something to write on. (①) Since ancient times, they have glued this paper to the walls, door frames, and floors of their homes. (②) Koreans have also used it to make furniture, lanterns, wedding accessories, and boxes. (③) Back then, people would put many layers of *hanji* together to make suits of armor. (④) This armor, called *jigap*, was tough enough to stop arrows. (⑤) With so many uses, *hanji* is naturally considered an invaluable part of Korean history and culture.

9 빈칸에 들어갈 말로 알맞은 것은?

① that ② while ③ what ④ when ⑤ which

10 윗글의 ①~⑤ 중, 다음 문장이 들어가기에 가장 알맞은 곳은?

Due to its durability, *hanji* was even used in battle.

Lesson

8

It's Up to You!

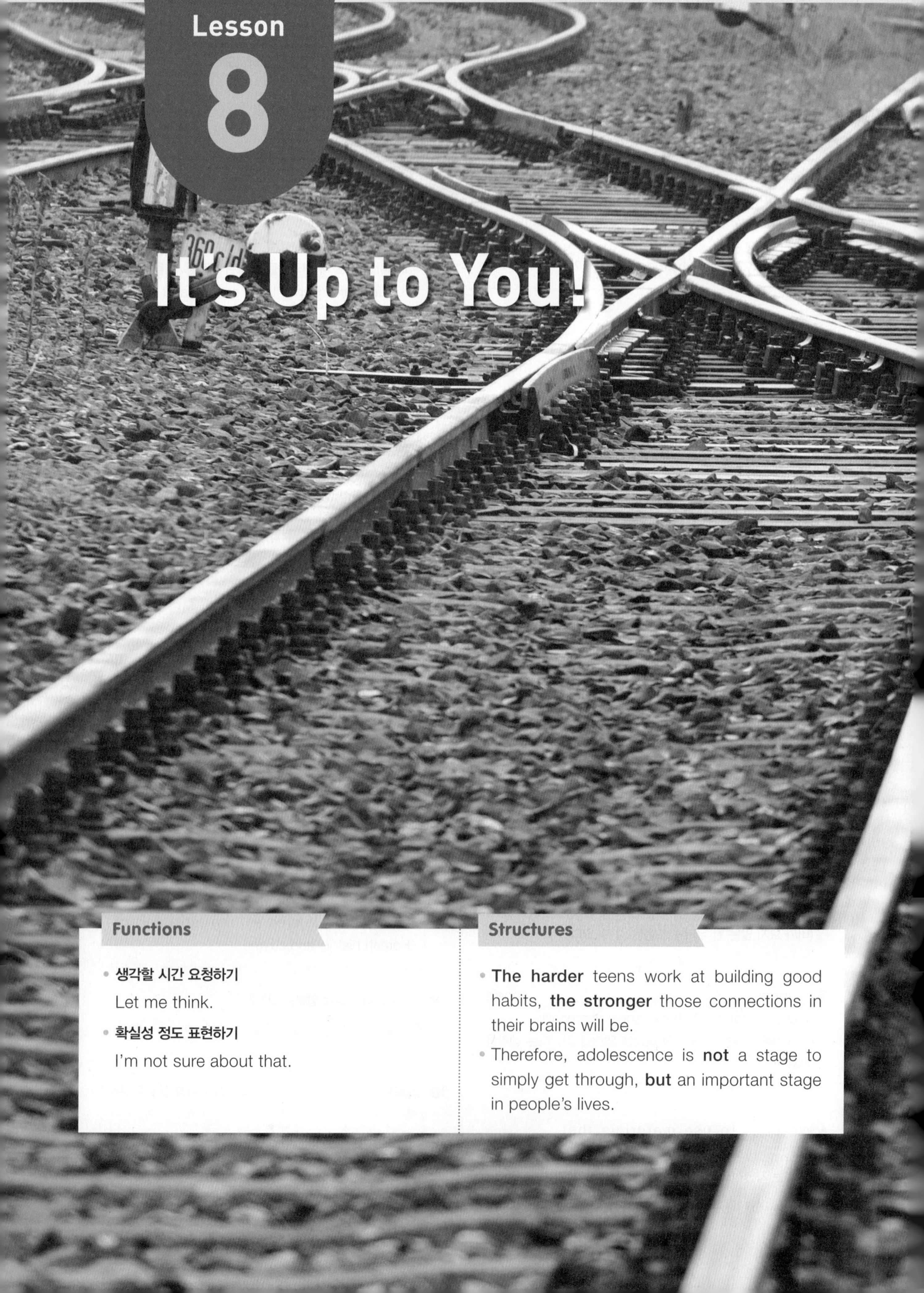

Functions

- **생각할 시간 요청하기**
  Let me think.
- **확실성 정도 표현하기**
  I'm not sure about that.

Structures

- **The harder** teens work at building good habits, **the stronger** those connections in their brains will be.
- Therefore, adolescence is **not** a stage to simply get through, **but** an important stage in people's lives.

Listen & Speak 1

Economics

A Series of Choices

선택의 연속

Listen & Speak 2

After You Choose

선택을 하고 난 뒤

Read

Science+ Psychology

How Teens Make Decisions

십 대들은 어떻게 의사결정을 하는가

Write

Factors That Influence Your Choices

당신의 선택에 영향을 미치는 요인들

Inside Culture

Politics

How Do You Cast a Vote?

당신은 어떻게 투표합니까?

Big Question

How can we make better choices?

어떻게 더 나은 선택을 할 수 있을까요?

Listen & Speak 1 A Series of Choices

Economics

생각할 시간 요청하기 Let me think.

A Get Ready

Look at the pictures and think about what you consider when making decisions in your daily life.

B Learn It

1 Listen to the conversation. What will the speakers most likely eat for lunch?

ⓐ  b  c  d 

2 Listen again. Which was NOT considered when deciding where to eat lunch?

a what the boy ate yesterday b the taste of the food
c the price of the food ⓓ the location of the restaurant

Sound in Use let me [lémmi]

A Listen carefully, focusing on the pronunciation.
1 Please **let me** know if you'll be late.
2 Can you **give me** a little more time?

B Listen and fill in the blanks.
1 Next time <u>give</u> <u>me</u> at least two weeks' notice.
2 Why don't you <u>let</u> <u>me</u> stay here?

p. 186

A 사진을 보고 일상에서 결정을 내릴 때 무엇을 고려하는지에 대해 생각해 보시오.

- 아침 식사로 무엇을 먹을까?
- 방학에 어디로 갈까?
- 어떤 프로그램을 볼까?

B 1 대화를 들으시오. 화자들은 점심에 무엇을 먹을 가능성이 가장 높은가?

해설 대화 마지막 부분에서 Burger Castle에 가기로 했다.

2 다시 들으시오. 점심을 어디에서 먹을지 정할 때 고려한 것이 아닌 것은?

a 남자가 어제 먹은 것
b 음식의 맛
c 음식의 가격
d 식당의 위치

Sound in Use

A 발음에 집중하여 잘 들으시오.
1 당신이 늦는다면 제게 알려 주세요.
2 제게 시간을 좀 더 주실 수 있으세요?

B 듣고 빈칸을 채우시오.
1 다음번에는 적어도 2주 전에 제게 알려주세요.
2 제가 여기에 머물게 해 주실래요?

Script B

B: Hi, Sally. Would you like to have lunch together?
G: Sure, Dan. How about having Chinese food?
B: Actually, I had Chinese food yesterday. How about going to the new Italian restaurant on Main Street?
G: Well, I've heard it's really expensive, and I'm trying to save money these days.
B: Okay. Let me think. Why don't we go to Burger Castle? It's pretty cheap.
G: I've never been there before. Is the food good?
B: It is. I'm sure you'll like it.
G: In that case, let's go!

해석

남: 안녕, Sally. 나랑 같이 점심 먹을래?
여: 물론이야, Dan. 중국 음식을 먹는 게 어때?
남: 사실 나는 어제 중국 음식을 먹었어. Main Street에 새로 생긴 이탈리아 식당에 가는 건 어때?
여: 음, 거기 굉장히 비싸다고 들었는데, 내가 요즘 돈을 아끼려고 노력 중이야.
남: 알았어. 어디 보자. 우리 Burger Castle에 갈까? 거기는 꽤 저렴해.
여: 난 거기에 가 본 적이 없어. 음식이 맛있니?
남: 응. 네가 분명 좋아할 거야.
여: 그렇다면, 가자!

어휘 **location** [loukéiʃən] 명 위치, 소재지 **notice** [nóutis] 명 알림, 통지 **expensive** [ikspénsiv] 형 비싼 **pretty** [príti] 부 어느 정도, 꽤 **cheap** [tʃiːp] 형 (값이) 싼 **in that case** 그런 경우에는[그렇다면]

C Use It

Step 1 Listen to the speech and answer the following questions.

1 **What is the best title for the speech?**

a More Is Less in Decision-Making
ⓑ Smarter Choices: Remember This!
c Tips on Saying No without Difficulty
d Forget Your Bad Decisions for Good

2 **Listen again. Fill in the blanks to complete what the speaker said.**

- Think about any possible n<u>egative</u> effects that each choice may have.
- Try to get a<u>dvice</u> from others who have made a s<u>imilar</u> decision.

Step 2 Suppose that you're going to buy your friend a birthday present. Think about what you would need to consider.

How much money can I spend?
What does my friend like?
YOU

p. 187

C **Step 1** **연설을 듣고 다음 질문에 답하시오.**

1 **연설의 제목으로 가장 알맞은 것은?**

a 의사 결정에 있어서는 더 많은 것이 더 안 좋다
b 더 현명한 선택: 이것을 기억하라!
c 어려움 없이 거절하는 것에 대한 조언
d 잘못된 결정은 영원히 잊어라

2 **다시 들으시오. 빈칸을 채워 화자가 말한 내용을 완성하시오.**

- 각각의 선택이 미칠 수 있는 가능한 부정적 영향에 대해 생각해 보라.
- 비슷한 결정을 해본 사람으로부터 조언을 얻으려 노력하라.

Step 2 **친구에게 생일 선물을 사줄 것이라고 가정하시오. 무엇을 고려해야 할지에 대해 생각해 보시오.**

- 내 친구가 무엇을 좋아하는가?
- 나는 돈을 얼마나 쓸 수 있는가?

Script C

M: Life is a series of choices. In order to make the best decisions you can in life, you should consider issues from many different points of view. One way to do this is to come up with several options and think about any possible negative consequences they may have. After doing this, you will feel better because you know that you have done everything to make a careful decision. It can also be helpful to seek out advice from other people. Do you know anyone who has made a similar decision in their own life? If so, ask them how they made their decision and if they think they did the right thing.

해석

남: 인생은 선택의 연속입니다. 당신은 살면서 할 수 있는 최상의 결정을 내리기 위해 다양한 관점에서 문제를 곰곰이 생각해야 합니다. 이것을 하는 한 가지 방법은 여러 선택사항을 생각해내어 그것들이 가질 수 있는 가능한 부정적인 결과를 생각해 보는 것입니다. 이렇게 하고 나면, 당신은 신중한 결정을 하기 위해 모든 것을 다 해봤다는 것을 알기 때문에 기분이 나아질 것입니다. 다른 사람들에게 조언을 구하는 것도 도움이 될 수 있습니다. 그들의 삶에서 비슷한 결정을 한 사람을 알고 있습니까? 만약 그렇다면 그들이 어떻게 그 결정을 내렸고, 자기가 옳은 일을 했다고 생각하는지 물어보세요.

어휘 **a series of** 일련의 **point of view** 관점, 견해 **come up with** …을 생각해내다 **several** [sévərəl] ⓗ (몇)몇의 **option** [ápʃən] ⓜ 선택(할 수 있는 것) **consequence** [kánsəkwèns] ⓜ 결과 **seek out** …을 구하다, 찾다

Step 3 Talk with your partner about the birthday present for your friend.

Example

A: Jeremy's birthday is coming. Do you have any gift ideas?
B: **Let me think**. What about giving him headphones? He likes to listen to music.
A: We should consider our budget. I think that's too expensive.
B: Then, how about a new record from that singer he likes?
A: Perfect! Let's go get it.

Step 4 Read the following situation and think about what choice you would make and why. Then present your answer to the class.

Imagine that you are going to have an adventure on an uninhabited island. Your mission is to survive alone on this island for a week. You can bring only three things to the island. Which of the following will you take?

mirror	knife	diary with pen	rope
matches	radio	plastic bottle	blanket
hammer	lantern	toilet paper	calendar

예시

Items	Reasons
knife	It would be useful for hunting animals.
matches	They would be useful for making fires easily.
hammer	It would be useful as a tool for building.

Check Yourself | Listen and Speak 1	Yes	Not Sure	No
1 I can understand others when they ask for time to think about something.	☐	☐	☐
2 I can ask for time to think about something.	☐	☐	☐

p. 188

Step 3 친구의 생일 선물에 대해 짝과 이야기해 보시오.

A: Jeremy의 생일이 다가오고 있어. 선물에 대한 아이디어가 있니?
B: 생각 좀 해볼게. 그에게 헤드폰을 주는 건 어떨까? 음악 듣는 걸 좋아하잖아.
A: 우리 예산을 고려해야 해. 그건 너무 비싼 것 같아.
B: 그러면 Jeremy가 좋아하는 그 가수의 새 음반은 어때?
A: 좋아! 그걸 사러 가자.

Step 4 다음 상황을 읽고 어떤 선택을 할 것인지와 그 이유에 대해 생각해 보시오. 그러고 나서 학급에 발표하시오.

아무도 살지 않는 섬으로 모험을 떠난다고 상상해 보라. 당신의 임무는 그 섬에서 일주일간 혼자 생존하는 것이다. 당신은 그 섬에 딱 세 가지 물건만 가져갈 수 있다. 다음 중 어느 것을 가져가겠는가?

예시

칼	동물을 사냥하는 데 유용할 것이다.
성냥	불을 쉽게 만드는 데 유용할 것이다.
망치	건물을 짓기 위한 도구로 유용할 것이다.

Check Yourself

1 다른 사람이 생각할 시간을 요청할 때 이해할 수 있다.
2 생각할 시간을 요청할 수 있다.

추가 예시문

A: Susan's birthday is coming. Do you have any gift ideas?
B: **Let me think**. What about giving her a travel iron? She likes traveling.
A: We should consider practicality. I think the iron will be hard to carry around.
B: Then, how about a travel backpack?
A: Perfect! Let's go get it.

Function of Communication

생각할 시간 요청하기: Let me think[see]. (생각 좀 해볼게.)
➡ 무언가를 이야기하기 전에 생각할 시간이 필요할 때 "Let me think[see]"라는 표현을 사용할 수 있다. 이와 유사한 표현으로 "Just a moment," "May I think about that for a moment?" 등이 있다.

|Example|
A: Can I get you anything else? (더 필요하신 것 있으세요?)
B: Hmm... **Let me think**. Oh, yes. Could I please have four pounds of salmon? (음… 글쎄요. 아, 네. 연어 4파운드 주시겠어요?)

▶ Speaking Aid

생각할 시간을 요청하는 표현과 함께 천천히 말해 달라고 요청하거나, 반복을 요청하는 표현도 알아두면 도움이 된다.
• Too fast. • (Can you speak) more slowly, please? • What (did you say)? • (I beg your) pardon?

Listen & Speak 2

After You Choose

확실성 정도 표현하기 I'm not sure about that.

A Get Ready

Look at other people's choices and think about one you've recently made.

Bangkok was a fantastic choice for our vacation. The food was delicious, and visiting temples was really fun!

The movie was not very good. I chose it because it was very popular. But it was a horror movie, and I didn't enjoy it.

I decided to go to Hannah's birthday party instead of playing soccer. It was not as much fun as I expected, but not that bad either.

B Learn It

1 **Listen to the conversation. What will the speakers most likely do next?**

a see a new movie
b hang out with their friends
ⓒ go to the library together
d go to buy a bag

2 **Listen again. Read the sentences and check T for true or F for false.**

	T	F
1) The boy watched the superhero movie alone.	☐	☑
2) They have midterm exams this week.	☐	☑
3) The girl didn't get good grades last term.	☑	☐

Speaking Tip

You can use "It's a good thing ..." when you want to say that it is lucky or good that something has happened.

Phew, we almost missed the train.

It's a good thing we left early.

p. 189

A **다른 사람들의 선택을 보고 자신이 최근에 했던 선택에 대해 생각해 보시오.**

- 우리의 휴가로 방콕을 고른 것은 탁월한 결정이었어. 음식이 맛있었고 사원을 방문한 것도 정말 재미있었어!
- 그 영화는 별로였어. 나는 그게 매우 인기가 있어서 골랐어. 하지만 그것은 공포 영화였고 나는 즐겁지 않았어.
- 나는 축구를 하는 대신 Hannah의 생일 파티에 가기로 했어. 그건 내 기대만큼 재밌진 않았지만, 그렇게 나쁘지도 않았어.

B 1 **대화를 들으시오. 화자들은 다음에 무엇을 할 가능성이 가장 높은가?**

a 새로운 영화를 본다 **b** 친구들과 어울린다
c 도서관에 같이 간다 **d** 가방을 사러 간다

2 **다시 들으시오. 문장을 읽고 사실이면 T, 거짓이면 F에 표시하시오.**

1) 남자는 슈퍼히어로 영화를 혼자 보았다.
2) 그들은 이번 주에 중간고사가 있다.
3) 여자는 지난번 시험에서 좋은 성적을 받지 못했다.

Speaking Tip

어떤 일에 대해 운이 좋다고 하거나 잘 된 것이라고 이야기할 때 "It's a good thing (that) ..."이라고 말할 수 있다.
휴, 기차를 거의 놓칠 뻔했어. / 빨리 출발하길 잘했다.

Script B

G: Hi, Mark. How's it going?
B: Good. I'm about to go see that new superhero movie. Would you like to come?
G: I'd like to, but midterms are next week. I should go to the library instead.
B: I wouldn't worry too much. There's still plenty of time to study.
G: I'm not sure about that. I spent too much time hanging out with friends before our exams last term, so my grades suffered.
B: I see. Then I'll have to watch the movie by myself.
G: Why don't you go to the library with me now? We can watch it together some other time.
B: Well, okay. It's a good thing I brought my bag.

해석

여: Mark, 안녕. 어떻게 지내?
남: 잘 지내. 난 지금 새로 나온 그 슈퍼히어로 영화를 보러 갈 참이야. 같이 갈래?
여: 그러고 싶지만, 중간고사가 다음 주에 있어. 대신에 도서관에 가야 해.
남: 나는 별로 걱정 안 해. 아직 공부할 시간이 많이 있잖아.
여: 그런 것 같지 않은데. 난 지난 학기에 시험 전에 친구들과 어울려 다니는 데 너무 많은 시간을 보내서 성적이 떨어졌어.
남: 알았어. 그럼 나 혼자 영화 보러 갈 수밖에.
여: 지금 나랑 도서관에 가지 않을래? 영화는 다음에 언젠가 같이 볼 수 있잖아.
남: 음, 그래. 가방 가져오길 잘했네.

≡ 어휘 **temple** [témpl] 명 사원 **midterm** [mídtə̀ːrm] 명 중간고사 **miss** [mis] 동 놓치다 **plenty of** 많은 **suffer** [sʌ́fər] 동 나빠지다, 악화되다

C Use It

Step 1 Listen to the conversation and answer the following questions.

1 What does the boy feel sorry about?

a losing his old shoes
b forgetting to get a receipt
ⓒ buying something he doesn't need
d missing a chance to buy a sale item

2 Listen again. Choose the best response to the girl's last comment.

a I agree. We have to make sure the items are on sale.
b By the way, can you tell me how I can get a refund?
ⓒ That's right. Next time I will be sure to stop and think before I buy.
d I don't think so. I'm sure I can buy them more cheaply somewhere else.

3 Have you ever bought something that you weren't planning to buy in the first place? Talk about your experience with your partner.

p. 190

C Step 1 대화를 듣고 다음 질문에 답하시오.

1 남자는 무엇에 대해 유감스럽게 생각하는가?

a 그의 헌 신발을 잃어버린 것
b 영수증을 받는 것을 잊어버린 것
c 필요하지 않은 것을 산 것
d 할인 품목을 살 기회를 놓친 것

해설 가격 할인 때문에 필요하지 않은 신발을 사버린 것을 후회한다고 했다.

2 다시 들으시오. 여자의 마지막 말에 대한 가장 적절한 응답을 고르시오.

a 동감이야. 우리는 그 물품들이 할인 중인지 반드시 확인해 보아야 해.
b 그런데, 내가 어떻게 환불을 받을 수 있는지 알려줄 수 있니?
c 맞아. 다음에는 구매하기 전에 반드시 멈춰서 생각해 볼게.
d 난 그렇게 생각하지 않아. 분명히 다른 곳에서 그것을 더 저렴하게 살 수 있을 거야.

해설 다음에 물건을 살 때 더 신중하게 생각하라는 여자의 말에 대한 대답으로는 c가 가장 적절하다.

3 처음에 사기로 계획하지 않았던 것을 산 적이 있는가? 자신의 경험을 짝과 이야기해 보시오.

Script C

G: Tom, what is this box of shoes?
B: Oh, I bought those last weekend, but actually I regret buying them.
G: Why is that? I think they look nice.
B: Well, I have another perfectly good pair of shoes, so I don't really need these. I wasn't thinking clearly because of the bargain price.
G: I see. Why don't you return them, then? I'm pretty sure you can get a refund if you still have your receipt.
B: Unfortunately, I can't return them since they were a sale item.
G: That's a shame. I guess you'll remember to think more carefully next time before you decide to buy something.

해석

여: Tom, 이 신발 상자 뭐니?
남: 아, 지난 주말에 그걸 샀는데, 사실 산 것을 후회하고 있어.
여: 왜? 좋아 보이는데.
남: 그게, 나한테 아주 좋은 신발 한 켤레가 더 있어서 이게 꼭 필요하진 않아. 할인 가격 때문에 분명하게 판단하지 못했어.
여: 그렇구나. 그럼 그걸 반품하는 게 어때? 네가 아직 영수증을 가지고 있다면 환불을 받을 수 있을 것 같은데.
남: 불행하게도, 그게 할인 품목이었어서 반품을 할 수 없어.
여: 그거 안 됐구나. 다음에는 네가 어떤 것을 사기로 결정하기 전에 더 신중히 생각할 것을 기억할 것 같네.

어휘 **receipt**[risíːt] 명 영수증 **make sure** 확실히 하다 **get a refund** 환불받다 **bargain**[bɑ́ːrgən] 형 헐값의, 값싼 물건의 **unfortunately**[ʌnfɔ́ːrtʃənitli] 부 불행하게도, 유감스럽게도 **shame**[ʃeim] 명 애석한[아쉬운] 일

Step 2 Think about a choice that you regret and what you will do next time.

1 What was the situation?
I was supposed to watch a movie with my mother.

2 What choice did you make?
I hung out with my friends instead.

3 What will you do when something like this happens again?
I will keep my prior engagement.

YOU

1 What was the situation?
____
____

2 What choice did you make?
____

3 What will you do when something like this happens again?
____

Step 2 자신이 후회하는 결정과 다음번에 무엇을 할 것인지에 대해 생각해 보시오.

1 어떤 상황이었는가?
엄마와 영화를 보기로 되어 있었다.

2 당신이 내린 결정은 무엇인가?
대신에 친구들과 놀았다.

3 이와 같은 일이 다시 일어나면 무엇을 할 것인가?
선약을 지킬 것이다.

Step 3 Talk with your partner about the choice that you regret.

Example

A: Hmm… **I'm not sure** if I made the right choice yesterday.
B: What do you mean?
A: I was supposed to watch a movie with my mother, but I hung out with my friends instead.
B: Anyone can make a bad choice. The important thing is to make a better choice the next time you face a similar situation.
A: You're right. Next time, I will keep my prior engagement.

Step 3 자신이 후회하는 결정에 대해 짝과 이야기해 보시오.

A: 음… 어제 내가 올바른 선택을 한 것인지 모르겠어.
B: 무슨 뜻이야?
A: 엄마와 영화를 보기로 했었는데, 그 대신에 친구들과 놀았어.
B: 누구나 잘못된 선택을 할 수 있어. 중요한 것은 다음에 비슷한 상황에 직면할 때 더 나은 선택을 하는 거야.
A: 네 말이 맞아. 다음에는 선약을 지킬 거야.

Check Yourself | Listen and Speak 2

	Yes	Not Sure	No
1 I can understand others when they talk about the certainty of something happening.	☐	☐	☐
2 I can talk about the certainty of something happening.	☐	☐	☐

p. 191

Check Yourself

1 다른 사람이 일어나는 일의 확실성에 관해 이야기할 때 이해할 수 있다.
2 일어나는 일의 확실성에 관해 이야기할 수 있다.

추가 예시문

A: Hmm… **I'm not sure** if I made the right choice at the bookstore.
B: What do you mean?
A: I went there to buy books to study, but I bought comic books that I have already read.
B: Anyone can make a bad choice. The important thing is to make a better choice the next time you face a similar situation.
A: You're right. Next time, I will think twice before I make a purchase.

Function of Communication

확실성 정도 표현하기: I'm not sure … (…에 대해 잘 모르겠다)

➡ 무언가에 대해 확실하게 알지 못할 때 "I'm not sure …"라는 표현을 사용할 수 있다. 이와 유사한 표현으로 "I'm not (quite/fairly/absolutely) certain …," "I can't tell you for sure" 등이 있다. 반대로 무언가에 대해 확실하게 말할 때는 "I have no doubt," "I'm sure …" 등과 같은 표현을 사용할 수 있다.

| Example |

A: Does John live in this town? (John이 이 동네에 사니?)
B: **I'm not sure.** (잘 모르겠어.)

▶ Speaking Aid

확실성 정도를 나타내는 표현과 함께 확실성의 정도를 묻는 표현도 알아두면 도움이 된다.

- Are you sure[certain] about … ?
- How sure are you that … ?

Before You Read

A Topic Preview

1 Think about how you make decisions and answer the survey. Then share your answers with your partner.

When I make a decision, I ...	always	often	sometimes	rarely	never
think ahead and try to predict its results.	○	○	○	○	○
ask for advice from friends and family.	○	○	○	○	○
recall what I have experienced before.	○	○	○	○	○
depend on my feelings rather than on reason.	○	○	○	○	○

2 Look at the picture and fill in the blanks with the words in the box. Then listen and check your answers.

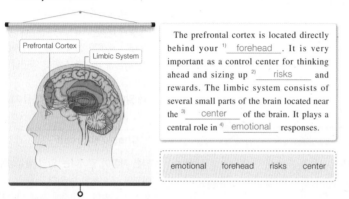

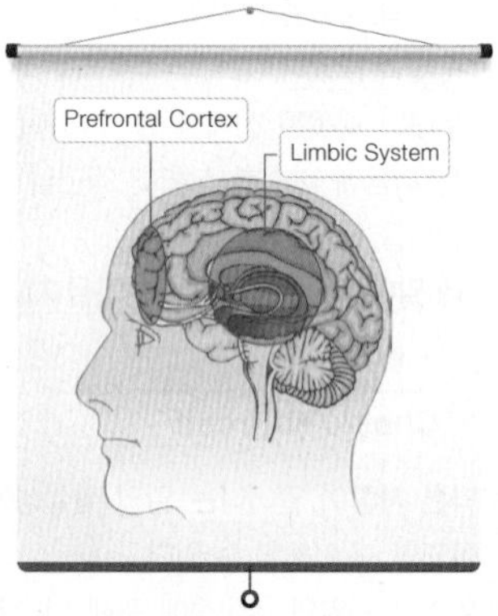

The prefrontal cortex is located directly behind your 1) forehead. It is very important as a control center for thinking ahead and sizing up 2) risks and rewards. The limbic system consists of several small parts of the brain located near the 3) center of the brain. It plays a central role in 4) emotional responses.

emotional forehead risks center

p. 192

A 1 자신이 결정을 내리는 방법에 대해 생각해 보고 설문에 답하시오. 그러고 나서 답을 짝과 공유하시오.

결정을 내릴 때 나는 …

- 미리 생각하고 결과를 예측해 보려 한다.
- 친구와 가족에게 조언을 구한다.
- 이전에 경험했던 것을 회상한다.
- 이성보다는 감정에 의존한다.

2 그림을 보고 상자 안의 단어로 빈칸을 채우시오. 그러고 나서 듣고 답을 확인하시오.

전전두피질은 당신의 1)이마 바로 뒤에 있다. 이것은 미리 생각하고 2)위험 및 보상을 평가하는 통제 센터로서 아주 중요하다. 변연계는 뇌의 3)중심부 근처에 위치한 여러 작은 부분들로 구성되어 있다. 이것은 4)감정적인 반응에 있어 중심적인 역할을 한다.

배경지식

전전두피질과 대뇌변연계

- **전전두피질(prefrontal cortex)**: 대뇌의 앞부분을 가리키는 전두엽에서도 앞부분을 전전두피질이라고 한다. 자신을 인식하고, 충동을 조절하며, 상황을 판단하고 그에 대한 전략을 수립하는 등 인간에게만 있다고 여겨지는 능력을 관장한다.
- **대뇌변연계(limbic system)**: 해마, 편도체, 시상하부 등 대뇌 아래쪽에 있는 몇 가지 종류의 구조체를 통틀어 일컫는 말이다. 본능적인 행동이나 감정적인 행동, 공격적인 행동 등을 조절하며, 포유류 동물에게만 완전히 발달해 있어 '포유류의 뇌'라고 부르기도 한다.

어휘 **predict**[pridíkt] ⓢ 예측하다 **recall**[rikɔ́:l] ⓢ 회상하다 **depend on** …에 의존하다 **reason**[rí:zn] ⓜ 이성 **prefrontal cortex** 전전두피질 **size up** …에 대해 평가를 내리다 **limbic system** 변연계 **consist of** …로 구성되다 **forehead**[fɔ́:rhèd] ⓜ 이마 **risk**[risk] ⓜ 위험(요소)

B Vocabulary Preview

1 Look at the pictures and fill in the blanks with the words in the box.

Children 1) mature at different rates.

Some extreme sports seem very 2) risky.

Birds know how to fly by 3) instinct.

The accident was a(n) 4) consequence of bad weather.

You can 5) strengthen your arm muscles by doing this exercise.

6) Adolescents often resist their parents' control.

risky	adolescents	consequence	mature	strengthen	instinct

2 Read the meaning of each phrase and fill in the blanks with the phrases.

go through: to perform a series of actions that you regularly do
get rid of: to relieve or free oneself of something

1) A bad habit is easy to pick up and hard to get rid of.
2) They have to go through several checks to ensure products are good.

p. 193

B 1 사진을 보고 상자 안의 단어로 빈칸을 채우시오.

- **mature** ⓢ 성숙하다; 발달하다
  아이들은 각각 다른 속도로 1)발달한다.
- **risky** ⓗ 위험한, 무모한
  일부 극한 스포츠는 매우 2)위험해 보인다.
- **instinct** ⓜ 본능
  새는 3)본능적으로 나는 법을 안다.
- **consequence** ⓜ 결과
  그 사고는 악천후의 4)결과였다.
- **strengthen** ⓢ 강화하다
  당신은 이 운동을 함으로써 팔 근육을 5)강화할 수 있다.
- **adolescent** ⓜ 청소년
  6)청소년들은 종종 부모의 통제에 반항한다.

2 각 어구의 의미를 읽고 이를 활용하여 빈칸을 채우시오.

go through: 규칙적으로 하는 일련의 행동을 수행하는 것
get rid of: 누군가에게서 어떤 것을 덜어주거나 없애주는 것

1) 나쁜 습관은 들이긴 쉽지만 없애기는 어렵다.
2) 그들은 상품이 양호하다는 것을 보장하기 위해 여러 번의 점검을 거쳐야 한다.

추가 예문

1
- He has **matured** beyond his age. (그는 나이에 비해서 성숙했다.)
- It was a **risky** experiment, but it succeeded. (그것은 위험한 실험이었지만 성공했다.)
- Salmon show a remarkable homing **instinct**. (연어는 놀랄 만한 귀소본능을 보여준다.)
- You are responsible for the **consequences** of your actions. (당신은 당신이 한 행동의 결과에 책임이 있다.)
- You need to **strengthen** your friendships. (당신은 교우관계를 강화할 필요가 있다.)
- Many **adolescents** are easily influenced by peers. (많은 청소년들이 또래에 의해 쉽게 영향을 받는다.)

2
- You should **go through** the regular application procedure. (당신은 소정의 지원 절차를 거쳐야 합니다.)
- It costs a lot to **get rid of** waste. (쓰레기를 치우는 데 많은 돈이 든다.)

Check-Up

[1-3] 다음 설명에 해당하는 단어를 〈보기〉에서 골라 쓰시오.

1 ____________: to behave like an adult and become more sensible

2 ____________: the result or effect of something

3 ____________: having the possibility of danger or loss

보기	risky	instinct	mature	strengthen	consequence

교과서 p. 194

How Teens Make Decisions

Host ❶ Hello, everyone! ❷ Welcome to *The Dr. Brain Show*. ❸ I'm your host, Joseph Emerson. ❹ Can you think back to a time when a friend upset you? ❺ Let's imagine that you decided to write an angry message to that friend. ❻ You say some harsh things that you normally wouldn't say. ❼ You're so angry that you don't care. ❽ When you're about to push "send," you think about whether it's a good idea. ❾ Before you know it, you've sent the message anyway. ❿ Teens are more likely to make these types of decisions than adults. ⓫ With the help of our guest, we'll learn why teens tend to act before thinking everything through. ⓬ Now, here's our guest for tonight, Dr. Jenny Clarkson! ⓭ Thank you for joining us, doctor!

Dr. C ⓮ Thank you for having me, Joseph!

While You Read Q1
What is the topic for tonight's show?

The topic is why teens tend to act before thinking everything through.

어휘 **host** [houst] 명 (TV · 라디오 프로의) 진행자 **harsh** [hɑːrʃ] 형 가혹한, 냉혹한

해석

십 대들은 어떻게 의사결정을 하는가

진행자: ❶안녕하세요, 여러분! ❷The Dr. Brain Show에 오신 것을 환영합니다. ❸저는 진행자 Joseph Emerson입니다. ❹친구가 여러분을 화나게 했던 때를 돌이켜 생각해 볼까요? ❺여러분이 그 친구에게 분노에 찬 문자메시지를 쓰기로 결심했다고 상상해 봅시다. ❻여러분은 평소에는 하지 않을 법한 심한 말들을 합니다. ❼여러분은 너무 화가 나서 개의치 않습니다. ❽"전송"을 누르려는 찰나에, 여러분은 이것이 좋은 생각인지 생각합니다. ❾그걸 깨닫기도 전에, 여러분은 어쨌든 문자메시지를 보내버리고 맙니다. ❿십 대들은 성인들보다 이러한 유형의 결정을 할 가능성이 더 높습니다. ⓫초대 손님의 도움으로, 왜 십 대들이 모든 것을 충분히 고려하기 전에 행동하는 경향이 있는지에 관해 알아볼 것입니다. ⓬이제, 오늘 밤의 초대 손님을 모셔 보죠. Jenny Clarkson박사님입니다! ⓭박사님, 자리해 주셔서 감사합니다!
Clarkson 박사: ⓮Joseph씨, 초대해 주셔서 감사합니다!

While You Read

Q1 오늘 밤 쇼의 주제는 무엇인가?
왜 십 대들이 모든 것을 충분히 고려하기 전에 행동하는 경향이 있는지가 주제이다.

구문 해설

❹ Can you think back to a time when a friend upset you?
: when 이하는 a time을 선행사로 하는 관계부사절이다.

❻ You say some harsh things that you normally wouldn't say.
: that 이하는 some harsh things를 선행사로 하는 목적격 관계대명사절이다.

❼ You're so angry that you don't care.
: 「so+형용사/부사+that ...」은 '너무 …해서 ~하다'라는 의미이다.

❽ When you're about to push "send," you think about whether it's a good idea.
: 「be about to-v」는 '막 …하려는 참이다'라는 의미이다. whether 이하는 전치사 about의 목적어 역할을 하는 명사절이다.

⓫ ..., we'll learn why teens tend to act before thinking everything through.
: why 이하는 동사 learn의 목적어 역할을 하는 의문사절(간접의문문)이며 「의문사+주어+동사」의 어순이다. thinking 이하는 전치사 before의 목적어 역할을 하는 동명사구이다.

Check-Up

1 **본문에서 문장 ❿의 these types of decisions가 가리키는 바를 우리말로 쓰시오.**

____

[2-3] 주어진 우리말과 같은 뜻이 되도록 빈칸에 알맞은 말을 쓰시오.

2 She ________ ________ ________ leave when he called her.
(그가 그녀를 불렀을 때 그녀는 막 떠나려던 참이었다.)

3 I was ________ ________ ________ I broke into a cold sweat.
(나는 너무 놀라서 식은땀이 났다.)

Host ❶ Dr. Clarkson, could you first tell us about how we make decisions?

Dr. C ❷ Sure. It seems like we make decisions almost immediately, but our brain actually has to go through several steps before deciding anything. ❸ Neurons, which are special brain cells, make up different structures in our brains. ❹ These structures send signals to each other. ❺ After the structures finish evaluating all the signals, they will send out a response that will tell our body what to do.

Host ❻ I see. Does this process happen exactly the same way in everyone's brain?

Dr. C ❼ People basically go through the same decision-making process, but there is a slight difference between teens and adults. ❽ Scientists used to think that the brain was done growing by the time you turned 12 since the brain reaches its maximum size around that age. ❾ However, studies show that some parts of the brain continue to develop until the early twenties. ❿ That means teens' brains are still maturing and not completely developed. ⓫ This may be why teens seem to make risky decisions.

While You Read Q2
What process takes place when we make decisions?

Neurons make up different structures in our brains. These structures send signals to each other. After the structures finish evaluating all the signals, they will send out a response that will tell our body what to do.

While You Read Q3
Why do teens seem to make risky decisions?

Teens seem to make risky decisions because their brains are still maturing and not completely developed.

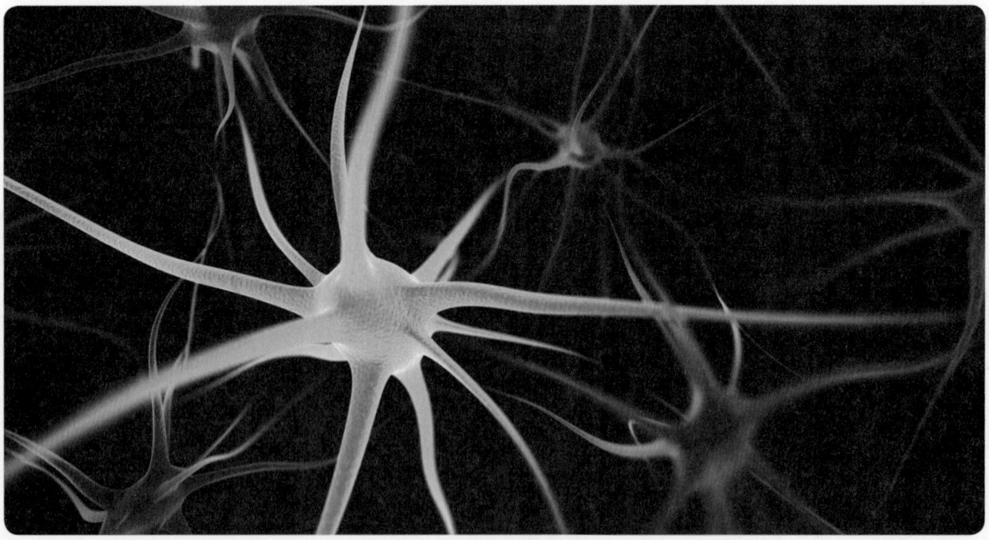

어휘 immediately [imíːdiətli] ㊝ 즉시 go through (일련의 행동·절차를) 거치다 make up …을 형성하다[구성하다] signal [sígnəl] ㊔ 신호 slight [slait] ㊗ 약간의, 조금의 mature [mətjúər] ㊕ 성숙하다; 발달하다 risky [ríski] ㊗ 위험한, 무모한

해석

진행자: ❶Clarkson 박사님, 먼저 저희가 어떻게 의사결정을 하는지에 관해 말씀해 주실 수 있을까요?
Clarkson 박사: ❷물론입니다. 우리가 거의 즉각적으로 의사결정을 하는 것처럼 보입니다만, 사실 우리의 뇌는 어떤 것을 결정하기 전에 몇 가지 단계를 거쳐야 합니다. ❸특수한 뇌세포인 뉴런들은 우리 뇌 속에 상이한 구조들을 형성하고 있습니다. ❹이러한 구조들은 서로 신호를 주고 받습니다. ❺그 구조들이 그 모든 신호들을 감정한 이후에, 우리의 신체에 해야 할 일들을 전달하는 회신을 보내죠.
진행자: ❻알겠습니다. 그렇다면, 이 과정이 모든 사람의 뇌에서 똑같은 방식으로 일어나나요?
Clarkson 박사: ❼사람은 기본적으로는 동일한 의사결정 과정을 거치지만 십 대와 성인 사이에는 약간의 차이가 있습니다. ❽과학자들은 뇌가 12살 즈음에 최대 크기에 다다르기 때문에 그 무렵에는 뇌의 성장이 완료된다고 생각했습니다. ❾그러나 연구들이 뇌의 어떤 부분은 이십 대 초반까지 계속해서 발달한다는 것을 보여 줍니다. ❿이것은 십 대들의 뇌가 여전히 자라는 중이고 완전히 발달되지 않았음을 의미합니다. ⓫이것이 아마도 십 대들이 위험한 결정을 하는 것처럼 보이는 이유일 수 있습니다.

While You Read

Q2 우리가 의사결정을 할 때 어떤 과정이 일어나는가?
뉴런들은 우리 뇌 속에 상이한 구조들을 형성하고 있다. 이러한 구조들은 서로 신호를 주고 받는다. 그 구조들이 그 모든 신호들을 감정한 이후에, 우리의 신체에 해야 할 일들을 전달하는 회신을 보낸다.

Q3 왜 십 대들은 위험한 결정을 하는 것처럼 보이는가?
십 대들의 뇌가 여전히 자라는 중이고 완전히 발달되지 않았기 때문에 위험한 결정을 하는 것처럼 보인다.

구문 해설

❶ Dr. Clarkson, could you first tell us about how we make decisions?
: how 이하는 전치사 about의 목적어 역할을 하는 의문사절(간접의문문)이다.

❸ Neurons, which are special brain cells, make up different structures …
: which … cells는 삽입된 주격 관계대명사절로 Neurons를 부연 설명한다.

❺ …, they will send out a response that will tell our body what to do.
: that 이하는 a response를 선행사로 하는 주격 관계대명사절이다. 「what to-v」는 '무엇을 …할지'라는 의미로, tell의 직접 목적어 역할을 한다.

❽ Scientists used to think that the brain was done growing by the time you turned 12 …
: 「used to-v」는 '(과거에) …하곤 했다'라는 의미이다. you turned 12는 the time을 선행사로 하는 관계부사절이며, 앞에 관계부사 when이 생략된 형태이다.

⓫ This may be why teens seem to make risky decisions.
: why 이하는 보어 역할을 하는 관계부사절로, 앞에 선행사 the reason이 생략된 형태이다.

Check-Up

1 본문의 내용과 일치하지 <u>않는</u> 것은?
① Our brain goes through several steps before making a decision.
② The structures made of neurons evaluate all the signals they get.
③ The structures made of neurons send signals to each other.
④ All parts of the brain are fully developed by the age of 12.

[2-3] 다음 괄호 안에서 어법상 올바른 것을 고르시오.
2 It was not easy to decide (what / when) to buy Jane for her birthday.
3 He used to (work / working) at a nursing home when he was young.

Host ❶ Very interesting! Please tell us more about the relationship between their brains and their decision-making.

Dr. C ❷ Well, the region that controls emotions matures faster than the part of the brain that helps you think ahead and measure risk. ❸ Teens therefore rely on it heavily, which means they are influenced more by feelings and instincts than by reason when making decisions. ❹ In other words, teens are usually not inclined to consider all the consequences of their actions, so they make choices that they end up regretting.

While You Read Q4
Which part of the brain do teens rely on more, the emotional region or the rational region?

Teens rely more on the emotional region.

Host ❺ So what you're saying is teens are likely to make choices based on their feelings since their brains are not fully developed.

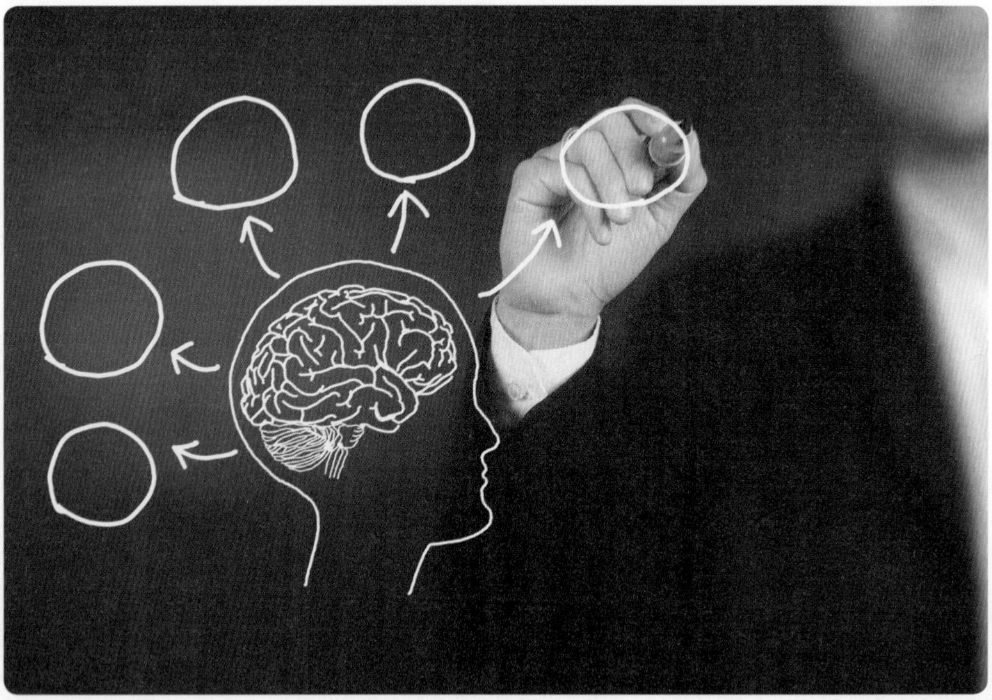

어휘 **region**[ríːdʒən] 명 (신체의) 부분; 지역 **measure**[méʒər] 동 측정하다, 평가하다 **rely on** …에 의존하다 **influence**[ínfluəns] 동 영향을 미치다 **instinct**[ínstiŋkt] 명 본능 **inclined**[inkláind] 형 …하는 경향이 있는 **consequence**[kánsəkwèns] 명 결과 **based on** …에 기반하여

Word Formation '관계'라는 의미의 명사 relation과 상태, 자격, 능력 등을 나타내는 명사형 접미사 -ship이 결합하여 '관계, 관련성'이라는 의미의 명사 relationship이 되었다. ex leader + **-ship** → **leadership**(지도력, 통솔력) friend + **-ship** → **friendship**(우정) sportsman + **-ship** → **sportsmanship**(스포츠맨 정신)

해석

진행자: ❶매우 흥미롭네요! 십 대들의 뇌와 의사결정 간의 관계에 대해 좀 더 말씀해 주시죠.
Clarkson 박사: ❷감정을 조절하는 영역은 미리 생각해보고 위험 요소를 평가하도록 돕는 뇌 영역보다 먼저 발달합니다. ❸따라서 십 대들은 그 영역에 대단히 많이 의존하게 되는데요, 이는 십 대들이 의사결정을 할 때 이성보다 감정과 본능에 더 영향을 받는다는 말입니다. ❹다시 말해, 십 대들은 보통 그들의 행동의 모든 결과를 고려하지 않는 경향이 있으며, 따라서 결국 후회하고 말 선택들을 하죠.
진행자: ❺그렇다면 박사님 말씀은 십 대들은 뇌가 완전히 발달되지 않아서 감정에 기반한 선택들을 하는 경향이 있다는 것이군요.

While You Read

Q4 십 대들은 감정적 영역과 이성적 영역 중 뇌의 어떤 영역에 더 많이 의존하는가?
십 대들은 감정적 영역에 더 의존한다.

구문 해설

❷ Well, the region that controls emotions matures faster than the part of the brain that helps you think ahead and measure risk.
: that controls emotions는 the region을 선행사로 하는 주격 관계대명사절이다. that helps 이하는 the part of the brain을 선행사로 하는 주격 관계대명사절이다. 동사 help의 목적격 보어로 동사원형(think, measure)이 쓰였다. 「help+목적어+(to-)v」는 '…가 ~하도록 돕다'라는 의미이다.

❸ Teens therefore rely on it heavily, which means they are influenced more by feelings and instincts than by reason when making decisions.
: it은 앞 문장의 the region that controls emotions를 가리킨다. which 이하는 앞 절 전체를 선행사로 하여 이를 부연 설명하는 계속적 용법의 주격 관계대명사절이다. when 이하는 때를 나타내는 분사구문으로, 의미를 분명히 하기 위해 접속사를 생략하지 않은 형태이다.

❹ …, so they make choices that they end up regretting.
: that 이하는 choices를 선행사로 하는 목적격 관계대명사절이다. 「end up v-ing」는 '결국 …하게 되다'라는 의미이다.

❺ So what you're saying is teens are likely to …
: what you're saying은 문장의 주어 역할을 하는 관계대명사절이다. teens 이하는 동사 is의 보어 역할을 하는 명사절로, 앞에 접속사 that이 생략된 형태이다.

Check-Up

[1-3] 다음 문장이 본문 내용과 일치하면 T, 일치하지 않으면 F를 쓰시오.

1 The rational region of the brain matures faster than the emotional region. (   )

2 Teens tend to be influenced heavily by feelings when making decisions. (   )

3 Teens' brains are not done maturing. (   )

[4-5] 다음 괄호 안에서 어법상 올바른 것을 고르시오.

4 Chris kept talking, (that / which) made her bored.

5 This is a house (where / that) makes me feel comfortable and safe.

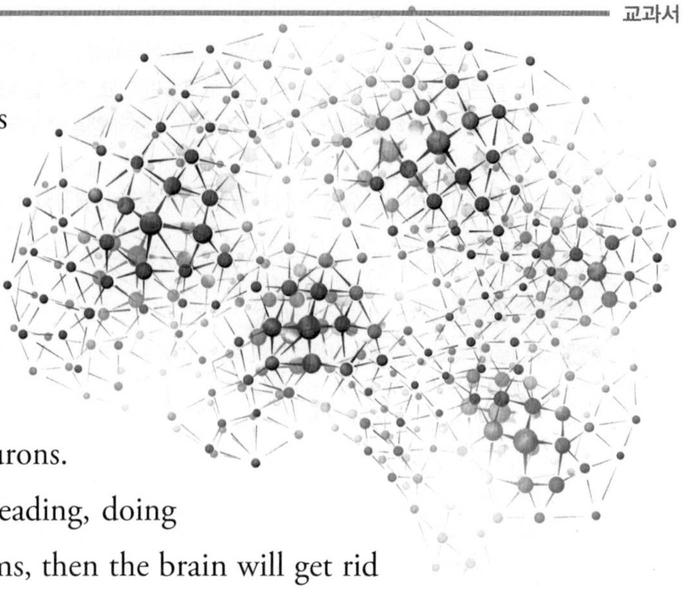

Dr. C ❶ That's right. However, this is not the whole story. ❷ Teens' brains are also going through other important changes. ❸ Their brains are constantly identifying and removing any weak connections between neurons. ❹ For example, if teens aren't reading, doing experiments, or solving problems, then the brain will get rid of the connections that are related to those activities. ❺ Once those are gone, their brains will put more energy into making other connections stronger.

Host ❻ So, do you mean that the activities teens are involved in can shape the way their brains develop?

Dr. C ❼ Exactly. This is why the types of activities teens choose to participate in are especially important. ❽ If a teen decides to play sports or learn an instrument, then the brain will strengthen those connections. ❾ On the other hand, if he or she chooses to surf the Internet or play online games all day long, then those connections will survive instead. ❿ The harder teens work at building good habits, the stronger those connections in their brains will be.

While You Read Q5
If teens stop doing certain kinds of activities, what will their brains do?

Their brains will get rid of the connections that are related to those activities.

While You Read Q6
How can teens shape their brains in a good way?

They can shape their brains in a good way by working hard at building good habits.

어휘 **identify**[aidéntəfài]㊐ 찾다, 발견하다 **connection**[kənékʃən]㊔ 연결, 결합 **experiment**[ikspérəmənt]㊔ 실험 **get rid of** …을 없애다 **instrument**[ínstrəmənt]㊔ 악기 **strengthen**[stréŋkθən]㊐ 강화하다

해석

Clarkson 박사: ❶그렇습니다. 그러나, 이것이 전부는 아닙니다. ❷십 대들의 뇌는 다른 중요한 변화들도 겪고 있습니다. ❸그들의 뇌는 끊임없이 뉴런 사이에 약한 연결고리들을 찾아 제거하고 있죠. ❹예를 들어, 십 대들이 독서나 실험, 문제 해결을 하지 않고 있다면, 뇌는 그러한 활동과 관련된 연결고리들을 제거할 것입니다. ❺일단 그것들이 사라지고 나면, 그들의 뇌는 다른 연결고리들을 더 강하게 만드는 데 더 많은 에너지를 쏟을 것입니다.

진행자: ❻그렇다면, 십 대들이 참여하고 있는 활동들이 그들의 뇌가 발달하는 방식을 형성할 수 있다는 말씀이신가요?

Clarkson 박사: ❼바로 그렇습니다. 이것이 십 대들이 참여하기로 선택하는 활동의 종류가 특히 더 중요한 이유입니다. ❽만약 한 십 대 청소년이 운동을 하거나 악기를 배우겠다고 결정하면, 뇌는 그 연결고리를 강화하겠지요. ❾반면, 그 학생이 온종일 인터넷을 하거나 온라인 게임을 하기로 선택하면, 그러한 연결고리가 대신 살아남게 될 것입니다. ❿십 대들이 좋은 습관을 기르려고 더 열심히 노력할수록, 그들 뇌 안의 그러한 연결고리는 더욱 강해질 것입니다.

While You Read

Q5 십 대들이 특정 종류의 활동을 그만둔다면 그들의 뇌는 무엇을 하겠는가?
그들의 뇌는 그런 활동과 관련된 연결고리들을 제거할 것이다.

Q6 십 대들이 어떻게 뇌를 좋은 방식으로 형성할 수 있는가?
그들은 좋은 습관을 기르려고 노력함으로써 자신의 뇌를 좋은 방식으로 형성할 수 있다.

구문 해설

❹ ..., then the brain will get rid of the connections that are related to those activities.
: that 이하는 the connections를 선행사로 하는 주격 관계대명사절이다.

❻ So, do you mean that the activities teens are involved in can shape the way their brains develop?
: teens ... in은 the activities를 선행사로 하는 목적격 관계대명사절로, 앞에 관계대명사 which[that]가 생략된 형태이다. their brains develop은 the way를 선행사로 하는 관계부사절인데, 선행사 the way와 관계부사 how는 같이 쓸 수 없으므로 how가 생략된 형태이다.

❼ This is why the types of activities teens choose to participate in are especially important.
: why 이하는 동사 is의 보어 역할을 하는 관계부사절로, 앞에 선행사 the reason이 생략된 형태이다. teens ... in은 the types of activities를 선행사로 하는 목적격 관계대명사절로, 앞에 관계대명사 which[that]가 생략된 형태이다.

❿ The harder teens work at building good habits, the stronger those connections in their brains will be.
: 「the+비교급 ..., the+비교급 ~」은 '…하면 할수록 더 ~하다'라는 의미이다.

Check-Up

[1-3] 본문의 내용과 일치하도록 〈보기〉에서 알맞은 단어를 빈칸에 넣으시오.

1 The brain will ________ the connections which are related to the activities teens choose to do.

2 Teens' brains identify and ________ weak connections between neurons.

3 The development of teens' brains is influenced by the ________ they participate in.

보기	strengthen	consequences	remove	measure	activities	influence

[4-5] 다음 괄호 안의 단어를 바르게 배열하여 문장을 완성하시오.

4 (you / the more / make / mistakes), the more you learn.

5 Tell me (home / came / you / why / late) yesterday.

Host ❶ I see. Do you have any final comments for our viewers?

Dr. C ❷ If we view the adolescent period as merely a process of becoming mature, then it's easy to dismiss it as a passing phase. ❸ However, we shouldn't look at the changes that occur in teens' brains only in terms of maturity. ❹ Adolescence is also a period when significant changes happen in the brain that help new abilities appear. ❺ Therefore, adolescence is not a stage to simply get through, but an important stage in people's lives where they can develop many qualities and abilities, and shape their future.

Host ❻ Thank you for your insight, Dr. Clarkson! ❼ We hope the information you've shared will help our viewers at home make more reasonable choices in the future. ❽ That's it for *The Dr. Brain Show* tonight. ❾ Good night, everyone!

Source http://headsup.scholastic.com (p.233 참조)

어휘 **adolescent**[ædəlésnt] (명) 청소년 **period**[píːəriəd] (명) 시기, 기간 **merely**[míərli] (부) 단순히, 단지 **dismiss**[dismís] (동) (고려할 가치가 없다고) 일축하다, 묵살하다 **phase**[feiz] (명) 단계, 시기 **in terms of** …면에서 **significant**[signífikənt] (형) 중요한 **stage**[steidʒ] (명) 단계 **get through** (어려운 때를) 견뎌내다 **insight**[ínsàit] (명) 통찰력, 식견

Word Formation '이치, 사리'라는 의미의 명사 reason과 '…수 있는'이라는 의미의 형용사형 접미사 -able이 결합하여 '타당한, 사리에 맞는'이라는 의미의 형용사 reasonable이 되었다. ex comfort + **-able** → **comfortable**(편안한) fashion + **-able** → **fashionable**(유행하는) change + **-able** → **changeable**(변하기 쉬운)

해석

진행자: ❶알겠습니다. 시청자분들을 위해 마지막으로 해주실 말씀이 있을까요?
Clarkson 박사: ❷만약 우리가 청소년기를 단순히 성숙해가는 과정으로만 간주한다면, 그것을 그저 지나가는 단계로 치부해버리기 쉽습니다. ❸하지만, 우리는 십 대들의 뇌에서 일어나는 변화들을 성숙이라는 관점에서만 보아서는 안 됩니다. ❹청소년기는 새로운 재능들이 나타나도록 돕는 중요한 변화가 뇌 안에서 일어나는 시기이기도 합니다. ❺그러므로, 청소년기는 그저 견뎌 내어야 하는 단계가 아니라 삶에서 그들이 많은 자질과 능력을 발달시키고 그들의 미래를 설계하는 중요한 단계입니다.
진행자: ❻Clarkson 박사님, 좋은 의견 감사드립니다! ❼오늘 나눠주신 정보가 가정에 계신 시청자 여러분들이 미래에 더 합리적인 선택을 하는 데 도움이 되길 바랍니다. ❽오늘 The Dr. Brain Show는 여기까지입니다. ❾여러분, 좋은 밤 보내십시오!

구문 해설

❷ …, then it's easy to dismiss it as a passing phase.
: 첫 번째 it은 가주어, to dismiss 이하가 진주어이다. 두 번째 it은 the adolescent period를 가리킨다.

❸ However, we shouldn't look at the changes that occur in teens' brains only in terms of maturity.
: that … brains는 the changes를 선행사로 하는 주격 관계대명사절이다.

❹ … a period when significant changes happen in the brain that help new abilities appear.
: when 이하는 a period를 선행사로 하는 관계부사절이다. that 이하는 significant changes를 선행사로 하는 주격 관계대명사절이다. 동사 help의 목적격 보어로 동사원형(appear)이 쓰였다.

❺ Therefore, adolescence is not a stage to simply get through, but an important stage in people's lives where they can develop many qualities …
: 「not A but B」는 'A가 아니라 B'라는 의미이다. to simply get through는 a stage를 수식하는 형용사적 용법의 to부정사구이다. where 이하는 an important stage를 선행사로 하는 관계부사절이다.

❼ We hope the information you've shared will help …
: the information 이하는 동사 hope의 목적어 역할을 하는 명사절로, 앞에 접속사 that이 생략된 형태이다. you've shared는 the information을 선행사로 하는 목적격 관계대명사절로, 앞에 관계대명사 which[that]가 생략된 형태이다.

Check-Up

1 Dr. Clarkson의 주장과 일치하도록 다음 빈칸에 들어갈 말로 알맞은 것을 고르시오.

Adolescence is a stage when teens ________________.

① can feel a lot of stress
② can make rational decisions
③ can develop many new abilities
④ can learn responsibility for their actions

[2-4] 주어진 우리말 뜻에 맞도록 빈칸에 알맞은 말을 쓰시오.

2 It's not ________ ________ ________ what to eat.
(뭘 먹어야 할지 결정하는 것은 쉽지 않다.)

3 Can you ________ ________ ________ the room?
(방 청소하는 것 좀 도와 줄래요?)

4 It is ________ ________ ________ ________ who broke the window yesterday.
(어제 창문을 깬 것은 내가 아니고 Lindsay이다.)

A

Read the TV guide and fill in the blanks with the words from the main text.

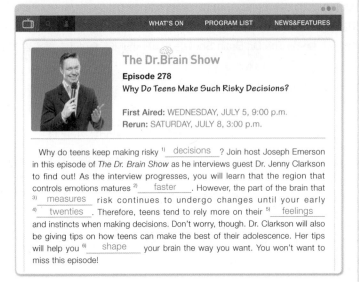

WHAT'S ON PROGRAM LIST NEWS&FEATURES

The Dr.Brain Show

Episode 278

Why Do Teens Make Such Risky Decisions?

First Aired: WEDNESDAY, JULY 5, 9:00 p.m.
Rerun: SATURDAY, JULY 8, 3:00 p.m.

Why do teens keep making risky 1) __decisions__? Join host Joseph Emerson in this episode of *The Dr. Brain Show* as he interviews guest Dr. Jenny Clarkson to find out! As the interview progresses, you will learn that the region that controls emotions matures 2) __faster__. However, the part of the brain that 3) __measures__ risk continues to undergo changes until your early 4) __twenties__. Therefore, teens tend to rely more on their 5) __feelings__ and instincts when making decisions. Don't worry, though. Dr. Clarkson will also be giving tips on how teens can make the best of their adolescence. Her tips will help you 6) __shape__ your brain the way you want. You won't want to miss this episode!

A

TV 가이드를 읽고 본문에 근거하여 빈칸을 채우시오.

십 대들은 왜 계속해서 위험한 1)결정을 하는 걸까요? 그 해답을 찾으러 초대 손님인 Jenny Clarkson 박사님을 모셔 인터뷰하는 The Dr. Brain Show의 이번 회에 Joseph Emerson과 함께 하세요! 인터뷰가 진행되면서 당신은 감정을 조절하는 영역이 2)더 빨리 발달한다는 것을 알게 될 것입니다. 그러나 위험을 3)평가하는 뇌의 영역은 4)20대 초반까지 계속해서 변화를 겪습니다. 그러므로 십 대들은 의사 결정을 할 때 5)감정과 본능에 더 의존하게 되는 경향이 있습니다. 하지만 걱정하지 마세요. Clarkson 박사님이 십 대들이 어떻게 청소년기를 최대한 잘 활용할 수 있는가에 대한 조언도 드릴 것입니다. 그녀의 조언은 당신이 원하는 방식으로 뇌를 6)형성하는 데 도움이 될 것입니다. 이번 회를 놓치지 마세요!

B

Read the sentences and correct the underlined parts based on the main text.

1 The structures made of neurons send out a response to our body parts before they evaluate all the signals they get. → after
2 Basically, every person has his or her own decision-making process. → the same
3 The human brain reaches its maximum size around the age of seven. → 12
4 If weak connections are gone, the brain puts more energy into recovering them. → making other connections stronger

p. 199

B

문장을 읽고 본문에 근거하여 밑줄 친 부분을 바르게 고치시오.

1 뉴런으로 구성된 구조들이 받은 모든 신호를 감정하기 전에 우리의 신체 부위에 회신을 보낸다.
2 기본적으로 모든 사람은 각자의 의사 결정 과정을 거친다.
3 인간의 뇌는 7살 즈음에 최대 크기에 다다른다.
4 약한 연결고리가 없어지고 나면 뇌는 그것들을 다시 회복하는 데 더 많은 에너지를 쏟는다.

Check-Up

[1-3] 다음 문장이 본문 내용과 일치하면 T, 일치하지 않으면 F를 쓰시오.

1 Teens' risky decisions are related to the development of their brains. (   )

2 When teens rely on the emotional part of their brains, they are able to consider all of the consequences of their actions. (   )

3 Building good habits can help teens' brains develop in a good way. (   )

어휘 **air**[ɛər] ⓢ 방송하다 **rerun**[rí:rʌ̀n] ⓜ 재방송 **progress**[prágres] ⓢ 진전하다, 진행하다 **undergo**[ʌ̀ndərgóu] ⓢ 겪다 **adolescence**[ædəlésəns] ⓜ 청소년기 **recover**[rikʌ́vər] ⓢ 회복시키다

C

Imagine that you are a viewer of *The Dr. Brain Show* and leave your own response to the show on the discussion board.

NO.	Name	Opinion	Date
15784	Subin	I came to understand why I sometimes have a hard time dealing with my emotions. I'll try to calm down before I make a decision.	2017.07.05 23:11:24
15785	Scott	I'm impressed that I can shape my brain with the activities I do frequently. I'll try to develop more positive habits.	2017.07.06 18:51:04
15786	________	YOU ________________	________

C 자신이 〈The Dr. Brain Show〉의 시청자라고 생각하고 토론 게시판에 시청 소감을 남기시오.

수빈: 제가 왜 때때로 감정을 다스리기 어려운지 이해하게 되었어요. 의사결정을 하기 전에 진정하도록 노력해야겠어요.
Scott: 제가 자주 하는 활동으로 저의 뇌를 형성할 수 있다는 점이 인상적이네요. 좀 더 긍정적인 습관을 기르도록 노력해야겠어요.

D

Read the following and think about another tip you can give. Then share it with your partner.

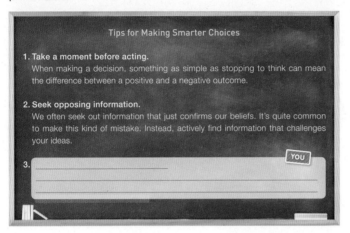

Tips for Making Smarter Choices

1. Take a moment before acting.
When making a decision, something as simple as stopping to think can mean the difference between a positive and a negative outcome.

2. Seek opposing information.
We often seek out information that just confirms our beliefs. It's quite common to make this kind of mistake. Instead, actively find information that challenges your ideas.

YOU
3. ____________________

p. 200

D 다음을 읽고 자신이 줄 수 있는 또 다른 조언에 대해 생각해 보시오. 그러고 나서 짝과 공유하시오.

더 똑똑한 선택을 위한 조언

1. 행동하기 전에 잠깐 시간을 가져라.
의사결정을 할 때, 멈춰서 생각하는 것처럼 단순한 것이 긍정적인 결과와 부정적인 결과 간의 차이를 가져올 수 있다.

2. 반대되는 정보를 찾아라.
우리는 보통 우리의 신념을 굳게 하는 정보를 찾는다. 이런 종류의 실수를 저지르는 것은 꽤 흔한 일이다. 대신에, 당신의 생각에 이의를 제기하는 정보를 적극적으로 찾아라.

배경지식

기회비용과 합리적인 선택

기회비용은 '포기된 대안 중에서 가장 가치가 큰 것'이다. 즉 여러 개의 선택 대안이 있을 때 그 중 어느 하나를 선택함으로써 나머지는 포기하게 되는데, 그 포기된 여러 가지 중에서 가장 가치가 큰 것을 기회비용이라고 한다.
우리는 기회비용을 줄임으로써 효율적인 의사결정을 할 수 있다. 어느 날 오후 시간을 어떻게 사용할 것인가를 고민하는 학생이 있다고 하자. 이 학생이 할 수 있는 선택은 ① 공부하기 ② 남자(혹은 여자)친구와의 데이트 ③ 바둑게임 세 가지이다. 이때 공부를 함으로써 얻는 가치는 좋은 성적이 될 것이고, 남자(혹은 여자)친구와의 데이트를 함으로써 얻는 가치는 데이트 과정에서의 즐거움, 그리고 바둑을 함으로써 얻는 가치는 게임을 하는 과정에서 느끼는 재미일 것이다. 각각의 선택이 갖는 가치를 수치로 표현할 때 그 값들이 각각 100, 90, 80이라면, ②나 ③을 선택할 경우 기회비용은 각각 100으로 가장 크다. 따라서 공부를 하는 것이 합리적인 선택이 된다.

어휘 **deal with** …을 다루다 **calm down** 진정하다 **impressed**[imprést] ⓗ 감명받은, 인상 깊게 생각하는 **outcome**[áutkʌ̀m] ⓜ 결과 **opposing**[əpóuziŋ] ⓗ 반대의, 대립되는 **confirm**[kənfə́ːrm] ⓓ 확인하다, 확증하다

Discovering Grammar

Point 1

Read and Notice Read the lecture, paying attention to the structure in bold.

When making decisions, **the more** options we have, **the more** we suffer. Having too many choices causes us to freeze up. More importantly, we also spend time later thinking about the choices we didn't pick instead of being happy with the one we did choose. **The more** choices we have, **the more** we feel like we're losing out on the choices we don't pick. Remember—sometimes less is better.

Practice Complete the sentences by unscrambling the words.

1 The hotter it gets, (the / work / is / to / harder / it). the harder it is to work
2 The more you practice, (you / better / will / the / become). the better you will become
3 The more we recycle, (less / create / trash / we / the). the less trash we create

Find More Find the sentence in the main text with the same structure as above.

p. 201

Find More 정답
p.197 **The harder** teens work at building good habits, **the stronger** those connections in their brains will be.

Point 1

Read and Notice 굵게 표시된 구조에 주의하여 강연 내용을 읽으시오.

의사결정을 할 때, 선택권이 많을수록 우리는 더 괴로워한다. 너무 많은 선택권을 가지면 우리는 얼어버리게 된다. 더 중요한 것은, 우리는 선택했던 것에 대해 만족하는 대신 우리가 고르지 않았던 선택권에 대해 생각하는 데 이후 시간을 보낸다. 선택권이 많을수록 더욱 우리가 선택하지 않은 것을 놓쳐버린 것 같이 느낀다. 기억하라. 때로는 적은 것이 낫다.

Practice 단어의 순서를 바로잡아 문장을 완성하시오.

1 더워질수록 일하기 더 힘들어진다.
2 당신이 더 많이 연습할수록 더 좋아질 것이다.
3 우리가 더 많이 재활용할수록 쓰레기를 덜 만들어낸다.

Find More 위와 같은 구조의 문장을 본문에서 찾으시오.

Point 2

Read and Notice Read the speech, paying attention to the structure in bold.

We've all wondered how some people find the time to do amazing things. However, it is **not** about time, **but** about their attitude. These people do**n't** have more time than others, **but** they make the time. It reminds me of this saying: "People fail in life **not** because they aim too high and miss, **but** because they aim too low and hit."

Practice Complete the sentences using the same structure as above. 예시

1 Happiness does not come from money, but from love.
2 I've come here not to argue with you, but to give you advice.
3 We lost the game not because we played badly, but because our opponents played very well.

Find More Find the sentence in the main text with the same structure as above.

p. 201

Find More 정답
p.198 Therefore, adolescence is **not** a stage to simply get through, **but** an important stage in people's lives (…)

Point 2

Read and Notice 굵게 표시된 구조에 주의하여 연설을 읽으시오.

우리는 모두 몇몇 사람들이 어떻게 놀라운 것들을 할 시간을 내는지 궁금해한다. 하지만 그건 시간의 문제가 아니라 그들의 태도의 문제이다. 이런 사람들은 다른 사람들보다 시간이 많은 것이 아니라, 시간을 내는 것이다. 이것은 나에게 이런 말을 떠올리게 한다. "사람들은 목표를 너무 높게 잡고 놓쳐서가 아니라, 목표를 너무 낮게 잡고 달성하기 때문에 인생에서 실패하는 것이다."

Practice 위와 같은 구조를 사용하여 문장을 완성하시오. 예시

1 행복은 돈이 아니라 사랑에서 온다.
2 나는 너와 싸우기 위해서가 아니라 너에게 조언을 하기 위해 여기에 온 것이다.
3 우리는 경기를 형편없이 해서가 아니라 상대 팀이 너무 잘했기 때문에 게임에서 졌다.

Find More 위와 같은 구조의 문장을 본문에서 찾으시오.

어휘 **option**[ɑ́pʃən] 명 선택(권) **suffer**[sʌ́fər] 동 괴로워하다, 고통을 겪다 **lose out on** …을 놓치다 **wonder**[wʌ́ndər] 동 궁금해하다 **attitude**[ǽtitjùːd] 명 태도 **aim**[eim] 동 목표하다 **hit**[hit] 동 (목표, 수준 등)에 달하다, 이르다

문법 노트

Point 1

「the+비교급 ..., the+비교급 ~」

「the+비교급 ..., the+비교급 ~」은 '…하면 할수록 더 ~하다'라는 의미이다. 「the+비교급」 뒤에 「주어+동사」가 오는데, 의미상 혼동이 없을 때는 주어와 동사를 생략하기도 한다.

ex **The more** money she makes, **the more** she spends.
(그녀는 돈을 벌면 벌수록 더 많이 쓴다.)
The more creative you are, **the better** (it is).
(당신이 창의적일수록 더 좋다.)

Point 2

「not A but B」

「not A but B」는 'A가 아니라 B'라는 의미로, 단어, 구 또는 절을 대등하게 연결한다.

ex I came **not** to teach **but** to learn.
(나는 가르치기 위해서가 아니라 배우기 위해서 왔다.)
The real question is **not** whether we do it **but** how we do it.
(진짜 문제는 우리가 그것을 하느냐 마느냐가 아니라 그것을 어떻게 하는가이다.)

Check-Up

1 다음 문장의 밑줄 친 부분을 바르게 고치시오.

(1) The hard you train, the stronger you are.
(2) The more people come to the party, the much fun it will be.

2 다음 두 문장을 상관접속사 「not ... but ~」을 이용하여 한 문장으로 바꾸시오.

(1) I wasn't up all night studying for the exams. I was up all night playing computer games.
→ I was up all night ______________________________.
(2) He didn't come home early to play with his children. He came home early to get some rest.
→ He came home early ______________________________.

3 다음 괄호 안의 단어를 바르게 배열하여 문장을 완성하시오.

(1) The faster you run, (calories / the / will / you / more / burn).
(2) I was upset not because of his mistake, (but / his / attitude / because of / irresponsible).

4 주어진 우리말 뜻에 맞도록 괄호 안의 단어를 활용하여 문장을 완성하시오.

(1) I'm interested ______________________________. (appearance, personality)
(나는 외모가 아니라 성격에 관심이 있다.)
(2) The warmer the weather gets, ______________________________. (plants, need)
(날이 따뜻해질수록, 당신의 식물은 더 많은 물이 필요하다.)

Write

Factors That Influence Your Choices

Writing a Paragraph Describing a Graph or Chart

A Paragraph Describing a Graph or Chart

Survey results are usually presented in graphs or charts. When you write a paragraph describing a graph or chart, state what it is about first. Then analyze the information and describe it using comparative forms.

그래프나 도표를 설명하는 단락
조사 결과는 보통 그래프나 도표로 제시된다. 그래프나 도표를 설명하는 단락을 쓸 때, 먼저 그것이 무엇에 관한 것인지를 진술하라. 그 다음에 정보를 분석하고 비교급을 이용하여 정보를 설명하라.

A Model Writing

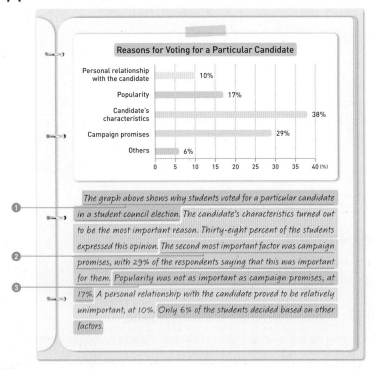

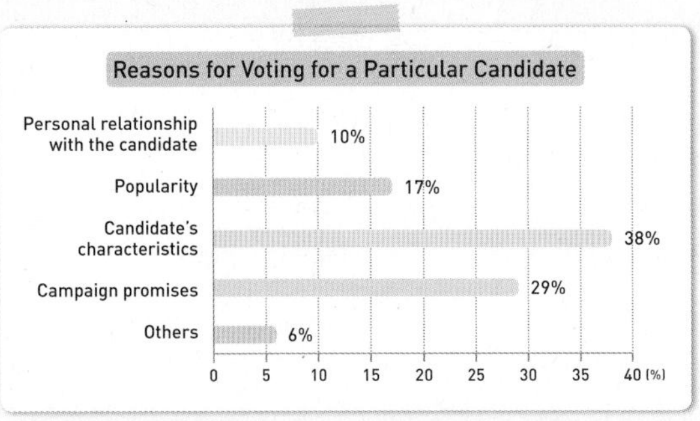

❶ *The graph above shows why students voted for a particular candidate in a student council election. The candidate's characteristics turned out to be the most important reason. Thirty-eight percent of the students expressed this opinion.* ❷ *The second most important factor was campaign promises, with 29% of the respondents saying that this was important for them.* ❸ *Popularity was not as important as campaign promises, at 17%. A personal relationship with the candidate proved to be relatively unimportant, at 10%. Only 6% of the students decided based on other factors.*

p. 202

A 위 그래프는 학생자치위원회 선거에서 학생들이 특정 후보자에게 투표한 이유를 보여준다. 후보자의 성격이 가장 중요한 이유인 것으로 나타났다. 학생의 38%가 이러한 견해를 표했다. 두 번째로 중요한 요소는 선거 공약으로 응답자의 29%가 이것이 그들에게 중요하다고 말했다. 인기는 17%로, 선거 공약만큼 중요하지는 않았다. 후보자와의 개인적인 친분은 10%로, 비교적 중요하지 않은 것으로 나타났다. 학생들의 6%만이 기타 요인에 근거하여 결정하였다.

구문 해설

❶ The graph above shows why students voted for a particular candidate in a student council election.
: why 이하는 동사 shows의 목적어 역할을 하는 관계부사절이며, 앞에 선행사 the reason이 생략된 형태이다.

❷ ..., with 29% of the respondents saying that this was important for them.
: 「with+명사+분사」는 '…가 ~한[된]채로'라는 뜻으로, 부대상황을 나타내는 분사구문이다.

❸ Popularity was not as important as campaign promises, at 17%.
: 「as+형용사[부사] 원급+as」는 '…만큼[못지 않게] ~한[하게]'이라는 의미이다.

유용한 표현

수치를 비교할 때

- 원급: as high as
- 비교급: bigger, higher, lower, more[less] ... than
- 최상급: biggest, highest, lowest, most[least]
- 배수: twice bigger, twice as big as, three times higher, three times as high as

어휘 present[prizént] ㉭ 보여주다, 나타내다 comparative[kəmpǽrətiv] ㉼ 비교급 vote for …에 투표하다 candidate[kǽndidèit] ㉼ 후보자 council[káunsəl] ㉼ 위원회 election[ilékʃən] ㉼ 선거 factor[fǽktər] ㉼ 요소 campaign promise 선거 공약 respondent[rispɑ́ndənt] ㉼ 응답자 popularity[pɑ̀pjulǽrəti] ㉼ 인기 relatively[rélətivli] ㉾ 비교적

B Write Your Own

Step 1 Look at the chart and answer the following questions.

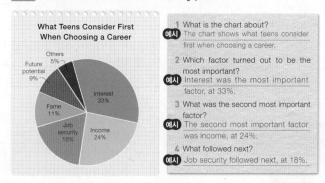

What Teens Consider First When Choosing a Career

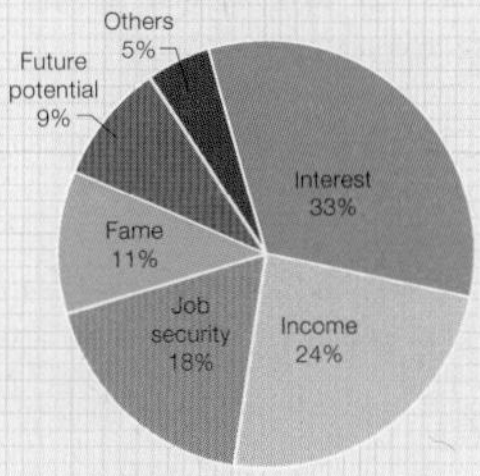

1 What is the chart about?
예시 The chart shows what teens consider first when choosing a career.

2 Which factor turned out to be the most important?
예시 Interest was the most important factor, at 33%.

3 What was the second most important factor?
예시 The second most important factor was income, at 24%.

4 What followed next?
예시 Job security followed next, at 18%.

Step 2 Write your own paragraph describing the chart.

예시
The chart above shows what teens consider first when choosing a career. *Interest turned out to be* the most important factor. Thirty-three percent of the teenagers expressed this opinion. The second most important factor *was income, with 24% of the respondents saying that this was important for them. Job security was* not as important as *income, at 18%. Fame and future potential proved to be* relatively unimportant, *at 11% and 9%, respectively. Only 5% of the respondents* answered that they considered other factors.

Check Yourself | Write

- ☐ Did I describe all of the information correctly?
- ☐ Is my description clear and easy to understand?
- ☐ Did I use correct spelling and grammar?

p. 203

B **Step 1** 도표를 보고 다음 질문에 답하시오.

1 무엇에 관한 도표인가?
예시 도표는 십 대들이 직업을 고를 때 가장 먼저 고려하는 것이 무엇인지를 보여준다.

2 어떤 요소가 가장 중요한 것으로 나타났는가?
예시 흥미가 33%로 가장 중요한 요소였다.

3 두 번째로 가장 중요한 요소는 무엇이었는가?
예시 두 번째로 가장 중요한 요소는 24%를 차지한 수입이었다.

4 그 다음은 무엇이었는가?
예시 고용 안정성이 18%로 그 다음이었다.

Step 2 도표를 설명하는 단락을 쓰시오.

예시 위 도표는 십 대들이 직업을 고를 때 가장 먼저 고려하는 것이 무엇인지를 보여준다. 흥미가 가장 중요한 요소인 것으로 나타났다. 십 대의 33%가 이러한 견해를 표했다. 두 번째로 중요한 요소는 수입으로 응답자의 24%가 이것이 그들에게 중요하다고 말했다. 고용 안정성은 18%로, 수입만큼 중요하지는 않았다. 명성과 미래 가능성은 각각 11%와 9%로, 비교적 중요하지 않은 것으로 나타났다. 응답자의 5% 만이 기타 요소를 고려한다고 답했다.

Check Yourself

- ☐ 모든 정보를 정확하게 설명하였는가?
- ☐ 나의 설명이 명확하고 이해하기 쉬운가?
- ☐ 올바른 철자와 문법을 사용하였는가?

추가 예시문

How Teens Spend Their Leisure Time on Weekends

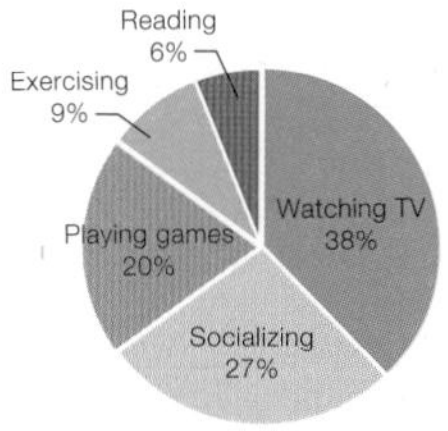

The chart above shows how teens spend their leisure time on weekends. Watching TV turned out to be the most popular activity. Thirty-eight percent of the teenagers expressed this opinion. The second most popular activity was socializing, with 27% of the respondents saying that this was important for them. Playing games was not as important as socializing, at 20%. Exercising proved to be relatively unpopular, at 9%. Only 6% of the respondents answered that they read books.

위 차트는 십 대들이 주말에 여가 시간을 어떻게 보내는지를 보여준다. TV 시청이 가장 인기 있는 활동인 것으로 나타났다. 십 대의 38%가 이러한 견해를 표했다. 두 번째로 인기 있는 활동은 사교 활동으로 응답자의 27%가 이것이 그들에게 중요하다고 말했다. 게임을 하는 것은 20%로, 사교 활동만큼 중요하지는 않았다. 운동은 9%로, 비교적 인기가 없는 것으로 나타났다. 응답자의 6%만이 독서를 한다고 답했다.

Writing Tip 그래프나 도표 설명하기

설명하고자 하는 그래프나 도표를 보고 다음 질문에 답해 보면 글을 구성하는 데 도움이 된다.

1. 이것은 무엇을 보여주기 위한 그래프(도표)인가?
2. 그래프의 가로축과 세로축이 무엇이고, 단위는 무엇인가?
3. 각 항목당 수치가 얼마나 차이 나는가?
4. 가장 큰 비율을 차지하는 것과 가장 작은 비율을 차지하는 것은 무엇인가?
5. 그래프(도표)를 통해 유추할 수 있는 것은 무엇인가?

어휘 **career** [kəríər] 명 직업 **income** [ínkʌm] 명 수입 **security** [sikjúərəti] 명 보장, 안정성 **fame** [feim] 명 명성 **potential** [pətén∫əl] 명 잠재력, 가능성 **respectively** [rispéktivli] 부 각각

Inside Culture How Do You Cast a Vote?

A Get to Know the World

Match each country to the statement that correctly describes its voting process.

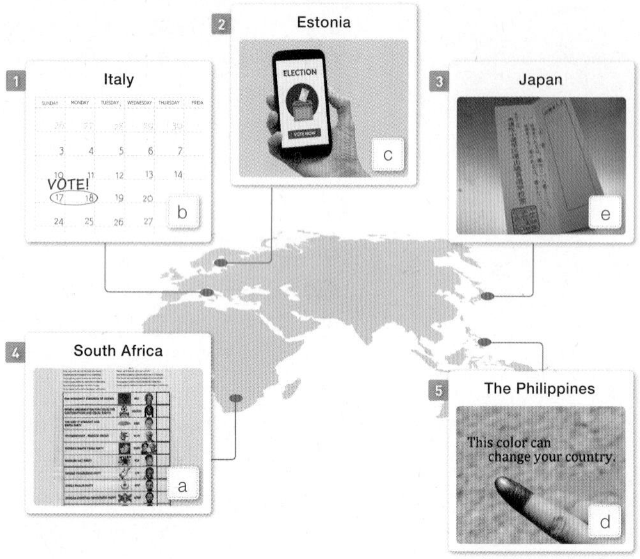

a Voting papers in this country include the candidates' pictures.
b People vote over two days, Sunday and Monday, in this country's general election.
c People can cast a vote through the Internet. The country even allows mobile voting for the general election.
d Ink is applied to the tip of your finger after voting.
e To vote for a person, people write his or her name with a pencil.

p. 204

A 각 나라와 그 나라의 투표 과정을 바르게 설명한 문장을 짝지으시오.

a 이 나라의 투표용지에는 후보자들의 사진이 들어가 있다.
b 이 나라의 총선에서는 일요일과 월요일, 이틀 동안 투표를 한다.
c 사람들은 인터넷을 통해 투표할 수 있다. 이 나라는 총선에 모바일 투표까지도 허용한다.
d 투표 후에는 손가락 끝에 잉크를 바른다.
e 한 사람에게 투표하려면 연필로 그 혹은 그녀의 이름을 쓴다.

구문 해설

❶ Voting papers in this country include the candidates' pictures.
: 주어 Voting papers의 수에 맞춰 복수형 동사 include를 썼다. 수식하는 전치사구로 인해 주어가 길어진 경우 주어와 동사의 수 일치에 유의한다.

❷ Ink is applied to the tip of your finger after voting.
: voting은 전치사 after의 목적어 역할을 하는 동명사이다.

❸ To vote for a person, people write his or her name with a pencil.
: To vote for a person은 목적을 나타내는 부사적 용법의 to부정사구이다.

≡ 어휘 **cast a vote** 투표하다 **general election** 총선 **apply** [əplái] ㊐ (페인트, 크림 등을) 바르다 **tip** [tip] ㊔ (뾰족한) 끝

B Take a Closer Look

Choose one of the statements in A and write about what effects it would have on voters. Then share your thoughts with your partner.

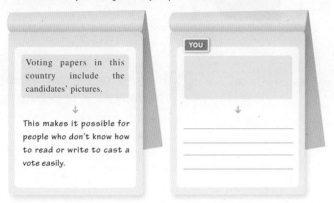

Voting papers in this country include the candidates' pictures.

↓

This makes it possible for people who don't know how to read or write to cast a vote easily.

YOU

↓

C Keep Exploring

Search for more information about the voting processes in other countries. Then make a Yes-No quiz and have your classmates take it.

Quiz

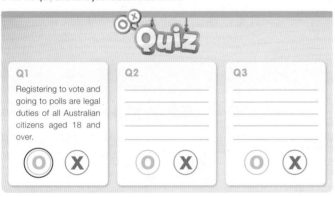

Q1
Registering to vote and going to polls are legal duties of all Australian citizens aged 18 and over.
O X

Q2
O X

Q3
O X

p. 205

B A의 문장 중 하나를 골라 그것이 투표자에게 어떤 영향을 미칠지에 대해 쓰시오. 그리고 나서 짝과 생각을 공유하시오.

- 이 나라의 투표 용지에는 후보자들의 사진이 들어가 있다.
  → 이것은 글을 읽거나 쓸 줄 모르는 사람들이 쉽게 투표할 수 있게 한다.

C 다른 나라의 투표 과정에 대한 정보를 더 조사해 보시오. 그리고 나서 예/아니오 퀴즈를 만들어 반 친구들에게 풀게 하시오.

Q1 투표 등록을 하고 투표하러 가는 것은 18세 이상의 모든 호주 시민의 법적 의무이다.

Check-Up

[1-3] 다음 문장이 본문 내용과 일치하면 T, 일치하지 않으면 F를 쓰시오.

1 There is no country that has adopted mobile voting for their general election. ( )

2 Voters in the Philippines have their fingers marked with ink after voting. ( )

3 When voting, people in Japan must write the candidate's name on a ballot paper. ( )

배경지식

- **IT 강국, 에스토니아의 전자투표:** 에스토니아는 2005년 지방선거에서 세계 최초로 전자투표를 실시했다. 전자칩이 내장된 정부 발급 디지털 ID 카드를 컴퓨터에 연결된 판독기에 삽입해 개인을 식별하는 방식으로 진행됐다. 당시 대통령은 부정 투표의 위험성이 있다는 이유로 인터넷 투표 시행안 서명을 거부했지만, 대법원이 "인터넷 투표가 기술적으로 투표의 비밀원칙을 유지할 수 있다"라며 법안에 대해 합법 판결하면서 예정대로 투표가 진행됐다.
- **후보자의 얼굴이 인쇄된 투표용지:** 문맹률이 높은 국가에서는 유권자들이 후보자들을 쉽게 알 수 있도록 투표용지에 후보자의 사진이 인쇄된 경우가 많다. 또한 선거에 출마한 후보자의 수가 많아 헷갈리거나 후보자들의 소속 정당을 잘 알지 못 하더라도, 얼굴과 소속 정당의 상징이 인쇄된 투표 용지로 쉽게 투표에 임할 수 있다.

어휘 **register**[rédʒistər](동) 등록하다 **poll**[pɑl](명)[pl.]투표 **legal**[líːgəl](형) 법적인 **duty**[djúːti](명) 의무 **citizen**[sítəzən](명) 시민

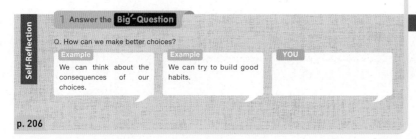

L Listen to the conversation and choose what the boy will buy for his mom.

a

ⓑ

c

d

L 대화를 듣고 남자가 어머니를 위해 구입할 것을 고르시오.

해설 어머니가 걸을 때 음악 듣는 것을 좋아하셔서 헤드폰을 살 것이라고 했다.

S Complete the conversation with the sentences in the box. Then act it out with your partner.

A: Do you want to go hiking this weekend? It's been a while since we've been to the mountains.
B: c
A: Oh, I didn't know that. That's too bad. Then what should we do instead?
B: a
A: Okay, let me think. Well, we can watch movies, visit a museum, play a board game, or go shopping.
B: b
A: Great. I'll check and see which ones I have at home.

a Let's think of something that we can do indoors.
b I want to play a board game.
c Well, the weather forecast says it's likely to rain.

S 상자 안의 문장으로 대화를 완성하시오. 그러고 나서 짝과 역할 연기를 하시오.

A: 이번 주말에 하이킹 가고 싶니? 우리 산에 간 지 오래됐네.
B: 음, 일기 예보로는 비가 올 거라고 하던데.
A: 아, 몰랐어. 유감이네. 그럼 대신 우리 뭐 할까?
B: 실내에서 할 수 있는 것을 생각해 보자.
A: 좋아, 생각해 볼게. 그럼 영화를 보거나 박물관에 가거나 보드게임을 하거나 쇼핑하러 갈 수 있어.
B: 난 보드게임을 하고 싶어.
A: 좋아. 집에 뭐가 있는지 확인해 볼게.

Self-Reflection

1 Answer the Big Question

Q. How can we make better choices?

Example: We can think about the consequences of our choices.

Example: We can try to build good habits.

YOU:

p. 206

Self-Reflection 1 Big Question에 답하기

Q. 어떻게 더 나은 선택을 할 수 있을까요?
|예시| 우리는 선택의 결과에 대해 생각해 볼 수 있다.
|예시| 우리는 좋은 습관을 형성하려 노력할 수 있다.

Script L

W: How may I help you?
B: I'm looking for a birthday present for my mom. Do you have any suggestions?
W: Hmm... What about a new phone case?
B: Actually, she just got a new one. But that reminds me—she needs new headphones.
W: You're in luck. All our wireless headphones are on sale.
B: That's great. How much are these?
W: Normally $20, but I'll give you a special discount of 20%. So you can get them for just $16.
B: She likes listening to music on her daily walks, so these will be perfect for her.
W: That's great! I'm sure she'll love your present.

해석

여: 어떻게 도와드릴까요?
남: 어머니의 생신 선물을 찾고 있어요. 제안해주실 게 있나요?
여: 음… 새 휴대전화 케이스는 어때요?
남: 사실, 어머니는 막 새것을 사셨어요. 그런데 그러고 보니 생각나는데, 어머니는 새 헤드폰이 필요하세요.
여: 운이 좋으시네요. 저희 모든 무선 헤드폰이 할인 중입니다.
남: 그거 잘됐네요. 이것들은 얼마인가요?
여: 보통 20달러이지만, 20% 특별 할인을 해 드릴게요. 그러면 16달러에 살 수 있어요.
남: 어머니는 매일 걸을 때 음악 듣는 걸 좋아하셔서 이게 어머니에게 안성맞춤일 거예요.
여: 좋네요! 어머니께서 분명 당신의 선물을 좋아하실 거예요.

어휘 **indoors**[indɔ́ːrz] ㊜ 실내에서 **suggestion**[səgdʒéstʃən] ㊔ 제안 **remind**[rimáind] ㊕ 생각나게 하다 **wireless**[wáiərlis] ㊖ 무선의 **on sale** 할인 중인 **discount**[dískaunt] ㊔ 할인

R Read the paragraph and answer the following questions.

> Host: Dr. Clarkson, ______________________________?
> Dr. C: Sure. It seems like we make decisions almost immediately, but our brain actually has to go through several steps before deciding anything. Neurons, ⓐ which are special brain cells, make up different structures in our brains. ⓑ These structures send signals to each other. After the structures finish ⓒ evaluate all the signals, they will send out a response that will tell our body ⓓ what to do.

1 Which one best fits in the blank?

a when does the human brain fully mature
ⓑ could you tell us about how we make decisions
c does the decision-making process happen the same way in everyone's brain
d could you define what decision-making means in the field of brain science

2 Find and correct the one that is NOT grammatically correct among ⓐ–ⓓ.

ⓒ evaluate → evaluating

R 단락을 읽고 다음 질문에 답하시오.

1 빈칸에 가장 적절한 것은?

a 인간의 뇌는 언제 완전히 성숙하나요
b 우리가 어떻게 의사결정을 하는지에 대해 말씀해 주시겠습니까
c 의사결정 과정이 모든 사람의 뇌에서 같은 방식으로 이루어집니까
d 뇌 과학 분야에서 의사결정이 무엇을 의미하는지 정의를 내려주시겠습니까

2 ⓐ–ⓓ 중 문법적으로 옳지 않은 것을 찾아 바르게 고치시오.

해설 동사 finish의 목적어 역할을 할 수 있도록 evaluate를 동명사 형태로 고쳐야 한다.

W Write a paragraph describing the chart.

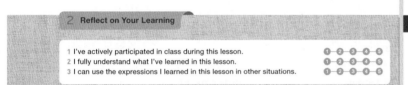

What High School Students Usually Do after Exams Are Over

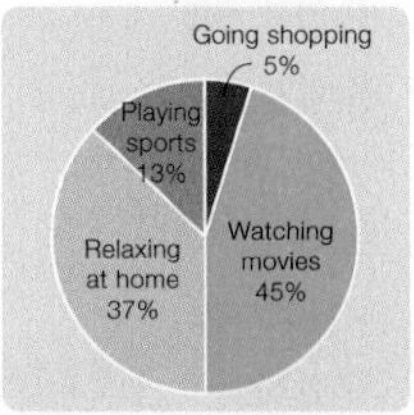

This chart shows what high school students usually do after exams are over. *Watching movies turned out to be* the most popular thing they do. Forty-five percent of the students *chose this activity. Relaxing at home was* the second most popular activity, at 37%. Thirteen percent of the students *said they play sports. Only 5% of the students* chose to go shopping.

W 도표를 설명하는 단락을 쓰시오.

이 도표는 고등학생들이 시험이 끝난 후에 보통 무엇을 하는지를 보여준다. 영화 관람이 그들이 하는 가장 인기있는 것으로 나타났다. 학생의 45%가 이 활동을 골랐다. 집에서 휴식하기는 37%로, 두 번째로 인기 있는 활동이었다. 학생의 13%는 운동을 한다고 대답했다. 5%만이 쇼핑하러 가는 것을 골랐다.

2 Reflect on Your Learning

1 I've actively participated in class during this lesson. ① ② ③ ④ ⑤
2 I fully understand what I've learned in this lesson. ① ② ③ ④ ⑤
3 I can use the expressions I learned in this lesson in other situations. ① ② ③ ④ ⑤

p. 207

Self-Reflection 2 학습 과정 돌아보기

1 나는 이 단원을 배우는 동안 수업에 적극적으로 참여했다.
2 나는 이 단원에서 배운 것을 완전히 이해한다.
3 나는 이 단원에서 배운 표현을 다른 상황에 사용할 수 있다.

Check-Up

[1-3] 주어진 우리말과 같은 뜻이 되도록 빈칸에 알맞은 말을 〈보기〉에서 골라 쓰시오. 필요하다면 형태를 바꾸시오.

1 The movie received __________ reviews from the critics.
(그 영화는 비평가들의 혹평을 받았다.)

2 Plastic __________ about 80 percent of marine litter.
(플라스틱은 해양 쓰레기의 80%를 차지한다.)

3 This isn't something to __________ lightly.
(이것은 가볍게 묵살할 일이 아니다.)

보기	dismiss	slight	harsh	go through	identify	make up

[4-5] 다음 괄호 안의 단어를 바르게 배열하여 문장을 완성하시오.

4 The most important thing is not to win (best / to / our / do / but).

5 The brighter the room gets, (better / see / we / the / can).

어휘 **define** [difáin] ⑧ 정의하다

Communicative Functions

1 생각할 시간 요청하기: Let me think[see]. (생각 좀 해볼게.)

▶ 무언가를 이야기하기 전에 생각할 시간이 필요할 때 "Let me think[see]"라는 표현을 사용할 수 있다. 이와 유사한 표현으로 "Just a moment," "May I think about that for a moment?" 등이 있다.

2 확실성 정도 표현하기: I'm not sure ... (…에 대해 잘 모르겠다)

▶ 무언가에 대해 확실하게 알지 못할 때 "I'm not sure ..."라는 표현을 사용할 수 있다. 이와 유사한 표현으로 "I'm not (quite/fairly/absolutely) certain ...," "I can't tell you for sure ..." 등이 있다. 반대로 무언가에 대해 확실하게 말할 때는 "I have no doubt ...," "I'm sure ..." 등과 같은 표현을 사용할 수 있다.

New Words & Expressions

host	명 (TV · 라디오 프로의) 진행자
harsh	형 가혹한, 냉혹한
immediately	부 즉시
go through	(일련의 행동 · 절차를) 거치다
make up	…을 형성하다[구성하다]
signal	명 신호
slight	형 약간의, 조금의
mature	동 성숙하다; 발달하다
risky	형 위험한, 무모한
region	명 (신체의) 부분; 지역
measure	동 측정하다, 평가하다
rely on	…에 의존하다
influence	동 영향을 미치다
instinct	명 본능
inclined	형 …하는 경향이 있는
consequence	명 결과
based on	…에 기반하여
identify	동 찾다, 발견하다
connection	명 연결, 결합
experiment	명 실험
get rid of	…을 없애다
instrument	명 악기
strengthen	동 강화하다
adolescent	명 청소년
period	명 시기, 기간
merely	부 단순히, 단지
dismiss	동 (고려할 가치가 없다고) 일축하다, 묵살하다
phase	명 단계, 시기
in terms of	…면에서
significant	형 중요한
stage	명 단계
get through	(어려운 때를) 견뎌내다
insight	명 통찰력, 식견

Language Points

| the+비교급 ..., the+비교급 ~ |

「the+비교급 ..., the+비교급 ~」은 '…하면 할수록 더 ~하다'라는 의미이다. 「the+비교급」 뒤에 「주어+동사」가 오는데, 의미상 혼동이 없을 때는 주어와 동사를 생략하기도 한다.

| not A but B |

「not A but B」는 'A가 아니라 B'라는 의미로, 단어, 구 또는 절을 대등하게 연결한다.

1 〈보기〉에서 알맞은 문장을 골라 대화를 완성하시오.

A: Would you like to have lunch together?
B: Sure. ______________
A: Actually, I had Chinese food yesterday. How about going to the new Italian restaurant on Main Street?
B: Well, ______________, and I'm trying to save money these days.
A: Okay. ______________ Why don't we go to Burger Castle? It's pretty cheap and its food is good.

| 보기 |
ⓐ Let me think.
ⓑ I've heard it's really expensive
ⓒ How about having Chinese food?

2 대화가 자연스럽게 이어지도록 ⓐ~ⓓ를 순서대로 배열하시오.

ⓐ I was supposed to watch a movie with my mother, but I hang out with my friends instead.
ⓑ I'm not sure if I made the right choice yesterday.
ⓒ Anyone can make a bad choice. You can make a better choice next time.
ⓓ What do you mean?

[3-6] 주어진 우리말과 같은 뜻이 되도록 빈칸에 알맞은 말을 쓰시오.

3 I like him ________ ________ ________ I can't stop thinking about him.
(나는 그를 너무 좋아해서 그에 대한 생각을 멈출 수 없다.)

4 He ________ ________ ________ reschedule the meeting.
(그는 회의 일정을 막 변경하려는 참이었다.)

5 The ________ ________ you eat, the ________ ________ you have of getting colds.
(당신이 과일을 더 많이 먹을수록 감기에 걸릴 확률은 적어진다.)

6 The child understands ________ ________ ________ ________.
(그 아이는 그가 읽고 있는 것을 이해한다.)

[7-8] 다음 글을 읽고, 물음에 답하시오.

Dr. C: People basically go through the same decision-making process, but there is a ①slight difference between teens and adults. Scientists used to ②thinking that the brain was done growing by the time you turned 12 since the brain reaches its maximum size around that age. However, studies show ③that some parts of the brain continue ④to develop until the early twenties. That means teens' brains are still maturing and not completely developed. This may be ⑤why teens seem to make risky decisions.

7 ①~⑤ 중 어법상 틀린 것을 고르시오.

8 밑줄 친 That이 가리키는 내용을 우리말로 쓰시오.

____

[9-10] 다음 글을 읽고, 물음에 답하시오.

Dr. C: That's right. However, this is not the whole story. Teens' brains are also going through other important changes. Their brains are constantly identifying and removing any weak connections between neurons. ________, if teens aren't reading, doing experiments, or solving problems, then the brain will get rid of the connections that are related to those activities. Once those are gone, their brains will put more energy (connections / making / into / other / stronger).
Host: So, you mean the activities teens are involved in can shape the way their brains develop.

9 빈칸에 들어갈 말로 가장 알맞은 것은?
① Nevertheless ② Furthermore ③ Instead
④ Above all ⑤ For example

10 괄호 안의 말을 알맞게 배열하여 문장을 완성하시오.

Project

Plan a Day Trip!

Step 1 *Think about It*

Make a group of four with your classmates. Choose a location like those below for a day trip in Korea.

Jeju-do

Jeonju

Gangneung

Busan

Step 2 *Organize It*

1 Search for where to visit, what to do, and what to eat in the location that you picked.

Where to visit	What to do	What to eat
Hamdeok Beach *: small and clean beach*	*Swimming and surfing*	*Coffee or other warm drinks*
Sangumburi Crater *: beautiful silver grass in the fall*	*Enjoying the scenery*	*Noodle soup with pork*
Bijarim Forest *: the largest nutmeg tree forest in the world*	*• Walking through the woods* *• Meditating*	
Seopjikoji *: the famous shooting site for movies*	*• Riding a horse* *• Taking pictures of exotic scenery from the cliff*	*Hoe-deopbap*

2 Make a schedule for the day trip with your team members.

p. 208

Step 1 네 명이 한 모둠을 만드시오. 한국에서 당일 여행을 갈만한 아래와 같은 장소 하나를 선정하시오.

Step 2 1 선정한 장소에서 방문할 곳, 할 일, 먹을 것을 조사하시오.

방문할 곳	할 일	먹을 것
함덕 해수욕장 : 작고 깨끗한 해변	수영 및 서핑	커피나 따뜻한 음료
산굼부리 분화구 : 가을철 아름다운 억새풀	풍경 감상	돼지고기 국수
비자림 : 세계에서 가장 큰 비자나무 숲	• 숲 산책 • 명상	
섭지코지 : 유명한 영화 촬영지	• 말타기 • 절벽에서 이국적인 풍경 촬영	회덮밥

2 모둠원들과 당일 여행을 위한 일정을 세우시오.

배경지식

우리나라의 숨은 명소

- **전주 전동성당:** 로마네스크 양식의 웅장함을 보여주는 이곳은 호남지역의 서양식 근대 건축물로는 가장 오래된 것으로 사적 제288호로 지정되어 있다. 우리나라 천주교 첫 순교자가 나온 곳이기도 하다.
- **강릉 대도호부 관아:** 고려 시대부터 조선 시대에 걸쳐 중앙의 관리들이 강릉에 내려오면 머물던 건물터로, 객사문은 현재까지 남아있는 몇 없는 고려 시대 건물 중 하나이다.
- **부산 문탠로드:** 달맞이 언덕의 월출을 감상할 수 있는 걷기 코스로 길을 따라 걷다 보면, 해운대 해수욕장과 동백섬, 멀리 광안대교까지 한눈에 볼 수 있다. 매월 음력 보름을 전후로 하여 명상 체험 등 여러 행사도 이뤄지고 있다.

어휘 **crater** [kréitər] ㊎ 분화구 **silver grass** 억새 **scenery** [síːnəri] ㊎ 풍경, 경치 **nutmeg tree** 비자나무 **meditate** [méditèit] ㊕ 명상하다 **shoot** [ʃuːt] ㊕ (영화, 사진을) 촬영하다 **site** [sait] ㊎ (특정 용도용) 장소 **exotic** [igzátik] ㊔ 이국적인 **cliff** [klif] ㊎ 절벽

Step 3 *Present It*

Present your day trip plan to the class.

Example

Day Trip Plan for Eastern Jeju

8:00 a.m. **Hamdeok Beach**

Visit Hamdeok Beach, which is very small and clean. Enjoy swimming and surfing with great scenery.

10:00 a.m. **A coffee shop**

Go to a coffee shop and relax with some coffee or other warm drinks.

12:00 p.m. **Sangumburi Crater**

Stop by Sangumburi Crater and get some information about what it is. Also, look around at the beautiful silver grass.

1:00 p.m. **Lunch**

Taste the great flavor of noodle soup with pork.

3:00 p.m. **Bijarim Forest**

Take a walk through the largest nutmeg tree forest in the world. Meditate and release stress.

5:00 p.m. **Seopjikoji**

Visit Seopjikoji, which is the famous shooting site for movies. Try riding a horse with friends and take some pictures of exotic scenery from the cliff.

7:00 p.m. **Dinner**

Enjoy the good taste of Hoe-deopbap.

Evaluate It | **Score each group's day trip plan based on the following evaluation sheet.**

1 Was the day trip plan organized well?	1	2	3	4	5
2 Was the day trip plan original and unique?	1	2	3	4	5
3 Did they use correct spelling and grammar?	1	2	3	4	5
4 Did they speak clearly and with correct pronunciation?	1	2	3	4	5

p. 209

Step 3 **여러분의 당일 여행 계획을 학급에 발표하시오.**

제주 동부 당일 여행을 위한 계획

오전 8:00 함덕 해수욕장
함덕 해수욕장을 방문한다. 그곳은 매우 작고 깨끗하다. 멋진 풍경과 함께 수영과 서핑을 즐긴다.

오전 10:00 커피숍
커피숍에 가서 커피나 기타 따뜻한 음료와 함께 휴식을 취한다.

오후 12:00 산굼부리 분화구
산굼부리 분화구에 들러 그것이 무엇인지에 대한 정보를 얻는다. 또한, 아름다운 억새풀밭을 둘러본다.

오후 1:00 점심식사
돼지고기 국수의 뛰어난 풍미를 맛본다.

오후 3:00 비자림
세계에서 가장 큰 비자나무 숲을 산책한다. 명상을 하고 스트레스를 발산한다.

오후 5:00 섭지코지
섭지코지를 방문한다. 그곳은 유명한 영화 촬영 장소이다. 친구들과 말을 타 보고 절벽에서 이국적인 풍경을 촬영한다.

오후 7:00 저녁식사
회덮밥의 맛을 즐긴다.

Evaluate It

다음 평가표에 근거하여 각 모둠의 당일 여행 계획에 점수를 매기시오.

1 당일 여행 계획이 잘 정리되었는가?
2 당일 여행 계획은 독창적이고 독특했는가?
3 올바른 철자와 문법을 사용했는가?
4 올바른 발음으로 분명하게 말하였는가?

+Plus 여행 일정표 작성을 위한 조언

1 여행 책자, 블로그, SNS, 각 시도 홈페이지 등을 활용하면 여행할 곳에 대한 정보를 다양하게 찾을 수 있다.

2 방문하고 싶은 곳을 선정한 후, 지도에 표시해 가까운 곳끼리 묶으면 쉽게 하루의 일정을 짤 수 있다.

3 실제 여행 때는 변수가 생길 수 있으므로 일정표를 만들 때 여유 시간을 충분히 두어야 한다.

4 방문할 곳에 대한 정보, 특징을 일정표에 기록해 놓으면 여행을 할 때 정보를 한눈에 쉽게 파악할 수 있다.

어휘 **stop by** 잠시 들르다 **flavor**[fléivər] ⓖ 풍미, 맛

정답 및 해설

Lesson 1 The Part You Play

Check-Up

p.15 **1.** valuable **2.** effort
3. bring, out **4.** in, return

p.17 **1.** ① **2.** running

p.19 **1.** on **2.** to **3.** By
4. cross **5.** remembering

p.21 **1.** ① **2.** ④
3. allowed Ethan to come
4. It is difficult for him to

p.23 **1.** T **2.** F
3. offering **4.** making **5.** lifted

p.25 **1.** ②
2. we help others shine
3. of great worth

p.26 **1.** T **2.** F **3.** F **4.** T

p.29 **1.** (1) being (2) staying
2. (1) working, with, you
(2) giving, a, speech
3. (1) is not easy to learn a foreign language
(2) It is dangerous for children
4. (1) of you to come to my party
(2) for me to get good grades in English

p.33 **1.** T **2.** F **3.** T

p.35 **1.** bring out **2.** dedication
3. speaking **4.** having
5. for → of **6.** keep → to keep

단원평가 p. 37

1 ④ **2** ⓓ–ⓑ–ⓐ–ⓒ **3** easy, for, him **4** in, return
5 regardless, of **6** calming **7** ⑤ **8** ② **9** ⑤ **10** ①

해설

1 봉사활동을 가자는 A의 제안에 찬성하며 기대감을 보이고 있으므로, 이에 알맞은 표현은 ④이다.

3 It이 가주어, to study 이하가 진주어로 사용되었으므로 의미상의 주어 「for + 목적격」을 사용해야 한다.

6 전치사 뒤에 있으므로 동명사(v-ing) 형태가 되어야 한다.

7 ① 언짢고 화나는 ② 슬프고 동정심이 드는 ③ 미안하고 사과하고 싶은 ④ 놀랍고 무서운 ⑤ 감사하고 존경스러운

8 Ethan은 팀의 가장 큰 지지자로 팀원들을 격려하였으므로, 팀 코치들이 Ethan의 '헌신'을 높이 평가했음을 유추할 수 있다.

9 문맥상 He는 Ethan이고, 그가 경기장에 드디어 실제로 투입된 상황이므로 Ethan이 소개된 문장 뒤인 ⑤가 주어진 문장이 들어갈 위치로 가장 적절하다.

Lesson 2 The Power of Creativity

Check-Up

p.47 **1.** blend
2. disposable
3. throw away

p.49 **1.** ④
2. thrown **3.** to purify
4. how people have upcycled

p.51 **1.** 매년 엄청난 수의 타이어들이 버려지고, 그것들이 분해되거나 재활용될 수 없다는 문제
2. going **3.** named
4. ②

p.53 **1.** ③
2. ⓒ what → that

p.55 **1.** ②
2. painted
3. pleasing

p.57 **1.** his cans
2. giving **3.** what
4. All you need is

p.58 1. T 2. T 3. F 4. F

p.61 1. (1) sitting (2) fallen
2. (1) Dramas produced in Korea
(2) the girl playing the piano
3. ①, ③
4. (1) whose (2) who[that] (3) which[that]

p.65 1. F 2. T 3. F 4. T

p.67 1. ④ 2. original 3. filled

단원평가 p. 69

1 ④ 2 ⓐ–ⓒ–ⓑ–ⓓ 3 turn, into 4 threw, away 5 as, well, as 6 ③ 7 the woman known as 8 ③ 9 ⓑ is → are 10 ②

해설

6 which로 바꿀 수 있는 것은 관계대명사로 사용된 that이다. ③이 novel을 선행사로 하는 관계대명사이며, ①은 지시대명사, ②는 know의 목적절을 이끄는 접속사, ④는 be 동사의 보어절을 이끄는 접속사, ⑤는 girl을 수식하는 지시형용사이다.

7 전치사 about의 목적어 역할을 하는 명사(the woman)와 명사를 수식하는 과거분사구(known as)가 순서대로 나와야 한다.

8 건물이 원래 형태를 유지하면서 새로운 시설과 디자인이 추가되었다는 내용의 단락이다. 암벽등반을 할 때 주의사항을 언급하는 ③은 글의 전체 흐름과 관련이 없다.

9 ⓑ가 있는 문장에서 주어는 The giant pictures이므로 복수형 동사인 are가 와야 한다.

10 가까이에서는 뒤섞인 쓰레기처럼 보인다는 내용과, 멀리서 보면 조화를 이룬다는 서로 상반된 내용이 언급되고 있으므로 '그러나'라는 의미의 however가 알맞다.

Lesson 3 Sound Life

Check-Up

p.81 1. relieve 2. irritated
3. was, about, to

p.83 1. art
2. cry 3. Using

p.85 1. 빨간색을 보고 감정을 진정시키는 것
2. ②
3. ③

p.87 1. T 2. T 3. F
4. ③
5. how long you have been learning to play the violin

p.89 1. hesitate, opportunity, changes
2. Whenever
3. telling 4. leading

p.91 1. 구름 위로 날아오르는 게 얼마나 신나는 일인지 알고 있기 때문에
2. ④
3. ④

p.92 1. F 2. T 3. F

p.95 1. (1) had, taken
(2) help, (to) realize
2. (1) let emotion affect her decision making
(2) made it known
3. (1) What (2) that
4. ③

p.99 1. F 2. F 3. T 4. T

p.101 1. carry on
2. overcome
3. what
4. (A) to apologize (B) perfecting

단원평가 p. 103

1 ⑤ 2 ⓑ–ⓒ–ⓐ 3 Whenever 4 All, have, to, do 5 keep, from, getting 6 have, trouble, finding 7 ② 8 ③ 9 먹이를 두고 싸우는 것 대신 비행 기술을 연마하느라 시간을 보낸다. 10 ⑤

해설

1 울적해 보인다는 A의 말에 대한 답변이므로 ⑤가 가장 알맞다.

3 '…할 때는 언제든지'라는 의미의 복합관계부사 whenever이 들어가야 한다.

4 you have to do는 All을 선행사로 하는 목적격 관계대명사절로, 앞에 관계대명사 that이 생략된 형태이다.

5 '…가 ~하는 것을 막다'라는 의미의 「keep … from v-ing」가 들어가야 한다.

6 '…하는 데 어려움을 겪다'라는 의미의 「have trouble v-ing」가 들어가야 한다.

7 사진을 찾으러 나섰다는 내용 앞에 표지 사진을 잃어버렸다는 내용이 와야 한다.

8 ⓒ는 사진 작가를 가리키고, 나머지는 모두 Walter를 가리킨다.

10 Jonathan이 기대했던 바와 다른 반응이 나왔으므로 빈칸에 Instead가 들어가야 한다.

Lesson 4 Toward a Better World

Check-Up

p.113 1. complain 2. decent 3. leaking

p.115 1. 집은 모든 것으로부터 당신과 가족을 보호해주는 특별한 장소라는 것
2. ④
3. no, matter, how

p.117 1. F 2. T 3. T
4. clean enough to drink
5. It would be wonderful to hear

p.119 1. ③
2. ④
3. would

p.121 1. built 2. continue
3. that
4. found it interesting that

p.123 1. 살 곳이 없는 전 세계의 많은 사람들
2. the, place, where
3. the, reason, why

p.124 1. construction 2. hut 3. decent

p.127 1. (1) where (2) when
2. (1) I didn't tell Jenny the reason why I didn't go to the party.
(2) Please tell me how[the way] you came up with the solutions.
3. (1) old enough to drive a car
(2) big enough to put my laptop in
4. (1) brave enough to
(2) fast enough to

p.131 1. T 2. F 3. F

p.133 1. taking part in 2. let alone
3. why 4. when
5. strong enough to bend almost any metal

단원평가 p. 135

1 ④ **2** ⓓ–ⓐ–ⓑ–ⓒ **3** rich, enough, to **4** let, alone **5** the, store, where **6** ⑤ **7** ③ **8** ② **9** 아직도 살 곳이 없는 사람들이 세계 도처에 많이 있기 때문에 **10** (A) where (B) why

해설

5 장소를 나타내는 선행사와 이를 수식하는 관계부사 where가 들어가야 한다.

6 본문의 밑줄 친 it은 가목적어이다. ① 비인칭 주어(시간) ② 비인칭 주어(날씨) ③ it is[was] ... that 강조구문으로 쓰인 it ④ 앞에 언급된 a shirt를 가리키는 지시대명사

7 이번 여행을 통해 얻은 또 다른 점들에 대한 내용이 이어지므로 '게다가'라는 의미의 In addition이 빈칸에 들어가야 한다.

8 집짓기가 처음인 사람이 많았다고 했다.

10 (A) 선행사가 a safe place이므로 장소를 나타내는 관계부사 where가 들어가야 한다. (B) 선행사가 the reason이므로 이유를 나타내는 관계부사 why가 들어가야 한다.

Lesson 5 What Matters Most

Check-Up

p.147 1. stare
2. property
3. disguise
4. wound

p.149 1. ③
2. so that he could always know the perfect time to do everything
3. (A) that (B) wait

p.151 1. 은자는 오직 평민들만 만났기 때문에
2. were
3. ④

p.153 1. ③
2. flowing
3. handing

p.155 1. 지난 전쟁에서 왕이 남자의 형제를 죽이고 남자의 재산을 빼앗아갔기 때문
2. ① have gone → had gone
3. would, have, died, hadn't, saved

p.157 1. ④
2. If you hadn't helped him

p.158 1. T 2. F 3. F

p.161 1. (1) Shocked (2) Having
2. ②

3. (1) had told (2) have opened
4. (1) If we had not missed the bus, we could have gotten there in time.
(2) If he had listened to me, he would not have lost a lot of money.

p.165 1. T 2. T 3. F 4. F

p.167 1. precise 2. ensure 3. property
4. (A) wishing (B) to visit
5. ③

단원평가 p. 169

1 ③ 2 ⓒ–ⓐ–ⓑ–ⓓ 3 came, across 4 takes, into, account 5 looking 6 could have done 7 ⑤ 8 ④ 9 ⑤ 10 saw a man running out of the woods

해설

5 주어와 동사 look이 능동의 관계이므로 현재분사 looking을 써서 동시동작을 나타내는 분사구문을 만들어야 한다.

6 if절에 had had가 쓰였으므로 과거 사실을 반대로 상상하거나 가정하는 가정법 과거완료임을 알 수 있다. 「If+주어+had+p.p., 주어+조동사의 과거형+have+p.p.」의 형태에 맞게 써주어야 한다.

7 주어와 동사 hand가 능동의 관계이므로 현재분사 handing을 써서 연속동작을 나타내는 분사구문을 만들어야 한다.

8 빈칸 앞의 접속사 but으로 미루어, 앞의 내용과 상반된 내용이 나온다는 것을 알 수 있다.

10 5형식 문장으로, 「지각동사(saw)+목적어+목적격 보어(running)」 순으로 배열해야 한다.

Lesson 6 Beyond the Limits

Check-Up

p.179 1. ③ 2. ① 3. ②

p.181 1. the Brooklyn Bridge
2. the story of how the Roeblings built
3. do
4. enjoying

p.183 1. ①
2. three, times, longer, than
3. his ambitious plan

p.185 1. were, being, built
2. ④

p.187 1. ④
2. so tired that she fell asleep

p.189 1. ④
2. did they prove their doubters wrong

p.190 1. boats and ferries
2. steel cables
3. the bends
4. higher mathematics

p.193 1. (1) so stupid that he made the same mistake
(2) were so excited that we couldn't sit still
(3) so surprised that I burst into tears
2. (1) do → did
(2) I had → had I
(3) we realized → did we realize
3. (1) did he apologize
(2) had I dreamt
(3) did I know

p.197 1. F 2. F 3. T

p.199 1. unstable
2. evidence
3. so, scared, that
4. did she see
5. did I expect

단원평가 p. 201

1 ③ 2 ⓓ–ⓒ–ⓐ–ⓑ 3 in, particular 4 stepped, in 5 so, tired, that 6 have, I, heard 7 ② 8 ④ 9 ② 10 ④

해설

5 「so+형용사/부사+that+주어+동사」로 '너무 …하여 ~하다'라는 의미를 표현할 수 있다.

6 부정어인 Never가 문두에 왔으므로 뒤에 이어지는 문장의 주어와 동사는 도치된다.

7 John이 계획한 바에 관해 추가적인 내용이 이어지므로 In addition(게다가)이 적절하다.

8 John의 포부는 사람들을 고무시켜 1869년 다리 건설이 시작되었다.

9 계속적 용법에서는 that을 쓰지 않으므로 관계대명사 which로 바뀌어야 한다.

Lesson 7 Finding Out the Wonders

Check-Up

p. 213 **1.** function **2.** durable **3.** absorb

p. 215 **1.** ③
2. the paper-making technology
3. none of which he liked

p. 217 **1.** T **2.** T **3.** F
4. when he moved to Seoul
5. difficult to solve

p. 219 **1.** ④
2. T **3.** F
4. made me clean my room
5. a lot of work to deal with

p. 221 **1.** light, shape **2.** absorb
3. clean **4.** had she finished

p. 223 **1.** 태양의 유해 광선들로부터 우주선을 보호해주는 데 도움을 준다. 가격이 덜 비싸고 가볍다
2. to accept your proposal
3. to get a good job

p. 224 **1.** T **2.** F **3.** T

p. 227 **1.** (1) best (2) tallest
2. (1) one of the most popular online courses
(2) one of my best friends
3. (1) that (2) has
4. (1) the fact that the movie received poor reviews
(2) the news that the fire spread throughout the entire building

p. 231 **1.** T **2.** F **3.** T

p. 233 **1.** revival **2.** damaged **3.** complex
4. one of its most innovative uses
5. ② supporting → supported

단원평가 p. 235

1 ⓑ–ⓓ–ⓒ–ⓐ **2** ④ **3** did, he, break **4** So[As], long, as **5** the, idea, that **6** break, down **7** why Koreans created the old saying **8** lasting **9** ① **10** ③

해설

3 부정어구(Not only)가 문두에 나오면 주어와 동사가 도치된다. 일반동사일 경우 조동사 do[does/did]를 주어 앞에 써주어야 한다.

5 명사의 의미를 보충 설명하기 위해 접속사 that이 이끄는 명사절을 사용할 수 있다.

7 의문사절(간접의문문)이므로 「의문사+주어+동사」의 어순으로 써야 한다.

8 전치사 to의 목적어 자리이므로 동명사 형태가 되는 것이 알맞다.

9 동사 see의 목적어 역할을 하는 명사절을 이끄는 접속사가 들어가야 한다.

10 주어진 문장에서 한지가 전쟁에서도 사용되었음을 말하고 있으므로, 갑옷이 처음 언급된 문장 앞인 ③에 들어가는 것이 알맞다.

Lesson 8 It's Up to You!

Check-Up

p. 245 **1.** mature **2.** consequence **3.** risky

p. 247 **1.** 모든 것을 충분히 고려하기 전에 행동하는 것
2. was, about, to
3. so, surprised, that

p. 249 **1.** ④
2. what **3.** work

p. 251 **1.** F **2.** T **3.** T
4. which **5.** that

p. 253 **1.** strengthen
2. remove
3. activities
4. The more mistakes you make
5. why you came home late

p. 255 **1.** ③
2. easy, to, decide
3. help, me, clean
4. not, me, but, Lindsay

p. 256 **1.** T **2.** F **3.** T

p. 259 **1.** (1) harder (2) more
2. (1) not studying for the exams but playing computer games
(2) not to play with his children but to get some rest
3. (1) the more calories you will burn
(2) but because of his irresponsible attitude
4. (1) not in appearance but in personality
(2) the more water your plants need

p. 263 1. F 2. T 3. T

p. 265 1. harsh 2. makes up 3. dismiss
4. but to do our best
5. the better we can see

단원평가 p. 267

1 ⓒ, ⓑ, ⓐ **2** ⓑ–ⓓ–ⓐ–ⓒ **3** so, much, that **4** was, about, to **5** more, fruit, less, chance[possibility] **6** what, he, is, reading **7** ② **8** 뇌의 어떤 부분은 이십 대 초반까지 계속해서 발달한다는 것 **9** ⑤ **10** into making other connections stronger

해설

3 '너무 …하여 ~하다'라는 의미의 「so+형용사/부사+that+주어+동사」가 들어가야 한다.

4 '막 ~하려는 참이다'라는 의미의 「be about to-v」가 들어가야 한다.

5 '…하면 할수록 더 ~하다'라는 의미의 「the+비교급 …, the+비교급 ~」이 들어가야 한다.

7 문맥상 '(과거에) …하곤 했다'라는 의미의 「used to-v」을 써주어야 하므로 think로 바꿔야 한다.

10 「make+목적어+목적격 보어(형용사)」순으로 5형식 구문을 만들 수 있다.

Sources

Reading

Lesson 1 Adapted from
- http://www.huffingtonpost.com/carissa-henry/the-last-shot_b_2806661.html

Lesson 2 Adapted from
- http://www.upcycling.co.uk/news/why-upcycle/
- http://www.supergoods.be/collections/freitag
- http://ecosalon.com/freitag-creating-sustainable-upcycled-bags-that-r-i-p/
- http://www.ecogypsy.net/eco-heroes/indosole-bali/
- http://people.umass.edu/latour/Germany/tnickerson/index.html
- http://www.nrw-tourism.com/landscape-park-duisburg-nord
- http://recyclenation.com/2011/09/natural-landscapes-recycled-junk
- http://www.telegraph.co.uk/lifestyle/interiors/10287265/Gwyneth-Leech-the-artof-paper-cups.html

Lesson 3 Adapted from
- 김선현. (2015). 그림의 힘 (pp. 42-45). 에이트 포인트.
- http://wildsister.com/2014/02/five-life-lessons-from-the-secret-life-of-walter-mitty
- http://www.imdb.com/title/tt0359950/plotsummary
- http://www.nydailynews.com/entertainment/tv-movies/secret-life-walter-mittymovie-review-article-1.1556963
- Ella Berthoud, Susan Elderkin. (2013). The Novel Cure: An A to Z of Literary Remedies(p. 114). Canongate Books.

Lesson 4 Adapted from
- http://webcache.googleusercontent.com/search?q=cache:GrEt9ZxOxbYJ:www.habitat.org/gv/news/botswana+&cd=1&hl=ko&ct=clnk&gl=kr

Lesson 5 Adapted from
- https://ebooks.adelaide.edu.au/t/tolstoy/leo/t65wm/chapter2.html

Lesson 6 Adapted from
- http://www.history.com/topics/brooklyn-bridge
- http://academictips.org/blogs/determination-and-persistence/
- http://www.throughouthistory.com/?p=1040
- https://memory.loc.gov/ammem/today/jun12.htmlReading
- http://history1800s.about.com/od/bridgebuilding/a/brooklynbrid01.htm
- http://www.engineersjournal.ie/2015/05/05/brooklyn-bridge-roebling/

Lesson 7 Adapted from
- http://www.korea.net/NewsFocus/Culture/view?articleId=101553
- http://www.antiquealive.com/Blogs/Hanji_Korean_paper.html
- http://english.visitkorea.or.kr/enu/CU/CU_EN_8_1_4_1.jsp

Lesson 8 Adapted from
- http://headsup.scholastic.com/sites/default/files/block/images/nida6_ins4_student_mag.pdf

Photos

유료 사이트

http://www.shutterstock.com
http://www.istockphoto.com/kr
http://www.alamy.com
http://www.hellophoto.kr/YNA/Front/Main/YIPW_Main.aspx

p.1	p.2	p.4	p.5	p.6	p.7	p.8	p.9	p.10	p.11	p.12	p.13
p.14	p.15	p.26	p.27	p.28	p.30	p.31	p.32	p.33	p.34	p.38	p.39
p.40	p.43	p.46	p.47	p.48	p.52	p.56	p.58	p.59	p.62	p.64	p.65
p.70	p.71	p.72	p.73	p.74	p.75	p.76	p.77	p.78	p.80	p.81	p.84
p.86	p.88	p.90	p.92	p.93	p.94	p.96	p.97	p.98	p.99	p.104	p.105
p.106	p.107	p.108	p.109	p.110	p.111	p.112	p.113	p.124	p.125	p.126	p.128
p.129	p.130	p.131	p.133	p.136	p.138	p.139	p.140	p.141	p.142	p.143	p.144
p.146	p.147	p.158	p.159	p.160	p.162	p.163	p.164	p.165	p.166	p.170	p.171
p.172	p.173	p.174	p.175	p.176	p.177	p.178	p.179	p.180	p.182	p.184	p.186
p.188	p.190	p.191	p.194	p.196	p.197	p.198	p.203	p.204	p.205	p.206	p.207
p.209	p.210	p.211	p.212	p.213	p.214	p.218	p.222	p.224	p.225	p.226	p.228
p.230	p.231	p.236	p.237	p.238	p.239	p.240	p.241	p.242	p.244	p.245	p.246
p.248	p.250	p.252	p.254	p.256	p.257	p.258	p.260	p.261	p.262	p.263	p.264
p.268	p.269										

기타

p.27
- https://commons.wikimedia.org/wiki/File:Jordan_by_Lipofsky_16577.jpg
- https://www.flickr.com/photos/thenext28days/9439195575
- https://www.flickr.com/photos/keithallison/14637646371/in/photostream/

p.40
- https://www.amazon.com/Quirky-PVP-1-WHT-Outlet-Flexible-Protector/dp/B004ZP74UK

p.41
- https://www.flickr.com/photos/kj_/3668952245
- http://www.designboom.com/design/dancing-traffic-light-pedestrians-crossstreetsmart-09-17-2014/
- https://www.flickr.com/photos/43503544@N03/4007824775

p.44
- https://designschool.canva.com/blog/clever-advertising/
- http://adsoftheworld.com/media/print/wwf_lungs
- http://www.boredpanda.com/powerful-animal-ads/

p.45
- http://theinspirationroom.com/daily/2008/one-click-for-road-safety/
- https://www.yatzer.com/global-warming-effect-art-design-because-world-melting
- https://adsoftheworld.com/media/print/agbar_desert

p.46
- https://kr.pinterest.com/pin/408490628673529391/
- http://www.goodshomedesign.com/great-chair-tires/
- http://hubpages.com/living/FurnitureUpcycling

p.50
- http://www.houseofswitzerland.org/swissstories/economics/freitag-recycling-with-style
- https://indosole.com/products/grass-mat-sandals

p.54
- http://www.tomdeiningerart.com/pages/monet/monet/monet1.jpg
- http://www.bostonmagazine.com/arts-entertainment/blog/2013/11/22/photos-cambridge-anthropologie-gwyneth-leech-drawing-paper-cups/

p.59
- http://popupcity.net/play-trash-bin-basketball/
- http://blog.naver.com/404foundproject/220772734558
- http://lovehanwha.com/220257572563

p.60
- https://fotofuze.com/~eff8af44

p.64
- http://journalofthealmostarchitect.blogspot.kr/

		• http://canneryrow.com/our-story/
		• http://www.ehdd.com/8447
		• https://cronoscultural.blogspot.kr/2015_12_01_archive.html
	p.66	• https://www.amazon.co.uk/Left-handed-swanneck-Black-logic/dp/B004L537WS
	p.82	• https://www.hermitagemuseum.org/wps/portal/hermitage/digital-collection/01.+Paintings/28389/?lng=en
	p.108	• https://www.sc.or.kr/guide/news-detail.do?pageDetail=28592
	p.111	• http://yonginsiblog.kr/220600845089?Redirect=Log&from=postView
	p.130	• http://www.shifteast.com/red-cross-charity-donation-vending-machine/
		• http://www.usatoday.com/picture-gallery/money/business/2013/06/22/emotional-andcontroversial-ads-win-big-at-cannes-ad-festival/2443783/
	p.144	• https://upload.wikimedia.org/wikipedia/commons/4/40/Henri_Rousseau_-_Myself-_Portrait_%E2%80%93_Landscape_-_Google_Art_Project.jpg
	p.146	• https://commons.wikimedia.org/wiki/File:Albert_Einstein_Head.jpg
		• http://www.lybrary.com/three-questions-and-other-tales-p-835590.html
	p.163	• http://www.yes24.com/24/goods/1806840?scode=029
		• http://www.yes24.com/24/goods/3715637?scode=032&OzSrank=1
	p.172	• http://pixel.nymag.com/imgs/daily/intelligencer/2015/03/13/13-robot-soccer.w750.h560.2x.jpg
		• https://scontent.cdninstagram.com/hphotos-xfa1/t51.2885-15/s640x640/sh0.08/e35/11875376_1691740864396443_432784868_n.jpg
	p.182	• https://www.etsy.com/listing/208282858/brooklyn-bridge-blueprint-vintage-rustic
	p.192	• http://www.yes24.com/24/goods/296651?scode=029
	p.198	• https://www.engadget.com/2014/09/23/cirque-du-soleil-drone-dance/
	p.202	• http://www.yes24.com/24/goods/310716?scode=032&OzSrank=7
		• http://www.yes24.com/24/goods/476632?scode=032&OzSrank=1
	p.203	• http://highschoosl.blogspot.kr/2015/09/high-school-plays.html
	p.212	• http://sharedappetite.com/eat/kimchi-taco/
		• http://english.visitkorea.or.kr/enu/ATR/SI_EN_3_2_1.jsp?cid=997034
	p.216	• http://www.cha.go.kr/korea/heritage/search/Culresult_Db_View.jsp?mc=NS_04_03_01&VdkVgwKey=17,01170000,35
	p.220	• http://blog.jeonju.go.kr/220700034118?Redirect=Log&from=postView
		• http://www.kjtimes.com/news/article.html?no=10453
	p.262	• https://namu.wiki/w/%ED%88%AC%ED%91%9C%EC%9A%A9%EC%A7%80
		• https://suroyniandak.wordpress.com/2013/05/13/2013-election-my-not-so-pleasant-experience/
		• http://reynolds.web.unc.edu/files/2011/10/south_africa_3_lg.jpg
	p.269	• http://korean.visitkorea.or.kr/kor/bz15/where/where_main_search.jsp?cid=126474
Videos	p.43	• http://www.me.go.kr/home/web/board/read.do?menuId=10173&boardMasterId=53&boardCategoryId=&boardId=548770 Video

Memo

지은이

김성곤 서울대학교 영어영문학과

윤진호 동덕여자고등학교

구은영 前 동덕여자고등학교

전형주 선린인터넷고등학교

서정환 여의도고등학교

이후고 용산고등학교

김윤자 구일고등학교

강용구 공주대학교 영어교육과

김성애 부산대학교 영어교육과

최인철 경북대학교 영어교육과

김지연 ㈜NE능률 교과서개발연구소

신유승 ㈜NE능률 교과서개발연구소

High School English 자습서

펴 낸 이 주민홍
펴 낸 곳 서울특별시 마포구 월드컵북로 396(상암동) 누리꿈스퀘어 비즈니스타워 10층
㈜NE능률 (우편번호 03925)
펴 낸 날 2018년 1월 10일 초판 1쇄 발행
2022년 1월 15일 10쇄
전 화 02 2014 7114
팩 스 02 3142 0356
홈페이지 www.neungyule.com
등록번호 제1-68호
I S B N 979-11-253-1959-7
정 가 16,000원

NE 능률

고객센터

교재 내용 문의 : contact.nebooks.co.kr (별도의 가입 절차 없이 작성 가능)
제품 구매, 교환, 불량, 반품 문의 : 02-2014-7114
☎ 전화문의는 본사 업무시간 중에만 가능합니다.

NE능률 교재 MAP

교과서/내신

아래 교재 MAP을 참고하여 본인의 현재 혹은 목표 수준에 따라 교재를 선택하세요.
NE능률 교재들과 함께 영어실력을 쑥쑥~ 올려보세요!
MP3 등 교재 부가 학습 서비스 및 자세한 교재 정보는 www.nebooks.co.kr에서 확인하세요.

중1

중학영어1 자습서 (김성곤_2015 개정)
중학영어1 평가문제집 1학기 (김성곤_2015 개정)
중학영어1 평가문제집 2학기 (김성곤_2015 개정)
중학영어1 자습서 (양현권_2015 개정)
중학영어1 평가문제집 1학기 (양현권_2015 개정)
중학영어1 평가문제집 2학기 (양현권_2015 개정)

중2

중학영어2 자습서 (김성곤_2015개정)
중학영어2 평가문제집 1학기 (김성곤_2015개정)
중학영어2 평가문제집 2학기 (김성곤_2015개정)
중학영어2 자습서 (양현권_2015 개정)
중학영어2 평가문제집 1학기 (양현권_2015 개정)
중학영어2 평가문제집 2학기 (양현권_2015 개정)

중2-3

생활 일본어 자습서 (2015 개정)
생활 중국어 자습서 (2015 개정)

중3

중학영어3 자습서 (김성곤_2015 개정)
중학영어3 평가문제집 1학기 (김성곤_2015 개정)
중학영어3 평가문제집 2학기 (김성곤_2015 개정)
중학영어3 자습서 (양현권_2015 개정)
중학영어3 평가문제집 1학기 (양현권_2015 개정)
중학영어3 평가문제집 2학기 (양현권_2015 개정)

고1

영어 자습서 (김성곤_2015 개정)
영어 평가문제집 (김성곤_2015 개정)
내신100신 기출예상문제집_영어1학기 (김성곤_2015)
내신100신 기출예상문제집_영어2학기 (김성곤_2015)
영어 자습서 (양현권_2015 개정)
영어 평가문제집 (양현권_2015 개정)

고1-2

영어 I 자습서 (2015 개정)
영어 I 평가문제집 (2015 개정)
내신100신 기출예상문제집_영어 I (2015 개정)
실용 영어 자습서 (2015 개정)
실용 영어 평가문제집 (2015 개정)
일본어 I 자습서 (2015 개정)
중국어 I 자습서 (2015 개정)

고2

영어 독해와 작문 자습서 (2015 개정)
영어 독해와 작문 평가문제집 (2015 개정)
영어 회화 자습서 (2015 개정)

고2-3

영어 II 자습서 (2015 개정)
영어 II 평가문제집 (2015 개정)
일본어 II 자습서 (2015 개정)
중국어 II 자습서 (2015 개정)
내신100신 기출예상문제집_영어II (2015 개정)

고3

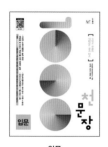